Ph. A. F. Walther

Darmstadt wie es war und wie es geworden

Ph. A. F. Walther

Darmstadt wie es war und wie es geworden

ISBN/EAN: 9783743316751

Hergestellt in Europa, USA, Kanada, Australien, Japan

Cover: Foto ©ninafisch / pixelio.de

Manufactured and distributed by brebook publishing software
(www.brebook.com)

Ph. A. F. Walther

Darmstadt wie es war und wie es geworden

Darmstadt

wie es war und wie es geworden.

Neue Bearbeitung des „Darmstädter Antiquarius."

Von

Dr. Ph. A. F. Walther.

Mit 11 Holzschnitten, 6 Lithographieen und einem Farbendruck.

Darmstadt, 1865.

Hofbuchhandlung von G. Jonghaus.

Seiner Königlichen Hoheit

dem Großherzog Ludwig III.

ehrfurchtsvoll gewidmet

von

dem Verfasser.

Vorwort.

Das vorliegende kleine Buch in seiner ersten Bearbeitung war aus Vorlesungen entstanden, welche ich im Vereine für Erdkunde zu Darmstadt gehalten hatte, und deren Druck von vielen Seiten gewünscht worden war. Die wohlwollende Aufnahme, welche der anspruchlosen Arbeit von Seiten meiner Mitbürger zu Theil geworden ist, war mir eine Aufforderung, auf die Vervollständigung des darin Gegebenen bedacht zu sein und nach weiteren Beiträgen zur Entwicklungsgeschichte meiner Vaterstadt in den Acten des Haus- und Staatsarchivs und in der städtischen Registratur zu suchen. Mein Suchen, ermöglicht und freundlichst unterstützt, insbesondere durch Herrn Archivdirector Dr. Baur und Herrn Bürgermeister Fuchs, hatte vielfach ein Finden zur Folge, und brachte eine Menge von interessanten geschichtlichen Aufklärungen zusammen. Diese oft nur kleinen und unbedeutenden, aber meist mühevoll errungenen Beutestücke nicht im Manuscript verloren gehen zu lassen, sondern sie meinen Mitbürgern mitzutheilen, hatte ich für meine Pflicht gehalten. Eine Anzahl davon habe ich darum im Feuilleton der Darmstädter Zeitung abdrucken lassen; die größere Anzahl aber war der Art, daß sie nur im Zusammenhange mit bereits in dem „Antiquarius" Gegebenen eine Bedeutung gewinnen

konnten. Dieß bedenkend, entschloß ich mich, den „Darm=
städter Antiquarius" mit allen von mir im Laufe der
Zeit gewonnenen kleinen historischen Thatsachen bereichert
neu zu bearbeiten und der Herr Verleger ist aus In=
teresse für die Sache gerne darauf eingegangen.

Bei dieser neuen Bearbeitung habe ich dasselbe beab=
sichtigt, wie bei der früheren. Meine Absicht ist nicht,
eine Stadtgeschichte in regelrechter Fassung zu liefern,
sondern nur Bilder und Notizen aus den verschiedenen
Zeiten der politischen und sittengeschichtlichen Gestaltung
unserer Stadt. Für eine schulgerechte Stadtgeschichte ist
das dazu taugliche vorhandene Material nicht bedeutend
genug und dann müßten bei einer solchen Fassung eine
Menge von Einzelnheiten ausgeschlossen bleiben, die mir
für die Bewohner Darmstadts ein Interesse zu haben
scheinen, wenn sie auch, an und für sich betrachtet, von
keiner höheren historischen Bedeutung sind. Ich war der
Meinung, daß der Eingeborne, der ein Stück Vergangen=
heit seiner Stadt entweder selbst oder doch in den Er=
zählungen von Vater und Großvater miterlebt hat, sich
für alles interessirt, was da ehedem war, und wie es
war, für ein jedes namhafte Haus, für eine jede im
Laufe der Zeit verschwundene Localität, für die An=
schauungsweise und die Vorurtheile, für die Sitten und
Gebräuche seiner Vorfahren im Großen wie im Kleinen.
Eine Erinnerung an die Vergangenheit wird dem dafür
sich Interessirenden noch erwünschter, wenn die Gegenwart
deren Wahrzeichen immer mehr verschwinden läßt. Und
in dieser Beziehung hat insbesondere das letzte Jahrzehent
in Darmstadt Bedeutendes geleistet. In der Baugeschichte
unserer Stadt gibt es wiederholt Perioden, in denen das
Vorhandene sich vermehrte und Neues sich an Altes an=
schloß; das letzte Jahrzehent hat aber dabei auch Altes

umgestaltet wie keine frühere Zeit, so daß auch die letzten Spuren davon vielfach verschwunden sind. Diesem Interesse an Dagewesenem habe ich durch den Stoff meiner Arbeit, wie durch die dabei gewählte Form gerecht zu werden gesucht. Ich erzähle darum alles in dieser Beziehung mir bemerkenswerth scheinende, wie es mir die verschiedenartigsten Actenstücke, Rechnungen, gleichzeitige Reiseschilderungen u. a. m. vor Augen geführt haben. Unvermeidlich wurde es bei dieser Aufgabe, daß meine Arbeit zuweilen etwas Mosaikartiges annimmt, daß das Bild der Zeit oft aus theilweise sehr kleinen Steinchen zusammengesetzt erscheint.

Das Interesse, welches der Herr Verleger an dem Gegenstande meiner Arbeit nimmt, hat es mir auch ermöglicht, mehrere Localitäten bildlich zur Anschauung zu bringen, die jetzt theils gar nicht mehr, theils in sehr veränderter Gestalt erscheinen.

Ich habe mit patriotischer Liebe an meinem kleinen Werke gearbeitet und wünsche, daß meine Mitbürger diese Liebe zur Sache auch da erkennen möchten, wo Stoff und Kraft nur Ungenügendes zu bieten vermochten.

Dr. Walther.

Inhalt.

Verzeichniß der Abbildungen.

1. Holzschnitte.

2. Lithographieen.

Das Schloß Ernst Ludwigs in seiner projectirten Vollendung.
Nach einem alten Kupferstiche.

Die „Fleischwacht" und Umgebung im Anfange unseres Jahrhunderts.
Nach einer zum Cabinetsmuseum gehörigen Handzeichnung Schnitzpahns.

Plan von Darmstadt im Jahre 1759.
Nach einer in der Cabinetsbibliothek befindlichen Handzeichnung von Bettenhäuser.

3. Farbendruck.

Plan von Darmstadt im Jahre 1865, mit Angabe der Entstehungsperioden.
Mit Zugrundelegung eines von Theodor Bruß gezeichneten, zur Cabinetsbibliothek gehörigen, detaillirten Stadtplans.

Folgende wesentliche Versehen bittet man zu verbessern:

S. 54 Z. 12 v. u. lies 1810 statt 1820.
S. 153 Z. 1 v. u. „ Bühl „ Mühl.

I. Das erste Auftreten Darmstadts und sein Name.

Die Geschichte einer Stadt beginnt eigentlich schon dann, wann die Stadt zu entstehen anfängt. Von der ersten Entstehung Darmstadts läßt sich aber mit Sicherheit nichts erzählen, denn da wo es zum erstenmal genannt wird, ist es bereits ein vorhandenes Dorf. Diese Zeit aber ist ungefähr das 11. Jahrhundert. In welcher Weise Darmstadt damals erwähnt wird, und welche Entstehung es möglicherweise gehabt hat, werden wir hernach sehen, wann wir uns ein wenig klar gemacht haben, wie die Gegend damals ausgesehen haben mag, als Darmstadt in derselben entstanden ist.

Die frühesten Nachrichten, die wir über unser deutsches Vaterland haben, stammen von den Römern her, jenem Volke, das auf der Höhe seiner Macht über die halbe Welt geherrscht hat und dessen Heere und Beamte darum überall hinkamen. Nun erzählen uns die Römer gerade nicht besonders von unserer Gegend, sondern von Deutschland überhaupt. Da sie aber auch in unserer Gegend sich aufhielten, also auch diese kannten, so dürfen wir annehmen, daß ihre Schilderung auch auf diese paßt.

Den Römern, die aus ihrem schönen Italien kamen, wo Cultur schon seit Jahrhunderten einheimisch gewesen und das an sich liebliche Land für den Menschen noch angenehmer und diesen selbst an gar mannigfache Genüsse gewöhnt hatte, kam das deutsche Land gar eigenthümlich vor. Denn hier fanden sie überall ungeheure Wälder mit riesenmäßigen Bäumen, Tagereisen lang oft durch keine angebaute Stelle, durch keine menschliche Wohnung unterbrochen, ohne Wege und Stege, dazwischen weit ausgedehnte Sümpfe und gewaltige Ströme, aber tiefer und reißender als die Gewässer Italiens und leer von Schiffen und ohne Brücken, dann aber auch wieder stille schöne Wiesenthäler mit dem üppigsten Grün bedeckt. Und über das alles hin lagerte sich eine meist von feuchten Nebeln oder schweren Wolken erfüllte Luft, die selten den Anblick des klaren, blauen Himmels gestattete. Das Land glich also, mit wenigen Ausnahmen, einer zusammenhängenden Wildniß, in der sich nur wenige Ansiedlungen von Menschen befanden. Diese Ansiedlungen selbst waren aber keine Städte oder Dörfer, sondern bildeten nur einzelne Höfe in den kleinen, angebauten Stellen gelegen; das Wohnhaus des Herrn der Ländereien umgeben von den Hütten seines Gesindes, meist von Holz und mit Stroh gedeckt. Die Menschen aber, die dieses Land bewohnten, waren hohe, schlanke und kraftvolle Gestalten, abgehärtet und an Mühsale gewöhnt, mit hellen, lichtblauen Augen und wallenden, blonden, goldenen Haaren und gekleidet in einfache Thierhäute oder buntgefärbte Stoffe.

Als die Römer in dieses Land kamen, erhielt es natürlich ein anderes Ansehen, denn einmal mußten sie Niederlassungen gründen, von denen aus sie die Herrschaft über das Land ausüben konnten und dann wollten sie auch angenehmer leben als die rauhen Bewohner des Landes zu leben gewohnt waren. Sie bauten also Befestigungen und gründeten bei diesen Befestigungen Städte, in denen sie ihrer Neigung und Gewöhnung gemäß, so weit es möglich war, leben konnten. Eine solche größere Römerstadt in unserer Nähe war z. B. Mainz. Dort war schon frühe am Fuß des Castells, welches die Römer erbaut hatten, eine Stadt entstanden, die sich immer mehr vergrößerte und am Ende des 2. Jahrhunderts als eine Stadt mit vielen großen und schönen Gebäuden bestand. In den Gebäuden zeigte sich eine Pracht, die wir noch jetzt in ihren Trümmern bewundernswürdig finden, Fußböden in Mosaik und Alabaster, Gußmarmorsäulen, Gefäße der schönsten Art und Form, Sculpturwerke, Grabsteine fanden sich seit Jahrhunderten in der Stadt und Umgegend und finden sich noch immer. Diesseits des Rheins, in unserer jetzigen Provinz Starkenburg, sah es so sehr verändert, wie drüben in Rheinhessen, nicht aus, denn unsere Gegend gehörte nur zu dem Grenzlande gegen die immer andringenden und drohenden Deutschen. Dasselbe war zwar auch den Römern unterworfen, aber die Besorgniß vor den Deutschen hielt sie ab, sich hier so behaglich einzurichten, wie sie dieß in einer Gegend thaten, in der sie ruhig zu leben hoffen konnten. Hier bauten sie deßhalb keine großen Festungen mit Städten, nur kleinere Befestigungen mit kleinen Niederlassungen und verbanden dieselben durch Straßen miteinander. Solche Befestigungen, Stationen, Wachtposten, Thürme u. dgl. mit und

ohne kleinere Niederlassungen sind in unserer Gegend viele nachgewiesen.
Zu beiden Seiten des alten Neckars, der in alter Zeit nicht bei Mannheim in den Rhein fiel, sondern seinen Lauf durch die Ebene an der
Bergstraße floß und bei Trebur erst in den Rhein mündete, fanden
sich mehrere Befestigungen: am Weilerhügel, bei der Steinmauer unfern
Pfungstadt, auf dem Wasserbibloser Hof; ferner fanden sich Stationen
oder Wachtposten auf dem „Patent" am Roßberge, beim Einsiedel,
an der Fuchsenhütte, an der Mühlburg bei Eberstadt u. s. w. An
allen diesen Orten sind oft römische Münzen, Waffen, Werkzeuge,
Hausgeräthe u. dgl. gefunden worden. Eine namhafte Befestigung in
unserer Gegend, die von größerer Ausdehnung gewesen sein muß, ist
das von den römischen Schriftstellern oft genannte munimentum
Trajani, die Trajansfestung, also genannt, weil sie der Kaiser Trajan
erbaut hat. Der Platz, an dem diese Festung gelegen war, ist noch
nicht mit unumstößlicher Gewißheit nachgewiesen. Einige Forscher
suchen ihn bei Wasserbiblos, andere bei der Steinmauer unfern Pfungstadt, andere aber bei unserem Darmstadt, andere am Main rc.
Wenn indessen auch nicht mit Gewißheit behauptet werden kann,
daß Darmstadt auf der Stelle des munimentum Trajani liege, so
haben doch die Forschungen es als ziemlich zweifellos nachgewiesen,
daß Darmstadt an der Stelle einer römischen Niederlassung, eines
römischen Dörfchens, stehe. Der bekannte Alterthumsforscher Hofrath
Dr. Steiner hat für diese Annahme viele Gründe angeführt, die theils
aus der für die römische Vertheidigungslinie wichtigen Lage Darmstadt's, theils aus der Anlage seiner ältesten Straßen entnommen sind
und diese Annahme wird auch durch den Umstand gestützt, daß bei
verschiedenen Gelegenheiten in den Fundamenten von Thürmen römische
Münzen und auch römisches Mauerwerk, letzteres namentlich in den
Fundamenten des s. g. weißen Thurms, gefunden worden sind. Man
nimmt an, der alte Römerort habe an der ehemals auf der Anhöhe
bei Darmstadt ziehenden Straße (alte Eberstadt-Bessungen-Arheilger
Straße) gelegen, da, wo sich die jetzige „lange Gasse" befindet. Das
Castell, zu welchem dieses Dorf gehörte, stand auf dem Plateau der
dabei liegenden Obergasse und des Geistbergs. Die „lange Gasse", wie
sie jetzt vorhanden ist, ist aber nicht im eigentlichen Sinne die alte
römische Haupt- und zugleich Dorfstraße, denn diese mußte in gewöhnlicher Weise 16—20 Fuß breit gewesen sein, damit auf ihr Fuhr-
werk sich leicht bewegen und der Transport des Kriegsgeräths sowie

Truppenmärsche darauf stattfinden konnten. Welchen Namen dieses Dörfchen geführt hat, wissen wir nicht. Wie weit der Römerort sich nach beiden Seiten hin ausgedehnt haben mag, läßt sich nur vermuthen, wenn man die römische Regel von Dorfanlagen zu Grunde legen will. Nach dieser Regel hat das alte Römerdorf aber nur aus den zwei Häuserreihen mit den dahinter befindlichen Scheunen 2c. bestanden.

Als die Römerherrschaft in unserer Gegend zu Ende ging, nahmen die Alemannen und dann die Franken das Land in Besitz. Noch heut zu Tage findet man Erinnerungen an ihren Aufenthalt in und bei Darmstadt in den Grabalterthümern, die gelegentlich zu Tage gefördert werden. So hat man gelegentlich des Bau's der Main-Rhein-Bahn in der Nähe der Windmühle und bei Sandabtragungen bei dem Forstmeistersplatz in Bessungen, gelegentlich des Bau's der neuen Artillerie-Kaserne, fränkisch-alemannische Gräber gefunden, deren Inhalt, aus Skeletten, aus der fränkischen zweischneidigen Streitaxt, aus Schwertern, Speerspitzen, Schmuckgeräthen, Gefäßen bestehend, im Cabinetsmuseum aufbewahrt wird.

So lange die Römer hier gewesen waren, hatten einzelne besonders ausgezeichnete unter denselben Staatsgüter auf beschränkten Besitz verliehen erhalten. Als die Franken Herren waren, erhielten die welche besondere Kriegs-, Hof- und Comitialdienste leisteten, in ähnlicher Weise kleinere oder größere Gütercomplexe, Höfe und auch Dörfer, wo solche bestanden, verliehen. Familien, welche solchen Besitz erlangten, wurden dadurch angesehener und erlangten einen gewissen Einfluß, ja im Laufe der Zeit eine gewisse Macht. Aus ihnen ernannten die fränkischen Könige die Gaugrafen d. h. diejenigen Beamten, denen Amtsbezirke für den Heerbann und die Gerichte, für die Handhabung der Hoheitsrechte über Straßen, Gewässer, Wälder, Maaße, Gewichte und Münzen, sowie für die Einziehung königlicher Einkünfte untergeben waren, und andere königliche Beamte. In welcher Weise diese angesehenern Familien im Laufe der Zeit in den erblichen Besitz der ihnen ursprünglich zur Nutznießung überlassen gewesenen Ländereien gekommen sind, haben wir hier nicht zu untersuchen. Wir begnügen uns mit der Thatsache, daß dadurch eine Anzahl von Familien ein hohes Ansehen vor andern und einen reichern Besitz erwarben, der sich nach und nach durch Ankäufe, Schenkungen, Verheirathungen immer noch mehr vergrößerte.

Mit der Zunahme der Bevölkerung mehrte sich auch das angebaute Land und es vergrößerten sich die bereits vorhandenen Dörfer
oder es entstanden neue. Verschiedene der Dörfer, die in unserer
Gegend liegen, werden schon in dieser frühen Zeit in den Urkunden
genannt z. B. erscheint in Urkunden Eberstadt schon im Jahre 782
n. Chr., Arheilgen 836, Messel 800, Pfungstadt 783, Alsbach 773,
Gernsheim 773, Bickenbach 874 u. s. w.

In dieser Zeit wird aber auch zum erstenmal Darmstadt erwähnt. In einer Todtenliste der Metropolitankirche in Mainz, welche
in einer Urkundensammlung abgedruckt ist, die man den Codex Lau-
reshamensis nennt, wird unter vielen andern, die der Kirche Wohlthaten vom 8 — 12. Jahrhundert erwiesen hatten, auch ein Graf
Sigeboto in „Darmundestat" genannt, der 5 solidos oder Dick-
münzen verehrt habe. In dieser Urkunde erscheint der Name unserer
Stadt zum erstenmal, wenn auch nicht in seiner jetzigen Gestalt, die
erst im Laufe der Zeit, erst als Darmbstat dann Darmstadt
sich gebildet hat.

Ursprüngliche Benennungen von Oertlichkeiten haben wohl immer
einen Grund, wenn wir auch jetzt nicht immer denselben mehr aus-
findig zu machen vermögen. So geht es auch bei dem Namen Darmstadt oder vielmehr Darmundestat, wie es ursprünglich heißt. Die
Gelehrten haben sich viele Mühe deßhalb gegeben ohne zu einer Gewißheit zu gelangen. Die einen haben angenommen, der Name der
Stadt stamme von dem Namen des kleinen Bachs, der uns als
„Darm" bekannt ist, so daß also Darmundestat die Stadt oder das
Dorf bedeute, die da liegt, wo der Darm münde, d. h. da wo er
aus dem Walde in's offene Feld trete. Nun kann zwar der Wald,
wenn er auch jetzt mindestens 15 Minuten von der Stadt entfernt
liegt, in jener alten Zeit, in welcher der „große Woog", den erst
Georg I. anlegte, noch nicht bestand, bis an die Stadt gegangen sein,
aber wir haben gar keine Kenntniß, daß dieser Bach in alten Zeiten
schon jenen Namen „Darm" geführt habe, vielmehr sagt ein gründ-
licher, aus den ältesten Quellen und Ueberlieferungen schöpfender
Schriftsteller, in einer 1770 lateinisch verfaßten Beschreibung des
Rheingau's, daß Darmundestadt liege „zwischen dem Ruzzebach (Roßbach) und dem Darmstädter Bach, dessen alter und eigentlicher Name
unbekannt" sei. Man darf also vielleicht annehmen, daß der vom

Volk urſprünglich verſchieden benannte Bach (noch jetzt hat ja der ſüb-
liche Arm ſeinen beſonderen Namen Soderbach) durch die Anlage des
großen Woogs getheilt, verſchwächt und unter der Stadt ſich herwin-
bend ein Anſehen bekam, für das die Benennung „Darm" die richtige
erſchien. — Andere Gelehrte, die von der Annahme ausgehen, daß
ein Theil der Stadt auf den Trümmern des Trajani munimentum
erbaut ſei, und daß die daſige alte Römerſtätte dieſen Namen geführt
habe, glauben, der Name „Darmundeſtat" ſei aus dieſem römiſchen
Namen entſtanden, ſo daß im Laufe der Zeit aus Trajani munimentum Tramuniment, Tramunt, Tramuntestat und Darmundestat geworden wäre. So künſtlich dieſe Namensveränderung
im erſten Augenblicke erſcheinen mag, ſo iſt ſie doch nicht künſtlicher
als andere, wie z. B. die ohne Zweifel aus Magontiacum entſtandene „Mainz", aus Borbetomagus „Worms", aus Mattiacum
„Marburg", aus Lauresheim „Lorſch" u. a. m. — Wieder andere
laſſen den Namen „Darmundeſtat" erſt in der Zeit entſtehen, in der
die Franken Herren des Landes waren und kleinere oder größere Ge-
biete, Dörfer u. ſ. w., erſt in einen Lehensbeſitz und dann in einen
erblichen Beſitz einzelner mächtigeren Perſonen kamen. Die Vertheidiger dieſer Annahme deuten nun den Namen ſo, daß er gleichbedeutend
ſei mit der „Stätte (Wohnſtätte, Ortſchaft) des Darmund", d. h. des
fränkiſchen Edlen Darmund, der dieſen Beſitz an ſich gebracht hatte.
Dieſe Annahme hat vieles für ſich im Hinblick auf ähnliche Benennungen von Ortſchaften, in denen bis jetzt noch keine Römerſpuren
vorgekommen ſind, wie z. B. Autmundestat (Ortſchaft des Autmund)
u. a. m. — Man hat noch eine Meinung aufgeſtellt und dieſe geht
von den Gelehrten aus, die annehmen, daß vor dem Einrücken der
Germanen ein älteres Volk, die Celten, welche eine eigene Sprache
geſprochen haben, hier Wohnſitze aufgeſchlagen hätten. Dieſe Gelehrten weiſen aus denjenigen Sprachen, die aus der celtiſchen entſtanden
ſind (der irländiſchen, der kymriſchen, der gäliſchen ꝛc.), nach, daß „Darem"
Wohnſtätte bedeute und daß dann die Germanen als ſie hierher gekommen, das bei ihnen „Wohnſtätte" bezeichnende Wort „Stat" an
die celtiſche Bezeichnung angehängt hätten. — Wir ſehen, daß man
mancherlei verſucht und mit Gründen nachzuweiſen verſucht hat, daß
man aber zu einer Gewißheit nicht gekommen iſt und auch wohl nicht
kommen wird, weil wir über die Zeit, die Veranlaſſung und Art, wie
die Stadt gegründet ward, aller Zeugniſſe und Urkunden entbehren.

II. Darmstadt unter den Grafen von Katzenelnbogen.

Unter denjenigen angesehenern Familien, die, wie wir vorhin gehört haben, von der Frankenzeit an oder auch später in Länderbesitz
in Deutschland gelangten und eine hervorragende Stellung unter ihren
Zeitgenossen einnahmen, gehören auch die Grafen von Katzeneln=
bogen und diese sind für uns von besonderem Interesse, weil sie in
den Besitz von Darmstadt gelangten und diesen Ort zu einem bedeu=
tenderen gemacht haben.

Der älteste urkundlich nachzuweisende Graf von Katzenelnbogen
ist Graf Heinrich I., der im Jahr 1102 starb. Damals hatten
aber die Grafen von Katzenelnbogen wahrscheinlich in unserer Gegend
noch keinen Besitz, also gehörte ihnen damals Darmstadt noch nicht.
Sie waren vielmehr in dem Niederlahngau vorzugsweise begütert und
führten ihren Namen nach dem dort gelegenen Schloß Alt=Katzeneln=
bogen. Unser berühmter Geschichtsforscher Wenck glaubt übrigens, sie
seien damals schon im Oberrheingau, also in unserer Gegend, begütert
gewesen und Graf Heinrich I. habe es vorgezogen, sich nach jenem
Schlosse und nicht nach einem seiner Schlösser im Oberrheingau zu
nennen, weil er jenes vielleicht zuerst erworben oder vielleicht er=
baut habe.

Im Jahre 1319 erhielt Graf Wilhelm von Katzenelnbogen
Groß= und Kleingerau, Glappach, Betzingen, den Wald Braunshard,
in dem er ein Dorf anzulegen beabsichtigte, und Darmstadt von
dem Bisthum Würzburg zu Lehen. Dieser Graf Wilhelm war ein
sehr staatskluger und thatkräftiger Mann, der bei seinen Nachbarn
und auch bei dem damaligen Kaiser Ludwig in großem Ansehen stand
und auf alle mögliche Weise für sein Haus und seine Besitzthümer zu
sorgen verstand. Als der Kaiser in Trient die Stände seines Reiches
versammelte, war auch Graf Wilhelm unter diesen und erhielt bei
dieser Gelegenheit mehrere Privilegien vom Kaiser verliehen. Auch
war er bei dem Kaiser, als dieser seinen Zug durch die rheinischen
Städte hielt und erhielt bei dieser Gelegenheit neue Gnadenbezeigungen
von dem Kaiser. Der Graf wünschte sein Dorf Darmstadt in größere
Aufnahme zu bringen und erhielt deßhalb von dem Kaiser im Jahr 1330
Stadt= und Festungsrecht für Darmstadt, ferner das Recht, einen
Wochenmarkt an jedem Dienstag und einen Jahrmarkt, der fünf Tage
dauern durfte, halten zu dürfen. Er begann dieser Erlaubniß zufolge

den Festungsbau von Darmstadt und umgab dasselbe mit hohen wohl-
verwahrten, oben mit einem breiten bedeckten Gange versehenen Mauern
mit vielen Thürmen. Bis in die neuesten Zeiten sah man an mehreren Orten unserer Altstadt und sieht sie, wenn auch jetzt nachdem
die Altstadt an zwei Orten, am ehemaligen kleinen Woog und weiter
nördlich geöffnet worden ist, in geringerem Maaße, Reste dieser
Festungswerke, die von Wilhelm I. und vielleicht auch noch von seinem
Nachfolger um die ganze damalige Stadt herumgeführt worden waren.
Von einigen der Thürme, die zu den Festungswerken gehörten, gingen,
wie Wenck erzählt, noch im Jahr 1782, z. B. hinter dem damaligen Pädagog, der jetzigen städtischen Knabenschule, unterirdische ge-
wölbte Gänge unter dem Graben her in's Feld. Nach der Ansicht
einzelner Forscher hatte Graf Wilhelm die ihm bewilligten Festungswerke nicht nun die ganze Stadt herum v o n G r u n d a u s zu erbauen, sondern er hatte dazu theilweise die Mauern benutzen können,
die schon die Römer um das Dorf herum geführt hatten. Daß die
Römer dieß gethan haben, glaubt man annehmen zu dürfen, weil man
an einzelnen Stellen der Stadtmauer auf der Ostseite Ueberreste
römischer Bauweise gefunden hat. Daß Graf Wilhelm auch schon
ein Schloß in Darmstadt gehabt hatte, geht aus einer Urkunde vom
Jahr 1331 hervor, nach der er die Burggrafen und andere seiner
Bediensteten schwören ließ, keinen Unbefugten in Festung und Schloß
einzulassen. Dieses allererste Katzenelnbogener Schloß muß aber ein
sehr unbedeutendes Gebäude gewesen sein, denn es wurde zum Bewohnen für die Gräfin von Katzenelnbogen im Jahr 1356 ungeeignet
gefunden und darum beschlossen, ein neues besseres zu bauen, wie es
in einer Urkunde heißt, „einen burglichen Buwe (Bau), da sie, (die
Gräfin), ehrlichen innen wohnen und sitzen möge." Dieser neue Bau
wurde nach dem Jahr 1360 wirklich ausgeführt und 1375 erscheint
die Gräfin als darin wohnend. Es stand da, wo jetzt ein Theil des
Schlosses steht, wie später ausgeführt werden wird; in einer Urkunde
wird seine Lage als „bei dem Dorfe Darmstadt" bezeichnet.
    Es ist uns aus dem letzten Viertel des 15. Jahrhunderts eine
Beschreibung dieses gräflichen Schlosses erhalten, nach der wir uns
eine ungefähre Vorstellung von demselben machen können. Die Um-
schließung desselben bestand aus einem Zwinger zunächst den Schloßgebäuden, einem darauf folgenden Walle und davor liegendem, mit
Wasser gefüllten Graben. Nach der Bauweise mittelalterlicher Burgen

und Schlösser führte nur von einer Seite und zwar von der Stadt aus ein Eingang in dasselbe. Derselbe bestand aus mehreren Thoren (in der Beschreibung werden ein innerstes und ein äußerstes Porthaus genannt mit Thürmen). Es hatte nur einen, nach Maßgabe der in der Beschreibung einzeln aufgeführten Räumlichkeiten, länglich quadratisch gestalteten Hof. Unter den in den Schloßgebäuden befindlichen Räumen werden vier verschiedene Säle, kleine und große, einer darunter mit vier Kaminen, einer für 15 Tische, einer für 16 Tische namhaft gemacht. Die Wohngemächer des Grafen und seiner Gemahlin bestanden nur aus 6 Piecen und unter diesen waren einige kleine; die Kammerknechte und Kammerfrauen waren auf je ein Gemach, der Amtmann und der Kammerschreiber auf je zwei beschränkt. Eines der Gemächer der Fürstin wird als besonders schön ausgezeichnet; es wird genannt „eine große schöne Kammer mit einem Schornstein und unten, oben und an den Wänden mit Brettern (wohl nach damals gewöhnlicher Weise aus Kirsch- oder Nußbaumholz und mit Leistenverzierungen, Füllungen, Schnitzwerk geschmückt) bekleidet. Als Räumlichkeiten, innerhalb des Schlosses werden uns ferner genannt mancherlei zu einer großartigen Oekonomie gehörige Lokalitäten, wie: Bäckerei, Brauerei, Schlachterei, Viehställe, Speicher u. dgl.

Als Burgmänner der Grafen von Katzenelnbogen d. h. Vasallen, welche die Burg, das Schloß zu vertheidigen hatten und dafür mit Burgmannsgütern belehnt waren, erscheinen 1373 Ulrich gen. Vorholz, 1390 Wilhelm von Grebenrode, 1364 Henrich Crainaich von Derinstein, später 1490 die von Reifenberg, Bos von Waldeck, von Frankenstein, von Landschad, von Hornberg, von Sorgenloch, von Melshaimb u. a. m.

Es läßt sich annehmen, daß Darmstadt, als es Residenz der Grafen von Katzenelnbogen in ihrer Obergraffschaft geworden war, sich bedeutend hob, ebenso in Folge der Bemühungen der Grafen, wie in Folge der Thätigkeit seiner Bewohner. Eine Urkunde vom Jahr 1418 lehrt uns, daß die Bürger der Stadt für die schweren und treuen Dienste, die sie beim Bauen gethan „10 Jahre lang vom Beede und Schatzungen frei sein sollten, nur zu Frohndiensten, Umgeld, Wächterlohn und anderer städtischen Nothdurft waren sie verpflichtet." Es war dieß eine große Befreiung, denn die gefährlichste Abgabe, weil von Willkür abhängig, war die Schatzung. Durch eine Ordnung vom

Jahre 1440 befahl der Graf zur Abhaltung des Märkergerichts in Darmstadt zu den 14 eigentlichen Schöffen noch 14 Männer aus der Gemeinde zu erwählen und dabei übertrug er eine nöthig werdende Neuwahl eines Schöffen oder eines der 14 Männer aus der Gemeinde dem Gericht selbst.

Das Stadtregiment wurde in der Art geführt, daß ein Schultheiß als gräflicher Beamter das Hoheitsrecht ausübte und dem Gerichte vorstand, während dem Bürgermeister mit dem aus den „Geschlechtern“, d. h. aus den freien bürgerlichen Familien gewählten Schöffenrathe, die eigentliche Verwaltung der städtischen Angelegenheiten zustand. Der erste urkundlich vorkommende Bürgermeister erscheint 1362 und hieß Adolf Flecke.

Die verschiedensten städtischen Verhältnisse regulirten zwei im Jahre 1456 gegebenen Ordnungen. Besonders controlirt und überwacht erscheinen darin der Brodverkauf, der Fleischverkauf und der Weinzapf.

Die 3 damals in Darmstadt befindlichen Bäcker waren bei Strafe gehalten, dafür zu sorgen, daß kein Mangel an Weißbrod und Roggenbrod eintrat. Der Preis für ein Brod waren 3 Pfennige; das Gewicht desselben richtete sich nach dem Fruchtpreise und es war der Schultheiß und der Bürgermeister angewiesen, mit dem Gewichte, welches jeder in seinem Hause hatte, in die Backhäuser zu gehen, um sich über das richtige Gewicht zu vergewissern. Es war ihnen aber anbefohlen „den Beckern keinen genanten Tag zu setzen, uff das sich die Becker darnach wissen zu richten.“ Die Bäcker durften die Stadt nie ohne Brod lassen bei 6 Schilling Heller Strafe (2 Heller = 1 Pfennig; 6 Pfennige = 1 Schilling), und zwar mußten sie Weißbrod und Roggenbrod halten. Das Feilhalten mußte Sonntags und Werktags, wenigstens Vormittags, geschehen. Gegen eine gewisse Abgabe durften fremde Bäcker Dienstags am Wochenmarkte Kornbrod feil halten, an einem andern Tage aber nicht, „uff daß die vorgeschriebene Becker ir Brot desto baß verkaufen mogten vnd nit liegen verbliebe.“ — Die Metzger mußten Montags, Mittwochs und Samstags schlachten und in der Schranne feil halten, wenn sie nicht durch Krankheit oder Abwesenheit entschuldigt waren; an den andern Tagen durften sie es ebenfalls, waren aber nicht dazu gezwungen. Dispensirt von ihrer Pflicht waren sie ferner an Fest- und Fasten-

zeiten. „Wär es aber, das sy vnrecht gewichte oder nicht kauffmanns
Gut geben, sol man sie vff dem Lantberge vorbrengen vnd rugen, alß
das von alders herkommen vnd gewonheit ist." Für alle verschiedenen
Fleischarten als Kalb-, Schwein-, Farren-, Stier-, Kälber-, Hammel-,
Widderfleisch, war der Preis bestimmt von 2—7 Heller. Geisen und
Lammfleisch wurde nicht gewogen, sondern in Vierteln verkauft.
Andere Bestimmungen, welche die genannten Ordnungen machten,
betrafen den Lohn für verschiedene Arbeiter, z. B. die Ackerbauer,
die Taglöhner männlichen und weiblichen Geschlechts (bei welchen der
Taglohn höher oder niederer erscheint, je nach der Länge des Tages,
und deren Höherbezahlung, „uff das yme vor aynen andern gearbeitet
würde", mit einer Strafe bedroht war), ferner für die Zimmerleute,
Maurer und Dachdecker (1 Turnos und die Kost), für die Wagner
und Faßbinder, Schmiede. Wieder andere Bestimmungen betreffen die
Behandlung der Gartenzäune („Kappus und andere Garten"), die
Pflege der Weidenbäume, die man „hegen sollte gleich andern Obest-
bäumen", die Pflege der Wiesen in Feld und Wald, die Behandlung
der Flurgraben.

In einer Stadt, in welcher man auf solche Weise für die gewöhnlichen Bedürfnisse zu sorgen sich bemühte, sorgte man aber auch für
die höheren, für die religiösen Bedürfnisse. Ehe Darmstadt zur Stadt
erhoben war, hatte es noch keine Kirche, sondern es bildete ein Filial
von Bessungen, dessen Kirche schon im Jahr 1002 genannt wird und
welches jedenfalls ein viel bedeutenderer Ort war als Darmstadt, was
schon daraus zu ersehen ist, daß die hiesige Cent nach Bessungen genannt wurde und nicht nach Darmstadt. Diese Kirche muß bedeutende
Einkünfte gehabt haben, denn Graf Wilhelm präsentirte dem Victor-
stift zu Mainz, von dem die Besetzung des Pfarrers abhing, seinen
Bruder Tiether zum Pfarrer. Als aber die Grafen von Katzeln-
bogen sich ein Schloß in Darmstadt erbaut hatten und hier wenigstens
zeitweise residirten, erbauten sie auch eine Kirche und von der Zeit
an wurde umgekehrt Bessungen ein Filial von Darmstadt. Diese
Kirche stand da wo die jetzige Stadtkirche steht, ja die Untersuchungen,
welche bei dem Umbau der Kirche im Jahr 1844 angestellt worden
sind, haben unzweifelhaft nachgewiesen, daß ein Theil der jetzigen
Kirche, namentlich der Chor, noch von jener ersten Kirche herrühren.
Wir werden im Laufe unserer Geschichte hören, wann diese erste Kirche
Veränderungen erfahren hat und worin diese bestanden haben. Die

urſprüngliche Kirche beſtand aus dem gewölbten Chor, einem gewölb=
ten Mittelſchiff und zwei ſchmalen ebenfalls gewölbten Seitenſchiffen
und dem Thurm. Das Gewölbe des Mittelſchiffs lag bedeutend
höher, als die der Seitenſchiffe und nur 5 — 6 Fuß höher, als das
des Chors. Der Thurm beſtand nur aus 3 Stockwerken und war
mit einem hohen ſpitzen Dache verſehen, das vier kleine Thürmchen
auf den Ecken trug. So erſcheint er auf einer Abbildung in der
Heſſiſchen Chronik von Dilich abgebildet. Die Kirche erhielt 7 Altäre,
den Hochaltar zu Unſerer lieben Frauen im Chor den Altar der
10,000 Märtyrer, den Graf Johann und ſeine Gemahlin im
Jahr 1419 mit einer Einnahme begründeten, den Altar der heiligen
3 Könige, den Martinsaltar, deſſen Geiſtlicher auch die Martins=
capelle auf dem Herrgottsberge zu bedienen hatte, den Altar zum
heiligen Kreuz, zu welchem die Kapelle zum heiligen Kreuz, auf dem
heutigen Heiligen = Kreuzberg gehörte *), vor dem Chor, den Altar
St. Catharinä und den des heiligen Sebaſtian. — Die erſten Geiſt=
lichen Darmſtadt's, welche in Urkunden genannt werden, ſind: (1429)
Conrad Duchſcheerer, (1435) Leonhard Zeuger, Caplan, (1515) Diet=
rich Klingel.

Außer dieſer Kirche befand ſich auch noch im Schloſſe eine Kapelle.

Als die Grafen von Katzenelnbogen das Schloß und die Kirche
gebaut hatten, hatte die Stadt wohl folgende Ausdehnung, die jetzt
noch zum Theil durch die Ueberreſte der alten Stadtmauer, wie ſie
die Grafen von Katzenelnbogen um ihre Stadt gezogen hatten, bezeichnet
iſt. Die alte Stadtmauer ging zwiſchen der Alexanderſtraße und der
Schloßgaſſe her, lief über den Ritzſtein durch das Sprinzengäßchen, an
dem jetzigen Arreſthauſe vorbei nach dem ehemaligen Teichhauſe, an dem
alten Gymnaſium (jetzige ſtädtiſche Schule) vorüber, hinter der Stadtkirche
her nach dem weißen Thurme. Bekanntlich ſind Reſte dieſer Mauer
auch jetzt noch vorhanden, wenn auch die Thürme und Graben ver=

---

*) Dieſe Kapelle ſtand in dem Edgarten rechter Hand am heiligen Kreuz=
berge; beim Graben in dieſem Garten fand man im erſten Viertel unſeres
Jahrhunderts einen kleinen ſteinernen Altar. Alte Bewohner erinnerten ſich
damals, daß bei Anlegung des dort befindlichen Brunnens die Arbeiter unver=
ſehens in einen unterirdiſchen Gang gefallen ſeien, worin ein ſteinerner Tiſch
geſtanden habe, auf dem ſich ein Handſchuh und zufälligerweiſe auch eine ziem=
lich große Schlange befunden hätte; der Handſchuh ſei dem geringſten An=
rühren in Staub zerfallen.

schwunden sind. Nur der s. g. weiße Thurm ist noch einer dieser
Mauerthürme, denn dieser ist im Jahr 1704 durch Weiteraufbau
eines alten Mauerthurms entstanden. Ueber die Verbindung zwischen
dem weißen Thurme und der Schloßgasse läßt sich nichts gewisses
sagen; vermuthlich aber war dieser Raum durch das Schloß mit
seinen Befestigungen geschlossen.

Die Stadt hatte 3 Thore, wie eine der oben genannten Ordnungen lehrt. Diese Thore waren: 1) das Bessunger Thor. Es
stand damals weiter stadteinwärts als das 1862 abgetragene. Die
alten Darmstädter fabelten von einem Gespenst, was dabei die Menschen schrecke, dem Muhkalb, das sich ihnen auf den Rücken schwinge.
2) Das Arheilger Thor auch Mooken- oder Sprinzenthor genannt.
Es war ein Ueberbau, der auf der einen Seite auf der Stadtmauer
aufsaß, im Sprinzengäßchen, auf der andern auf derjenigen, die zwischen Schloßgasse und Alexanderstraße herabzieht. Später als das
Sporerthor entstand, hieß es auch das innere Arheilger Thor, im
Gegensatz zu dem Sporerthor, welches auch äußeres Arheilger Thor
genannt wurde. Es wurde 1761 abgebrochen. Auch bei ihm spukte ein
Gespenst, eine Mooke. 3) Das Frankfurter Thor („neues Thor"
in den älteren Acten), welches zwischen dem jetzigen Gasthof zum
Prinz Emil und dem (längst abgebrochenen) an den Schloßgraben sich
anlehnenden Waschhause stand. Es erfuhr später, wie wir hören werden, unter Ludwig VI. einen Umbau.

Wie die Stadt in jener Zeit ausgesehen hat, wie ihre Häuser
und ihre Straßen beschaffen waren, darüber wird uns nirgends etwas
erzählt; aber wir können aus dem Aussehen anderer Städte, die bedeutender waren und darum von Reisenden besucht und auch in ihrem
Aussehen beschrieben worden sind, eine ungefähre Vorstellung davon
machen. Die Städte der damaligen Zeit waren aber nichts als un-
regelmäßige Haufen hölzerner Hütten oder plumper kunstloser Stein-
bauten, die meist mit Stroh und Holz gedeckt, weder mit Rauchfängen
in Schornsteinform, noch mit andern zur Bequemlichkeit gehörenden
Einrichtungen versehen waren. Die kleinern unter diesen Holzhäusern
waren in der Regel so leicht gebaut, daß sie z. B. in Hessen zur
fahrenden Habe gerechnet wurden. Einen großen Theil dieser Hütten
nahmen die Viehställe weg, die, ebenso wie die Mistpfützen, gewöhnlich nach der Straße hin angelegt waren, oder den Ausgang dahin
hatten, damit man das Vieh desto bequemer einlassen und austreiben

konnte. Die besseren bürgerlichen Wohnhäuser hatten gewöhnlich eine große Hausflur, welche zur Lagerung von Waaren u. s. w. diente, breite Treppen, große Corridore als Tummelplätze für die Jugend bei schlechter Witterung, dagegen in der Regel enge Stuben und Kammern. Größere Häuser iu Darmstadt, welche in Urkunden jener Zeit genannt werden, waren Häuser der Burgmänner, z. B. ein Haus der Herrn von Frankenstein. Es lag „neben der Arheilger Porten nach dem Schlosse zu", und wurde 1490 von Landgraf Wilhelm für 600 fl. erkauft. Ein anderes Frankenstein'sches Haus am Bessunger Thor wurde erkauft und in den Renthof verwandelt. Die Straßen waren schmal, krumm, gleich den Plätzen ungepflastert und Schweine spielten darin eine große Rolle.

Die Umgegend der Stadt war ziemlich angebaut durch Gärten und Weinberge. Von letzteren erscheinen namentlich aufgeführt als zu „Conrad von Greffenroth's Hof" gehörig, „bei St. Josten liegend", 11 Morgen und 1 Viertel. Bei „St. Jost" wurde noch im vorigen Jahrhundert die Gegend westlich vom Zeughaus benannt, aus welchem Grunde ist aber nirgends angegeben; wahrscheinlich stand in jener Gegend eine dem St. Jost, dem Patron des Land- und Gartenbau's geweihte Betkapelle oder ein ihm geweihter Bildstock *).

Daß Darmstadt, nachdem die Grafen von Katzenelnbogen es zu ihrer Residenz gemacht, ein gewisses Ansehen erlangt hatte, beweist der Umstand, daß im Jahr 1403 der rheinländische Adel beschloß, das 23. Turnier zu Darmstadt zu halten. Es gab damals in Deutschland vier große Turniergesellschaften, eine schwäbische, fränkische, bay-

---

*) Der Weinbau war in unserer Gegend schon unter Carl dem Großen eingeführt. Bis in das 16. Jahrhundert gab es kaum ein Dorf (die des Odenwalds ausgenommen), welches nicht einen Theil seiner Nahrung im Weinbau fand. Als die Grafen Eberhard und Wilhelm von Katzenelnbogen im Jahr 1311 einen Burgfrieden schlossen, wurde unter anderem ausgemacht, daß in Streitigkeiten der Herren derjenige, dessen Amtmann für den Beleidiger erkannt würde, den Burgmännern 1 Fuder Wein geben sollte. Ein Fuder (unter dem ein Faß von 6 Ohm verstanden wird) galt damals 24 fl. — In einer 1565 erlassenen Handwerker- und Taglöhner-Taxordnung werden in Betreff der Weingarts-Arbeiten besonders genaue Bestimmungen gegeben. Als „harte Weinberg-Orte" bei Darmstadt werden in dieser Ordnung genannt: der Busenberg, Breitwiesenberg, Galgenberg, Wingertsberg und der Herdweg. Dieselben Lokalitäten erscheinen auch in einer Visitation der Weinberge aus späteren Jahren.

rifche und rheinifche, welche fich wieder in eine Menge kleinerer Ge-
fellfchaften vertheilten. Einzelne Fürften in den zugehörigen Ländern
bekleideten das Amt oberfter Turniervögte, welche Untervögte zu Bei-
ftänden hatten. Ihre Obliegenheit war, die Turniere auszufchreiben,
die Turnierplätze herzurichten, für Geleit und Quartier zu forgen, die
Wappenfchau vorzunehmen, überhaupt die Turnierpolizei zu handhaben,
deren Einzelnheiten dann von den Turnierwärteln beforgt wurden.

Das Turnier zu Darmftadt wurde in den Vierlanden: Franken,
Rhein, Bayern und Schwaben ausgefchrieben; es wurde eingeladen
„wenn es beliebe, der Ordnung gemäß zu erfcheinen in der Herberg
zu Darmftadt, Sonntags vor Lichtmeß." Es erfchienen zur beftimm-
ten Zeit in Folge der Einladung 20 Fürften und Grafen, 17 Herren,
52 Ritter und 278 Edle, und es ließ fich ein feierliches Kampffpiel
erwarten. Aber fchon in den zwei erften Tagen, in den Tagen der
Vorbereitung, da die Ritter, welche fich zur Theilnahme gemeldet, ihre
Wappenfchilde und Helmzeichen zur Prüfung ausgeftellt hatten, zeigte
es fich, daß das Feft nicht ohne Blutvergießen endigen würde. Es
gab fich nämlich ein Haß zwifchen Heffen und Franken kund, der bei
einer Zufammenkunft des Adels zu Wertheim auf dem Gefellenhofe
kurze Zeit vor dem Turniere entbrannt war. Damals hatten die
Franken den Heffen den Vorwurf gemacht, „die Heffen nährten fich
aus dem Stegreife", wogegen die Heffen den Franken vorgeworfen
hatten, „die Franken verunehrten ihren Adel durch ihre Kaufmann-
fchaft." Der wechfelfeitige Groll würde bei diefer Zufammenkunft
fchon zu blutigen Thaten geführt haben, wenn nicht andere fich in's
Mittel gelegt hätten. Das Turnier zu Darmftadt gab eine willkom-
mene Gelegenheit zur weiteren Ausfechtung des Streites; darum
waren Heffen und Franken fo zahlreich erfchienen, die Heffen mit 140,
die Franken mit 120 Helmen. Um dem befürchteten Uebel möglichft
vorzubeugen, hatte man 12 Vögte, je 3 aus den vier Landen gewählt,
welche die Schranken forgfältiger als fonft errichteten und wohl verwahrten. Außerdem die Zahl der Turnierwärtel von 4 auf 12 erhöht, damit in den Schranken felbft die Ordnung beffer erhalten
werden könne. Am Mithwoch, als die Kämpfe beginnen follten, wurden nach vorher gefchehenem Zeichen mit der Trompete die Gefetze
und Ordnungen verlefen und die Strafen für Diejenigen, fo gegen
Turnierfreiheit und Herkommen handeln würden, verkündet. Dieß
Herkommen beftimmte unter anderem, daß immer nur Einer aus einer

Familie auf den Kampfplatz treten dürfe. Sobald jedoch die Seile abgehauen waren, welche die Schranken sperrten, vergaß man dieser Bestimmung; es ritten oft 12 zu gleicher Zeit auf. Nicht lange währte es, so entspann sich ein solcher Kampf, daß weder die Vögte noch die Wärtel, noch die in den Schranken befindlichen Prügelknechte, obgleich sie sich zwischen die Kämpfenden warfen, die erbitterten Gemüther besänftigen konnten. Umsonst auch benutzten die vornehmsten der Anwesenden ihr Ansehen, die Streitenden zu beruhigen. Da öffneten die Wärtel die Schranken, damit die Grafen und Herren und alle, welche nicht Theil nahmen an dem blutigen Kampfe, sich retten könnten aus dem furchtbaren Getümmel. Endlich, nachdem Viele verwundet und verstümmelt, 17 Franken und 9 Hessen entweder erschlagen oder unter den Hufen der Rosse erdrückt waren, ritten die Urheber von dannen, ohne die Ausgabe des Danks abzuwarten. Um das Herkömmliche nicht ganz außer Acht zu lassen, suchte man die Schrecken des Tags durch einen Tanz zu verwischen, an welchem die Vornehmsten Theil nahmen und schied man erst, nachdem für das folgende Turnier neue Vögte erwählt waren. Aus dem Umstande, daß die Hessen später nur dann die Erlaubniß erhielten, an feierlichen Kampfspielen Theil zu nehmen, wenn sie sich wegen jenes Vorfalls ausgewiesen und dafür Verzeihung erhalten hatten, läßt sich schließen, daß man die Hessen für die schuldigeren hielt. — Es ist für uns Darmstädter eine interessante Frage, an welchem Platze wohl das blutige Ereigniß stattgefunden haben möge? Mit Bestimmtheit weiß man aber nur, daß das Turnier, weil es in der Stadt an einem passenden Platze gefehlt, auf freiem Felde stattgefunden hat. Eine Sage ist es, daß der Kampfplatz auf dem jetzigen Parade- und Theaterplatz, wo ehedem ein bestimmter Theil die R e n n b a h n genannt wurde, und wo in späteren Zeiten die Caroussels stattfanden, gewesen sei. Diese Sage wird durch den Umstand wahrscheinlicher, daß jener Platz außerhalb der damaligen Stadt und doch nahe bei dem Schlosse gelegen war, welches an jener Seite die Stadt geschlossen haben mochte.

Die Polizei, welche in jenen frühen Zeiten unsere Vorfahren übten, wird durch eine Lehensverpflichtung charakterisirt, welche die Herren von Frankenstein der Stadt Darmstadt gegenüber übernommen hatten und welche unter dem Namen des Frankensteiner E s e l s - l e h e n s bekannt ist.

Urkundlich ist diese Einrichtung zwar erst durch Acten des

16. Jahrh. zu belegen, allein die Acten reden von ihr als von einem alten Herkommen, so daß wir auf einen Katzenelnbogener Ursprung schließen dürfen. Der alte männliche Deutsche kannte keine größere Ehre als Tapferkeit, fand also nichts schmählicher als Weiberschläge. Diese waren eine Beschimpfung des ganzen männlichen Geschlechts und als solche wurde sie auch in Darmstadt gestraft. Die Herrn von Frankenstein hatten nämlich von den Grafen von Katzenelnbogen, sowie auch später von den Hessischen Landgrafen eine jährliche Rente von 12 Malter Korn nebst 2 fl. 12 Alb. an Geld zu beziehen, wofür sie verpflichtet waren, auf ihrem Schlosse Frankenstein einen Esel zu halten, der zur Bestrafung solcher schlagenden Darmstädterinnen gebraucht wurde. Eine solche wurde auf das Frankensteiner Eselein gesetzt und mußte von jubelnden Schaaren begleitet durch die Stadt reiten. Hatte sich der Mann in einer offenen und ehrlichen Fehde von seinem Weibe schlagen lassen, und mithin ihre Oberherrlichkeit anerkannt, so mußte er auch, wie es einem getreuen Vasallen geziemet, das Eselein selbst am Zaume führen. War jedoch dieß nicht der Fall, sondern der Angriff kam als Ueberfall, so vertrat denn auch billigerweise ein gedungener Knecht die Vasallenpflicht. Die Strafe wurde urkundlich zum letztenmale 1587 ausgeführt. Im Jahre 1538 scheinen die Darmstädterinnen besonders schlagfertig gewesen zu sein, wenigstens mußten in jenem Jahre mehrere zu gleicher Zeit den Eselsritt ausführen. Bürgermeister und Rath schrieben an Fastnacht dieses Jahres an Junker Hans zu Frankenstein:

„Unsern willigen Dienst mit Fleiß zuvor; erbare vnd gestrenge lieben „Junkern. Es hat sich bey vnsern nachbauren zu Darmstadt Zwiedracht, Zank, „Vneinigkeit erhoben zwischen etlichen vbermüthigen, stolzen, giftigen vnd bossen „Weibern, die sich haben vff geworfen gegen ihre mannen, vnd haben sich vnber- „standen, ihre mannen zu schlagen, vnd deren Etliche das vollbracht haben; „sollicher gewalt, frebel vnd vbermut ist wieder eine ganze sammlung einer ge- „meine, auch sunderlich wieder das Burdlehen vnd das böse Hundert*), vnd „bieweil es dan in Bnser straff so hart vervallen ist, vnd vns in keinem wegk „wil geburen noch zu lassen — — so ist es vnser ernstlicher fürsatz dieselbe zu „strafen, bit vnd ansinnen ewer veste, vns zu hilff kommen nach alten her- „kommen machen, als mit dem eesel vnd den man baruff zu schicken, vnd wolt „vnß nit sumen oder verhindern, sunderlich den eesel vff neste Dienstag morgen „fru vnßern statboden zu vch schicken, der soll den eesel vnd den man geleiden „gen Darmstadt, do wird er futer vnd mal haben vnd wann wir ihn gebrauchet

---

*) Das „böse Hundert“ war das Criminalgericht.

„in vnſern noten, ſo wollen wir in ewre feſte wieder mit vnſerem ſtalboben
„heimgeleiten an ewre koſten vnd ſchaden, dan wir konnten es mit vngeſtraft
„laſſen, vff das das vbermutig, ſtolz vnd boſe weibs gewalt mag vnberdruckt
„werden vnd nit weiter einreißen. Schultheiß vnd Schöffen des boſen Hundert
„zu Darmſtabt."

III. Darmſtadt als Heſſiſche Provinzialſtadt.

Aus der großen Fürſorge, welche, wie aus alten Schriftſtücken
hervorgeht, die Grafen von Katzenelnbogen ihrem Lande im Ganzen
zuwendeten, läßt ſich ſchließen, daß ihre Reſidenzſtadt Darmſtadt dabei
in erſter Linie bedacht war, wenn uns auch nicht näher erzählt iſt,
was ſie ſpeziell dafür gethan haben. Namentlich war Graf Philipp
ein äußerſt weiſer Regent, der das Anſehen ſeines Hauſes durch Er-
werbungen aller Art gar ſehr zu heben verſtanden hatte. Er ſtarb
im Jahre 1479 im 77. Jahre ſeines Alters als der letzte Mann
ſeines Stammes, da ſein einziger Sohn ſchon lange vor ihm geſtorben
war. Seine Tochter Anna war an den Landgrafen Heinrich von
Heſſen vermählt und brachte dieſem nach dem Tode ihres Vaters die
Graffſchaft Katzenelnbogen zu, nebſt den großen Summen, die ihr Vater
in Folge ſeiner weiſen Sparſamkeit hinterlaſſen hatte. Sicherlich
würde Darmſtadt aus dieſem Reichthume ſeiner jetzigen Fürſten Nutzen
gezogen haben, wenn dieſe in Darmſtadt reſidirt hätten. Allein die
Landgrafen von Heſſen reſidirten in Caſſel und in Marburg und ſo
hörte auf einmal Darmſtadt auf, Fürſtenſitz zu ſein und damit war
vor der Hand ſein weiteres Emporblühen durch unmittelbaren fürſtlichen Einfluß wenigſtens gehemmt. Nur ganz ſelten erfahren wir
aus Akten etwas über Anlagen und Einrichtungen in Darmſtadt in
dieſer Zeit, wie z. B. daß im Jahre 1491 ein Brunnen geſetzt wurde,
ohne daß uns aber erzählt wird, wo dieſer Brunnen ſtand. Ferner
erfahren wir, daß im Jahre 1512 verſchiedene Bauereien am Schloß
vorgenommen, daß z. B. einzelne Räumlichkeiten in einem „Neuen Baw"
gedielt und Fenſter hergeſtellt, ſowie die Graben um das Schloß hergeſtellt wurden.

In der Geſchichte tritt Darmſtadt zum erſtenmale wieder in der
Sickingen'ſchen Fehde auf. Unter der vormundſchaftlichen Regierung der
Landgräfin Anna für ihren Sohn Philipp, ſpäter der Großmüthige
genannt, verbanden ſich mehrere Heſſiſche Edelleute gegen den Land-

grafen, von dem ſie manche vorgebliche Rechte und Forderungen anerkannt haben wollten. Unter den Verbündeten befand ſich auch Franz
von Sickingen, der Pfälzer, einmal weil er ſelbſt Anſpruch auf einige
ihm vorenthaltene Wieſen bei Nordheim und andere Gefälle zu haben
glaubte, dann aber weil ihn die Heſſiſchen Edlen beſonders zum Bünd-
niß eingeladen hatten. Franz ergriff mit Freuden die Gelegenheit,
ſeine vor Metz ſtehende Schaar anderwärts beſchäftigen zu können.
Er fiel mit 3000 Reitern und 10,000 Fußgängern in die Obergraf-
ſchaft Katzenelnbogen ein, und ſeine Truppen verheerten das Land und
plünderten die Bewohner. Dann drang er in die Niedergraffſchaft
vor und kehrte wieder zurück, um ſich der Stadt Darmſtadt zu bemächtigen, wo die Blüthe des Heſſiſchen Adels, über 600 Reiſige, als
Beſatzung lagen. Die Sage bezeichnet den Buſenberg als diejenige
Stelle, auf welcher das Sickingen'ſche Lager geſtanden habe. Auf der
Seite des Beſſunger Thors wurde die Stadt angegriffen, und namentlich das alte Renteigebäude, welches auf dem Platze ſtand, an dem
jetzo die ſtädtiſche Schule (das alte Gymnaſium) ſich befindet, zuſammen-
geſchoſſen. Innerhalb der jetzigen „Mathildenhöhe" erhob ſich vor
Alters eine Schanze, oder eigentlich eine Batterie, welche der Tradition
zufolge noch aus der Sickingen'ſchen Fehde herrührte. Die ganze Gegend
um Darmſtadt, wohin ſich viele Bewohner der benachbarten Oerter
geflüchtet hatten, wurde in eine Einöde verwandelt; die Stadt ſelbſt
litt bald Mangel an Lebensmitteln und nur die Furcht vor der allgemeinen Plünderung bewirkte, daß die Bürger die Waffen noch nicht
niederlegten. Vergeblich wartete man auf Verſtärkungen oder etwaigen
Entſatz, da rettete der Markgraf Philipp von Baden die Stadt von
den Schrecken, welche ſie bedrohten. Er ſandte drei ſeiner Räthe,
welche nach gepflogenen Unterhandlungen zwiſchen den Hauptleuten zu
Darmſtadt Namens des Landgrafen von Heſſen und Franz von Sickingen
einen Friedensvertrag zu Stande brachten. Der weitere Verlauf der
Sickingen'ſchen Fehde gehört nicht hierher, da Darmſtadt dabei nicht
mehr betheiligt war. Sie endigte erſt mit dem Tode des ritterlichen
Franz, nachdem er ſeine Feſte Landſtuhl hatte übergeben müſſen. —
Darmſtadt ſah ſeinen Landgrafen, als dieſer zur Wiedereinſetzung
des Herzogs Ulrich den Zug ins Würtemberger Land unternahm und
die Truppen ſich in dem Lager bei Pfungſtadt zu ſammeln hatten.
Dieſer Zug verurſachte aber der Stadt ſtarke Lieferungen an Geld,
Korn, Hafer, Wein ꝛc. in das Lager bei Pfungſtadt.

Daß Philipp dem Großmüthigen, obgleich er nicht in Darmſtadt
reſidirte, an deſſen Emporkommen gelegen war, iſt aus einem Briefe
von ihm an Pfalzgraf Friedrich vom 28. Februar 1536 zu erſehen,
worin er dieſem unter anderem ſchreibt: „Daß aber die Straße durch
„Darmſtadt gelegt, iſt von uns dem Flecken zu guten beſchehen, die=
„weil ſie, wie Eure Liebden wiſſen, hart verderbt wurden, damit ſie
„ſich etwas wibber erholen möchte, und ſollen Euren Liebden und den
„Ihren, welche Zeit ſie anſuchen, es ſei bei Tage und Nacht, die
„Schläge offgelaſſen und der Paß gegent werden, dann es darumb
„nicht beſchehen, daß Eure Liebden und den Ihren Paß und Durchzug
„ſollte gehindert werden." Zur Erläuterung iſt folgendes hinzuzu=
fügen: Für Sicherheit des Verkehrs und Handels war im deutſchen
Reiche ſchon ſeit ſehr frühen Zeiten durch beſondere Geleitsanſtalten
Vorkehrung getroffen. Das Geleite war entweder ein lebendiges d. h.
es waren Bewaffnete, welche den zu Geleitenden begleiteten, oder es
war ein todtes d. h. ein Geleitsbrief, welcher im Namen des Regenten
Schuß und Sicherheit der Perſonen und Güter zuſagte, wenn — der
mit einem Geleitsbriefe Verſehene nicht von der beſtimmten Geleits=
ſtraße abwich. Dieſe Geleitsſtraße, welche bis dahin einen andern
Zug hatte, führte nun Philipp im Intereſſe der Stadt durch Darm=
ſtadt. — Philipps Fürſorge für Darmſtadt iſt auch daraus zu er=
kennen, daß er 1529 der Stadt zu den bereits herkömmlichen zwei
weitere Jahrmärkte, einen auf Johannistag, den andern auf
Andreastag und einen weiteren Wochenmarkt bewilligte. — Daß die
Bauluſt in Darmſtadt zu den Zeiten Philipps nicht ganz unthätig
geweſen, ergibt ſich aus einer Vorſchrift deſſelben, wonach beim Häuſer=
bau zu Darmſtadt nur für Schwellen und Eckpoſten, nicht aber für
Balken und Dachſparren Eichenholz verwendet werden durfte. Zu
letzteren mußte Fichten= oder Tannenholz genommen werden. Damit
dieſes immer zu haben war, wurde in Darmſtadt auf Koſten der
Stadt ein „Stadtholzhaus" errichtet, in dem ſtets ein Vorrath ge=
halten werden mußte. — Auch das Schloß wurde von ihm in Bau
und Beſſerung erhalten, wie ſich aus einzelnen Andeutungen in Acten
ergibt, ſo z. B. im Jahre 1521, in welchem 36 fl. 8 Alb. und 23 Mltr.
Korn den „Grabenmachern" gegeben wurde, für Aufwerfung eines
Grabens auf dem Walle um das Schloß; im Jahre 1522, in welchem
Jahre, wie aus den Streitſchriften mit Mainz zu erſehen, die Ge=
meinden Wolfskehlen und Stockſtadt bei dem Bau des Schloſſes

frohnden mußten; ferner im Jahre 1529, da eine Summe gezahlt wurde, „vmb den Hoffgarten hinter dem Schloß zu buhen vnd zu machen.“

Als der Landgraf ſich der Reformation angenommen und dieſelbe im Jahr 1527 in ſeinen Landen allgemein eingeführt hatte, wurden bekanntlich die Klöſter eingezogen und mit den geiſtlichen Gütern die neugeſtiftete Univerſität Marburg beſchenkt, ſowie die vier Samt- hoſpitalien Hofheim, Haina, Gronau und Merzhauſen. Man hat zuweilen die Meinung aufgeſtellt, auch in Darmſtadt hätten Klöſter beſtanden, die bei dieſer Gelegenheit aufgehoben worden wären. Es findet ſich aber von ſolchen nirgends eine Spur und es iſt anzunehmen, daß die in der Nähe von Darmſtadt beſtandenen Kapellen die Veran- laſſung zu dieſer Meinung gegeben haben. Die eine dieſer Kapellen ſtand auf dem heiligen Kreuzberg; eine andere, die des heiligen Martin, auf dem Hergottsberg. Dieſe beiden Kapellen wurden bei Einführung der Reformation abgebrochen und mit den dazu gehörigen Gütern, die aber nicht ſehr bedeutend waren, verkauft. Als im Jahre 1537 die alte Kirchenordnung abgeändert und ganz Heſſen in 6 große Kirch- ſprengel getheilt wurde, deren jeder einen Oberaufſeher (Superinten- denten) erhielt, erſcheint als erſter Superintendent des Darmſtädter Sprengels Bernhard Wiegersheim und nach ihm Peter Volz.

Die proteſtantiſchen Fürſten ſchloſſen bekanntlich zur Vertheidigung ihrer Sache den Schmalkaldiſchen Bund und es entbrannte, nach man- nichfachen fruchtloſen Verſuchen zu einer Verſtändigung mit dem Kaiſer, der Krieg zwiſchen den ſtreitenden Parteien. Die beiden Häupter des Bundes, Landgraf Philipp von Heſſen und Churfürſt Johann Georg von Sachſen ſtanden an der Spitze eines dem Gegner weit überlegenen Heeres. Allein verſchiedene Anſichten unter den Häuptern des Bundes über die Art der Kriegsführung verdarben deren Sache. Philipp ließ ſich bei Giengen in eine Schlacht ein, gerieth aber in die größte Ge- fahr, als er das Brenzer Thal durchziehen wollte. Die Armee mußte ſich theilen und am Ende ſah jeder der Heerführer ſich genöthigt, ſein eignes Land zu ſchützen. Sobald aber die Schmalkaldiſchen Bundes- genoſſen ſich getrennt hatten, rückte der kaiſerliche General Graf von Beuern oder Büren mit 4000 Reitern und 10,000 Mann zu Fuß, darunter einige ſpaniſche und italieniſche Cohorten, von den Nieder- landen nach Mainz hin. Er überſchritt den Rhein und rückte zur Züchtigung des Landgrafen in die Obergraffſchaft Katzenelnbogen ein.

Während das flache Land der Wuth der Truppen preisgegeben war, vertheidigten die Bürger Darmstadts, so wenig auch bei der Entfernung des Bundesheeres ein Entsatz zu hoffen war, ihre hart bedrängte Stadt. Zweimal ließ Büren die Stadt bestürmen, zweimal wurde er mit Verlust zurückgeschlagen. Da suchte er durch Hinterlist zu erreichen, was ihm durch Gewalt der Waffen schwer würde geworden sein. Er begann Unterhandlungen anzuknüpfen und schläferte, indem er günstige Bedingungen hoffen ließ, die Vertheidiger der Stadt ein, so daß sie vergaßen, die Waffen nicht eher niederzulegen, bis die Bedingungen von beiden Seiten unterschrieben wären. Allein an ein Unterschreiben der Bedingungen dachte Büren nicht. Während man noch unterhandelte, ließ er die Mauern ersteigen und die tapferen Bürger mußten ihre Leichtgläubigkeit mit Plünderung und Brandschatzung büßen. Zugleich wurde der alte Sitz der Grafen von Katzenelnbogen, das Schloß in die Luft gesprengt, so daß später kaum noch Spuren davon zu sehen waren. Der einzige jetzt noch vorhandene Rest des alten Katzenelnbogener Schlosses ist das Erdgeschoß des Baues, in welchem dermalen Seine Königliche Hoheit der Großherzog wohnen, die jetzige Hofconditorei. — Die Bürger Darmstadts hatten indessen durch ihre muthvolle Vertheidigung dem feindlichen Feldherrn Achtung eingeflößt. Er schonte ihres Lebens und sprach die hohe Achtung, die er vor ihnen hatte, auch später in Worten aus. Kurze Zeit darauf begab sich Büren in die Gegend von Frankfurt, bei welcher Gelegenheit er denn auch jenseits Arheilgen auf den Feldern campirte. Es rührt daher der Name jener Gegend und des daselbst entstandenen Weilers, Beuerseich (nicht Baierseich). Da er wegen der ungünstigen Jahreszeit sowohl, als auch wegen seines geschwächten Heeres sich zur Eroberung einer so festen und volkreichen Stadt, wie Frankfurt eine war, keine Hoffnung machen konnte, so gedachte er in die Gegend von Mainz zu ziehen. Schon hatte er seinen Rückzug von Frankfurt begonnen, als unvermuthet die Frankfurter ihm durch eine Gesandtschaft demüthig die Uebergabe der Stadt und die Unterwerfung der Bürger ansagten. Als nun Büren hierauf mit dem Senate speiste, sprach er während der Tafel, man wußte nicht recht ob im Ernste oder im Scherze: „Die Darmstädter verdienten Frankfurt zu bewohnen, damit diese Stadt Bürger bekomme, die sie zu vertheidigen verständen; die Frankfurter aber sollten nach Darmstadt geschickt werden, welches im Vergleich mit Frankfurt nur ein Dorf ſei. Es werde ihm übrigens ein Vergnügen ſein, dem Kaiſer, ſeinem Herrn, dieſen Vorſchlag zu einem Tauſche zu machen." Wenige Monate nachher mußte bekanntlich Philipp ſich dem Kaiſer auf Gnade und Ungnade unterwerfen, knieend Abbitte thun und wurde dann bis zum Jahre 1552 in harter Gefangenſchaft gehalten. In dieſer ganzen Zeit blieb Darmſtadt in der Zerſtörung liegen, die Büren darin angerichtet hatte.

Als Philipp aus ſeiner Haft wieder heimgekehrt war, ſuchte er Darmſtadt für die überſtandenen Drangſale des Kriegs dadurch wieder einigen Erſatz zu gewähren, daß er ſeinen zweiten Sohn, Ludwig, an= wies, darin zu wohnen, und das Schloß zu dieſem Zwecke nothbürftig herſtellen ließ. Im Jahre 1559 wurden, vorliegenden Rechnungen zufolge, 967 fl. 22 Alb. für den Schloßbau ausgegeben. Die dabei arbeitenden Handwerker wurden nach gethaner Arbeit regalirt. So erhielten die Leiendecker 6 Viertel Wein zu „Knopf= und Schloßwein" als ſie mit dem Dach fertig geweſen. Im Jahre 1560 wurden 560 fl. 7 Alb. verbaut; ferner wurden unter anderem verausgabt 3 fl. 15 Alb. „für 6 Wandleuchter, ſo man an die Wände nagelt, welche im Fürſtengemach angeſchlagen wurden." Ludwig zog in das ihm angewieſene Schloß ein. Aber es muß daſſelbe gar nothbürftig geweſen ſein, denn der alte Chroniſt Buch, der ſpätere Erzieher der Prinzen Georgs I., vorher viel mit dem Landgrafen Ludwig, ſagt davon: „es ſei geweſen ein Gebäu, ſchlecht mit Holz, daß man zur Noth vier Gemach druf haben können und dann die Canzley überm Thor, und dem Garten." Wir erſehen dieſe ärmliche Beſchaffenheit des Schloſſes aber auch aus dem Briefwechſel, den Ludwig deßhalb mit ſeinem Vater führte. Ludwig ſchrieb darüber ſeinem Vater im Jahre 1562:

„Wiewoll die Behauſung zu Darmſtadt mit Fürſtengemachen verſehen, ſo „will aber doch die bequemſte Gelegenheit erfordern, daß auch etliche ſtuben und „Chamern darin für die vom Abell auch ander Hausgeſinde zu erhalten auf das „förderlichſte möchten erbauet werden; ſolten ſolche außerhalb dem Schloß und „ich alſo allein in der Behauſung über nacht ſein, wäre faſt bedenklich. Dazu „würde es wenig nutzen bringen, ſo daß Hausgeſinde bei nächtlichen weill auß „dem Hauſe gehen ſolte."

Auf dieſe Bedenken äußerte Landgraf Philipp ſeinem Sohne.

„Wir wollen verſchaffen, daß in unſerem Schloß zu Darmbſtad noch ein „Stuben oder Chammer, da 4 Betten inne ſtehen kennen, gebaut werden ſoll „darinnen magſt du die Diener legen, die du am nottbürftigſten haben mußt.

„Dann daß du viel vom Abel und ander Gesinde über Nacht im Schloß liegen „haben wolltest, wissen wir nicht, worzu daß nutz, dann allein, daß so viel mehr „Weins ausgesoffen und ein Nacht am Schlaftrunken und andern mehr verthann „wirde, als wenn sie drei Nacht in der Stadt liegen."

Die eine hinzugekommene Stube, darin vier Betten stehen konnten, scheint aber dem Landgrafen Ludwig doch noch nicht genügt zu haben, denn bereits im Jahre 1563 gelangte schon eine weitere Bitte des Sohnes an den Vater, worauf sich Philipp bewogen fand, von dem Baumeister einen Kostenanschlag machen zu lassen.

Uebrigens mußte Landgraf Georg, als ihm das Darmstädter Land zufiel, seinem Bruder 7000 fl. herauszahlen für das Schloß, welches er hatte bauen lassen, wie der Chronist Buch erzählt.

Man hat zuweilen angenommen, daß das s. g. Bauern= häuschen,*) welches in der nördlichen Façade des jetzigen Schlosses eingehängt erscheint, ein Erker gewesen sei und einen Ueberrest des zwischen den Jahren 1559—1564 auf die unteren Steinwände oder Fundamente nach und nach gebauten hölzernen Hauses des Prinzen Ludwigs bilde. Für diese Annahme finden sich jedoch in den Acten nur sehr schwache Anhaltspunkte**), vielmehr scheint dieses Anhängsel ein Taubenhaus gewesen, wie es in damaliger Zeit fast in jedem Schlosse angebracht wurde***).

Landgraf Ludwig scheint während der Zeit seines hiesigen Aufent= halts statthalterliche Befugnisse gehabt zu haben. Es geschah Mancherlei im Interesse der Gemeindeangehörigen und zwar erfolgten solche An-

---

*) Zum Bauernhäuschen hat es die Sage gemacht, welche also er= zählt: Als das Schloß gebaut werden sollte, lag ein Häuslein einer armen Wittib im Wege und der Baumeister ging zu ihr, um es ihr abzukaufen. Aber wie viel Geld er ihr auch für die Hütte bot, sie wollte dieselbe nicht hergeben, weil ihre Aeltern und Großältern darin geboren und gestorben seien und sie auch darin sterben wolle. Der Baumeister wollte sie mit Gewalt aus dem Häuslein treiben, da wandte sie sich an den Landgrafen und klagte ihm ihr Leid, und der Landgraf gebot sofort, die arme Frau in ihrem Eigenthum zu belassen und die Hütte dem Schlosse einzubauen. Das geschah und darum steht man es heute noch am Schloß hängen, wie ein Nest, das ein Vögelchen daran gebaut.

**) Im Jahr 1688 wird das „alte Schlößchen" erwähnt, dessen Dachwerk ausgeflickt werden mußte. Vielleicht ist hiermit das Bauernhäuschen gemeint.

***) Vielleicht hat es als besonderes Taubenhaus noch unter Georg I. ge= dient; im Jahre 1580 kommen zur Berechnung: 5 Malter Gerste „vor die Haustauben im Schloß, 6 Mltr. Wiken für die Tauben im Schloß, 1 Gr. 2 Kumpf Haidkorn für die weißen Turteltauben."

ordnungen „anſtatt J. f. Gn. Herrn Ludwigen, Landtgraffen zu Heſſen"
durch „deroſelben fgl. Amptmann zu Darmbſtadt vnd Auerbergk, den
ehrenveſten Johann von Renſtorff, auch derſelben Kellern, Burgk= vnd
Zentgrauen, Schultheißen." Eine ſolche im Intereſſe der Bewohner
erlaſſene Anordnung iſt die im Jahre 1565 ins Leben getretene H a n d =
w e r k s = und A r b e i t s = T a x ordnung. In derſelben iſt neben andern
Beſtimmungen für alle Arten von Handwerkern und Arbeitern ein
Tarif aufgeſtellt, nach dem ſie „nicht allein mitt Eßen vndt Trincken
ſonder auch mit der Belohnung" zu bezahlen waren. Als Beiſpiel
wollen wir die für die Schneider gegebenen Beſtimmungen an=
führen. Wenn man einen Schneider im Haus arbeiten ließ und ihm
die Koſt gab, ſo erhielt der Meiſter täglich 1½ Batzen, der Knecht
5 Kreuzer, der Lehrjunge 3 Kreuzer. „Sollen aber morgens zu 4 Vhr
in die Arbeyt gehen und des Abends bis umb 7 Uhr arbeiten.
Welcher mer gebe, ſoll 2 fl. zu ſtraff geben, welcher Schneider ſich
weigern wfirde, und nicht in ſolchem taglohn arbeiten wollt', ſoll jedes=
mal 2 fl. zu Straff geben. So aber ein Schneider einem über die
benennde Stund arbeyten oder etwas fertig machen wurdt, ſo ſoll
derjenige ſich nach gelegenheyt der Zeytt oder desjenigen, ſo in der
Schneider gemacht hatt gepürlicher weiß vmb verglichen." Die Koſt,
welche den Arbeitenden verabfolgt werden mußte, war alſo beſtimmt:
„Erſtlich ſoll ein jeder, der Arbeyter in ſeiner Coſt hatt, vnd arbeyten
läßt, es ſeyen Handtwergks Leut oder gemeyne Arbeiter Ihnen nach
gelegenheyt vnd ſeinem Vermogen denſelben gepürlich eſſen, das nach
notturft gekocht vnd wie er das gehaben mag, bereyten vnd zu eſſen
geben, Neben demſelbigen an Getrenk des Weins wie volgt: Zur
Suppen ſoll man vff ein Maaß Perſon ein halb Echtmaß weins geben,
Zur Mittags 1, Zum Vnder Brott ³/₂, Zum NachtEſſen 1 Echtmaß.
Welcher mer oder weniger giebt, ſoll jedesmal 2 fl. zu ſtraff geben.
Welcher Arbeyter aber ſich in Eſſen vndt trincken nach dießen Orde=
nungen ſich ſperren würde, ſoll jedesmal 2 fl. zu Buß geben." In
ähnlicher Weiſe wie für die Schneider ſind auch Beſtimmungen gegeben
für die Bäcker, Metzger, Maurer und Steinmetze, Zimmerleute,
Schreiner, Bender, Ströhſchnitter, Gemeine Taglöhner und Arbeiter,
Weingartenarbeiter, Mäher, Dreſcher. Eine D i e n ſ t b o t e n ordnung
macht den Beſchluß der nützlichen Anordnung. In letzterer iſt bei
Strafe der Dienſtboten wie der Herrſchaften befohlen den eingegangenen
Vertrag zu halten, und bei Strafe von 5 fl. verboten, Dienſtboten

„abzuſpannen, zu verfüren, oder abwendig zu machen." Der Dienſt-
bote, der den Vertrag brach, durfte im Laufe des Jahres in Darmſtadt nicht mehr dienen, und hatte ſo wie die Herrſchaft, wenn ſie die
Dingung nicht hielt, 2 fl. Strafe zu bezahlen.

Die noch vorhandenen Stadtrechnungen belehren uns über die
ſtädtiſchen Einnahmen und Ausgaben in dieſer Zeit. Als Beiſpiel
wollen wir uns einmal die vom Jahre 1551 etwas näher anſehen.
Die Geſammteinnahme der Stadt in dieſem Jahre betrug 338 fl.
1 Alb. 2 Heller. Die Einnahmequellen waren: Wachtgeld, Pforten-
geld, Zoll, Waldſtrafgeld, Feldſtrafgeld, Einzugsgeld, Korngeld. Die
Ausgabe betrug 282 fl. 6 Alb. 2 Heller im Ganzen. Die Ausgaben
waren veranlaßt durch: Wächter- und Pförtnerlohn, Beſoldung der
2 Waldförſter (zuſammen 10 fl. 19 Alb.), Belohnung der 2 Bürgermeiſter (zuſammen 4 fl. 26 Alb.), Heimburger-Belohnung (2 fl. 1 Alb.).
Büttel-Lohn (6 Alb.), Beſoldung der Gemeindebeamten und Diener
[Werkmeiſter 7 fl., Brunnenmeiſter 24 Alb., 8 Letzmeiſter (1 fl. 10 Alb.),
Glöckner (für die Uhr zu warten 15 Alb.), Todtengräber (8 Alb.),
Sauhirt 4$\frac{1}{2}$ Alb., Kuhhirt 4$\frac{1}{2}$ Alb., Feldſchütze 4$\frac{1}{2}$ Alb.], Zins-
gelder für geliehene Capitalien und Wohnungen, Ausgaben für neue
Hüte der Bürgermeiſter und Gemeindebedienſteten (3 fl. 20 kr.).
Schreiberlohn (5 fl. 9 Alb.), Zehrungskoſten der Stadtbedienſteten
bei beſonderen Gelegenheiten (darunter 21 Alb. als der Grenzſtein
zwiſchen hier und Arheilgen neu geſetzt wurde, für die verordneten
Diener und 5 Alb. für die Buben zum Vertrinken, die mit waren
zum Gedächtniß)*), 10 Alb. den Buben und Mädchen „zu Mitfaſten,

---

*) Sowohl die Setzung von neuen Grenzſteinen wie die Begehung der
alten, die bis ins vorige Jahrhundert alle 7 Jahre ſtattfand, war der Act einer
Gemeindefeſtlichkeit. Die Grenzbegehung hatte zum Zwecke, feſtzuſtellen,
ob die Markſteine alle noch am rechten Platze ſtanden, dann, umgeſtürzte wieder
aufzurichten, ſchadhafte durch neue zu erſetzen. Die dabei beobachteten Förm-
lichkeiten waren auch anderwärts in Gebrauch und waren uralt. Aus einem
uns vorliegenden Aktenſtück entnehmen wir folgende Einzelnheiten über eine im
Jahre 1766 ſtattgehabte Begehung. Die dabei betheiligten Perſonen waren nicht
weniger als 49, darunter der landesherrliche Commiſſär, der Stadtſyndikus, der
Steuercommiſſär, der geſammte Stadtrath, die Steinſetzer, der Ruthenſchläger,
die Rathsdiener, der Stadtförſter, dann 8 junge Bürger und 8 Bürgerſöhne
und 8 Knaben. Die Alten, repräſentirt durch die Stadträthe, mußten mit ihrer
Erinnerung an den früheren Zuſtand zu Hülfe kommen, die Jungen hatten ſich
den jetzigen Stand zu merken, um ſpäter mit ihrer Erinnerung helfen zu können.

als ſie den ſummer holten nach alter gewohnheit"*), Baukoſten für die Ziegelſcheuer, an den Pforten, an der Eich.

Im Jahr 1567 ſtarb Philipp. Kurz vor ſeinem Tode, ſo er-zählt der handſchriftliche Chroniſt Theophilus Seibert, als man dem Landgrafen bei der Morgenmahlzeit Johannis Cap. 20 vorlas, ſchlug er bei den letzten Worten: „Dieſe aber ſind geſchrieben, daß ihr glaubet, Jeſus ſei der Chriſt, der Sohn Gottes und daß ihr durch den Glauben das Leben habt in ſeinem Namen," das Meſſer auf den Tiſch und ſagte: „Das glaube ich, das hoffe ich, darauf verlaſſe ich mich, darauf will ich ſterben." Es waren die letzten ernſten und deutlichen Worte, welche der Landgraf ſprach. In der gleichzeitigen Heſſiſchen Reimchronik heißt es hierauf:

Im Land ein großer Riß geſchah
Ein treuen Vater hat's verloren,
Wie man ſeithero hat erfahren.
Der arme Mann fühlt es mit Noth
Und klagt des frommen Fürſten Tod.
Mit Nägeln ſollt ausgraben gern,
Wenns möglich wär, den alten Herrn.

Die Knaben wurden bei beſonders wichtigen Steinen auf irgend eine Art miß-handelt, an den Haaren gerauft, mit einer Ohrfeige beglückt, gewaltſam auf den Stein niedergeſetzt u. dgl., damit ihnen der Platz als ein denkwürdiger beſſer im Gedächtniß blieb. Der Zug bewegte ſich, von einem großen Theile der übrigen Bewohner begleitet, unter Muſik, Geſang und Freudenſchießen und natürlich mit zeitweiſer Unterbrechungen, damit die angeſtrengten Arbeiter ſich gemüthlich mit Speiſe und Trank laben konnten, an der ganzen Grenze zwiſchen Arheilgen und Darmſtadt hin. Daß die Labung eine gründliche war, daß bei dieſem Grenzbegang im Jahre 1766 neben anderem 16 Pfund Ochſenbruſt-tern, 9 Pfund Schweizerkäſe, 20 Pfund Schweinefleiſch, 4 Ochſenzungen, 16 Pfund Schinken, 1 weſtphäliſchen Schinken, 8 Pfund Wurſt, 22 Pfund Hammelsbraten, 24 Pfund Kalbsbraten und etliche Paſteten mitgenommen worden. Natürlich waren die Betheiligten der Nachbargemeinden in ähnlicher Weiſe auf den Beinen.

*) Das Holen des Sommers war ein Gebrauch, deſſen Urſprung ſich aus dem Hertha-Dienſt ableiten läßt. Am Sonntag Lätare zogen Knaben und Mädchen hinaus in den Wald und holten Tannenzweige, mit denen ſie dann in die Stadt einzogen unter Abſingung von Liedern. Das „Sommerholen" wird in allen vorhandenen Stadtrechnungen aus dem 16. Jahrhundert in obiger Weiſe erwähnt. Die Sitte des „Sommerholens" herrſchte auch in vielen andern Gegenden Deutſchlands, in einigen ſogar bis in die neuere Zeit herein, unter dem Namen des „Maiholens."

In dem urſprünglichen Teſtamente hatte Philipp beſtimmt, daß ſein älteſter Sohn Wilhelm Oberheſſen und Niederheſſen, ſein zweiter Sohn Ludwig Katzenelnbogen und Epſtein erhalten ſollte. Die Rückſicht auf ſeine Söhne aus der Ehe mit Margarethe von der Sala, denen er nur auf dieſe Weiſe auch einige Landestheile zuzuwenden vermochte, beſtimmte ihn aber in ſeinem endgültigen Teſtamente das Heſſiſche Land unter ſeine 4 ebenbürtigen Söhne zu theilen. Dem jüngſten Sohne Georg fiel die Obergraffchaft Katzenelnbogen mit der Hauptſtadt Darmſtadt zu, und es begann für dieſelbe eine neue und glänzendere Periode, als der Landgraf, nachdem er von Reiſen zurückgekehrt war, 1567 in ſeine Reſidenz einzog.

IV. Darmſtadt als Reſidenz der Heſſiſchen Fürſten.

1. Darmſtadt unter Georg I. (1567—1593).

Von dem, was Georg I., dem erſten Landgrafen von HeſſenDarmſtadt, an baarem Gelde zufolge des väterlichen Teſtaments zugefallen war, 5000 Gulden, konnte er nicht viel für ſeine Reſidenz im Anfang thun. Er mußte davon zunächſt ſeinem Bruder Ludwig „vor alles Baugeld und Beſſerung an Schloß, Garten, Weinbergen zu Darmſtadt und ſonſten angewendet, über die 600 Gulden" (ſtatt deſſen gab er ſeinem Bruder ein Kleinod) „und über das Geld, ſo Ihro F. Gn. Herr Vater zu dem Bau des Schloſſes verordnet, noch 1000 Gulden, jeder Gulden zu 15 Batzen gerechnet" wieder erſtatten. Allein er war ein guter Haushalter, als welchen ihn auch ſein Vater im Teſtamente rühmte, und im höchſten Grade ſparſam. Wenn ihm von einem Verſchwender erzählt wurde, pflegte er zu ſagen: „Laß gahn, laß gahn! Ein kleines Gut iſt bald verthan, und wann wir dann nichts mehr han, ſo wollen wir dann betteln gahn." Die Rechnung für ſeine Söhne ließ er ſich von deren Hofmeiſter jedesmal vorlegen und ſtrich einſt aus denſelben ein Paar ſeidene Strümpfe, weil ſie für einen ſolchen Prinzen zu koſtbar wären. Einem ſolchen haushälteriſchen Fürſten allein konnte es gelingen, zur Hebung ſeiner Reſidenz das zu thun, was er während ſeiner Regierung wirklich gethan hat.

Es war am 15. Juli 1567, als Landgraf Georg mit 19 Perſonen Dienerſchaft und 17 Pferden in Darmſtadt ankam. Die Stadt

lag noch zum großen Theile arg verwüstet, und das alte gräfliche
Schloß im Schutte. In seinem Beringe erhob sich das hölzerne Haus
mit 4 Kammern, welches Landgraf Ludwig bewohnt hatte. Aber es
fanden sich darin keine Möbel, weil sie Landgraf Ludwig früher schon
hatte wegnehmen lassen, und es mußten darum für die Dauer des auf
14 Tage berechneten ersten Aufenthalts des Landgrafen die Möbel,
sowie die für die Küche und die Tafel nöthigen Geschirre bei den
Unterthanen geliehen werden. Landgraf Georg mochte wohl an dessen
ärmlichen Anfang seiner Hofhaltung denken, wenn er, wie die Chronik
erzählt, später öfters äußerte: „er wisse gar wohl, wie es einem
armen Gesellen zu Muthe sei, der von seinen Aeltern keinen Trost
erhalte.“ — Er benutzte den ersten Aufenthalt in Darmstadt, um von
da aus verschiedene Orte seines Landes zu besuchen, wie z. B. Pfungstadt, Zwingenberg, Dornberg, Hofheim, Biebesheim (wo ihn die
Mädchen des Orts bewillkommneten und dafür 1 Thaler Geschenk erhielten). Nach 14 Tagen verließ Georg seine Residenz und ging nach
Cassel zurück, kam aber öfters von da wieder hierher, um Anordnungen
für den Bau seines Schlosses zu machen, und deren Ausführung zu
betreiben. Seine Energie brachte es schon sehr bald dahin, daß ihm
ein bleibender Aufenthalt möglich wurde. Wenn auch diese Veranstaltungen nur sehr bescheidenen Ansprüchen genügen konnten, so stellten
sie doch den an Einfachheit gewöhnten Fürsten, der ein einfaches Leben
auch noch später führte, als seine Verhältnisse sich besser gestaltet
hatten, zufrieden. Bis ihm sein Bruder Wilhelm zu seiner Hochzeit
silbernes Geschirr schenkte, speiste er von Zinn.

Wir wollen uns nun zunächst betrachten, was Georg I. für das
äußere Ansehen seiner Residenz gethan hat.

Das erste, wofür Georg zu sorgen hatte, um die Regierung in
seinem Lande selbst führen zu können, war die Herstellung eines seinem
Hofe genügenden Schlosses. Daß die Erbauung dieses Schlosses
nur ganz allmählig erfolgte, ist aus den im Staatsarchiv befindlichen
Baurechnungen ersichtlich, welche zeigen, daß an dem Schlosse nach dem
von Anfang an zu Grund gelegten Plane stückweise während der ganzen
26jährigen Regierung des Landgrafen gebaut wurde, ja, daß das
Ganze bei dem Ableben Georgs noch nicht einmal vollendet war. Es
entsprach ein solches allmähliges Bauen auch ganz und gar seinem
Grundsatze, nur mit vorräthigem Gelde zu bauen. Das Schloß, wie
es Georg I. baute, steht jetzt noch zum größten Theile. In seiner

alten Gestalt enthielt es zwei Höfe und drei Pforten. Im zweiten
inneren Hofe, dem Hofe, der jetzt durch die Wohnung Seiner Königlichen Hoheit des Großherzogs, durch den Kirchenbau und den Kaisersaalbau umschlossen ist, stand in der Ecke zwischen Kirchen- und Kaisersaalbau ein Thurm und vor diesem ein Brunnen mit den Bildsäulen
St. Georgs und Neptuns. Der Kirchenbau aber schloß sich nicht an
den Saalbau an, sondern beide waren durch den Thurm und Brunnen
getrennt. Die Verbindung stellte erst Ludwig VI. her, wie wir unten
hören werden.

Schloßhof unter Georg I.

Zu dem einen Gebäude, in dem 1595 erbauten Kaisersaalbau
wurde, der Winkelmannischen Chronik zufolge, besonders der große
„nicht von Säulen unterstützte, mit künstlichen Tapezerien versehene
Saal" bewundert, in veränderter Gestalt der jetzige Kaisersaal. Das
ganze Schloß war mit einem Graben umgeben, den man schon im
Jahre 1568 anzulegen angefangen hatte. Im Jahre 1590 schrieb
Landgraf Georg an den Grafen Philipp von Isenburg, „daß der Wall
umb das Schloß welchen er dero Zeit, als der Graf bei ihm gewesen,
angefangen, nunmehro ausgeführet, auch ein Brunnen darauf geleitet
sei. Nun mangele es ihm aber noch an Wassersteinen zu solchen
Brunnen und werde er berichtet, daß Einer zu Büdingen sein solle,
welcher dieselben fleißig zu machen und deren nach Frankfurt und hin
und wieder zu verkaufen pflege. Er wolle darum den Grafen bitten,

ihm solcher 3, deren jeder 3 oder 4 Ohm halte, und welche alle 3 in gleicher Form in der Höhe, Tiefe, Breite und Länge seien, zu bestellen." Hinter dem Schlosse nach Norden zu legte Georg I. einen Luftgarten an. Er hatte zu diesem Zwecke eine große Anzahl von Gärten, welche Privaten gehörten, anzukaufen*). In einem Verzeichnisse derselben vom Jahre 1581 werden dieselben bezeichnet als „in der Kreuzgasse und Gudemann" liegend. Die „Kreuzgasse" wurde diese Gegend darum genannt, weil sich hier zwei Straßen, die von Arheilgen und die von Wixhausen kommende, kreuzten. Als Garten= und Weinbergsbesitzer werden namentlich aufgeführt: Hans Bernhard von Walbrun (mit 2½ Morgen), Balthasar von Weitelshausen (mit 1 Morgen 14½ Ruthen), Caplan Anton Reuß, Stadtschreiber Daniel Koch. Georg Pfeilstücker, Haus Hepler, Philipp Stapp, Ludwig Schwartz u. a. m. Ein Theil der Besitzer erhielt als Entschädigung Grund und Boden „in der Bruel und Niederwiese," ein anderer baares Geld. Der Chronist Dilich rühmt von diesem Lustgarten, daß „darin etliche Juders Wein und viel herrliches Obst, auch viele exotica wuchsen." Den reichen Weinertrag des Schloßgartens bestätigen Positionen der Kammerrechnung, welche als die jährliche Crescenz nennen: im Jahre 1582: 3 Fuder 1½ Ohm, 2 Viertel (darunter 1 Ohm 13 Viertel Rothwein); 1580 1 Fuder, 2 Ohm, 3 Viertel; 1583 5 Fuder, 5 Ohm, 5 Viertel; 1591 9 Fuder; 1593 8 Fuder, 2 Ohm, 17 Viertel. Die Graserndte betrug 1592 20 Wagen Grummet und 25 Wagen Heu. Als besondere Ankäufe von Obstbäumen für den Lustgarten werden in den Acten genannt: 400 junge Maulbeerstämme aus Italien, Kastanien= und Mandelbäume aus Heidelberg, Borsdorfer Aepfelbäume aus Gießen, Vogelbeerbäume aus Biedenkopf. Der Raum, den Georgs I. Lustgarten einnahm, ist aber nicht derselbe, welchen jetzt das Bosquet einnimmt, dessen Anlage erst von Ludwig VI., wie wir hören werden, begonnen wurde. Er zog vielmehr nicht so weit nördlich als das Bosquet, dafür aber dehnte er sich mehr östlich und westlich aus und zog bis zur jetzigen Louisenstraße. Der ganze Garten war mit einer Mauer umschlossen.

Zwischen dem Schlosse und dem Lustgarten stand an der Mauer des letzteren eine von dem Landgrafen gepflanzte Eiche. Die Veran

---

*) Schon unter Philipp dem Großmüthigen wird im Jahre 1529 ein Hofgarten hinter dem Schloß genannt. s. v. S. 21.

laffung zur Pflanzung derselben ist, der Tradition nach, die folgende: der Landgraf hatte am 24. Sept. 1577 der Jagd obgelegen und kehrte mit einem Eichenzweige auf dem Hute aus dem Walde zurück da ward ihm die frohe Kunde, daß seine geliebte Gemahlin von einem Prinzen entbunden worden sei. Zum Angedenken pflanzte er an der Stelle, wo ihm die Kunde geworden, den Eichenzweig, den er auf seinem Hute trug, in die Erde und derselbe gedieh im Laufe der Jahre zu einem mächtigen Baume *).

Zur veränderten Gestaltung der Stadt trug wesentlich bei die Erbauung des jetzigen Rathhauses und die Anlage des jetzigen Marktplatzes.

Das ursprüngliche Rathhaus stand in der großen Bachgasse, wie man glaubt annehmen zu dürfen, an der Stelle, wo gegenwärtig das Brauhaus zum grünen Laub steht. An dieses alte Rathhaus waren ehedem die Fleisch- und Brodschranne, auch die Mehlwaage angehängt. Dieses Haus war früher zweistöckig und mit einem Thürmchen versehen. Bei einer vor längerer Zeit stattgehabten Reparatur fand man (wie eine Tradition der im Besitz des Hauses befindlich gewesenen Familie Diehl erzählt) in demselben ein zugemauertes Gemach, wahrscheinlich ehedem eine Wachtstube oder vielleicht auch ein Gefängniß; die Wände desselben waren mit vielen hiesigen Familiennamen beschrieben. Diesem alten Rathhause gegenüber, in dem Hause Lit. D. 70, befand sich in uralter Zeit die Post; als das neue Rathhaus erbaut war, wurde die Fahrpost in das alte Rathhaus verlegt, während die Briefpost in dem bisherigen Posthause blieb. Georg hatte, um die Post dahin verlegen zu können, im Jahre 1584, das alte Rathhaus gegen die ihm gehörige „allgemeine Badstube" **) eingetauscht.

---

*) Er war mit Bänken umgeben, ein beliebter Ruheplatz unserer Vorfahren. Am 15. Mai 1711 wurde derselbe als vermeintliches Hinderniß neuer Gartenanlagen gefällt.

**) Das Baden war von Alters her eines der unentbehrlichsten Bedürfnisse aller Gesellschaftsschichten. Man errichtete darum schon aus allgemeinen Gesundheitsrücksichten öffentliche Bäder, weil nicht jedermann sich privatim für ein Bad sorgen konnte, besonders da außer dem Wasserbad auch das Schwitzbad sehr an der Tagesordnung war. Jede Stadt hatte ehedem eine oder mehrere öffentliche Badstuben, ja sogar viele Märkte und Dörfer hatten deren. Wien hatte z. B. nicht weniger als 19. In Folge dieses Bedürfnisses schloß die Landesherrlichkeit, gleich Schenke, Schmiede und Mühle auch die Badstube in

Der Umbau des Rathhauses war schon 1566 unter der Statt-
halterschaft Ludwigs dem „Meister Conrat Lecher Burger und Zimmermann allhie zu Darmbstadt" übertragen worden, und zwar durch einen
alle Einzelnheiten des Baus bestimmenden Contractbrief. „Und wann
dann solcher Bauw, heißt es darin, also wie erzelt, gemacht, verfertigt
vndt vfgeschlagen vnd kein mangel dem gedinge nach gefunden wirde,
So soll die gemeint stadt dem Zimmerman darvon Jnn summa zu geben
schuldigk sein, Nemblichen Einhundert fünfzig gulden, jeder zu 26 alb.
gezält, ahngelt, zwanzigk fünf mltr. korn vndt Ein Fueder Wein,
doich vnder der hanndt notturftige vnderhalt, darzue ihme vnndt seinen
knechten ein gutte malezeit vnndt Jmbs, vndt sollen ihme auch ober
dieses die spehn zum drittentheil vndt dan jedem Bawmeister ein drittentheil gelassen vndt gevolgt werden, doich auch also das Jme solche
spehn nichts anderstes dann alein zu verbrennen vndt nit mehr zum
verbawen dinlich." Ob dieser Umbau wirklich ausgeführt wurde, ist
ungewiß. Die zum Bau des neuen Rathhauses nöthigen Steine
wurden mit Bewilligung des Landgrafen im Bessunger Walde gebrochen. Die zum Bau nöthigen Gelder, in Summa 1000 fl., wurden
von dem Stadtrath „bei dem ehrenvesten und hochgelarten Herrn
Christiano Weißen, der Rechte Doctoren zu Wormbs" geliehen und
jährlich mit 50 fl. verzinst. An das Rathhaus waren die Fleisch- und
Brodschranne, sowie die Mehlwage angebaut.

Zur Anlage des Marktplatzes mußten mehrere Häuser, welche
an jener Stelle standen, angekauft und niedergerissen werden, z. B.
1579 ein Pferdestall vor dem Schlosse, 1584 des Pfarrers Burger
von Trebur Behausung für 1700 fl., 1594 des Bürgers und Schmied-

---

ben Kreis ihrer Regalien ein. Das öffentliche Bad jeder Ortsgemeinde führte
daher die Bezeichnung: das ehehafte (d. i. das gesetzliche, grundherrliche, privi-
legirte) Bad. Der Landesherr überließ in jedem einzelnen Falle diese Gerecht-
samkeit meist mit dem Vogteirechte entweder an Einzelne oder an Gemeinde-
körperschaften. Die Darmstädter Badstube befand sich in der Gasse, die von der
städtischen Schule nach dem neuen Ausgang am ehemaligen kleinen Woog zieht.
In manchen Orten besaßen Bäder ihre Badestuben als Erblehen. Oefters auch
besaßen die Badestuben eine Art Asylrecht, kraft dessen der Gerichtsbote den im
Bade befindlichen nicht zu Gericht abführen durfte, bis er ausgebadet und sich
abgetrocknet hatte. Im 16. Jahrhundert begann der Besuch der Badstuben ab-
zunehmen und zwar aus den verschiedensten Gründen, die wir hier nicht weiter
ausführen wollen. In Folge dessen gingen sehr viele Badestuben nach und
nach ein.

meisters Selberten Haus für 280 fl., der Landschreiberin Haus für 2200 fl. Besondere Mühe machte das Haus des Stadtschreibers Joh. Joach. Breidenstein, welches mitten auf dem Platze stand und dessen Besitzer sich gar nicht davon trennen wollte. Dieses Haus muß ein bedeutendes gewesen sein, denn der Marktplatz erscheint selbst im Jahre 1669 noch zuweilen in den Acten unter dem Namen „Breidenstein'scher Platz," obgleich das Haus bereits 1637 für 4400 fl. erkauft worden war. In diesem Jahre 1669 schenkte ihn Georg II. der Stadt zum Eigenthum unter der Bedingung, daß sie ihn pflastern und im Stande halten wollte, und Landgraf Ludwig VI. (damals Erbprinz) erklärte, wenn dieß die Stadt thue, wolle er auf seine Kosten den Brunnen darauf „zierlich machen lassen."

Diesen Brunnen, der Marktbrunnen, hatte Landgraf Georg I. bei Anlage des Platzes 1568 herstellen lassen. Es diente ihm dabei der Brunnenmeister des Pfalzgrafen Friedrich, den für ihn sein Bruder Philipp (von Rheinfels) zu diesem Zweck erbeten hatte. Im Jahre 1579 scheint derselbe schon eine Herstellung nöthig gehabt zu haben, denn in diesem Jahre erhielt der Brunnen unter andern die Inschrift: „Als man zählt 1579 hat eine gemeine stadt allhie diesen Brunnen mit gnädiger Huld ihres Landesfürsten von neuem machen lassen." Die jetzige Gestalt des Marktbrunnens rührt aus der Zeit Ludwigs VIII. her.

Mit der Anlage des Marktbrunnens hing auch die Vollendung der drei Brunnen zusammen. Georg I. ließ die drei Brunnen-Leitung (an denen schon 1538 viel gearbeitet worden war) 1568 mit 726 gebohrten Röhren herstellen, und benutzte sie auch zur Speisung des Schloßbrunnens.

Die Erbauung des neuen Rathhauses und die Anlage des Marktplatzes machten andere Veränderungen in der allgemeinen Stadtanlage nöthig. Dahin gehörte vor Allem die Errichtung eines weiteren Thores, des Neuen Thores, welches am Ende des Marktes, an der südwestlichen Ecke des Schlosses stand, etwa zwischen dem jetzigen Schwabschen Hause und der Schloßecke*). Dasselbe stand hier bis zur Erbauung der neuen Vorstadt unter Ernst Ludwig, erfuhr aber unter der

---

*) Schon vom Jahre 1457 an ist in den Acten die Rede von einer neuen Port. Unter dieser Bezeichnung ist wohl kein anderes Thor zu verstehen, als das bei dem „Prinz Emil" gestandene, welches später das Frankfurter Thor hieß (s. v. S. 13).

vormundschaftlichen Regierung der Landgräfin Elisabeth Dorothea eine Veränderung. Ueber diese Veränderung wie über die Verlegung werden wir an der betreffenden Stelle Näheres hören. — Um den neuen Markt herum und in den dort liegenden vornehmsten Straßen scheinen nur größere Häuser gebaut worden zu sein, denn Georg verordnete, daß bei diesen die Stücke von Stein und nur ausnahmsweise der 2. Stock von Eichenholz aufgeführt werden durfte.

Vielleicht zum Theil durch die bei Anlegung des Marktplatzes verloren gegangenen Häuser wurden weitere Wohnungen nöthig. Georg I. suchte diesem Mangel durch Erweiterung der Stadt an ihrem nord-östlichen Ende abzuhelfen. Er selbst machte den Anfang zu dieser Erweiterung, indem er für 8000 fl. einen Platz erkaufte, auf dem er 8 neue Häuser zu erbauen beschloß. Der erkaufte Platz hatte aus Gärten und Weinbergen bestanden, welche verschiedenen Einwohnern gehört hatten. Die zu dem Bau der 8 Häuser nöthigen Sandsteine ließ man aus Hirschhorn kommen, und die Ausführung des Baus war dem welschen Maurer Peter de Colonia, der auch bei dem Schloßbau thätig war, und dessen Gesellen übertragen. Als die 8 neuen Häuser fertig waren, wurde das Haus 1 „am Acker" dem Kanzler, das Haus 5 „am Herlenweg" dem Oberförster, das Haus 7 dem Baumeister, das Haus 8 dem welschen Seidenwirker (von dem wir unten Näheres hören werden) zu Wohnungen angewiesen; die 4 übrigen wurden verkauft und zwar das Haus 2 an Elisabeth, Phil. Schetzels Wittwe für 1000 fl., das Haus 3 an Daniel Volz, Keller zu Dornberg, für 1000 fl., das Haus 4 an Wilhelm Herben, Schenk, für 800 fl., „weil er der erste gewesen und sein Geld gleich erlegt," das Haus 6 an Johann Maurer, Keller zu Bickenbach, für 1000 fl. Diese ersten Häuser der alten Vorstadt bildeten die Häuserreihe vom jetzigen Jägerthor bis an den Ausgang der Obergasse. In wie weit vielleicht eins oder das andere der jetzt da stehenden Häuser Theile der früheren aufzuweisen hat, kann ich meinen Lesern nicht sagen. Aber auch noch andere Bauten Georgs I. förderten die Vergrößerung der Stadt nach jener Seite hin. Es entstanden unter seiner Regierung außerhalb des Arheilger (Mooken- oder Sprinzen-) Thors das Jägerhaus, etwa da, wo jetzt das Jägerthor steht, bewohnt von dem Jäger, der mit Hülfe des Jagdknechts die Aufsicht über das im Hause aufbewahrte Jagdzeug, sowie über die Hunde führte, die darin unterhalten wurden. Es wurde im Jahre 1596 (vielleicht nach dem Tode

3*

Georgs) vergrößert, indem das alte Jagdhaus *) umgerissen, des „Georg Grohe Bürgern allhier Behausung samt der ganzen Hofraithe angekauft, und auf dem gewonnenen Platze das „neue Jaghaus" gebaut wurde."

Den 8 Häusern zum Theil gegenüber entstanden 2, die Bau- mühle und die Caserne. Die Baumühle Georgs I. wird von den Zeitgenossen als eine Art Wunderbau geschildert und es muß die Construction der Mühle in jener Zeit als etwas höchst Merkwürdiges gegolten haben, weil alte Werke über Mühlenbau sie als ein Muster namentlich aufführen. Nach einer kurzen Beschreibung in einem solchen alten Werke dürfen wir uns dieselbe in folgender Art denken: Ein großes Schöpfrad nahm das in einem großen Reservoir sich sammelnde Wasser mit Kübeln auf, führte es bis zur Höhe eines dritten Stock- werks, ließ es dann in ein großes Behälter herabstürzen, von wo es durch Oeffnungen in das eigentliche Mühlwerk einströmte und dieses in Bewegung setzte**). Sie führte den Namen Baumühle, weil sie mit dem Bau, d. h. der Caserne, in Verbindung gestellt wurde. Die zum Bau nöthigen Sandsteine und Platten wurden bei Kranich- stein gebrochen.

Auch die Anlage des großen Woogs, anfänglich einfach Stadt- teich genannt, ist ein Verdienst Georgs I. Seine Anlage erfolgte im Interesse verschiedenartiger Zwecke. Man gewann damit eine Hülfe bei Feuersgefahr, einen Teich zur Betreibung der Fischerei für die Hofhaltung und Wasser für den Betrieb von Mühlen***). Zur

---

*) Ein „Jaghoff" wird schon 1556 in den Acten genannt; 1574 ist die Rede von einem Jagdhaus-Bau.

**) In den Acten werden noch einige andere Mühlen Darmstadts ge- nannt. 1556 beschweren sich die zwo Müller in und außer der Stadt das „Leygeld zu geben, diewayl die Müllen nit viel werde auch nit allzeyt ganghafft, wollen darvor gn. Jst. und Herrn die Müllen liegen lassen." 1568 erscheint eine „Mühl in der Stadt zum neuen Thor," deren Müller sich 1570 beschwert, „daß ihm die 3 Brunnen abgegangen und die Hofwäscherei ihme das Wasser auch nehme, also daß er Jahres die wenigste Zeit mahlen könne und erklärt, daß er deßhalb kein Geld oder Weinkauf geben könne. 1575 erscheint eine Schneidmühle in Darmstadt, 1584 eine Buttermühle und Schlag- mühle, 1583 die „Neue Mühl" d. i. die oben genannte Baumühle, in der damals zuerst gemahlen wurde.

***) Der Platz, auf dem er gegraben wurde, war Hofgut gewesen; es findet sich in den Acten folgende Notiz: „Die 21 Mltr. 1 Sr. Hafer, so zu

Speifung des Stadtteichs wurde ein Theil des Darmstädter Bachs
dahin geleitet, der sich unterhalb des Teichs mit dem Mutterbach.
wieder vereinigt. Im Interesse der Fischerei wurden unter andern
im Jahre 1580 10,500 junge, in Worms für 153 fl. 23 kr. ge-
kaufte Karpfensetzlinge dahin gebracht.

Georg I. ließ sich auch die Fortführung des Pflasters in
Straßen und Plätzen angelegen sein*). Man ersieht dies aus
folgender Eingabe der Stadt an den Landgrafen vom Jahre 1577,
welche in verschiedenen Beziehungen in ihrem Wortlaute mitgetheilt zu
werden verdient.

„Durchleuchtiger, Hochgeborner Fürst, Eure F. G. unser underthenige
und gantzwillige Dienst, Pflichtigs Bleyß Im gehorsam zu uoran. Genediger
Fürst unnd Herr, Alß uff E. F. G. genediger beschehen beuelch, Wir Arme
Bnderthanen den Marck albie denn mehrer theils nhumehr Gott lob haben
Pläßern lassen, Unnd aber ein stück vor dem Alten Rathhauß hero ligend noch
zu Pläßern ist, Von den Itziger Zeit auß manglung der Futternng und Waid
unsere Pferdt gar abgetrieben seind, Auch wir Arme Bnterthanen meherntheils
Upseru Habern noch zu sewen haben, Zu dem die Brucken vor der Newßen
Pfortten, der Farth und fahr halben, da die Fhurleuth daselbst unverhinderlich
auß und Ein faren möchten, zum fürderlichsten durch vaß auch gebauhet werden
muß, Derwegen ist an E F. G. unnser gantz underthenig hohe vleißig unnd
dhemutiges Bitten, E. F. G. wöllen auß genediget erwegung ängeregter Br-
sachen halber; unß Armen Bnderthanen genedigluchen bewilligen onnd zulassen
daß der Plaß Vor dem Alten Rathhauß zu Pflaßern genedig möchte eingestellet
werden, bis uff negstkunftig Fruling oder Lentzen Wollen Wir Arme Bnderthanen alßbald denselbigen zum fürderlichsten Immer muglich vollents mit dem
Pflastern verfertigen lassen. Solches vor E. F. G. die der Almechtig Ewige
Gott Im glücklichen langwirig Regierung genedig gefristen und erhalten wolte
Jnn aller Bndertheniger schuldig gehorsam gantz willig zu beschulden seind wir
Arme Bnderthanen Pflichtig E. F. G. genedig unnd Tröstlich anthwort hieruf
unterthenig Pittende

E. F. G.
Arme
Bnubthenige schuldige
gehorsam Bnterthanen
Burgermeister, Gericht und
gantz Gemein albie zu
Darmstadt.

Darmstadt vom Hof gefallen, und der Stadt 12 Jahr verliehen gewesen, gehen
ab, derweil das Hofgut zum Theil vertauschet vor die Felder zu Kranichstein
und zum Stadtteich und zum Theil zu Holzpflanzung und Weingärten roben
lassen."

*) Straßenpflaster kam schon in der Stadtrechnung von 1537 vor und

Wir haben uns nun Darmstadt unter Georg I. nach seinem äußeren Umfange betrachtet und diejenigen Einzelheiten kennen gelernt, die aus den vorhandenen Aufzeichnungen zu erkennen sind. Um uns das Bild von Georgs I. Darmstadt zu vervollständigen, müssen wir aber auch einige Blicke auf das T h u n u n d T r e i b e n s e i n e r B e w o h n e r werfen; dazu bieten uns einzelne Aktenstücke ganz interessante Beiträge.

Wie in allen fürstlichen Residenzstädten das Leben am Hofe zu jeder Zeit auf das Gesammtleben in der Stadt einen großen Einfluß übt, so war es auch von jeher in Darmstadt der Fall. In der Stadtrechnung von 1569 schon wird des Einflusses gedacht. Dort wird der Pförtnerlohn aufgeführt und dabei gesagt, derselbe sei durch Gericht und Vierer gebessert worden, „in Ansehung daß nunmehr der Hofhaltung halber viel Auf- und Zuschließens sei, auch keine Diener um den alten Lohn mehr zu bekommen gewesen." Es ist daher nöthig, ebenso das Hofleben wie das bürgerliche Leben zu betrachten. Wie es bei Hofe gehalten wurde, lehrt uns die H o f o r d n u n g Georgs I. Sie ist charakteristisch für den Landgrafen, der bekanntlich von seinen Zeitgenossen schon den Beinamen des Frommen erhielt, durch den frommen Sinn, der sich überall in ihr ausspricht. Sie beginnt mit den Worten: „Dieweil von Gott dem Allmächtigen, dem menschlichen „Geschlecht zu gut, der Natur eingepflanzt und geordnet ist, daß alle „Dinge erbaulich und ordentlich zugehen sollen, auch die Erfahrung „gibt, daß ohne gute Ordnung und Polizei nichts Beständiges sein „kann, oder mag, und daß aus Unordnung viel Unraths und Übles „entsteht, wie wir denn solches unter unserem Hofgesind bisher mehr „denn zuviel gespürt haben, haben wir hiernach folgende Ordnung ver„fassen lassen." Im ersten Artikel ist der jedesmalige Besuch der Kirche empfohlen, sowie Aufmerksamkeit in derselben zur Pflicht gemacht. Ein Zuwiderhandeln gegen diese Bestimmung wurde an dem Tage der Versäumniß mit Entziehung von Wein oder Bier bestraft. Weitere Bestimmungen gelten dem Anstande und der guten Sitte, welche Georg im Allgemeinen bei Hofe, wie insbesondere bei der Tafel gewahrt wissen will. Da wird bei Androhung von Strafen gewarnt

---

bildete seitdem einen immer sich wiederholenden Posten. Man hatte aber seine große Noth mit dem Pflästerer. Der Meister mußte lange Zeit immer in Oppenheim geholt werden und der Gesell, der ihm helfen sollte, in Ockenhain.

vor Fluchen und Schwören*) ermahnt zu Friede und Einigkeit, Streit und Schlägerei bei Thurmstrafe verboten, aber auch das Zutrinken bei den Tischen im Schlosse untersagt. Es wird ferner ermahnt, bei Tisch züchtig und still zu sitzen, nicht über andere Tische hin zu schreien, nicht zu werfen oder sonstigen Unfug zu treiben. Mehr als 8 Personen durften nicht an einem Tische sitzen, aber auch nicht weniger als 8. Die Vertheilung der Tischgenossen in der vorgeschriebenen Weise war Aufgabe des Burggrafen oder auch des Hausmarschalls. „Auf daß sich auch mit Brodufflegen und Einschenken keine Unordnung „zutrage und Unwill verhütet, so soll es, heißt es in einem Artikel, „nachfolgender Gestalt gehalten werden: „Nemblich sollen sie sich fein „ordentlich zu Tische setzen, alsdann soll einem jeden über jeglichen „Tisch durch unseren Hofbäcker eins oder zwei Hofbrode, je nachdem „sie groß sein, vorgeleget und nothdürftig Wein oder Bier unserer „Verordnung nach eingeschenket werden. Auf welchen Tisch wir aber „Wein verordnet, die sollen solchen jederzeit für die Buttelei selbst „holen und damit gesättigt sein." Wer zu spät zu Tisch kam, erhielt weder Brod noch Wein, mochte er sein wer er wollte. Das Frühstück (die Suppe), welches, wie auch die Mahlzeiten, ein jeder in der Hofstube einnehmen mußte, wurde Sommers um 6, Winters um 7 Uhr aufgetragen. Zu Morgen d. h. zu Mittag gegessen wurde Sommers um 9 Uhr, im Winter um 10 Uhr; zu Nacht gegessen Winters um 4, Sommers um 5 Uhr. Das Zeichen zum Aufhören der Mahlzeit wurde von dem „Burggrafen oder sonst Befehlshaber" durch Klopfen gegeben, worauf dann jeder aus dem Saale gehen mußte. Eine Beilage zur Hofordnung enthält eine Besoldungsübersicht eines Theiles des Hofpersonals. Darin werden aufgeführt 3 Junker mit 4 Dienern, welche zusammen 120 fl. an Geld, 84 Ellen Tuch und 63 Ellen Barchend und die Hofkost als Besoldung erhielten; 3 Personen im Stalle, deren jede 12 fl. Besoldung, 12 Ellen Tuch und 10 Ellen Barchend nebst Kostgeld von wöchentlich 1 fl. erhielt,

---

*) Der Hofjunker, nachherige Hofmeister v. Trazdorf erscheint in den Kammerrechnungen unter der Einnahme-Rubrik „Fluchgelder von Trazdorfen" in folgenden Fällen als Uebertreter dieses Verbots: weil er beim Abschießen der Büchse im Felde gefluchi 1 Batzen; weil er auf der Rennbahn gefluchi 6½ Albus; als der junge Hund zu Dornberg abgesprungen war 6½ Albus; als er dem Hundsjungen, der dem Jäger Goßmann ein Reh zerlegen half, im Schlosse zu Darmstadt gefluchi 6½ Albus.

außerdem 2 Stalljungen, ferner 3 Hundsjungen à 1 fl., 3 Ellen Tuch und 9 Ellen Barchend jährlich nebst Kostgeld von wöchentlich 20 Albus; dann 1 Wagenknechte, ein Hofschneider, ein Kammerdiener, ein Lakai, ein Koch und ein Küchenjunge, denen kein Kostgeld gegeben wurde, alle mit entsprechender Besoldung versehen, so daß der Anschlag aller Besoldungen, Kostgelder, aller Naturallieferungen an Tuch, Barchend und Futtertuch in Geld jährlich 1357 fl. und 11 Albus betrug.

Nach dem vorhandenen Briefwechsel dürfen wir vermuthen, daß Landgraf Wilhelm von Cassel seinem Bruder in der Hofeinrichtung rathend zur Seite gestanden hat und daß die Hofeinrichtung zu Cassel derjenigen in Darmstadt als Muster gegolten hat. Diese Casseler Hofeinrichtung mit einer Menge von Küche und Keller betreffenden speciellen Anordnungen ist noch ganz vorhanden und die Cabinets- bibliothek besitzt dieselbe in einer für Culturgeschichte sehr interessanten gleichzeitigen Handschrift. Wir können aus ihr auf die speciellen Hof- einrichtungen in Darmstadt schließen, wenn es auch am Hofe zu Cassel wohl immerhin flotter hergegangen sein mag, als an dem sparsameren Darmstädter Hofe. — Die Speisen, welche am Hofe zu Cassel zum Genusse kommen konnten, sind darin nach verschiedenen Classen alle angeführt. Die Speisen sind classificirt in Suppen, Gemüse und Beiessen von allerlei Früchten und Gewächsen, Salat, Gebratenes, Federwild oder Federvieh, Weißfleisch, Gesalzenes Fleisch, Bratfische, Gesalzene Fische, Weißfische, Gewürze, Pasteten, Gelées, Gebackenes und Gebackenes im Ofen. Der einzelnen in diesen Classen aufge- führten Speisen sind sehr viele, darunter eine große Anzahl, welche auch heut zu Tage noch bekannt sind, manche aber auch, welche wir hier zu Lande nicht mehr kennen. Unter den S u p p e n kommen vor: gesottene Kapaunensuppe, Gänsesuppe, Specksuppe, Mandelsuppe, Kirschensuppe. Unter den Gemüsen: auch solche von allen Obst- arten, Aepfel, Birn, Kirschen ꝛc. Unter den B e i e s s e n unter andern auch Klettenstengel; unter denen von Milch und Eierwerk: „uffgeblasene Milch mit kleinen Rosinen und Zucker, Schmandtfladen oder gebackene Milch mit Eyern." Unter den S a l a t e n: rothes, weißes und grünes Kappeskraut, Spargeln, Hopfen, Endivien, Rapunzeln, Oliven. Unter den Braten kommen außer allen möglichen Arten von Stallvieh- und Wildpretbraten unter andern auch vor: „Hirschleber uffm Rost mit Speck gebraten und gefüllt, Kuh Juter," aber auch Pfauen und Dohlen. Unter dem W e i ß f l e i s c h (d. h. gekochtem Fleisch) figuriren alle Arten von Federvieh und Stallvieh. Unter dem gesalzenen Fleische erscheinen unter andern: geräuchert Hammelfleisch, sowie Knopwurst, Solicistenwurst, Weiß= und Roth=Wurst. Unter dem Gebackenen kommt schon Nonnengebackenes vor, aber auch gefüllte Wecke mit Kirschenmuß, gefüllte Zwetschen, gebackener Hollunder, Salbei und Krepfel mit Eingemachtem; sowie Hippen und Zwieback. — Die Casseler Hofordnung setzt aber auch fest, wie viele von den Speisen täglich auf den Tisch kommen sollten, und zwar gibt sie die Vorschriften für die einzelnen Rangclassen der Tische ziemlich genau. Es waren nicht weniger als 45 Tische voll Menschen täglich zu speisen. Die Leute wurden übrigens qualitativ und quantitativ ganz gut versorgt, denn sie bekamen Sonntags, Dienstags und Donnerstags „alle durch die Bank hinweg,“ wie es heißt „auf allen Tischen 2 Fleische, 2 Suppen und Zugemüß,“ Montags und Mittwochs ein Fleisch und dürre Fisch mit Zugemüse, Freitags und Samstags ein Fleisch und 3 weitere Speisen von frischen oder gesalzenen Fischen und von Eyern und Butter. „Allen Abend soll man,“ heißt es weiter, „uff einen jeden Tisch 8 Handkäse geben ohne Abbruch der andern Essen und Gemüse.“ — Auf einzelne besondere Tische, wie auf die Fürstentafel, auf die Tafel in der Schule, bei den Räthen, Aerzten c. kam noch überdieß ein gebratenes oder ein weißes Fleisch und an den Fischtagen ein Essen Karpfen oder andere Fische. — Auf diese Weise ging es im gewöhnlichen Leben am Hofe zu. Besondere Veranlassungen machen natürlich Modificationen nöthig.

Zur Vervollständigung des Zeitbildes müssen wir uns auch die besonderen Hofvergnügungen etwas näher betrachten, sowie die Beschäftigungen der fürstlichen Personen und ihres Hofstaats.

Einen großen Theil der Zeit nahmen dem Fürsten die Geschäfte der Landesverwaltung weg. Georg I. lebte seinen Regentenpflichten mit aufopfernder Hingebung. Wir haben schon gehört, mit wie wenigen Männern er die ganze Verwaltung des Landes und des Hofes führte. Der Hauschronist Buch erzählt von ihm, daß er Abends, nachdem er sein Gebet auf den Knieen verrichtet, um 8 Uhr sich schlafen legte und bis 12 Uhr ruhte. Alsdann zog er seinen Nachtpelz an und überlegte umhergehend die des Morgens mit den Dienern und Beamten vorzunehmenden Arbeiten. Besonders in späteren Jahren, als sein Gedächtniß abnahm, schrieb er dieß alles auf einen Zettel, legte diesen unter seinen Teppich und schlief von 3 bis 6 Uhr.

Hierauf, nachdem er gebetet und seinen Zettel wieder überlesen, erschienen alle seine Referenten. Erst Mittags um 2 Uhr nach einem Spaziergange und nach dem Mittagessen kamen der Jägermeister oder der Oberförster. Die Kanzlei besuchte er regelmäßig, selbst wenn Prozesse verhandelt wurden, bei denen er, der Rechtswissenschaft und der lateinischen Sprache kundig, die Stelle eines Richters vertrat. Er las bis zwei Tage vor seinem Tode alle an ihn gerichtete Eingaben selbst durch und gab dem Geringsten seiner Unterthanen Gehör.

Einen großen Theil der dem Fürsten freien Zeit nahm in damaliger Zeit das Jagdvergnügen weg. Philipps des Großmüthigen Jagdlust ist geschichtlich. Er zog oft mit 100 und 200 Pferden zur Jagd und bei einer einzigen Sauhetze im Jahre 1559 wurden in wenigen Tagen über 1100 Stück Wildpret erlegt, bei einem Treibjagen 150 Hirsche gefangen. Selbst in seinem Testamente empfahl Philipp seinen Söhnen die Jagd zu pflegen, indem er sagt: „die „Wildfuhr ist gut, daß sie unsere Söhne hegen, denn hätte Gott kein „Wildpret haben wollen, so hätte es seine Allmacht nicht in die Arche „Noahs nehmen lassen. So ists auch gut, daß sich die Herrn zu „Zeiten verlustiren, die sonsten mit schweren Geschäften beladen sind. „Die Herrn vernehmen auch viel mehr, wenn sie auf der Jagd und „in Jagdhäusern sind, als wenn sie stets am Hoflager wären; können „auch dadurch ihre Grenzen selbst wissen, was ihr ist, kann auch sonst „mancher armer Mann vorkommen, der sonst nicht zugelassen würde." Die Jagd trieb man zu Fuß und zu Roß. Das Geschoß, dessen man sich dabei bediente, war noch lange Zeit die sogenannte Birsch-Armbrust, weil die Gewehrmacherkunst nur langsam dazu kam, sicher treffende und leichte Jagdfeuergewehre zu liefern. Man hielt für die Zwecke der Jagd eine Menge Jagdbediente, Hunde und Rosse und auch die Frauen bestiegen oft leidenschaftlich gerne ihre sicher und sanftgehenden Jagdzelter, um dem Waidwerk zu folgen. Georg I. fand beim Antritte seiner Regierung fast gar kein Wild in seinem Lande, in der Obergrafschaft Katzenelnbogen, so daß er sich vom Pfalzgrafen mehrmals Wildkälber kommen ließ, um sie in dem von ihm angelegten Thiergarten in Kranichstein heranwachsen und dann ins Freie setzen zu lassen. So ließ er auch 1570 ein Rehlein lebendig von Grünberg nach Darmstadt tragen. Von seinem Bruder zu Marburg erhielt er die zwei ersten Stücke zur Besetzung seines Parks, die er dann in den offenen Wald laufen ließ. Jagdvergehen nahm Georg I. sehr ernst auf. So sandte er im Jahre 1586 den Jägermeister Gregorius, den Förster Lenhard zu Wessungen und den Förster Schnitzspan zu Arheilgen zu Pferd von Darmstadt nach Offenbach zu dem Grafen von Isenburg, um demselben zu melden, daß dessen Jäger unbefugter Weise auf Hessischem Grund und Boden ein Wildschwein angehetzt, auf Isenburgischem Boden gefangen und nach Offenbach habe fahren lassen. Weil aber dieß gegen das Herkommen sei, da es auf Hessischem Boden angehetzt worden, so solle der Graf es dem Landgrafen verabfolgen lassen. Und das geschah auch.

Zur Unterhaltung diente auch am Hofe zu Darmstadt, wie an andern fürstlichen Höfen jener Zeit die Musik. Indessen war diese Kunst, wie sie da getrieben wurde, noch gar kindlich und einfach. Die Compositionen waren schmuck- und kunstlos und die Zahl der Instrumente im Ganzen noch sehr gering. Die Hauptinstrumente waren die Trompeten, zu denen auch verschiedene Arten von Posaunen gehörten; außerdem Pfeifen oder Flöten, manche über Menschenlänge groß, andere dagegen ganz klein, ferner Krummhörner, Zinken. Von Saiteninstrumenten waren im Gebrauche verschiedene Arten von Geigen, wie die Armgeige, die Kniegeige. Am beliebtesten war übrigens die Vocalmusik in Liedern „auf die Hofweise componirt," die zu Lust und Fröhlichkeit ermunterten und von jungen adligen Pagen am Hofe gesungen wurden. Sehr bekannt war damals unter den weltlichen Liedern ein s. g. Nasenlied, welches der Componist Ludwig Senffl unter andern auch an den Herzog in Preußen mit den Worten schickte: „Wie ich mich besonnen habe, so dünkt es mir fast schimpflich, Seiner F. Gnaden ein solches rotziges Nasenlied zu schicken." — Philipp der Großmüthige hatte zu viel mit den großen Weltangelegenheiten zu thun, als daß er sich viel mit Musik hätte abgeben können. Statt des Kapellmeisters, der 2 Bassisten, 2 Altisten, 2 Tenoristen und 6 Discantisten, welche sein Sohn Wilhelm zu Cassel an seinem Hofe besoldete, hatte er nur den Trompeter, der an keinem fürstlichen Hofe fehlen durfte. Die Kunstleistungen eines solchen Trompeters waren keine große. Er hatte Morgens und Abends beim Auf- und Zuschließen der Schloßthore, sowie Mittags zur Tafel zu blasen, bei vorkommenden festlichen Gelegenheiten den Landgrafen und seine Gäste beim Eintritte in den Speisesaal mit „irgend einem fröhlichen Stücklein" zu empfangen, die Trinksprüche zu accompagniren, den Gästen bei der Ankunft ein Willkommen und beim Abschiede ein „Ade" zu- und nachzublaſen. Auch hatte er die Obliegenheit, ſeinen Herrn auf Reiſen zu begleiten und wenn dieſer in einer Herberge einkehrte, bei Aufrichtung des Wappens vor derſelben zu blaſen, ſowie beim Abzuge. Georg I. war ſchon ein größerer Pfleger der Muſik. Er liebte, wie der Chroniſt erzählt, Muſik und Geſang ſehr und ſang ſogar auf der Reiſe „allerlei Liedlein, geiſtliche und weltliche.“ Im Anfange ſeiner Regierung ſetzte ihn der Zuſtand ſeiner Kaſſe nicht einmal in den Stand, einen Trompeter, wie ſein Vater doch gethan, halten zu können, ſondern er leiſtete ſeiner Muſikliebe damit Vorſchub, daß er von Zeit zu Zeit einen fahrenden Muſikanten vor ſich auffſpielen ließ. Ein ſolcher kam auch im Jahre 1568 und gefiel dem Landgrafen ſo, daß er ihn als Hofharphioniſten anſtellte mit einem jährlichen Gehalte von 24 fl. Dazu erhielt derſelbe am Neujahrstage, wie auch der Koch und andere Bediente ein Geſchenk von 1 fl. 5 Albus. Im Jahre 1569 ernannte Georg auch einen Trompeter. Zu dieſem kamen dann ſpäter nach und nach ein „Thormann mit einem Knecht,“ die auch blaſen mußten, und ein Poſauner und damit war Georgs ſtehende Kapelle fertig. Brauchte der Landgraf bei feſtlichen Gelegenheiten beſondere Muſik, ſo ließ er ſich Muſikanten von ſeinen fürſtlichen Nachbarn oder er ſuchte ſie auch in ſeinem eigenen Lande zuſammen. Zuweilen kam es vor, daß er bei ſolcher Gelegenheit eine Anzahl muſikaliſcher Pfarrer und Schulmeiſter hierher beorderte. Dieß war z. B. im Jahre 1585 der Fall, als der Landgraf die Vermählung ſeines erſten Rathes, Otto v. Tettenborn, mit dem Hoffräulein ſeiner Gemahlin, Lucrezia von Oehnhauſen, auf dem Schloſſe Lichtenberg glänzend feiern wollte. Da ſchrieb er an ſeinen Superintendenten zu Darmſtadt: „Wann Wir denn bei ſolcher hochzeitlichen Freude gerne „eine gute Muſica haben wollen und Wir dann, wie Euch bewußt, „dießmal in Unſerer Hofhaltung damit nicht verſehen ſind, ſo hat „Uns demnach auf Unſern Befehl Unſeres geliebten Sohnes Präceptor „ein Verzeichniß etlicher Prädikanten und Schulmeiſter, welche dazu „zu gebrauchen ſein möchten, übergeben und befehlen Euch demnach in „Gnaden, daß Ihr dieſelbigen alle beſchreibt, daß ſie künftigen Freitag „den 15. dieſes um Mittag gewiß allhier zu Lichtenberg erſcheinen „und folgende Tage über auch muſiciren helfen.“ Zu dem Ende erſchienen am benannten Tage: der Pfarrer und Schulmeiſter von Crumſtadt, der Pfarrer von Ginsheim, der Schulmeiſter von Gerau, der Kaplan von Griesheim, der Schulmeiſter von Biebesheim, der von

Zwingenberg, der Pfarrer von Nauheim, der Kaplan von Arheilgen, der Schulmeister von Auerbach, — und machten Musik. Der Organist Becker und seine Bande von Mainz hatte das Anerbieten des Landgrafen abgelehnt, indem er vorgab „uff einer Hochzeit zu Frankfurt „uffspielen zu müssen, allwo er mehr verdiene, als ihm der gnädige „Herr Landgraf gewiß zu geben Willens sei."

Auch die dramatische Kunst wurde, wenn auch nur sehr spärlich, am Hofe zur Unterhaltung gebraucht. Die dramatische Kunst war in jener Zeit in Italien und namentlich in England schon ausgebildeter, in Deutschland dagegen noch sehr unbedeutend. Die Dramen, welche man aufführte, waren entweder Mysterien, d. h. Darstellungen aus der Geschichte, oder Moralitäten, d. h. meist allegorische Darstellungen, oder Schulkomödien, d. h. Nachbildungen der alten Classiker, und dann Fastnachtsspiele. Dazu gesellte sich dann nach und nach eine andere Art dramatischer Darstellungen, die Caroussels, d. h. Scheinturniere und wirkliche Spiele, verbunden mit abenteuerlichen und phantastischen Aufzügen. Sie wurden oft mit dem größten Aufwande ins Werk gesetzt, und es thaten sich bald erfinderische Köpfe hervor, welche eigene Handlungen zu solchen Belustigungen erdachten. Diese Dichtungen führten den Namen Inventionen. Oft auch wurden die Inventionen im Tanzsaale aufgeführt und demgemäß in Scene gesetzt. — Die Sparsamkeit Georgs war dergleichen Aufführungen nicht günstig; indessen finden sich doch in den Acten Andeutungen, daß man zuweilen diese Unterhaltung getrieben hat. Bei Gelegenheit der Taufe des Prinzen Philipp schrieb der Landgraf dem Maler Elias zu Frankfurt, daß er eine comoediam halten lassen wolle und forderte denselben auf, ihm die dazu nöthigen Bärte zu malen. Die handelnden Personen, welche die Bärte tragen sollten, waren 5 Bauern, 1 Junggesell, 3 Handwerker, 1 Wirth und 1 Landsknecht. Derselbe Maler Elias erhielt auch den Auftrag, sich nach Personen umzusehen, „die da eine lustige comoediam zu agiren wüßten," und im Falle solche vorhanden, mit ihnen zu unterhandeln und sie nach Darmstadt zu schicken. Ebenso wurden zuweilen Schulcomödien aufgeführt. So erzählt der Chronist Buch, daß am 15. Februar 1586 im Schlosse zu Darmstadt eine Comödie vom König Dario aufgeführt worden sei, in welcher Georgs ältestes Söhnchen, der spätere Landgraf Ludwig V., damals 9 Jahre alt, aus besonderer Begünstigung wegen gut bestandenen Examens den König Darius spielen durfte.

Zu den Vergnügungen, welche sich fürstliche Personen machten, gehörte auch das Reisen, namentlich an benachbarte Höfe. Größere Reisen wurden in der Regel durch besondere Ereignisse veranlaßt, die Ausbildungsreisen der Prinzen abgerechnet. Eine Reise zu machen, war damals nicht so leicht als jetzt. Es bedurfte dazu einer großen Menge von Vorbereitungen und eine Menge von Schwierigkeiten waren vorher aus dem Wege zu räumen. Georg I. erhielt einst eine Einladung von seinem Bruder Wilhelm in Cassel, ihn doch in einer bestimmten Zeit in Rothenburg zu besuchen, wohin ihre Schwester, die vermählte Herzogin von Holstein, auf einige Tage zu kommen beabsichtigte. Um nach Rothenburg zu kommen, mußte Georg durch Oberhessen, damals zu einem großen Theile das Land seines Bruders Ludwig von Marburg. Georg entschloß sich zur Reise; im Zweifel aber, ob sein Bruder Ludwig im Lande sei und weil die Vorbereitungen zur Reise wegen Kürze der Zeit ohne Säumen gemacht werden mußten, schrieb er kurzer Hand an die Keller seines Bruders zu Rosbach, Grünberg und Alsfeld und an den Abt von Hersfeld, daß er bei ihnen Nachtlager nehmen wolle. So reiste er dann mit 40 Pferden ab. Die Keller hatten indessen ihren Herrn von der Reise Georgs in Kenntniß gesetzt und dieser nahm die Versäumniß seiner Begrüßung deßhalb so übel, daß er seinem Bruder unter anderm schrieb: „Wir „wollen Ew. Liebden verwarnt haben, daß sie uns hinfürtter dergestalt und so stillschweigend nicht durchs Land ziehen, darmit Wir „nicht verursachet werden, Ew. Liebden den Paß zu verhindern und „Ew. Liebden zu arrestiren.‟ — Einen Begriff davon, wie schwerfällig das Reisen in damaliger Zeit, bei fürstlichen Personen insbesondere, gewesen sein mußte, gewährt unter andern auch eine Reise Georgs nach der Naumburg in Thüringen, wo die zwischen Brandenburg, Sachsen und Hessen früher schon erfolgte Erbverbrüderung erneuert werden sollte. Die noch vorhandenen Fourierzettel weisen nach, daß Georg mit 101 Pferden dahin zog; darunter waren 68 Reitpferde für den Landgrafen und sein aus 22 Personen bestehendes Gefolge, die übrigen waren für die Wagen nöthig, und zwar für des Landgrafen Wagen 4, für die Silberkutsche 4, für den Kammerwagen 6, für die Kanzleikutsche 6, für den Junker-Packwagen 4, für den Küchenwagen 9. Ungleich größer war bei dieser Gelegenheit das

Gefolge der übrigen Fürsten; denn die Herzoge von Coburg kamen mit 222 Pferden, der Kurfürst von Sachsen mit 1153 Pferden, Landgraf Wilhelm mit 297 Pferden ꝛc., so daß im Ganzen nicht weniger als 2903 Pferde nöthig waren, um die Herren auf der Naumburg zusammen zu bringen.

Ueber das Leben in der Stadt selbst unter Georg I. geben uns die Acten nur sehr spärliche Mittheilungen. Das Stadtregiment wurde, wie schon zu Katzenelnbogenischer Zeit, geführt von dem fürstlichen Schultheiß, dem Bürgermeister und dem „ehrbaren Rath."

Die Größe der Bevölkerung läßt sich annähernd berechnen nach der Zahl der Gebornen, Getrauten und Gestorbenen. Nach dem Kirchenbuch wurden

1575 52 getauft 12 getraut 37 beerdigt.
1576 75 „ 12 „ 28 „
1577 74 „ 11 „ 28 „
1578 73 „ 18 „ 26 „
1579 74 „ 20 „ 70 „

Außerdem fügen wir die Notiz bei, daß im Jahre 1569 214 Burger (natürlich mit ihren Familien) und 20 Wittfrauen angeführt werden.

Die städtische Einnahme betrug im Jahre 1569 623 fl. 2 Heller, die Ausgabe 509 fl. 22½ Alb.*)

Die Bürgerschaft versah den Wachtdienst in der Stadt. Im Jahre 1591 „zeigte sie an, weil die Wacht- und Pfort-Hut" sehr häufig werde, solle man Soldaten anwerben und deren Unterhalt auf die Häuser und Gemeine schlagen."

Zünfte bestanden unter Georg I. in Darmstadt noch nicht; wohl aber erfahren wir, daß Gesuche um Errichtung von solchen an den Landgrafen gelangt waren, ohne daß sie zu einem Resultate geführt hätten.

Einer besonders strengen Aufsicht waren die Bäcker unterworfen, denen durch eine im Jahre 1580 erlassene Bäckerordnung gesagt war, was sie zu thun hatten. In dem Eingange derselben heißt es:

„Demnach sich biß anhero ein gutte Zeit die Bäcker stracks ihres gefallens „unndt nicht dero Gebner an Weck- unndt Brotbacken verhalten, sondern ohne einigen „Unterscheidt, wenn sie nur gelüstet, unndt wie sie gewollt, Weck- unnd Brott ge-

_____

*) Seite 26 ist erwähnt, daß die Einnahme im Jahre 1561 328 fl. 1 Alb 2 Heller, die Ausgabe 282 fl. 6 Alb. betrug.

„backen unbt feil gehabt, dadurch eine merckliche Unordnung eingeriſſen, deſſen
„ſich menniglich nicht unbillig beclagt, damit dann ſolches wieder in eine Richtig-
„keit bracht werde, haben ſich Keller, Schultheß unbt Burgermeiſter unbt Rath
„dieſer Stabt volgender Ordnung verglichen unbt wollen, daß die Bäcker ſich
„dero gemeß verhalten ober barbey einem jeden Poſten geſetzte Straff gewer-
„tig ſein."

Es war ihnen dann darin aufgegeben, daß ſie ſich immer mit
Korn, Weizen und Spelz gehörig vorſehen ſollten, damit ſie täglich
Brob und Wecke backen könnten, und kein Mangel entſtehe; daß ihre
Waare immer das rechte Gewicht habe, daß ſie Bubenſchenkel
(die alſo damals ſchon vorkommen) zwar etwas leichter als die Wecke,
aber doch in einem beſtimmt vorgeſchriebenen Gewichte, nämlich 1 Loth
leichter backen ſollten u. a. m. Der Preis des Brodes, der Wecke
und der Bubenſchenkel war ein feſtſtehender, für das Brob 1 Albus,
für den Weck und den Bubenſchenkel 2 Heller; wechſelnd aber war
das Gewicht der Bäckerwaaren und richtete ſich nach dem Fruchtpreiſe.
Bei dem Preiſe von 2 fl. für das Malter Korn mußte ein Brob
3 Pfund wiegen, bei dem Preiſe von 1½ fl. für das Malter Spelz
ein Weck 11 Loth u. ſ. w. — Von Intereſſe iſt es für die Darmſtädter, daß ſchon im Jahre 1572 ein „Dreinweck" gegeben werden
mußte, und zwar einer auf 9 Stück.

Zur Characteriſtik des wohlfeilen Lebens dient die Notiz, daß
man im Jahre 1583 fünf Gänſe für 1 fl., auch elf Gänſe für
2 fl. erhielt.

Mit der Schuhmacherei ſcheint es nicht zum Beſten damals
in der Stadt ausgeſehen zu haben. Georg I. ließ ſeine Stiefel und
Schuhe von Frankfurt kommen, und nur das Flickwerk in Darmſtadt
fertigen. Darüber war ein Meiſter, der ſich ſeines Werthes bewußt
war, unwillig und wandte ſich an den Landgrafen mit folgender
Bittſchrift:

„Ew. f. Gnaden ſetzen zuſampt ſchuldigen Pflichten meine unterthenige
„Dienſte jederzeit gehorſams Fleis bereit zuvor gnediger Herr. E. f. Gn. ſoll
„ich unterthenig nicht verhalten, demnach Sie die notturft an Stiefel und
„Schuhen zu Frankfurt machen und abholen laſſen und mir das Flickwerk allein
„zugewieſen und gegönnet wird, und ich aber Ew. f. G. ſampt bero Angehörung
„ſowohl, ohne Ruhm zu ſchreiben, als der Frankfurter Schumacher getraue
„zu beſorgen, wie ich dann bero Oberamtmann und mehrtheils Hoffjunker ihre
„Notturft verfertige, daß beßwegen keine Klage iſt, ſo gelangt berohalben an
„Ew. f. Gn. mein untertheniges Bitten, Sie wöllen mein gnediger Herr ſein
„und mir vor Frembden ein Stück Brod zu erwerben, die Hofarbeit gnedig

„vergönnen und zu Einkaufung Leder ein Gulden oder fünfzig vorsetzen, und
„das Jahr über wieder abverdienen lassen, als will ich mich fleißig anhalten,
„daß meinetwegen kein Klag, ob Gott will, vorfallen soll, hiermit göttlich Gnaden
„empfehlend und gewöhnlicher Erklärung hoher Zuversicht erwartend Ew. f. Gn.
„unterthenig gehorsamer Hans Dambmann, Burger und Schuhmacher zu
„Darmstadt.“

Hierauf folgte der Bescheid: „Er soll S. F. Gn. ein Paar
„Stiefel und ein Paar Schu machen, wolle S. F. Gn. sehn, was er
„vor Arbeit macht und sich dann erklären.“ Die Probearbeit muß
gut ausgefallen sein, denn Dambmann ließ sich schon einige Monate
darauf wieder einen Vorschuß geben zum Ankauf von Leder. —

So thätig Georg I. auch für guten Schulunterricht besorgt war
in seinem Lande, so war doch der Aberglaube, insbesondere der Glaube
an Zauberei und Hexen so herrschend, daß im Jahre 1585 allein aus
Darmstadt 4 Hexen verbrannt wurden. —

Auch die Umgegend von Darmstadt verdankt Georg I. mancherlei
Gutes. Um das sandige Erdreich der Umgegend der Stadt abzukühlen
und ergiebiger zu machen, wozu der leimige Mergel am besten befunden wurde, und um die Feldwirthschaft überhaupt zu verbessern,
trat er mit gelehrten Landwirthen in Verbindung. Auch den Seidenbau suchte er einzuführen und erwählte zum Versuchsfelde für die
Anpflanzung der Maulbeerbäume den von ihm bei dem Schlosse angelegten Hofgarten. Von einer Reise nach Venedig hatte er im
Jahre 1570 selbst zwei Schachteln voll Würmer aus Trient und
Roveredo mitgebracht, nachdem er vorher 400 Stück Maulbeerbäume
hatte kommen lassen. Zum Gehülfen in seinen Bestrebungen für den
Seidenbau hatte er den italiänischen Seidenhändler Gaspar di Marcky
nach Darmstadt gezogen und ihm eine geachtete Stellung angewiesen,
ihm auch eines der neuen in der Vorstadt gebauten Häuser gegeben.
Wiederholt mußte di Marcky Maulbeerstämme aus Italien herbei-
schaffen *).

Auch ließ Georg I. in der Nähe von Darmstadt bergmännische
Arbeiten vornehmen; so unter andern im Jahre 1580, in welchem

*) Die ihm zu Ehren gehaltene und gedruckte Leichenrede enthält seine
Personalia. Ihnen entnehmen wir, daß er aus einem alten Geschlechte in
Roveredo stammte, und 1527 geboren war. Er starb erst im Jahre 1622 in
einem Alter von 92 Jahren. Seinen Tod betrauerten zwei in Hofdiensten
stehende Söhne und fünf Töchter.

Jahre er in der Gegend des Stadtteichs (des großen Woogs) Stein-
kohlen ſuchen ließ. Er war überhaupt ein großer Begünſtiger des
Bergbaus, aber derſelbe mußte mit Sparſamkeit betrieben werden.
Als ihm einſt ſein Bergmeiſter Münch eine Puppe, einen ſchön aufgeputzten Bergmann vorſtellend, zuſchickte, ſchrieb er ihm: „Wir haben
„auch den geſchnitzten Bergmann, ſo Du uns überſchickt haſt, empfangen,
„und mögen Dir darauf nicht verhalten, daß wir es dafür achten, daß
„unſere Bergknappen wohl ſo viel ſaufen ſollen, als der, den du uns
„geſchickt haſt; daß ſie aber ſammtne Mützen mit Gold verbrämt
„tragen ſollen, das trägt unſer Bergwerk nicht aus."

Noch etwas anderes verdankt Darmſtadt ſeinem erſten Landgrafen, — die Kaninchen, an denen die Umgegend ſo reich iſt.
Schon im Jahre 1570 begünſtigte er die Zucht dieſer Thierchen,
vielleicht als einträglichen Artikel für die Hofküche. Er ließ Kaninchen
aus Zwingenberg kommen und bezahlte für 6 Stück aus Mainz
2 fl. 3 Albus nebſt 3½ Albus Trägerlohn. Ebenſo kamen 50 Stück,
mehrentheils Weibchen, von der Gräfin von Tecklenburg. Von dem
Grafen Ebert von Solms erbat er ſich einen Mann, der „einen
„Caninberg ſchlagen möge, damit uns die Füchs (deren es hier herum
„eine ziemliche Anzahl hat) keinen Schaden thun können," und außerdem 40 oder mehr Kaninchen. Wie ſorgfältig man dieſe Thiere hegte,
geht unter andern daraus hervor, daß für die im Schloß gehaltenen
im Jahre 1591 3 Malter 1 Kumpf Hafer verfüttert wurden *).

Was Georg I. ſonſt für ſein Land gethan hat, gehört nicht in
eine Geſchichte der Stadt Darmſtadt. Aber faſt unglaublich iſt es,
daß er, der ſo wenig geerbt, nachdem er vieles gebaut, manches erkauft, 13 Schulen errichtet, ſeinem Nachfolger gleichwohl eine halbe
Million hinterlaſſen konnte. Unter dem von ihm Erkauften ſind auch:
der Gehaborner Hof, den er im Jahre 1578 von dem Kloſter
Eberbach erhielt, und die Höfe Kranichſtein**) und Sensfeld,

---

*) Im Jahre 1768 hatten die Kaninchen ſo überhand genommen, daß
man ſich genöthigt ſah, Frettchen anzuſchaffen und ſie mit Hülfe dieſer zu ver-
tilgen. Zu dem Zwecke mußten die betheiligten Ortſchaften Geldbeiträge liefern
und zwar Darmſtadt 15 fl., Pfungſtadt 20 fl., Weiterſtadt 15 fl., Eberſtadt 15 fl.,
Beſſungen 5 fl. und Arheilgen 5 fl.

**) Kranichſtein ſteht durch ſeine Nähe bei der Reſidenz, ſowie durch
den Umſtand, daß es zum zeitweiſen längeren oder kürzeren Aufenthalte der Landgrafen gedient hat, in ſo naher Beziehung zu einer Geſchichte Darmſtadts, daß
wir eine kurze Geſchichte dieſes Jagdſchloſſes weiter unten mittheilen werden.

welche er von Johann von Rensdorf käuflich erwarb und zu Schlössern
einrichten ließ.

————————

2. Darmstadt unter Ludwig V. (1596—1626).

. Georg I. starb im Jahre 1596. Er hatte in seinem Testamente
seinem Nachfolger den weiteren Ausbau der Stadt besonders ans Herz
gelegt, indem er darin sagte: „Als wir auch vor diesem offt und viel=
„mals befunden, daß sich je lenger je mehr Volks alhier zu Darmstadt
„niederschlagen und daher die Wohnhäuser sehr klein werden, also das
„auch je bißweilen unsere Diener nicht haben zu nottürftigen Losa=
„mentern und Wohnungen kommen können, so sind wir dahero ver=
„ursacht worden, vor dem Arheilger Thor ein ziemblicher ort selbts
„von Gartten und Weingartten an uns zu kauffen, zu dem ende da=
„selbst ein Vorstadt zu bauen, wie wir den albereits darzu ein guten
„anfang gemacht." Ferner: „Da nun bei unserem Leben solch Werk
„ja nicht vollführt wurde, so ist unser Will und Meinung, daß hier=
„nechst unsere Söhne dasselbig gentzlich ausfertigen und also angeregte
„Gebew in Befriedigung pringen." „Da ferner Jemandes von unsern
„Dienern oder Burgern die übrige Pletz zu verbauen begeren würde,
„sollen sie ihnen dieselben entweder keufflich überlassen oder umb ge=
„bürliche Erstattung der Unkosten bawen, damit also das wohlgemeint
„angefangene Werck continuirt und ausgeführt werde."
       Der Nachfolger Georgs I., sein Sohn Ludwig V., ehrte diesen
letzten Willen des Vaters und begann alsbald das angefangene Werk
fortzusetzen. Es bildete sich die Vorstadt vor dem Arheilger, d. h. vor
dem Mookenthor, welches in der jetzigen Obergasse beim Sprinzen=
gäßchen stand, die jetzt noch mitunter so benannte alte Vorstadt.
Nach Buchs Chronik wurden denjenigen Personen, „so da gebaut, die
„Pletz' und Hofstätt verehrt, welches eitel gute Weinberg gewesen,
„welche der Landgraf den Bürgern abgekauft." In Folge dieser An=
lage einer Vorstadt wurden weitere Thore nöthig und es entstanden
im Laufe der Zeit östlich das Jägerthor (Anfangs Dieburger Thor
genannt) und nördlich das Sporerthor, welches in den Acten jener
Zeit das äußere Arheilger Thor genannt wird, im Gegensatze zu
dem Mookenthor, welches auch das innere Arheilger Thor hieß*).

————————

*) Den in Acten von 1640 bereits vorkommenden Namen Sporerthor
erhielt das Thor von der auf ihm befindlichen Hofsporerswohnung, und dieser

In der Mitte dieser neuen Stadtanlage wurde ein großer viereckiger Raum gelassen, welcher mit einer Mauer umgeben und mit Quadersteinen gepflastert war. Dieser Platz war hauptsächlich zum Ballspiel bestimmt und heißt darum der Ballonplatz. Später erscheint er ohne Mauer und ungepflastert und dann seit der letzten Hälfte des vorigen Jahrhunderts mit Pappelbäumen umpflanzt. Bekanntlich sind auch diese jetzt verschwunden *). Zum Ballspiel diente auch ein Ballhaus, welches da, wo jetzt das Haus „zum Storken" steht, an und auf der alten Stadtmauer errichtet war. Es war von den Brüdern des Landgrafen erbaut worden, als das bis dahin bestandene Ballhaus, welches im Schloßgarten stand, niedergerissen worden war, und verschwand, als die weitere Bauanlage des „Birngarten" erfolgte **).

Name ist ihm geblieben, obgleich die eigentliche Veranlassung längst verschwunden ist. Es wurde später von Invaliden bewohnt. Unter Ernst Ludwig und Ludwig VIII. befand sich auch das Militärlazareth dort. — Das Jägerthor erhielt später diesen Namen von dem deutschen Jagdhause, welches dabei stand, und dann, weil Jagdpersonal auf seinem Ueberbau wohnte. — Bei Gelegenheit der Gleichlegung des Straßenpflasters bei dem ehemaligen Mookenthore im Jahre 1828 fand man mitten unter der Straße ein ziemlich geräumiges unterirdisches Gemach, von dem aus eine Thüre nach der Seite der Schloßgasse führte. Nähere Untersuchungen wurden nicht angestellt.

*) Die alten Darmstädter erzählten sich, der Platz gehöre dem König von Schweden, und darum dürfe auch niemals darüber gefahren werden. Eine Begründung dieser Sage dürfte schwerlich gefunden werden.

**) Das Ballspiel war schon bei den Griechen und Römern eine beliebte Unterhaltung. Auch im Mittelalter blieb es sehr gewöhnlich, und bei den germanischen Stämmen, die es wahrscheinlich bei ihren Einfällen in Italien gelernt hatten, spielten es die gesetztesten Männer. Bald baute man eigne Ballhäuser dazu und spielte in diesen in einer eignen ganz leinenen Kleidung mit einer leinenen Mütze, den Leib mit einer Binde von ähnlichem Stoffe umwunden und in sehr biegsamen Schuhen, Tage lang. Die Ballhäuser waren in einem langen Quadrate erbaut, 90—100 Fuß lang, 30—40 Fuß breit und bestanden aus dem eigentlichen Ballraume, der mit viereckten Platten von bestimmter Größe belegt war und aus einigen Gallerien. Die Wände waren schwarz angestrichen, damit man den weißen Ball besser verfolgen konnte. Für das Spiel selbst und seine Berechnung bestanden eine Menge von Kunstregeln, die der richtige Spieler kennen mußte. Wer sich genauer für die Einrichtung der Ballhäuser und die Regeln des Spieles interessirt, findet genügenden Aufschluß in „Garsault, der Ball- und Rakettenmacher" im 7. Band des Schauplatzes der Künste und Handwerke.

Eigne Neubauten im Residenzschloß werden nicht genannt; wohl aber vollendete Ludwig V. manches, was unter Georg I. nicht fertig geworden war. So z. B. namentlich die Schloßkapelle und den Kaiser=saalbau, in denen beiden „Joh. Losche von Salfeld bei den darin ge=meldeten Historien die Schrift ihrer Bedeutung verfertigt.“

Im Jahre 1618 hatte der Gypser Seb. Eißenmann von Linz am Rhein „J. F. Gu. Sahl und andere gemacher von Gibs zu gießen und zu marmotiren, wofür er von jedem Centner 5 Alb., für seine Arbeit aber per Schuh 1½ Alb. erhielt. Die alten Rech=nungen sprechen außerdem von vielen sonstigen kleineren Vollendungen.

Ein weiteres von Ludwig V. ins Leben gerufenes Gebäude ist das Reithaus, d. h. der mittlere große Hauptbau des alten Hof=theaters. Ludwig liebte, wie später erzählt werden wird, die Auf=führung von Spielturnieren und ähnlichen Darstellungen. Damit diese auch in Winterzeiten und bei schlechtem Wetter statt finden konnten, ließ er im Jahre 1606 jenes Haus bauen, worin man „turnieren und „die Pferde uff französisch abrichten konnte.“ Dasselbe wurde im Jahre 1607 fertig und bereits am 27. Juli durch eine Caroussel mit einer Invention eingeweiht, von welchen Lustbarkeiten wir weiter unten Näheres erzählen wollen.

Die Stadtkirche erhielt unter Ludwig V., im Jahre 1601, eine Orgel, welche Joh. Grorock von Emmerich, Orgelbauer von Frankfurt, für 546 fl. 2 Alb. 7 Pf. gebaut hatte.

Auch der Lustgarten erfuhr Verschönerungen. So wurden im Jahre 1620 wegen eines Brunnenwerks darin mit dem Rothgießer Joh. Hoffmann in Frankfurt Verträge abgeschlossen „wegen einer Seul sampt einem Postament mit schönen Zierrathen und Bildern so in=wendig hohl und springende Wasser geben, zu gießen für 480 fl. à 30 Alb. Die Leitung zu diesem Springbrunnenwerk war im Jahre 1619 dem Adam Reinhartten, Brunnenmeister für 700 fl. à 30 Alb. und 12 Achtel Korn übertragen worden.“

In die Zeit Ludwigs V. fällt auch die Erbauung des alten Hospitals, welches am Bessunger Thor stand, da wo jetzt die Stadtrechnerei und Handwerkerschule steht. Es war das Werk des damaligen Oberamtmanns Hans Philipp von Buseck und wurde im Jahre 1611 erbaut. Dieß besagte die daran befindlich gewesene Inschrift:

Im sechszehnhundert elften Jahr
Dieß Hospital erbauet war,
Und hat die erste Fundation
Der Oberamptmann hie gethan.
Hans Philips von Bufeck bekant,
Deß Stands und Namens Münch genant.
Also das Haus auch nennet er,
Auf baß es sein Gedächtniß mehr
Und andern geben wolt Ursachen,
Dergleichen Stiftung nachzumachen
Zu Nutz der Armen und der Kranken,
Die dafür haben Gott zu danken.
Darum o lieber Leser mild,
Wenn du dein Hauß versorgen wilt
Irgend mit einem Testament,
Das durch dein Erben werd vollend,
So denk zuforters drin der Armen,
So wird sich Gott auch dein erbarmen.

Der Landgraf ertheilte der wohlthätigen Anstalt allsogleich seine Bestätigung und dieselbe bestand bis zum Anfange dieses Jahrhunderts, nachdem im Jahre 1753 noch einmal ein Anbau gemacht worden war. Sie hatte zu ihrer Verwaltung Hospitalmeister, Hospitalschulmeister und Krankenwärter. Eine ausführliche Hospitalordnung regulirte alle Pflichten und Rechte. Die Einführung eines neuen Beamten wurde stets mit gebührender Feierlichkeit vollzogen und dabei ein „nervoser Sermon" gehalten. Das ganze mitunter sehr baufällige Gebäude war 1820 nach dem letzten Willen des ehemaligen Stadtpfarrers Kyritz um 6000 fl. angekauft, neu aufgebaut und zu einer Schule eingerichtet worden. In neuester Zeit ist das Haus mit einem dritten Stocke und sonstigen Veränderungen bedacht und zum Theil für die Handwerkerschule eingerichtet worden.

Ein unter Ludwig V. entstandenes Gebäude ist auch das vor dem Jägerthor stehende achteckige Haus (b. f. g. alte Holzhof, jetzige Klinik). Dasselbe war von Agnes von Norbeck zur Rabenau im Jahre 1627 an den Landgrafen verkauft und von diesem dem Kanzler Wolf von Todtenwart gegen dessen Behausung am Eingange in die Obergasse (später f. g. Persius'sches Haus) vertauscht worden. Das Haus lag in einem großen Garten, der sich damals unterhalb des Walles und an der Stadtmauer hinzog. Seine jetzige Form (äußerlich wenigstens) erhielt es erst im Jahre 1636*).

Das alte Herrenhaus (jetzt Hofapotheke).

Ein Gebäude, welches auch zuerst unter Ludwig V. genannt wird, ist die jetzige Hofapotheke. Das Haus war 1603 von Ludwig in Gemeinschaft mit seinen Brüdern Philipp und Friedrich dem Land-schreiber Joh. Weitzel abgekauft worden und ging von ihnen 1612 an Landgraf Ludwig V. für 2500 fl. über. Eine Zeitlang wurde dasselbe von dem im Jahre 1651 zu Ems verstorbenen Landgrafen

---

*) Das Haus gelangte unter Ludwig VIII. in den Besitz der Favoritin des Landgrafen, Helene Martini, gewöhnlich Mamsell Lene genannt. Es hatte dazumal einen großen, in der Mitte mit einem dicken steinernen Pfeiler versehenen Keller. Im unteren Stocke befand sich ein geräumiger Saal, im zweiten Stocke ein Vorzimmer nebst daran stoßender Küche, sodann wieder ein Saal. Außerhalb am Hause waren auf 4 Seiten aufgemauerte Blumenterrassen angebracht. Nach dem Tode der Martini 1803 ersteigerte es Landgraf Ludwig X. um 19,000 fl. und bestimmte es zum Holzmagazin, daher die früher übliche Benennung „alter Holzhof." Da es zur Wohnung des Holzvogts bestimmt wurde, erlitt es eine bedeutende Veränderung, indem der große Saal im unteren

Johann bewohnt und es wird darum in Acten jener Zeit oft „des Landgraf Johanns Haus" genannt. Nach dem Schloßbrande 1715 nahm Ernst Ludwig eine Zeit lang seinen Aufenthalt darin, und es hieß von der Zeit an das alte Herrenhaus. Unter Ludwig IX., im Jahre 1769, kam es in Privatbesitz des Apotheker Ehrhardt und wurde Hofapotheke. Im Laufe der Zeit erhielt es ein gänzlich verändertes Ansehen*).

Auch ein Münzgebäude wurde 1618 erbaut, mit der unter Georg I. aufgebauten Caserne und Baumühle in Verbindung gesetzt und ein neues Münzwerk darin angelegt.

Die politischen Schicksale der Stadt unter der Regierung Ludwigs V. brachten derselben viel Trübes, denn Ludwigs V. Regierung fällt in den Anfang des unseligen 30jährigen Kriegs. Deutschland stand gespalten in Anhänger des Kaisers und Gegner desselben; der alte Groll zwischen Protestanten und Katholiken war zur verheerenden Flamme geworden. Ludwig V. hielt zu dem Kaiser, als er sah, daß alle seine Bemühungen, den Frieden herzustellen, fruchtlos blieben. Die Geschichte hat ihm dafür den Namen des „Getreuen" gegeben, aber sein Land mußte für diese Treue mannichfach büßen. Darmstadt fühlte die Schrecken des Krieges zuerst im Jahre 1622. Die Acten

---

und das große Zimmer im oberen Stock in mehrere Gemächer getheilt wurde. Von diesem Gebäude ging die Sage, daß der Geist der Junker Wolfin darin spuke. — Ein anderes Wolf v. Todtenwart'sches Haus war das längst abgebrochene Wirthshaus „zum goldnen Hirsch," welches an dem Jägerthor, dem Militärlazareth gegenüber, innerhalb der Stadt stand. Es war aus Todtenwart'schem Besitz in den Besitz des Landgrafen übergegangen, und wurde 1768 von dem bisherigen Hofhühnermann Held erkauft, der für sich selbst und nach seinem Tode seine Erben einen Proceß mit dem Fiscus wegen einiger von ihm beanspruchten Gerechtsamen führten, der erst im Jahre 1809 seinen Ausgang fand. Im Jahre 1769 hatte Held darin die Gastwirthschaft „zum Hirsch" etablirt.

*) Die Hofapotheke war früher in dem Schloß selbst und zwar in dem jetzt noch stehenden Wallpavillon und der Hofapotheker war landgräflicher Bediensteter. Im Jahre 1769 wurde die Hofapotheke im Schloß aufgehoben und die Vorräthe wurden versteigert. Es steigerte sie der bisherige Hofapotheker Ehrhardt und etablirte in dem von ihm erkauften „alten Herrenhaus" eine Apotheke, der das Privileg zugestanden war, die Arzneien für das hier stehende Regiment und die während der Kurzeit im Darmstädtischen Theile von Ems nöthigen, zu liefern. Im Jahre 1772 erhielt Ehrhardt das Prädicat „Hofapotheker," welches ihm 1769 Ludwig IX. verweigert hatte mit dem Rathe: „er solle sich ein Schild zum Neun- und neunziger machen lassen."....

über den Aufenthalt der feindlichen Generale in Darmstadt im Jahre 1622 berichten sehr ausführlich und wir wollen ihre Ausführlichkeit uns dienen lassen.

Im April des Jahres 1622 hatte der Landgraf noch einmal eine Reise nach München, Onolzbach, Dresden und Herzberg unternommen, um mit Fürsten und Räthen zu bedenken, wie dem Kaiser genügt werden könne, ohne der Fürstenehre der Gegner desselben, namentlich des Kurfürsten von der Pfalz, zu nahe zu treten. Voll Hoffnung war er nach Darmstadt zurückgekehrt, um mit dem Kurfürsten in Heidelberg zu unterhandeln. „In Gottes Namen," wie sich ein gleichzeitiges Actenstück ausdrückt, hatte Ludwig am 22. Mai 1622 seinen Trompeter, Joh. Heim, auf das Beste mit Geleitsbriefen versehen, an des Kurfürsten Räthe nach Heidelberg abgesendet. Kaum aber hatte dieser die Hessische Grenze verlassen, so ergriffen ihn Mansfeldische Reiter und schleppten ihn nach Lampertheim, wo ihr Feldherr gerade sein Hauptquartier aufgeschlagen hatte. Schon am folgenden Tage erschien im Schlosse zu Darmstadt, vom Kurfürsten geschickt, der Oberst v. Pöblis um Rechenschaft darüber zu fordern, was der Landgraf mit den kurfürstlichen Räthen zu schaffen habe, zugleich aber auch, um ihm anzuzeigen, daß sein Herr zum Zweck eines Kriegszugs den Durchzug durch das Darmstädter Land verlangen müsse und den Landgrafen ersuchen lasse, für den nöthigen Proviant zu sorgen, damit die nöthige Mannszucht im Heere gehandhabt werden könne. Seiner guten Absicht sich bewußt, trug Ludwig kein Bedenken, die verlangte Auskunft über die Absendung seines Trompeters an des Kurfürsten Räthe zu ertheilen. Den verlangten Durchzug betreffend, erklärte er, wie sehr es ihn zwar schmerze, seine armen Unterthanen, die schon so viel von Durchzügen fremder Völker gelitten hätten, von neuem des Ihrigen berauben zu müssen, aber er wolle alsbald zwei vom Adel abordnen, daß sie den nöthigen Proviant aufbrächten und die Quartiere bestellten, die ihnen vom Kurfürsten bezeichnet werden würden. Am folgenden Morgen frühe um 5 Uhr ritt der Oberst v. Pöblis, wohl unterrichtet über alles, was er zu wissen verlangt, mit den Hessischen Abligen, Joh. Wolf zur Karßbach und Georg Weiprecht von Wachenhehn, welche der Landgraf an den Kurfürsten beordert, daß sie sich die nöthigen Quartiere sollten bezeichnen lassen, durch das Bessunger Thor auf der Straße nach Heidelberg hin. Sie hatten kaum eine Viertelstunde die Stadt verlassen, so stürzte athemlos der Stadthauptmann

ins Schloß und meldete dem Landgrafen, daß Mansfeldisches Kriegs-
volk vereinzelt sich vor den Thoren der Stadt blicken lasse und raube
und plündere, was ihm in den Weg komme. Ludwig ahnte hier Ver-
rath und böse Absicht. Schleunigst befahl er die Thore zu schließen.
Es währte nicht lange, so sah man den Oberst Michel Obertraut*)
mit geordneten Fähnlein hinter den Gärten und dem fürstlichen Holz-
hofe, der vor der Stadt nach Griesheim zu gelegen war, erscheinen.
Schrecken bemächtigte sich aller Einwohner, als sie den weit und breit
geflüchteten Kriegsmann erblickten, und noch mehr, als die Kriegsvölker
von Stunde zu Stunde sich mehrten und als man sah, wie alle Anstalten getroffen wurden, Darmstadt ringsum einzuschließen. Wiederholt kamen einzelne Trupps bis an die Thore der Stadt und verlangten
Brod, um ihren Hunger zu stillen, wiederholt sandte man Wagen mit
dem nöthigen Mundvorrath hinaus. Angstvoll sahen die Bewohner
Darmstadts den kommenden Dingen entgegen, während die nahe liegenden Orte, von den wilden Horden Mansfelds angefüllt, bereits zügel-
loser Willkühr preisgegeben waren. Denn Kurfürst Friedrich war in
der verflossenen Nacht um 11 Uhr heimlich von Mannheim aufge-
brochen, mit dem 16,000 Mann starken Heere durch den Lorscher Wald
gezogen und brandschatzend und raubend in die Hessischen und Mainzi-
schen Orte der Bergstraße gefallen; und der General Mansfeld hatte
seinen Soldaten, ehe sie den Marsch antraten, erklärt, er wolle sie
jetzt auf eine gute Weide führen, auf der alles, was sie auf ihr fänden,
ihnen gehöre; Mühlsteine nur und glühendes Eisen brauchten sie liegen
zu lassen und Sengen und Brennen müßten sie vermeiden. Und die
wilden Soldaten thaten auch alles, was ihnen ihr General erlaubt
hatte. — Die beiden Hessischen Gesandten fanden auf ihrem Ritte
bereits Bessungen gänzlich geplündert, alle Straßen mit Soldaten bedeckt und sie erkannten leicht aus den ausweichenden Antworten, die
ihr Begleiter Pöblis ihnen auf ihre Fragen ertheilte, daß der Kurfürst
Feindseligkeiten gegen ihren Herrn im Sinne habe. Vor Eberstadt
stießen sie auf die Obersten Waltmannshausen und Goldstein und
kehrten mit diesen auf deren Aufforderung wieder eine Strecke zurück
nach einem zwischen Eberstadt und Bessungen gelegenen Platze, den der
Kurfürst zum Zusammenkunftsorte mit seinen Hauptleuten bestimmt
hatte. Bald erschien auch daselbst Kurfürst Friedrich mit seinem Gefolge

---

*) Der gefürchtete „deutsche Michel."

und Pöblis erstattete ihm Bericht über seine Sendung an den Landgrafen. Die Gesandten des Landgrafen aber, als diese ehrerbietigst
sich nahten und um Bezeichnung der Quartiere baten, welche der Kurfürst mit Proviant versehen haben wolle, ließ der Kurfürst ganz unbeachtet; ohne ihnen eine Antwort zu ertheilen, bestieg er wieder sein
Pferd und schlug an der Spitze seines zahlreichen Gefolges den Weg
nach Bessungen ein. Vergebens erinnerten die Hessischen Gesandten,
dieser Weg sei nicht die Geleitsstraße, die nach den Verträgen bei
Durchzügen eingehalten werden müsse, vergebens erinnerten sie, der
eingeschlagene Weg führe gerade zur fürstlichen Residenz, die doch wohl
nicht zum Quartier ausersehen sein könne. Der Kurfürst würdigte
sie keiner Antwort. — Man kam vor Darmstadt an, wo die Grafen
Ernst und Philipp von Mansfeld den Kurfürsten empfingen. Nach
kurzem Gespräche mit seinen Feldherren erklärte jetzt Friedrich seinen
Entschluß, in Darmstadt selbst sein Hauptquartier aufschlagen zu wollen,
weil er es für zweckmäßig erachte, mündlich mit dem Landgrafen die
Angelegenheiten zu bereden. Den Entschluß des Kurfürsten und seine
Erklärung, er komme als Freund und nicht als Feind, zu verkünden,
begehrte Pöblis Einlaß am Thore der Stadt. Man öffnete es in
banger Erwartung, ob Schlimmes oder Gutes seiner Sendung folgen
werde. Der Landgraf genehmigte, was er in seiner Lage nicht ver-
weigern konnte. Er hieß den Kurfürsten mit den Generalen willkommen in seiner Residenz, bat aber, da die Stadt nicht groß und
schon durch seine eigene Leibgarde besetzt sei, die kurfürstliche und
mansfeldische Leibgarde außerhalb lassen zu wollen. Aber man be-
achtete den Wunsch des Landgrafen nicht; Friedrich zog in Darmstadt
ein an der Spitze seiner sehr zahlreichen Begleitung und gefolgt von
seiner und des Mansfelders starker Leibwache. Der Kurfürst mit den
beiden Herzogen von Weimar nahm seine Wohnung im Schlosse, der
Mansfelder im Rathhause, die übrigen Generale in den größeren
Häusern der Stadt. Alsbald verdrängte die kurfürstliche Leibgarde,
nachdem sie auf dem Markte aufgestellt und gemustert worden war,
die landgräfliche Garde von allen Posten des Schlosses und der Stadtthore; alle Gewehre der Darmstädtischen Besatzung mußten dem Oberst
Goldstein abgeliefert werden, um nie wieder in deren Hände zu gelangen. Der bedrängte Landgraf erkannte nun deutlich die bösen Absichten seiner Gäste, besonders als diese am nächsten Morgen nicht,
wie er gehofft, Darmstadt verließen, sondern alle Anstalten zu einem

längeren Aufenthalte trafen. Indessen verflossen mehrere Tage, ohne daß man sich weitere Feindseligkeiten irgend einer Art gegen den Landgrafen erlaubte. Täglich speisten die Fürsten mit ihren Generalen im Schlosse; nur der Mansfelder, vom Zipperlein befallen, blieb im Rathhause, so bringend auch der Landgraf seine Einladungen wiederholte. Man unterhielt sich fleißig mit Ballspiel auf dem in der Vorstadt gelegenen Ballplatz, und nur gelegentliche Aeußerungen einzelner Pfälzischer Obersten über die Ungerechtigkeit der kaiserlichen, von Ludwig unterstützten Forderungen, erinnerten an die Verschiedenheit der Gesinnungen des Wirthes und seiner Gäste.

Während die Soldateska in Darmstadt durch die Gegenwart ihrer obersten Führer im Zaum gehalten, Brutalitäten vermied und vorzugsweise nur den Fässern in den Kellern sich gefährlich zeigte, hauste sie um so furchtbarer in allen Oertern der Umgegend. Unerhört waren die Greuel der Verwüstung, die sich die Rotten dort erlaubten. Pferde, Rinder, Schafe und Federvieh nahm man den armen Bewohnern weg und trieb alles nach Frankfurt und in die Pfalz, mit dem Bedeuten, dort könnten die Eigenthümer das Ihrige sich wieder holen, wenn sie seinen Werth in Geld ersetzen könnten; rein ausgeplündert stand schon am zweiten Tage das Haus Gehaborn und seine Bewohner irrten im Walde umher, ebenso Kranichstein, Sensfeld und Jägersburg. Brandschatzungen folgten aller Orten auf Brandschatzungen und die Flamme verzehrte da, wo der Mangel nichts zu zahlen im Stande war. Zweimal brannte Griesheim, ebenso Schnepfenhausen, Dornheim, Pfungstadt, Eschollbrücken. In Dornberg, wo der Landgraf einen Vorrath von edlen Weinen liegen hatte, erbrachen die Soldaten die fürstlichen Keller, und was sie nicht in sich aufnehmen oder mit sich fortnehmen konnten, mußte die Erde trinken, so daß man, wie ein altes Sündenregister der Mansfeldischen klagend sagt, bis an die Knie in edlem, firnenwein gehen konnte. Die Geistlichen und Beamten, die, zum Schutze der Unterthanen ausgesendet, den Greueln der Rohheit zu steuern suchten, erlitten dafür Mißhandlungen; ja der edle Pfarrer von Kelsterbach sogar den Tod. Der Herzog von Weimar ritt endlich selbst aus Darmstadt weg, um in der Umgegend dem Unwesen zu steuern.

Wiederholte Berathungen, welche der Kurfürst mit Mansfeld und dieser wieder mit dem Markgrafen von Baden-Durlach hielt, der unterdessen auch angekommen und sein Hauptquartier in Wolfskehlen aufgeschlagen hatte, hatten das Resultat, daß Oberst von Pöblis und

Generallieutenant von Straiff im Namen des Kurfürsten dem Landgrafen einige Forderungen überbrachten, deren Gutheißung den Abzug
des Heeres aus dem Darmstädtischen zur Folge haben sollte. Der
Landgraf sollte, so wurde verlangt, dem Kurfürsten zu Liebe, alle die
Officiere ihres Dienstes entlassen, die etwa Neigung hätten, ihm,
dem Kurfürsten, zu folgen; er sollte ferner ihm die Summe von
60,000 Thalern gegen genügende Versicherung vorstrecken und 40 Wagen
zur Fortschaffung des Geräthes und Proviants stellen. Ludwig that,
was in seinen Kräften stand. Gern, erklärte er, wolle er die Officiere
ihres Dienstes entlassen, die nicht bei ihm zu bleiben wünschten; von
der verlangten Summe erbot er sich so viel zu leihen, als er bei den
durch wiederholte Durchzüge geschwächten Kräften seines Landes zusammen bringen könne; die 40 Wagen aber vermöge er nicht zu stellen,
da, wie ihm berichtet worden, seine armen Unterthanen aller ihrer
Pferde beraubt seien. Mit diesen Forderungen jedoch noch nicht zufrieden, überfandte der Kurfürst dem Landgrafen Sonntags am 27. Mai
nach der Abendmahlzeit neue Punktationen mit der Bitte, am nächsten
Morgen frühe seinen Entschluß darüber kund zu geben. Auf diese
neuen Forderungen aber konnte Ludwig nicht eingehen; das verboten
ihm Fürstenehre und Fürstenpflicht. Er sollte, so wurde verlangt,
seine Mainfestung Rüsselsheim dem Kurfürsten überlassen, zu jeder
Zeit sein Land für diesen öffnen, ihm die Versöhnung des Kaisers
verschaffen, und als Geisel für die Erfüllung aller Forderungen ihm
den Landgrafen Johann übergeben. Schleunigst berief Ludwig seinen
zweiten Sohn Johannes, seinen Marschall Riedesel und seine ersten
Räthe und erklärte diesen seinen Entschluß, lieber mit dem Landgrafen
Johann zu Fuß davon wandern, als auf solche Unbill eingehen zu
wollen. Vergebens baten die Räthe, er möge bleiben, vergebens stellten
sie ihm vor, wie es ja möglich sei, die Sache zu vermitteln; des
Landgrafen Entschluß stand fest. Abschied nehmend von seinen tief
betrübten Räthen, ergriff er seines Sohnes Hand und wanderte mit
diesem, von zwei treuen Dienern begleitet, Abends 11 Uhr heimlich
durch den Schloßgarten, um sich nach dem Kurmainzischen Orte Gernsheim zu begeben. Aber es glückte ihm nicht dahin zu entkommen,
seine Feinde hielten allzu zahlreich die ganze Gegend besetzt; die letzte
Wache des Markgrafen von Durlach setzte seiner Flucht schon um
2 Uhr Nachts bei dem Dorfe Büttelborn ein Ziel. Der Rittmeister
von des Herzogs Magnus von Württemberg Compagnie, welche

Büttelborn besetzt hatte, nahm ihn gefangen und brachte ihn in eine Kammer, bis am folgenden Tag gegen Mittag Markgraf Georg Friedrich, von dem Vorfalle benachrichtigt, den Markgrafen Karl mit einer Kutsche sendete, die beiden fürstlichen Gefangenen nach Wolfskehlen zu bringen. Der Kurfürst erhielt früh am Morgen schon die Nachricht von des Landgrafen Flucht. Wüthend darüber tobte Mansfeld und sein Zorn würde die arme Stadt in Asche gelegt haben, wenn nicht der Herzog von Weimar vermittelnd sich derselben angenommen hätte.

Den Landgrafen als Gefangenen in einer Kutsche mit sich führend, brach die ganze Armada am 28. Mai nach Dieburg hin auf. Die Nachricht aber von dem Anrücken der ganzen Bayerischen Armee, welche unter Tilly zur Befreiung des Landgrafen in Eilmärschen nahte, zwang den Kurfürsten, sich erst wieder nach Gerau, dann nach Bensheim und Lorsch zu ziehen. Doch auch hier konnte er sich nicht halten, da bereits am 30. Mai die Bayerische Armee bei Darmstadt ankam und ihm auf dem Fuße folgte. Unvermuthet sah er sich am 31. Mai von einer Abtheilung Croaten überfallen und nur schleunige Flucht rettete die kurfürstlichen Schaaren, bei denen der gefangene Landgraf sich befand. Der Ueberfall der Croaten war so schnell und unerwartet gekommen, daß der dem Landgrafen beigegebene Commissär v. Schlick, von Angst getrieben, aus dem Wagen sprang und Ludwig allein darin ließ. Ein ernstliches Gefecht entspann sich auf der Lampertheimer Haide und endigte mit einem Siege der Liguisten und mit der Gefangennahme mehrerer Hauptführer des Pfälzischen Heeres. Als die Festung Mannheim das Pfälzische Heer schützend aufgenommen hatte, fand der Landgraf eine weit mildere Behandlung als bisher. Täglich speiste er mit dem Kurfürsten, ja einmal geleitete dieser ihn nach Hause, um sich selbst zu überzeugen „von des Quartieres Accomo= dation." Und als Ludwig um Freilassung seines Sohnes Johannes bat, willfahrte man ihm alsogleich. Derselbe kehrte, vom Hofjunker v. Minigerode begleitet, am 4. Juni nach Darmstadt zurück. Der Landgraf selbst, als er am 27. Juni einen Revers unterzeichnet hatte, der ungleich mildere Bedingungen enthielt, wie die ihm früher zuge= mutheten, nahm noch an demselben Tage nach einem Gastmahle Ab= schied vom Kurfürsten und verließ, von demselben bis zum Thore ge= leitet, Landau, wohin man sich zuletzt zurückgezogen hatte, und kam über Speier und Mannheim am 28. Juni Abends in Darmstadt wieder

an, wo Räthe und Volk, so lange in banger Besorgniß um das
Schicksal ihres Fürsten, jubelnd ihn empfingen.

Wie groß die Unkosten gewesen sein mögen, welche die Bewohner
Darmstadts bei dem Aufenthalte der fremden Truppen, selbst der
freundlich gesinnten, gehabt haben mögen, ersehen wir aus einer
„Ordnung" Tillys, welche bestimmte, was einem jeden Kriegsmann
an Speis und Trank geliefert werden mußte. Beispiels halber führen
wir folgende Posten aus dieser Ordnung an: Der Oberst erhielt
40 Pfund Brod, 30 Pfund Fleisch, 30 Maas Bier, 8 Maas Wein,
dazu 4 Hühner, 1 Schaf oder Kalb; der Hauptmann 20 Pfund Brod,
12 Pfund Fleisch, 16 Maas Bier, 4 Maas Wein, dazu 2 Hühner
und $1/2$ Kalb oder Schaf; der Lieutenant 10 Pfund Brod, 6 Pfund
Fleisch, 10 Maas Bier, 2 Maas Wein und $1/4$ Schaf oder Kalb;
der Knecht 2 Pfund Brod, 1 Pfund Fleisch, 2 Maas Bier u. s. w.
Der Oberst durfte dabei 16, der Hauptmann 8, der Lieutenant
4 Pferde führen. —

Nachdem wir die Vergrößerung der Stadt unter Ludwig V. und
die politischen Schicksale derselben kennen gelernt haben, müssen wir
uns auch das Thun und Treiben ihrer Bewohner betrachten.

Beginnen wir dabei mit dem Hofe, der gerade unter Ludwig V.
auf Leben und Treiben in der Stadt großen Einfluß geäußert hat!

Der Hof Ludwigs V. war ein sehr prachtvoller. Er war schon
als junger Prinz zur Prachtliebe geneigt und machte dadurch seinem
sparsamen Vater heimlichen Kummer. Ahnungsvoll war Georgs Klage,
wie der Rath und die Erfahrung der Aelteren nirgends mehr von den
Jüngeren geachtet werde, zu derselben Zeit, da Ludwig mit einer an=
sehnlichen Begleitung (er und seine Diener „mit goldnen Schnüren
auf gelblebernen Wemmsern" geziert) nach Rom und Neapel reiste.
Dieser Neigung Ludwigs V. zur Pracht gemäß war sein Hofstaat ein
zahlreicher (er bestand aus 230 Personen), die Hofeinrichtung splendid
und die Vergnügungen des Hofes kostspieliger und complicirter. Schon
die Kleidung der Hofdiener, über welche die Kammerrechnungen einzelne
Notizen liefern, zeugt von dem Glanze, der am Hofe entfaltet wurde.
Die Lakaien trugen Mützen von schwarzem Tuch, mit schwarzen Sammt
verbrämt, Beinkleider von schwarzem Tafft=Sammt, einen Wamms
von leibfarbenem Doppelsammt und leibfarbene gestrickte Strümpfe.
Seine Junker erhielten einst neue Ehrenkleider und da war für einen
jeden eine besondere Tracht bestimmt. So trug der Junker v. Seebach

violette Hosen von Sammt und einen Wamms von violettem Atlas; der v. Storndorf grüne Hosen, Wamms und Strümpfe; ein anderer Beinkleider von meergrünem Sammt und einen Wamms von weißem Atlas. Alle Hofdiener erhielten die Hofkleidung und die Hofkost, so daß täglich an 27 Tafeln gespeist wurde. Mit dem freien Tische wurde indessen Mißbrauch getrieben, und der Landgraf hielt es für besser, ihn abzuschaffen und statt dessen den Hofdienern eine Zulage an Geld und Naturalien zu geben. Der Chronist Buch sagt über diese Aenderung in der Hofeinrichtung: „Hat den Hofdienern und „Musikanten nicht zum besten gefallen, den Bürgern aber auch nicht, „indem früher viel aus der Hofküche in die Magen der Bürger ge= „wandert war." Die Entschädigung für die Hofkost betrug im Jahre 1619: 6529 fl. 13 Alb., 1622: 7209 fl. — Wie die Be= soldung der Diener dazumal beschaffen war, möge die des Marschalls characterisiren. Er bezog an Geld 87 fl. 6 Albus, dann 10 Malter Korn, ½ Fuder Wein, 5 Malter Hafer, 10 Gänse, 10 Kapaunen, 10 Hühner, 1 Ochsen, 1 fettes Schwein, 2 Hämmel, 1 Fuder Bier, an Holz und Torf 45 Klafter, 1 mastfreies Schwein; zuletzt die Hof= kleidung für 2 Personen und die Hofkost. Außer der gewöhnlichen Besoldung und sonstiger Vortheile erhielten sämmtliche Diener noch ein besonderes Neujahrsgeld. —

Besondere Ereignisse am Hofe, wie Taufen und Hochzeiten, brachten eine große Anzahl von fremden Gästen und mit ihnen ein reges Leben in die Stadt. Der Hof entfaltete dabei allen Glanz. Bei der Vermählung der zweiten Tochter Ludwigs, Anna Eleonore, mit dem Herzog Georg von Braunschweig, hielten die fremden Fürsten und Herren ihren feierlichen Einzug in die Stadt. Es waren 1312 Per= sonen mit 1427 Pferden, darunter der Herzog von Braunschweig mit seinen 3 Brüdern und Gefolge und mit 400 Pferden, der Herzog Johann von Sachsen nebst Gemahlin und Gefolge und mit 200 Pferden. Im Herrensaale wurden täglich 3 fürstliche und 2 gräfliche Tafeln, im Rathhaussaale 40 Tafeln für den übrigen Adel, und zu Arheilgen 100 Tafeln für das Gesinde gedeckt. Die Feste dauerten vom 14. bis zum 21. December, und als die Gäste abgezogen, fand sich, daß über 100 Fuder Wein geleert waren.

Zur besonderen Verherrlichung solcher Feste wurden Jagden, Wolfshetzen im Schloßhofe veranstaltet, Musik gemacht, Ca= roussels mit Inventionen aufgeführt und Tänze gehalten.

Diese verschiedenen Vergnügungen, deren Ausführung dem Leben in Darmstadt zeitweise ein besonderes Gepräge verlieh, haben wir uns etwas näher zu betrachten.

Der Landgraf war, wie der Chronist sagt, ein wilder Jäger, „der allezeit über Stock, Stein und Stauden gerennt, wie er dann „unter fünfmal nicht vom Pferde gefallen, aber nichts geschadet; hat „mehrere Pferde todt geritten." Zur Pflege der Jagd hatte Ludwig einen großen Jägerstand, bei welchem im Jahre 1607 folgende Bedienstete vorkommen: der Jägermeister, 2 Oberförster, 2 Jägerknechte, 1 Hühnerfänger, 1 Zeugknecht, 1 englischer Hundsknecht, ein Windhetzer, 1 Jagdhundsknecht, 1 Pirschhundsjunge, 2 englische Hundsjungen, 1 Junge bei den kleinen Hunden, 2 Jägerjungen, 1 Falkner, 1 Finkenfänger, 1 Staarenfänger. Die sorgsame Hege, welche Ludwig V. eingeführt hatte, hatte die Wälder bald mit zahlreichem Wilde gefüllt und es war dadurch Gelegenheit zu jeder Art von Jagd geboten. Man zählte in den Wäldern um Darmstadt im Jahre 1629 allein 228 Damhirsche und 446 Stück Damwild. Bei einer mehrtägigen Saujagd zu Ehren des Kurfürsten von Köln im Griesheimer Bruche, im Gerauer Wald und bei Niederramstadt fielen 246 Sauen. Der Jagdaufwand war ein sehr bedeutender. Aus dem Jahre 1619 liegen Acten vor, nach deren Angaben in diesem einzigen Jahre über 1000 fl. für Jagdzeug ausgegeben wurde, darunter 398 fl. für neue Wildwagen, 243 fl. für Seile, 213 fl. für Hanf; ferner werden 1000 Ellen Linnen zu Jagdtüchern aufgeführt. In den betreffenden Acten eines andern Jahres wird eines Jägerhorns gedacht, das mit Demanten und Rubinen besetzt war.

Das seltenere Vergnügen einer Wolfshetze kam im Jahre 1617 im Schloßzwinger zur Ausführung. Bei solchen Wolfshetzen wurden Wölfe lebendig eingefangen und mehreren Hunden preisgegeben.

Die Musik wurde am Hofe Ludwigs V. mit Liebe und Sorgfalt getrieben. Anfangs bildete der Organist und Cantor den Mittelpunkt alles musikalischen Lebens am Hofe. Dieser suchte aus der Schuljugend frische Stimmen und musikalische Talente hervor und zog sie in einer dazu errichteten Hofkapellschule zu Sängern und Musikern heran. Diese Schule bestand aus ungefähr 16 Knaben, welche auf Kosten des Landgrafen gekleidet und verköstigt wurden. Alle trugen gleichförmige Kleidung von „grau wullen Müttertuch" und mußten eine strenge Lebensweise führen. Unterrichtet wurden sie in der Theorie der Musik, im Choral= und Figural=Gesang, so wie in der praktischen Handhabung verschiedener Instrumente. Wie genau geregelt im Ein=zelnen die Lebensweise dieser Musikschüler gewesen ist, ersehen wir aus der noch vorhandenen „Musikantenordnung" des Landgrafen Philipp, des Bruders Ludwig V., welcher zu Butzbach residirte, die der hiesigen zum Vorbilde gedient hat. Da heißt es:

„1. Sollen die Jungen zwischen 4 vndt 5 schlägen des Morgens sich fertig „machen vndt anziehen, das Losament saubern vndt sich waschen.

„2. Zu fünffen soll einer an dem die ordnung ist den morgensegen clare „vorsprechen, darnach ein Kapitel auß der Bibel vndt ein Hauptstück auß dem „Katechismo Lutheri mit der Auslegung lesen.

„3. Zu sechs sollen ein jeder sich an sein Instrument oder Studium be=„geben, was ihnen des vorigen Tags von dem Kapellmeister vffgeben worden „biß vmb 7 schlägen.

„4. Zu Achten sollen sie bei dem general Exercitio sich einstellen oder „sollen gestrafft werden.

„5. Welchem gebührt die Taffel zu decken vnd vffzuwarten, soll solches „verrichten vndt die andern vff die stuben pleiben biß vmb 10.

„6. Nach der Malzeit biß vmb 12 Uhr mag ein jeder sich vff blaßenden „Instrumenten gebrauchen oder schreiben.

„7. Von 12 bis vff 1 Uhr sollen sie sich vff trommeten üben.

„8. Von 2 biß vff 3 Uhr sollen sie sich bei dem general Exercitio aber=„mals einstellen.

„9. Zwischen 4 vndt 5 soll derjenige an dem die ordnung abermals decken „vndt die andern biß zu 5 vff der Musikstuben pleiben.

„10. Sollen sie abermals von 6 biß zu 7 nach der Abendmalzeit sich vff „blaßenden Instrumenten üben.

„11. Zu 8 Abends soll einer den abendsegen recitiren vndt ein stück auß „dem Katechismo auch ein Capitel auß der Bibel lesen laßen vndt sich alsdann „schlafen begeben.

„12. So offt sie geßen haben sollen sie die Hand waschen damit sie mit „schmierigen vnd beßubelten Händen die Instrumenten vndt saiten nicht macu=„liren oder verderben.

„13. Sollen sie die Nägel kurz abschneiden damit die saiten nicht ver=„derbt werden.

„14. Sollen sie keine Unflätigkeiten in der schlaff Cammer gebrauchen da=„durch ein bößer Geruch möchte vff die stuben.

„15. Welchem in der Kirchen gebühret den Katechismum zu leßen, soll „acht haben daß er langsam bete vndt nicht häßire oder fehle.

„16. Sollen sie sich alles unnützen Geschwetzes enthalten, so aber einer „sich gelüsten ließe zu fluchen vndt karten oder würffel zu spielen oder auch sich „zanken oder schlagen, sollen sie mit ruthen gestrichen werden.

„17. Sie sollen auch kein frembden Jungen oder leichtfertig Gesindlein zu sich „vff die Instrumentenstuben kommen laßen oder sich sonst zu denselben gesellen.

„18. Es sollen alle und jeder unserer Musikanten auch des Weines vndt „vollsaufens enthalten, damit sie woll bey den ordinariis exercitiis als auch „sonsten bey offwartung der Musik sie ihre stell gebührend vertreten können."

Außer den Knaben wurden auch andere Sänger und Musiker am Hofe Ludwigs V. angestellt, und so fand sich bald eine Corporation zusammen, welche in der Kirche die Gesänge mehrstimmig auszuführen und neben der Orgel mit Streich- und Blasinstrumenten zu begleiten vermochte. Aber auch zur Ausführung weltlicher Musiken wurden Sänger und Musiker herbeigezogen. Im Jahre 1620 bestand die Kapellmusik aus dem Hofkapellmeister Herbst*), dem Organist Marx, dem Lautenist Kramer, 10 Sängern, 5 Trompetern, 1 Trommlern, 1 Pfeifer und dem Kapelljungen. Alle Musiker hatten ihre Wohnung im Schlosse, freien Tisch und freie Kleidung, welche in grau geschlitzten Beinkleidern und Jacken und gleichen Mänteln mit schwarzen oder goldnen Tressen bestand. Bei den vorkommenden theatralischen Vorstellungen, Inventionen, Balleten u. s. w. mußten die Musiker neben dem Fürsten und seinem Adel mitwirken, ebenso bei den Kammer- und Tafelmusiken, welche Morgens und Abends und während der Tafel statt fanden. Bei besonderen Gelegenheiten wurden noch viele fremde Musiker hinzugezogen. So wirkten z. B. bei dem schon erwähnten Vermählungsfeste der Prinzessin Anna Eleonore außer den einheimischen Musikern viele fremde mit von den Höfen zu Butzbach, Mainz, Braunschweig, ferner die Spielleute von Worms, die Sängerjungen von Frankfurt, polackische Musikanten, lüneburgische Bergsänger und 24 Trompeter und Pauker von den oben genannten Orten. — Bei den unter Ludwig mehrfach mit großer Pracht ausgeführten Inventionen blieb es lange Zeit Grundmotiv, daß eine bestimmte Anzahl von Herren irgend einen Satz gegen jedermänniglich mit einer gewissen Anzahl von Lanzenstößen und Schwertstreichen zu behaupten unternahmen. Sie hießen die mantenadores und ihre Gegenpartie die avantureros, weil die letzteren das ihnen gebotene Abenteuer bestehen und das Gegentheil des behaupteten Satzes beweisen wollten. Aber diese Spiele erschienen bald nicht gefahrlos genug, obgleich man sich gebrechlicher

*) Von diesem Kapellmeister Herbst werden in der Hofbibliothek noch mehrere Compositionen für mehrstimmigen, meist 6stimmigen Gesang handschriftlich aufbewahrt. Auch von einigen andern im Dienst Ludwigs und seines Bruders Philipp gestandenen Musikern finden sich daselbst Compositionen in Handschriften.

Lanzen und Schwerter bediente. Man setzte daher an die Stelle des Kampfes immer mehr die bloße Gewandheit von Mann und Roß iu den Künsten der Reitbahn, und es entstanden die f. g. Ring- und Ringelrennen, die sich, vielseitig mit anderen Inventionen verbunden, zu leibhaftigen Romanzen gestalteten. Bald waren die Stoffe der Mythologie oder der Geschichte des Alterthums entnommen, bald war der Gegenstand eine Allegorie. So wurde 1616 bei der Taufe des Landgrafen Friedrich der Theuerdank dargestellt, bei einer andern Gelegenheit der Kampf Apollos mit der Schlange Python. Bei einer Invention, die bei der Tauffeier der Prinzessin Elisabeth Magdalena im Jahre 1600 aufgeführt wurde und von dem kursächsischen Hof-architecten Massenh erdacht war, kam der dazu gehörige Apparat auf zwei großen, eigens dazu in Darmstadt erbauten Wagen von Dresden nach Darmstadt. Die Invention bestand aus 2 Theilen, aus einem Caroussel mit Aufzug und einem Ballet. Als ein Beispiel des damaligen Geschmacks wollen wir uns einmal das letztere etwas näher betrachten. In der Mitte des Kaisersaals war ein künstlicher Berg errichtet, umpflanzt von Bäumen mit daran hängenden Früchten. An den 4 Eckbäumen hingen bemalte Schilde mit Sinnsprüchen und auf dem größten Baum in der Mitte saß ein geschnitzter und gemalter Cupido. An dem Berge selbst war der „Friede" angefesselt und wurde von der „Zwietracht und ihren Gesellen" bewacht. Hierauf erschien „Merkur" und theilte im Namen des „Friedens" Cartelle aus mit Versen, in denen dieser das Leid seiner Gefangenschaft klagte. Merkur holte die „Eintracht" und beide suchten nun durch Tänze die „Zwietracht" durch Freigebung des „Friedens" zu bestimmen. Aber vergebens. Nicht glücklicher war mit ihren rührenden Gesängen die alsdann auftretende „Musica." Da erschien die „Zeit" mit 9 Mantenadores, gefolgt von Spießjungen und Lakayen, und forderte durch Pantomimen und Gesang entweder Freilassung des Friedens oder offenen Kampf. Der letztere wurde angenommen, und nun begann ein den Kampf darstellender Tanz, in dem die Mantenadores Sieger blieben und den Frieden erlösten. Die „Eintracht" trug bei dieser Gelegenheit einen „roten Jungfrawen Rock" mit weißen Aermeln von Seidenatlas und silbernen Borten besetzt. Die „Zwietracht" „rothe Hosen und Röckel" von rothem Seidenatlas und einen großen Feder-busch auf der Mütze. Beide waren dabei „mit Maschken mit gelben Bärten" versehen. Der „Friede" ging in langem rothen Kleid und weißen Stiefeln, Hut mit einem Kranz von grünem Atlas und in der Hand einen grünen Zweig; die „Zeit" in einer römischen Tunika und weißen Hosen, in der Hand einen vergüldeten Stab und eine Sand= uhr tragend u. s. w. — Als das schon erwähnte Reithaus (s. o. S. 53) erbaut war, wurden die Spiele häufig in diesem gehalten. Die Ein= weihungsfeier des Hauses fand statt zu Ehren der Taufe der Prin= zeffin Amalie am 27. Juli 1607. Die beiden Landgrafen Ludwig V. und Philipp veranstalteten dazu ein Carouffel mit einer Invention, bei welchem die Theilnehmer als Indier und Mohren erschienen. Unter andern kam auch bei dem Aufzuge ein ungeheurer Elephant vor. Das Geftelle fertigte ein Darmstädter Schreiner Namens Pfannmüller. Dieß wurde mit Leinwand überzogen, mit Kuhhaaren ausgefüllt und von dem Frankfurter Maler Offenbach möglichst naturgetreu bemalt. Verrechnet finden sich dazu außerdem noch 4 Kuhschwänze, um den Schweif des Ungeheuers zu fertigen.

Gehen wir nun vom Leben am Hofe zum Leben in der Stadt über!

Durch die Prachtliebe des Landgrafen und die in Folge derselben so glanzvoll hergestellten Feste, so wie durch die zahlreichen fremden Gäste, welche sich bei jeder Gelegenheit in Darmstadt einfanden, mag auf den Verkehr eine sehr günstige Wirkung geäußert worden sein. Daß große Wohlhabenheit geherrscht haben muß, erfehen wir aus verschiedenen Verordnungen, welche der Landgraf ergehen ließ, um dem überhand nehmenden Luxus bei Hochzeiten und Kindtaufen zu steuern. Darin finden sich Bestimmungen gegen Uebertreibungen bei folchen Familienfeften, welche man heut zu Tage nicht zu machen nöthig hätte, weil nur wenige in der Lage sein möchten, solche Feste zu veranstalten. Sie bilden auch in anderer Beziehung einen intereffanten Beitrag zu den Culturverhältniffen jener Zeit und verdienen darum etwas näher betrachtet zu werden. — Nach den Bestimmungen dieser Ordnungen waren alle eingeladenen Gäste bei Strafe gehalten, der Einladung zu folgen, es sei denn, daß sie „ehehafften" Entschuldigung hatten, welche der Schultheiß anhören und prüfen mußte. Nach der Kirche mußten alle in einer voraus festzusetzenden Ordnung ziehen. Bei Hochzeiten durften nicht über 10 Tische Hochzeitsgäste, auf jeden Tisch 10 Personen gerechnet, gesetzt, nicht über 3 Mahlzeiten, nämlich am Hochzeitstage 2, eine Mittags-, eine Abend=Mahlzeit, und am folgenden Tage nur eine Abend=Mahlzeit zubereitet werden. Bei einer

Mahlzeit sollten nicht über 6 Haupteſſen angerichtet werden. Dazu durften aber noch Gemüſe kommen, welche nicht gerechnet wurden. Waren indeſſen vornehme Räthe oder Adlige eingeladen, ſo durfte der Tiſch etwas reichlicher beſetzt ſein. Kinder durften nicht mitgebracht werden. Damit es bei den Mahlzeiten und bei dem Hochzeitstanze ordentlich herging, wurden „etliche redliche Perſonen geordnet," die der Mahlzeit und dem Tanze beiwohnen mußten und zur Anzeige von Uebertreibungen verpflichtet waren. Den Eltern allein und den Begleitern der Braut und des Bräutigams durften von den Brautleuten Geſchenke gegeben werden, und zwar erhielten erſtere Hemden, die letzteren Schnupftücher. Dagegen durfte auch von den Hochzeitsgäſten den Brautleuten höchſtens ein Ducat verehrt werden. Für die Hochzeitsdienſte, welche Köche und Muſikanten leiſteten, waren ebenfalls beſtimmte Löhne feſtgeſetzt. Aehnliche Beſtimmungen waren in Bezug auf Taufen und auf „das Leyhdvertrinken," d. h. in Bezug auf die Schmauſereien nach erfolgter Beerdigung gegeben. — Später verbot der Landgraf ſogar bei Kirchweihen und andern Feſten Muſik und Tanz. „Iſt denen Unterthanen ſchwer worden," erzählt der Chroniſt. Sie ſupplicirten auch ſo lange um Aufhebung dieſer Verordnung, bis er wieder Muſik und Tanz erlaubte. — Aber nicht bloß ſolche Luxuspolizei hatte der Landgraf zu üben, ſondern auch eine andere Art von Polizei. Dieſe erkennen wir unter anderem aus dem im Jahre 1624 errichteten Burgfrieden, demzufolge Niemand einen andern in den fürſtlichen Häuſern, Kanzleien, Amtshäuſern, Renthäuſern beleidigen durfte. Wer an ſolchen Orten gegen einen andern eine Waffe gebrauchte, und ihn ſchlug oder ſtach oder „blutrünſtig" machte, der wurde mit dem Schwerte hingerichtet. Wer aber die Waffe gegen einen andern zog, auch wenn er ihn nicht verwundete, der verlor die rechte Hand. Aber auch jeder, der einen andern ſchalt oder ſchmähte, wurde ſchwer geſtraft.

In Betreff des Weinzapfs in der Stadt beſtand die Einrichtung unter Ludwig V., daß aller Wein von der Stadt genommen werden mußte, welche zu dieſem Zwecke im Rathskeller bedeutende Weinvorräthe lagern hatte und zur Beſorgung der mit Einkauf und Verabfolgung des Weins verbundenen Geſchäfte beſondere Weinmeiſter angeſtellt hatte, denen in einer Inſtruction vom Jahre 1603 genau geſagt war, was ſie zu thun oder zu laſſen hatten. In jedem Jahre mußten neue Weinmeiſter ernannt werden. Es war ihnen aufgegeben, dafür zu ſorgen, daß keine untüchtigen, ſondern geſunde, reine, gute

Weine verkauft wurden, „uff daß die Herbergen dieses ortes zu unseres gnädigen Fürsten und Herrn sowohl als auch der Stadt Nachtheil nichts verschlagen, sondern allerdings uffrichtig gehalten werde." Sie hatten ferner darauf zu sehen, daß kein Wirth seinen Wein verfälsche, sondern so halte, wie er ihn von der Stadt geliefert bekomme. „Dieweil auch alhier eine fürstliche Hofhaltung und durchgehende fürnehme Landstraß ist, so sollen die Weinmeister darauf verdacht sein, daß sie mit einem fürnehmen Trunke und Ehrwein der Stadt zu Ruhm sich gefaßt halten." Diese Weinzapfordnung wurde, wie wir noch hören werden, auch von den Nachfolgern Ludwigs V. aufrecht erhalten, aber unter großem Widerspruch von Seiten der Wirthe. — Eine eigenthümliche, die Zapfwirthe betreffende Bestimmung der 1619 erneuerten Taxordnung von 1565 war die, daß die Wirthe von dem erkauften Wein, nach Abzug des Umgelds, der Tranksteuer und sonstigen Unkosten, nur 5 fl. Verdienst per Ohm berechnen durften.

Das Handwerkswesen in Darmstadt wurde unter Ludwig V. durch Errichtung von Zünften regulirt. Die Gewerke hatten schon unter Georg I. um solche zum Schutze des Handwerks gebeten, allein es war nicht zur Errichtng förmlicher Zünfte gekommen, wenn auch in der allgemeinen Landesordnung und in deren Zusätzen manches dahin Gehörige enthalten war. Die Zunftordnungen vieler Gewerke sind noch vorhanden und enthalten vieles, was die Verhältnisse charakterisiren hilft. Dem Schneidergewerke war als Bedingungen zur Meisterschaft gesetzt: daß der angehende Meister ehelich geboren war, daß er zwei Jahre ausgelernt und mit seinem Meister sich gütlich vertragen, daß er zwei Jahre nach seinen Lehrjahren in der Stadt in seinem Handwerke gearbeitet, und daß er im Stande war, die vorgeschriebenen Meisterstücke zu machen. Diese bestanden in einem Priesterrocke, einem Paare glatter Hosen, einem Fuhrmannskittel, einer Satteldecke und einem Reitrocke. Wer eine bei ihm bestellte Arbeit verschnitt oder die Leute ungebührlich aufhielt oder zu theuer behandelte, mußte eine Strafe zahlen, die zur Hälfte dem Landgrafen zukam. Jeder Meister mußte den Einwohnern auf ihr Verlangen im Hause arbeiten. Kein Meister durfte aber einen neuen Kunden annehmen, ehe er sich vergewissert hatte, daß sein College Meister, der bisher für den Kunden gearbeitet hatte, bezahlt worden war.

Ein angehender Schuhmachermeister mußte 3 Jahre gelernt und dann noch 2 Jahre in seinem Handwerk in der Obergrafschaft gearbeitet haben. Die vorgeschriebenen Meisterstücke für ihn waren: ein Paar Kniestiefel für einen Reiter, ein Paar ausgeschnittene Schuhe mit Ecken, ein Paar Bauernstiefel mit 4 Paar Haften, ein Paar hohe Bundschuhe. Die Meisterstücke mußten in einem besonderen Hause unter der Aufsicht von zwei Schaumeistern gemacht werden. Den Zechern in der Zunftstube war Züchtigkeit anempfohlen und der Miß-brauch des Namens Gottes verboten. Wenn einer etwas vor dem Handwerk vorzutragen hatte und ein anderer ihm ins Wort fiel, so mußte dieser seine Unschicklichkeit mit einer Strafe von 20 Pfennigen büßen. Schafleder durfte nur in einzelnen Fällen, Roßleder niemals verarbeitet werden.

Gesellen und Jungen wurden durch besondere Ordnungen in guter Zucht gehalten. Das Schneidergewerk hatte seinen Ange-hörigen außer untadelhaften Wandels aufgegeben: jeden Sonntag in die Kirche zu gehen, „außer bei Leibesschwachheit und Vorfällen." Alle 4 Wochen hatten sie einen blauen Montag. Ein Geselle hatte wöchentlich 10 kr. Lohn. Kein Geselle oder Junge durfte ohne Mantel über die Gasse gehen, auch nicht auf der Gasse essen, auch nicht zwei- oder dreierlei Schnüre auf dem Kleide tragen. Die Arbeitszeit war Sommers von 4 Uhr, Winters von 5 Uhr an bis Abends 10 Uhr. Eine besondere Bestimmung lautete: „Wer in Zehrungen und Zechen „der Schneider sich ungezogen und säuisch hält, also daß er Essen und „Trinken wiedergibt, der soll streng gestraft werden." Ferner: „Wenn „die Schneider und Gesellen mit einander zechen und einer verschüttet „mehr, als die Hand wieder bedecken kann, der soll in Strafe sein" u. s. w.

Der Lohn der Dienstboten wurde im Jahre 1623 gesetzlich regulirt und es hatten sich Dienstherrschaften und Dienstboten nach diesen Bestimmungen zu richten. Der Jahreslohn für eine Köchin betrug 8 fl., für eine Hausmagd 6 fl., für eine Viehmagd 7 fl., für ein Kindermädchen 4 fl. „Jedoch soll, so hieß es in der Ordnung, hierbei einem jeden ohnbenommen sein, ein oder zwei Paar Schuhe nach Gelegenheit dem geordneten Lohn zuzusetzen." Diese Dienstboten-ordnung wurde im Jahre 1653 revidirt, die Lohnsätze aber dabei sämmtlich gelassen, mit Ausnahme desjenigen für die Köchin, der um 1 fl. erhöht wurde.

Von hoher Bedeutung war die im Jahre 1623 publicirte „Neue Münz- und Taxordnung." Die erste suchte der Confusion im Münz-

wesen zu steuern und bestimmte den Werth der Gold= und Silber=
münzen *). Die letztere bestimmte für alle Gattungen von Waaren
und Handwerksarbeit die Preise, die, bei Strafe, allein bezahlt und
gefordert werden durften. Sie gewährt uns einen Einblick in gar
Manches, was für die Sitten damaliger Zeit bezeichnend ist, und wir
wollen uns darum einiges daraus erzählen lassen. Ochsenfleisch kostete
6 kr. das Pfund, ein Spanferkel 9—11 kr., eine gemästete Gans
30—32 kr., ein altes Huhn 9—10 kr., ein Kapaun 20 kr., ein
junger Hahn 3—4 kr., ein Paar Tauben 7 kr. Das Hockenwerk,
wozu Butter, Speck, Häring, Unschlitt ꝛc. gerechnet wurde, wurde so
normirt, daß der Verkäufer seinen Einkauf mit beglaubigten Urkunden
darthun, und dann den 8ten fl., Batzen oder Kreuzer für sich rechnen
durfte. Ein Paar Stiefel „mit Absätzen, 3 Sohlen und geschmiert
Leder" kostete 4—4½ fl., Waden= oder Halbstiefel 1 fl. 30 kr., ein=
fache Mannsschuhe 30 kr., Weiber=Trippschuhe 56 kr. bis 1 fl.
„Wann Schuh im Haus gemacht werden, bei deß Hausmanns Kost
und Leder, von jedem Paar großen Manns= oder Weibsschuhen uff
Namen gedoppelt" 6 kr. u. s. w. Eine Ruthe gebrochener Mauer=
stein (16 Schuh lang, 4 hoch, 8 breit) kostete 1 fl. 30 kr., ein Zuber
Odenwälder Kalk auf den Markt geliefert 2 kr. Der Werth einer
Elle groben Leinentuchs war auf 1 kr. bestimmt, gemengten Tuchs
5 Pf., flächsen Tuch 6 Pf. Von Schreinerarbeit wollen wir bei=
spielshalber nennen: „eine Stubenbank so Dielen lang mit Leisten
16—20 kr., eine Lehnenbank 20—22 kr., ein tannener Lehnstuhl
16—18 kr., eine 10schuhige Fußtafel 8 kr., ein Rollbett 1 fl." Der
Transport von Waaren aus Frankfurt wurde mit 15 kr. per Centner
berechnet. Bei der Schneidertaxe sind alle Gattungen von Röcken für
Männer und Frauen, Mäntel, Strümpfe, Beinkleider, Wämser u. dgl.
aufgeführt. „Hosen und Wammes mit breyten Achseln und steiffen
Bäuchen kosteten 1 fl. 20 kr., ein Mantel mit einer Schnur gebrämet
und gefaßt und vornen herab gefüttert 52 kr., ein Weiberrock unten
herum mit 2 oder 3 sammeten oder andern Schnüren verbremt 1 fl.
Wann der Meister seinen Kunden im Haus arbeitet, sollte dem Meister

---

*) Goldmünzen waren: Rosenobel (5 fl. 4 kr.), Schiffnobel (4 fl. 30 kr.),
Engellot (3 fl. 24 kr.), Ducaten (2 fl. 24 kr.), Creutz=Ducaten (2 fl. 10 kr.),
Welsche Cronen (2 fl.), Goldgulden (1 fl. 44 kr.). Silbermünzen: Silber=Cron
(1 fl. 44 kr.), Philippsthaler (1 fl. 40 kr.), Reichsthaler (1 fl. 30 kr.), Reichs=
gülbener (1 fl. 20 kr.) ꝛc.

neben der Kost täglich gezahlt werden 7 fr., dem Gesellen 6 fr., dem Jungen 4 fr." — In ähnlicher Weise werden die Waaren, Arbeiten und Leistungen aller Gewerbtreibenden regulirt. Auch die oben schon erwähnten Bestimmungen über den Dienstbotenlohn sind bereits aufgenommen.

Zu bemerken ist auch, daß unter Ludwig V. die erste Druckerei nach Darmstadt kam. Im Jahre 1605 nämlich kam Balth. Hofmann aus Frankfurt a. M. mit seiner Druckerei hierher.

Erwähnenswerth ist auch, daß unter Ludwig V. der Torfbrand in Uebung kam. Der Landgraf hatte 1612 der Gemeinde Griesheim 10 Morgen von ihrer Weide abgekauft, um Torf graben zu lassen, und im Jahre 1614 abermals 10 Morgen. Der Betrieb geschah in geordnetster Weise und erregte in der Umgegend so großes Aufsehen, daß der Kurfürst Johann Schweikard zu Mainz sich entschloß, ein großes, bei Seligenstadt befindliches Torflager erschließen zu lassen, und sich zu dem Zwecke von dem Landgrafen sachverständige Leute erbat. Die Klafter Torf kostete im Jahre 1618 18, im Jahre 1622 aber 24 Albus.

Ludwig V. starb im Jahre 1626 im 49. Jahre seines Alters in Folge eines Schlagflusses, betrauert durch zahlreiche Kanzelredner in Darmstadt und in allen Ständen des Landes, und gefeiert durch ein prächtiges, ihm von seinem Nachfolger veranstaltetes Leichenbegängniß. Dieses Leichenbegängniß setzte Stadt und Land in Bewegung. Es fand statt am 11. September 1626 Morgens um 8 Uhr. Bereits um 7 Uhr wurde das erste Zeichen eine halbe Viertelstunde lang mit allen Glocken geläutet, dasselbe geschah um $\frac{1}{4}$ nach 7 Uhr und dann begann das allgemeine Geläute wieder um $\frac{1}{2}$ 8 Uhr und dauerte bis zur Beendigung der Beisetzung. Um 8 Uhr setzte sich der Leichenzug in Bewegung, nachdem die Stadtthore verschlossen und mit Wachen besetzt waren. Auf dem Markte, von der Schloßbrücke an bis zur Kirche, standen 100 Bürger von Darmstadt schwarz gekleidet zu beiden Seiten des Wegs, mit Hellebarden versehen, deren Spitzen sie unterwärts gekehrt hielten. Der Zug war in 6 Ordnungen getheilt. Die erste Ordnung wurde geführt von 3 abligen Räthen mit schwarzen Stäben, und ihnen folgten des verstorbenen Landgrafen Kammerdiener, 30 Schüler mit 10 Schulmeistern, alle hierzu besonders bekleidet; die fürstlichen Musikanten; 14 vom Lande herein beschriebene Pfarrherren und die Kapläne von Darmstadt, zuletzt

der Superintendent Johannes Victor und Dr. Justus Feuerborn. —
Die zweite Ordnung führte der Erbmarschall. Ihm folgten die Hofmeister der Landgrafen Philipp und Friedrich, so wie der der Herzoge
Ludwig und Friedrich von Württemberg, ferner der Rittmeister Wam-
boldt und die Junker der ebengenannten Fürsten, so wie der anwesenden Grafen. — Die dritte Ordnung führte der Hofmarschall. Ihm
folgte zunächst die fürstliche Leiche, getragen von 24 Abligen; nebenher
gingen zunächst 16 Edelknaben mit brennenden Fackeln und neben
diesen 25 Einspännige mit bekleideten Partisanen, deren Spitzen unterwärts gekehrt waren. Der Leiche zunächst folgte der Stallmeister des
Verblichenen mit dem schwarz aufgeschmückten Leibpferde, neben welchem
2 Pagen gingen, deren einer das Schwert, der andere den Stab trug.
Dann kamen die Landgrafen Georg, Johann, Philipp und Friedrich
von Hessen, Heinrich von Hessen mit den Abgesandten des Herzogs
von Württemberg und des Markgrafen von Brandenburg, Friedrich
von Hessen der Jüngere mit den Abgesandten des Pfalzgrafen und
des Herzogs von Lüneburg, der Herzog von Braunschweig mit den
Eisenacher Gesandten, die Abgeordneten von Nassau, Solms und Leiningen, die Abgesandten der Stadt Frankfurt: der Reichsschultheiß,
ein Senator und der Syndicus; dann Kanzler, Vicekanzler, Räthe,
Procurator und abgesandte Professoren von Marburg, die Hofgerichts-
räthe von Marburg. Sämmtliche Fürsten waren begleitet von Junkern
und Pagen. — Die vierte Ordnung leitete der Oberjägermeister.
Ihm folgten 3 fürstliche Frauenzimmer-Hofmeister, dann 6 fürstliche
mit dem Hause verwandte Frauen, jede geführt von zweien vom Adel,
ferner die Frauenzimmer derselben, gräfliche Fräulein, ablige Stadt-
und Landfrauenzimmer, je 3 und 3 beisammen, dann die Frau des
Kanzlers und die Frauen der Räthe und zuletzt sämmtliche Kammer-
mägde. — Die fünfte Ordnung führte der Keller von Zwingenberg.
Ihm folgten die drei Leibmedici, die Geheimen- und Kanzleisecretäre,
die Kammerschreiber, Registratoren und der Rentkammersecretär, die
sonstigen Registratoren, die übrigen Kanzlei- und Rentkammerscribenten,
die Hofofficiere, die Knechte und das Gesinde im Marstall und andere
Hofdiener, zuletzt die Jägerei. — Die sechste Ordnung führte der
Schultheiß von Darmstadt. Ihm folgten Rath und Bürgerschaft von
Darmstadt, die Weiber der Hofdiener, die Weiber des Raths, die
Weiber der Bürger. Die Leiche wurde in der Kirche niedergesetzt und
und die Predigt von dem Superintendenten Victor gehalten. Nach

vollendeter Predigt wurde die Leiche ins fürstliche Gewölbe gebracht
von dem Baumeister, dem Bauschreiber und Werkmeister von Darm-
stadt und den Kellern von Darmstadt, Dornheim und Lichtenberg.
Wie der Zug in die Kirche gegangen, so ging er auch wieder ins
Schloß, welches während der Kirchenfeier von dem Burggrafen und
den Trabanten geschlossen gehalten worden war. — In dem gedruckten
„Ehrengedächtniß," welches alle Feierlichkeiten, sowie alle in den
Städten gehaltene Gedächtnißreden und Anderes enthält, heißt es:
„Von der Schloßbrücken an bis an die Stadtkirche seind zu beyden
seiten viel hundert Menschen, in- und ausländische Mann- und Weibs-
personen, Junge und Alte hintereinander gestanden, deren sehr viel
die darzwischen fürüber getragene, ihres löblichen frommen Herrn und
Landvatters Fürstliche Leich mit nassen Auge angesehen und fast mit-
leidlich beklaget haben."

---

3. Darmstadt unter Georg II. (1626—1661).

Ludwig dem V. folgte sein Sohn Georg II. Die ganze Regierungszeit Georgs II. ist in Folge der politischen Verhältnisse Deutschlands überhaupt und der besonderen Verhältnisse der Landgrafschaft
eine Zeit der Leiden und der Drangsale aller Art gewesen. Der
30jährige Krieg lastete auf dem Lande mit allen seinen Schrecken.
Sie waren für die Landgrafschaft um so größer, weil Georg, anfangs
zwar im eigentlichen Kampfe neutral, doch ein Anhänger der kaiserlichen Politik war und als solcher den Groll der Gegner bei jeder
Gelegenheit zu empfinden hatte, dann aber auch, weil er wegen der
Marburger Erbschaft (d. h. wegen der Erbschaft des Landes Ludwigs
von Marburg, der kinderlos gestorben war) sich im Streite mit Cassel
befand, dessen Forderungen von Schweden und Frankreich, auf deren
Seite es stand, unterstützt wurden; ein Streit, der schon unter Ludwig V. begonnen hatte.

Georg II. war ein trefflicher Regent, durchdrungen von der Aufgabe eines Landesfürsten und begabt mit einer seltenen Klarheit des
Geistes und Energie des Handelns. Grundzug seines Charakters war
eine ächte menschenfreundliche Frömmigkeit. Seine tägliche Beschäftigung
mit der h. Schrift, welche er in verschiedenen, ihm geläufigen Sprachen
las, seine lange wechselvolle Lebensbahn hatte ihn frühzeitig daran gewöhnt, alle Lebens- und Staatsweisheit auf das Recht und die Wahr-

heit zurückzuführen, welche vor Gott gilt. Und mit dieser religiösen
Ueberzeugung verband er eine genaue Kenntniß der Pflichten und Ge-
rechtsame seines Standes und Berufes und der zeitgemäßen Bedürfnisse
einer wohlwollenden und gerechten Landesregierung. Davon legt das
in herzlicher Sprache von ihm selbst verfaßte Testament das schönste
Zeugniß ab. Darin belehrt er seinen Nachfolger über alle Gegenstände der Landesverwaltung, der Finanzen, der Haus- und Staats-
verfassung, empfiehlt ihm ein einträchtiges Zusammenhalten mit der
älteren Linie des fürstlichen Hauses zu Cassel, Ehrfurcht und Gehorsam
gegen das Oberhaupt des deutschen Reichs, ohne Nachtheil der Freiheit
und Wohlfahrt seines Landes, gleiche Gerechtigkeit gegen Arme und
Reiche, kluges Einverständniß mit den Ständen des Landes, besondere
Berücksichtigung der stets zu treuer Aufopferung bereit gefundenen
Städte, und gibt ihm die Warnung, daß Treue und Glaube mehr als
Schätze und Kriegsmacht zur Befestigung der Herrschaft dienen. Es
schließt mit den schönen Worten: „Mehrgemelter unser Sohn und
„Successor soll jedermann gern dienen und sich bemühen, viel Nütz-
„liches und Gutes anzurichten, einen jeden Tag vor verloren halten,
„an dem er nichts Rechtschaffenes ausgerichtet, soll sich befleißigen,
„dem Vaterland eine Säule, unserm Hauß eine Ehre, allen unsern
„fürstlichen Verwandten und Angehörigen ein Trost, ihm selbst eine
„Ruhe, den Räthen und Dienern ein gütiger frommer und erkennb-
„licher Vater, den Unterthanen ein Cron und Schutz, männiglich eine
„Zuflucht zu sein."

Welche Sorgen würde ein solcher Regent der Wohlfahrt seines
Landes, dem Gedeihen seiner Hauptstadt zugewendet haben, wenn nicht
alle die trüben Ereignisse, die in seine Regierungszeit fallen, ihm es
so sehr erschwert hätten!

Was Georg II. für die Erweiterung und Verschönerung Darmstadts gethan hat, ist Folgendes:

Im Jahre 1629 wurde ein neuer Schloßbau aufgeführt,
dessen Grundstein Georg selbst am Georgstage legte. Dieser Schloßbau stand mit der Hauptfaçade nach dem Markte hin, erstreckte sich aber
nicht so weit wie der jetzige nach Osten, sondern endete an dem Thore,
wo jetzt die Hauptwache ist. Es befanden sich in diesem Schloßbau
unter andern die Regierungskanzlei, die Rentkammer und das Archiv.
Die westliche Façade war der südlichen ähnlich und enthielt im unteren
Stocke die Hofschreinerei. In der Gegend der jetzigen Parforcebrücke

führte eine Brücke von der Straße auf den Schloßwall. Wie wir hören werden, brannte dieser Schloßbau im Jahre 1715 ab.

Schloßbau Georgs II.

Den Grundstein dieses Schloßbaues fand man zufällig im Jahre 1716 bei dem Wegräumen des Brandschutts. Er enthielt zwei runde kurzhalsige, mit Wachs verkittete und mit Wein gefüllte gläserne Flaschen, welche mit vergoldeten Rosmarin-Kränzen umwunden waren. Bei den Flaschen lagen 12 alte Speciesthaler von 1547 bis 1627, in Reihen, je drei und drei neben einander, bloß und ohne Kapsel. —

Bei dem Hofgarten legte er einen neuen Lustgarten an. Zu dem Zwecke war der ehemalige s. g. Schützische *) und Arheilger Garten aus 35 Händen zusammen angekauft worden. — Den dabei liegenden s. g. Bienengarten **) erkaufte im Jahre 1664 die Wittwe des Landgrafen, Sophie Eleonore.

***

*) Er hatte dem Hans Reinhard Schütz von Holzhausen gehört, von dem er stückweise erkauft und dann mit einer Mauer umfangen worden war.

**) Der Bienengarten hieß früher der Kreuzgarten, weil die dortige Gegend „in der Kreuzgasse" genannt wurde und zwar aus dem Grunde, weil

Eine zweite Stiftung Georgs II. für Darmſtadt war das Gymnaſium. Der Plan dazu war ſchon von Ludwig V. entworfen
worden, konnte aber der Zeitverhältniſſe wegen nicht zur Ausführung
kommen. Ludwig hatte die Gründung eines Gymnaſiums in folgenden
Worten ſeines Teſtamentes empfohlen:

„Zu Darmſtadt ſoll unſer Sohn und künftiger Landesregent, wofern wir
„es bei unſern Lebzeiten nicht ſelbſt thun, eine feine Schule, die dem Pädagoglo
„zu Marburg allerdings ähnlich und gleich ſei, anordnen, damit die Knaben,
„wenn ſie in Darmſtadt durch die Classes kommen, mit Ehren und Nutz zu
„Marburg publicas lectiones hören können. Solche Schul ſoll fort und fort
„fleiſſ, feſt und väterlich darüber alſo gehalten werden, damit auch Adliche und
„andere vornehme Leut ihre Kinder dahin ſchiden und den Bürgern Nahrung
„etwas hieraus wachſen und man in den Kirchen eine Vocal musicam haben
„möge."

Am Neujahrstage 1627 erließ Georg II., ſeines Vaters Willen
ehrend, die Verfügung, „ein feines, wohlbeſtelltes Pädagogium allhier
in der fürſtlichen Reſidenzſtadt Darmſtadt anzuordnen." Georgs ge-
lehrter Kanzler, Wolf v. Todtenwart, an der Spitze einer errichteten
Schulcommiſſion, welche aus dem Vicekanzler Faber, dem Superintendenten Victor und den Räthen Kleinſchmidt und Euth beſtand, betrieb
mit Elfer das ihm anbefohlene Werk und nachdem ein neues Gebäude
an einem Orte errichtet war, „wo Lehrer und Lernende nicht geärgert
und geſtört werden konnten," nachdem 4 Claſſen feſtgeſetzt und 5 Lehrer
an dieſelben berufen waren, von denen der bisherige Lehrer am Marburger Gymnaſium, Magiſter Klinkerfuß, zum Rector ernannt worden
war, erfolgte die feierliche Einweihung am 12. April 1629 im Schloß-

_____

die Straße von Arheilgen nach Darmſtadt und der Weg von Darmſtadt nach
Weiterſtadt ſich dort kreuzten. Das darin befindlich geweſene Haus war ein
Gartenhaus mit einem Bienenhauſe, daher die Benennung „Bienengarten" als
die Kreuzgaſſe in Gärten aufging und damit die Benennung Kreuzgaſſe ver-
ſchwand. Der Bienengarten gehörte 1630 der Frau Strauſin v. Lauenſtein,
geb. v. Hertingshauſen, von der er auf ihre Tochtermänner, Joh. Leiſer v. Lams-
heim, J. H. v. Bohl und Chr. v. Döring, vererbte. Dieſe 3 Erben verkauften
ihn 1664 an die Landgräfin Sophie Eleonore. 1698 vertauſchte ihn Ernſt
Ludwig an Joh. Wolf von Todtenwart gegen den ſ. g. neben dem Bienengarten
gelegenen ehemaligen Schülbiſchen und Arheilger Garten. 1746 wurde er von
den Todtenwart'ſchen Erben an den Solms-Rödelheimiſchen Lieutenant v. Roth-
mann, der Miterbe war, abgegeben. Bald darauf erwarb ihn Landrath Schulz,
mußte ihn aber ex jure retractionis et vicinae an den Landgrafen verkaufs-
weiſe abtreten.

ſaale in Gegenwart des Landgrafen, der Landgräfin, des Landgrafen
Johann, des Adels, der Geiſtlichkeit, der Mitglieder der Collegien,
der 5 Lehrer und der 12 Schüler. Hofprediger Leisring verrichtete
ein Gebet, dann trat Wolf v. Todtenwart mit einer deutſchen Rede
auf; ihm folgte der Rector mit einer lateiniſchen Rede, welche von
dem Kanzler ebenfalls lateiniſch beantwortet wurde. Als die Lehrer
hierauf ihr Glaubensbekenntniß eingereicht, die Schulgeſetze beſchworen
hatten, wohnte die Verſammlung dem Gottesdienſte in der Kirche bei,
wo der Superintendent Plauſtrarins eine der Feier angemeſſene Rede
hielt. Der Unterricht ſelbſt begann am 13. April 1629 in dem
neuen Gebäude, in welchem er gehalten wurde, bis die Schule in
unſerer Zeit in ein anderes Gebäude überſiedelte. Die Anſtalt lief
Gefahr, gleich nach ihrer Begründung in Folge der Peſt und der
Kriegsbrangſale wieder unterzugehen; ſie überdauerte indeſſen die ihr
drohenden Gefahren und Georg wendete ihr verdoppelte Aufmerkſamkeit
zu, als der Friede geſchloſſen und er wieder in ſeine Reſidenz eingezogen war, von der ihn die Noth der Zeiten, wie wir nachher hören
werden, 14 Jahre lang entfernt gehalten hatte. Am 26. Januar 1658
erließ er eine Verordnung, welche die Wirkſamkeit der Anſtalt aufs
Neue regelte und feſtſtellte. In dieſer Verordnung war der Anſtalt
auch eine Wirkſamkeit zugewieſen, die ſie ſehr lange behielt und die
in einem Ueberreſte jetzt noch in Uebung iſt. §§. 9 und 16 jener
Verordnung nämlich beſagen: „Die armen Schüler ſollen einen Sing-
chor bilden, und unter Anführung des Cantors des Samſtags oder
ſonſt zu gelegener Zeit auf den Straßen der Stadt umher ſingen,
weil ihnen dies nicht allein wohl anſtehen, ſondern auch hierdurch eine
Beihülfe zu ihrem Unterhalt verſchafft werden könnte." Ferner: „Die
Schüler des Pädagogs ſollen in der Kirche mehrſtimmige Choräle
ſingen, die Stadtſchüler gemeine Choräle, damit dieſe durch erſtere
mit der Zeit an einen beſſeren Geſang gewöhnt werden. Was Sonntags geſungen werden ſoll, mußSamſtags im Pädagog geübt werden."
Von dieſem Jahr an datirt ſich der bis zu Ende des vorigen Jahrhunderts übliche Geſang der Pädagogſchüler in den Straßen der Stadt.
Hatten die Schüler am Samſtag Nachmittag ihre Geſänge eingeübt,
ſo zogen ſie unter Anleitung des Cantors zuerſt in den Schloßhof und
ſangen daſelbſt das Eingeübte, von da zogen ſie durch die Straßen
der Stadt, machten auf den Plätzen oder vor den Häuſern der ange-

sehensten Bewohner Halt und stimmten ihre Gesänge an. Vom Hofe erhielten sie dafür jährlich 18 fl. und am Neujahrstage vom Land= grafen und von den durch sie angesungenen Einwohnern besondere Geschenke. Sie sangen auch bei Leichenbegängnissen, Hochzeiten und sonstigen Anlässen, wofür ihnen ebenfalls besondere Vergütungen zu Theil wurden. Bei ansehnlichen Leichenbegängnissen erhielten sie, wie auch ihr Cantor, Trauerflöre. In der Schloßkirche sangen sie nur bei besonderen Gelegenheiten. Die jetzt noch übliche Mitwirkung von Gymnasiasten bei dem Gesange in der Schloßkirche ist noch ein Ueber= rest jener Einrichtung.

Außer dem Gymnasium hätte Darmstadt beinahe auch noch die höhere Lehranstalt der Universität durch Georg II. erhalten. Die von Ludwig V. gestiftete Universität Gießen war nämlich eine Zeit lang suspendirt und Marburg war gemeinschaftliche Universität ge= wesen. Als nun die Streitigkeiten zwischen Cassel und Darmstadt geschlichtet waren und Marburg an Cassel gefallen war, so sollte, weil eine Gemeinschaft der Universität zu Marburg mit Schwierigkeiten verbunden schien, die eigne Hochschule wieder ins Leben gerufen werden. Vier Städte waren dazu im Vorschlag: Alsfeld, Darmstadt, Gießen und Grünberg. Für jede derselben sprachen besondere Empfehlungs= gründe. Darmstadt kam in Vorschlag wegen seiner ansehnlichen Ge= bäude, seines Ueberflusses an Früchten und Wein, seiner vortrefflichen Lage unweit Frankfurt, in der Mitte des Verkehrs zwischen Rhein und Main. Aber Alsfeld erschien als Grenzstadt von Oberhessen zu entlegen, Grünberg wegen seines rauhen Klimas zu kalt und ungesund, Darmstadt schon für den Hofstaat zu enge, und so erhielt Gießen den Vorzug. Man rühmte nicht nur seine schöne, gesunde, fruchtbare, mit Waidwerk und Fischerei an der Lahn, in der Nähe zweier romantischer Bergschlösser gesegnete Gegend, seine feste Sicherheit gegen feindliche Streifzüge, sondern man machte es auch geltend, daß schon Ludwig V. es zur Hochschule ausersehen, mit einem Collegialgebäude ausgestattet und die kaiserliche Sanction für sie erlangt habe.

In die Regierungszeit Georgs II. fällt auch die Erbauung der jetzigen Stadtkapelle. Dieselbe ist erbaut auf Kosten des Leib= und Zeltschneiders Hermann Bierlein, welchem zur Strafe für Ehe= bruch die Erbauung dictirt war. Der Aufbau ging indessen nicht sehr rasch von statten, wie es scheint, denn nach dem Tode Bierleins und

seiner Wittwe*) suchte deren Erbe, Reinh. Bechtold, 1657 sich der
auf ihm lastenden Verpflichtung zu entziehen, und sie auf die Stadt
zu wälzen. Der Rath hatte auch die Verpflichtung für sich wirklich
übernommen mit einer geringen Anmuthung an Bechtold; die Bürgerschaft aber legte Protest ein gegen diesen Beschluß ihrer Vertreter und
brachte es dahin, daß die Herstellung dem Verpflichteten allein überlassen blieb. Sie diente ehedem zu den vormals üblichen Leichen-
predigten, welche nur für Personen vornehmen Standes in der Stadtkirche gehalten zu werden pflegten. Dann hatte das Militär bis zum
Jahre 1768 darin seinen Gottesdienst, der von der Zeit an in die
Stadtkirche verlegt wurde. 1770 ließ Ludwig IX. sie der neu entstandenen evangelisch-reformirten Gemeinde zu sonntäglichem Kirchen-
gebrauche einräumen, zu welchem Zwecke sie bis zur Vereinigung der
beiden evangelischen Kirchengemeinden Darmstadts gedient hat.

Auch die Stadtkirche, oder vielmehr der Thurm, hat unter
Georg II. eine Stiftung erhalten. Es ist dies die große Glocke,
welche von der Gemahlin Georgs, der Landgräfin Sophie Eleonore,
zum Andenken an ihren Vater Johann Georg I., Kurfürsten von
Sachsen, gestiftet wurde und nach ihr den Namen Sophienglocke
erhielt. Die Sage berichtet, die Landgräfin sei bei dem Guß der
Glocke zugegen gewesen und habe einen von ihr am Finger getragenen
goldenen Ring der Glockenspeise zugesellt. Sie trägt folgende Inschrift:

Im Jahr Unsers Herrn Jesu Christi MDCLVII Goss mich Jacob
Notemann. Die Durchlauchtige hochgebohrne Fürstin und Frau Sophia
Eleonora, Landgräfin zu Hessen, Gebohrne Hertzogin aus Churfürstlichem
Stamm zu Sachsen Gülich Cleve und Berg hat diese Glocke zu Ehren dem
Fürstlichen Begräbnis allhier zu Darmstatt giessen und aufhäncken lassen,
Anno 1657 im Januario und ist das erstemahle auf Dero Herrn Vatters
des Churfürsten zu Sachsen Leichbegängnis geläutet worden.

---

*) Im Todtenregister vom Jahre 1632 findet sich über diese Stifter der
Kirche folgender Eintrag: den 7. Aug. ward begraben Fraw Maria, Herrn Hermann Bierlein's eheliche Haußfraw, in ihrer gestifften vnd erbawten Kirchen beym
Gottesacker, ihr alter war 51 Jahr 4 monat 3 Wochen. Leichtext war Phil.
1, 22—24 vnd ward die Predigt in der Stadtkirchen gehalten. Den 24. Dec.
wurde honorifice zur Erden bestättigt Hermann Bierlein, Leib- und Zeitschneider,
seines Alters im 55. Jahr. Text Joh. 1, 29. Die von mir oben angegebenen
Thatsachen ergeben sich aus den Verhandlungen des Stadtraths und den Stadt-
raths-Protocollen.

Die Landgräfin machte auch genaue Bestimmungen darüber, wann die Glocke geläutet werden dürfe. Die von ihr bestimmten regel-mäßigen Tage waren die hohen Festtage und deren Vorabende, also Weihnacht, Neujahr, Ostern und Pfingsten; ebenso sollte sie bei dem Tode von Angehörigen der fürstlichen Familie geläutet werden, sowie auch geläutet werden durfte, wenn Jemand von Abel oder „sonsten vornehme fürstliche Bediente" gestorben waren, und wenn deren An-gehörige für dieses Läuten 30 Thaler baar in den Gotteskasten und zwar in denjenigen, „so der Baukasten genannt wird," entrichteten *).

Ein Haus, welches unter Georg II. erbaut wurde, verdient noch einer Erwähnung. Es ist das in den Acten öfters genannte Per-sius'sche Haus, das Eckhaus zur linken Hand am Eingange vom Birngatten in die Obergasse, jetzt dem Lederhändler Herrn Volk ge-hörig. Seine Lage wird in einem Actenstücke von 1627 also bezeich-net: „Es sieht vorn mit 2 Thoren auf die Gaß', hinten aber stößt es an den Himmelsgarten." Dieses Haus war in den Jahren 1626 und 1627 von dem Kanzler Anton Wolff v. Todtenwart erbaut worden und wurde 1627 schon von Georg II. gegen das von Agnes von Rabenau, gebornen von Hettersdorf, erkaufte neuerbaute Haus am Jägerthor, das spätere und nun zur Erweiterung und Verschönerung der Straße abgebrochene Gasthaus zum goldnen Hirsch, ertauscht. Von der Zeit an war das Haus eine Zeit lang herrschaftlich. Persius'sches Haus heißt es in den Acten, weil der im Jahre 1642 gestorbene

---

*) Die übrigen Stadt-Kirchenglocken sind folgende: die 2. Glocke (die 11 Uhr Glocke) hatte ehedem die Inschrift: In der Ehre Jesu Christi und S. Mariae bin ich geflossen, 1586, Hieronymus Hack von Aschaffenburg hat mich zu Darmstatt gegossen. In diesem Jahr Herr Melchior Salveldt Schultes war, Burgermeister zu dieser Zeit War Niclaus Burger und Herr Hannes Keip, Gott gebe uns allen ein gute Zeit. Die 11 Uhr Glocke mußte aber im Jahre 1837, weil sie gesprungen war, umgegossen werden.

Die 3. Glocke (die 8 Uhr Glocke) hatte die Inschrift: Fundebat Darm-stati Johannes Schiernebein a. C. MDCXCI Fusam a. C. 1451 Ruptam a. C. 1691 Darmstatum me instauravit consulibus Johanne Aamo et P. J. Schrei-bero. Non crevissem, nisi crepuissem. Semel ergo mortua bis nata sum. Profuit mihi renasci. Utinam et tibi. Vale. Diese Glocke hieß die f. g. Weggloce. Ihr Gewicht wurde auf 1720 Pfund angegeben.

Die 4. Glocke trägt die Inschrift: Im Jahr Christi MDCLIX hat mich Jacob Notemann gegossen in Heidelberg.

Die 5. Glocke, welche die älteste zu sein scheint, trägt eine noch nicht ent-zifferte Inschrift.

6*

fürstliche Rath und Oberamtmann Joh. Dominikus Persius von Lons-
dorf darin seine Wohnung hatte.   Später kam das Haus in den Besitz des Kriegsraths Merck, der darin eine Kattunfabrik etabliren wollte,
zu welchem Zwecke ihm von der Stadt der dahinter liegende Zwinger,
sowie der Stadtmauertheil mit den s. g. Schlangenthurm verkauft
wurde, wurde dann von dem Landgrafen Friedrich erkauft, nach dessen
Tode es der Kammerdiener Göt besaß. —

An einer früheren Stelle ist schon erwähnt worden, daß Georg II.
im Jahre 1659 den Marktplatz (damals mitunter in den Acten
noch „Breidenstein'scher Platz" genannt) der Stadt zum Eigenthum
gab, unter der Bedingung, daß sie ihn pflastern und im Stande halten
wolle.   Landgraf Ludwig, der Erbprinz, erklärte dabei, wenn die Stadt
die Pflasterung übernehmen wolle, so werde er auf seine Kosten den
Brunnen darauf „zierlich machen lassen."

Das ist es, was unter Georg II. zur Erweiterung und Verschönerung Darmstadts geschah.

Aber auch der Umgebung Darmstadts war des Landgrafen Sorge
zugewendet.   Er suchte dem Ackerbau und Weinbau mehr Terrain zuzuführen, und ließ z. B. im Jahre 1658 mehrere Morgen Wald auf
dem heiligen Kreuzberg ausroden und zu Weinbergen anlegen.   Die
Bürger, welche das Gelände zur Nutznießung erhielten, mußten von
den Weingärten, sobald sie tragbar wurden, 6 Albus vom Morgen
jährlich entrichten. —

Größer erscheint des Landgrafen Verdienst, wenn man die Drangsale seiner Regierung und speciell die Schicksale der Stadt mehr im
Einzelnen betrachtet, was wir nun auch thun wollen.

Das Land war ein steter Tummelplatz aller streifenden Kriegsvölker.   Die Neutralität des Landgrafen wurde von der einen Seite
her nirgends geachtet, die Schutzbriefe des Kaisers auf der andern
Seite von den Bandenführern mit Füßen getreten.   Der Landgraf,
auf solche Weise von beiden Seiten gebrandschatzt, war mehr als einmal genöthigt, zu der grenzenlosen Aufopferung seiner Landstände und
Unterthanen seine Zuflucht zu nehmen, ja seine Residenz 14 Jahre
hindurch nach der Festung Gießen zu verlegen.   Und zu den Schrecken,
welche die Wildheit der Kriegshorden verbreitete, gesellten sich auch
noch die Schrecken der Pest, welche verschiedene Male das Land und
insbesondere auch unsere Stadt heimsuchte.   Wie furchtbar die Verwüstung im Lande gewesen ist, ergibt sich daraus, daß einzelne Dörfer

gänzlich, andere zum größeren Theile schon im Jahre 1638 ausge-
storben erscheinen. Großgerau z. B. vorher 300 Seelen stark, hatte
1636 nur noch 10 Einwohner; Bickenbach, Seeheim und Jugenheim
hatten selbst lange Zeit nach dem Frieden nur je 10—14 Menschen,
Oberamstadt mit 85 Feuerstellen brachte erst 1650 wieder 63 Einwohner zusammen. Fassen wir nun insbesondere unsere Stadt ins
Auge, insofern sie von Kriegs- und Pestleiden zu dulden hatte, so ergeben sich folgende Thatsachen im Laufe der Schreckensjahre.

Schon im Jahre 1629 war die schreckenvolle Krankheit der Pest
in Darmstadt eingedrungen. Man hatte den Markt, damit nicht die
Krankheit noch weiter vom Lande her eingeschleppt werde, hinaus vor
die Stadt auf das Niederfeld verlegt. Die Häuser, in welchen sie
wüthete, wurden zugeschlagen und deren Insassen war befohlen, sich
in den Häusern zu halten, und, damit den Vorübergehenden nicht
Schrecken verursacht werde, sich am Fenster nicht sehen zu lassen.
Was sie an Essen und Trinken nöthig hatten, wurde von besonders
dazu bestellten Leuten vor die Häuser getragen und da niedergestellt.
Die Pest wüthete so stark, daß der Landgraf sich mit dem Hofstaate
und der Kanzlei nach dem Schlosse Lichtenberg begab. Wer irgend
konnte, flüchtete sich anderwärts hin. Damit die Leute erinnert würden, Gott um Abhülfe der schweren Noth zu bitten, hatte der Landgraf verordnet, daß in der Stadt um 10, 12 und 5 Uhr geläutet
werde. Diese Einrichtung des 10, 12 und 5 Uhr Läutens
besteht seit jener Zeit fort.

Als nach dem am 6. Sept. 1631 bei Leipzig erfochtenen Siege
Gustav Adolf von Schweden sich dem Rheine und dem Maine näherte
und Landgraf V. von Cassel die Wegnahme des Darmstädtischen Landes
befohlen hatte, begab sich Georg zum Könige nach Höchst und erlangte
von ihm die Neutralität, aber mußte dafür schwedische Besatzung in
seine Feste Rüsselsheim aufnehmen. Bald darauf verließ Georg seine
Hauptstadt und begab sich nach Gießen, weil ihm die Festung mehr
Sicherheit gewährte. Er wohnte dort 14 Jahre lang. Eine kleine
Unterbrechung in dem Gießener Aufenthalte verursachte ihm die Gemahlin Gustav Adolfs, welche in Frankfurt Hof hielt und im Jahre 1632
dem Landgrafen einen Besuch am Hofe zu Darmstadt machte. Bei
dieser Veranlassung wurden der Königin zu Ehren mancherlei Feste in
Darmstadt veranstaltet. Sie führte, so wird erzählt, in ihrem Gefolge eine ziemliche Anzahl von Stalljungen, die zugleich musikalisch

gebildet waren und bei dem Gottesdienste als Sängerknaben mitwirkten.

In den Jahren 1632—35 trat die Pest weit mörderischer in
Darmstadt auf, als 1629. Im Jahre 1633 starben daran 212 Personen, 1634 220 Personen. Im Jahre 1635 raffte sie aber so viele
Menschen weg, daß an einem Tage 30, 40, 50, einmal sogar 67 Leichen
beerdigt wurden, so daß man nicht im Stande war, sie alle namentlich
aufzuzeichnen. Das Kirchenbuch des Jahres 1635 führt an vielen
Tagen nur die einfache Zahl auf und oft ist bemerkt, daß dieß nur
die angemeldeten seien. Am 10. Januar bemerkte der Kirchen-
buchführer komischer Weise: „Am 10. waren beerdigt worden 10 und
dazu 2 Franzosen, welche sich aber bei uns nicht angemeldet haben.“
Die Jahressumme der in diesem Jahre in Darmstadt Gestorbenen
betrug nicht weniger als 2200 und davon waren vom 1. Januar bis
zum 23. März allein 1376 gestorben. Im Jahre 1636 starben dagegen nur 73 Personen. — Bei dieser Gelegenheit drängt sich die
Frage auf, wo alle die vielen Todten beerdigt worden sind, und ob
nicht ein anderer Platz als der Kirchhof dazu ersehen gewesen sei.
Die alten Kirchenbücher der Stadt (welche im Jahre 1575 beginnen)
wissen nichts von einem solchen besonderen Platze, vielmehr ergibt sich
daraus, daß die Todten alle, mochten sie an der Pest oder an sonst
einer Krankheit gestorben sein, auf den beiden Kirchhöfen der Stadt,
dem älteren bei der Stadtkirche und seit etwa 1624 auf dem neueren
bei der jetzigen Stadtkapelle beerdigt worden sind. Man war aber
genöthigt, weil es an dem nöthigen Raume fehlte, die an den Kirchhof
grenzenden Gärten hinzuzunehmen. Einer dieser Gärten, der Maria
Steuglein gehörig, war benutzt worden, ortsfremde hier gestorbene
Personen zu begraben. Dadurch erstreckte sich der Kirchhof in damaliger Zeit wohl mehr nach Norden hin, so daß er sich bis dicht
an den kleinen Woog hinzog. Daß der Todtenhof so weit nach Norden
zog, ergab sich, als die Hofraithe Lit. H. 155 von dem Rathsver-
wandten Ritsert angelegt wurde. Damals grub man eine sehr große
Anzahl von Todtengerippen dort aus.

Zu Anfang des Jahres 1635 kam die schwedische Armee in die
Obergrafschaft und zu einem starken Theile speciell in die Stadt.
Herzog Bernhard, der an der Spitze der schwedischen Armee stand,
quartirte sich bei dieser Gelegenheit im „Engel“ ein und es mußten
ihm, da er seinen eigenen Küchenmeister mit sich führte, ungeheure

Quantitäten von Fleisch aller Art, täglich zur Küche geliefert werden. Eines Morgens erschienen dann auch urplötzlich vier französische Compagnieen zu Pferde und zwanzig zu Fuß unter den Generalen do la Force und de Brozo vor der Stadt und begehrten Einlaß und Quartier. Die Besatzung der Stadt bestand nur aus einer Compagnie Fußgänger unter dem Rittmeister Strupp. So schwach auch diese Besatzung war, so war doch ihr muthiger Anführer zur Vertheidigung entschlossen. Er ließ augenblicklich die Thore verrammeln, stark mit Soldaten und Bürgern besetzen und begab sich dann in die Versammlung der ängstlich sich berathenden fürstlichen Räthe, denen er erklärte, die Stadt wenigstens 8 Tage halten zu wollen, bis man vom Land-grafen, der in Gießen weilte, Verhaltungsbefehle eingeholt hätte. Auch sprach er seine Meinung aus, daß aller Wahrscheinlichkeit nach die Stadt durch kaiserliche Truppen bis dahin entsetzt sein würde. Der Führer war entschlossen, auf seine Soldaten konnte sich derselbe ver-lassen, der Muth der Bürger war groß und das Schloß war fest. Allein den Räthen fehlte der Muth. Als die abgeschickten französischen Officiere auf rasche Antwort drangen, warf sich Strupp mit seiner Mannschaft ins Schloß und den Franzosen wurde der Einzug in die Stadt unter der Bedingung gestattet, daß sie das Schloß nebst den Häusern der höheren Diener mit Einquartirung verschonten. Diese Bedingung wurde indessen von den Franzosen, als sie einmal einge-lassen waren, nicht geachtet. Die Räthe erhielten ihre Einquartirung so gut als die anderen Einwohner, und auch das Schloß sollte seine Gäste bekommen. Strupp aber mit seiner kleinen tapferen Schaar verwehrte den Eingang. Er stellte Musketiere an die Fenster, pflanzte Doppelhaken an den Altan und war aufs äußerste gefaßt. Da über-kamen die Räthe wieder Besorgnisse der schlimmsten Art und sie ge-standen außer manchem Anderen auch die Uebergabe des Schlosses zu. Strupp war für äußerste Nothfälle von ihren Befehlen abhängig und mußte sich fügen. Voll Ingrimm zog er aus Darmstadt weg nach Rüsselsheim und die Franzosen besetzten das Schloß. — Am 18. Febr. schon rückte eine kaiserliche Salva guardia hier ein. Dieser Schutz aber mußte sehr theuer bezahlt werden. Der Herr Oberstwachtmeister, der das Commando hatte, aß und trank gern gut, so daß man ge-nöthigt war, die Säugkälber, die Spanferkel, die welschen und jungen Hahnen auf dem Lande zusammen zu suchen; dabei bezog er ein sehr bedeutendes Wochengeld, vom 10. März bis 14. April 692 fl. Als ein ganz besonderes Geschenk wird ein goldner Becher angeführt, der ihm gleich beim Einzug gegeben wurde, „umb gute Ordre zu halten." Eine Folge der starken Besetzung Darmstadts durch die fremden Kriegsvölker, in Verbindung mit deren steten Raubzügen auf den Dörfern, war eine enorme Theuerung. Das Malter Korn wurde mit 15—18 fl. bezahlt, ein Ei mit 5—8 Albus, ein Huhn mit 2 fl., eine Maas Butter mit 4 fl. Diese Theuerung wird begreiflich, wenn man weiß, wie ungeheuer die Quantitäten von Lebensmitteln waren, welche die Gäste von ihren Quartiergebern verlangten. Folgende Rechnug des Ochsenwirths Nungesser liefert dafür ein Beispiel. Sie lautet wörtlich wie folgt: „Den 21. Aug. 1635 ist ein Leittenamb einloschirt worden im Ochsen mit 7 Pferden und 7 Diener; ist jeden Tag an Wein auffgegangen wie folgt: den 21. Aug. 18 maß zu nacht; den 22. 32 maß; den 23. 26 maß; den 24. 27 maß; den 25. 24 maß; den 26. 29 maß; den 27. 31 maß; den 28. 22 maß; den 29. 28 maß; den 30. 33 maß; den 31. 34 maß. Verner vor die Diener noch die malzeit zu unberschiblichen malen auffgegangen 33 maß. Verner dem Herrn Leittenamb 2 Flaschen gefielt 8 maß Summa dudt an geldt 173 fl. 3 Batzen.

Das Jahr 1635 war ein furchtbares Jahr für unsere arme Stadt. Krieg, Pestilenz und Hungersnoth reichten sich die Hand im Vernichtungswerke!

Im Jahre 1637 zeigte sich für Darmstadt endlich wieder ein Schimmer von Hoffnung besserer Zeiten. Am 7. Februar dieses Jahres war vom General Grafen Gallas in Folge eines besonderen Befehls vom Kaiser von Regensburg aus die Verordnung ergangen, daß die Länder des Landgrafen von Einquartirungs- und Kriegsbeschwerden gänzlich befreit sein sollten. Da fing man wieder an, das Land zu bebauen und Vieh anzuschaffen. Der Landgraf erließ auch auf 3 Jahre alle Abgaben. Doch war der Noth des Kriegs noch lange kein Ende und wenn auch die Heere entfernt waren, so durchzogen nun große Banden von Gaunern und Räubern das Land. Darum schärfte eine Verordnung des Landgrafen ein, wenn solches Gesindel es wagen sollte, einen Ort anzugreifen, so sollten sogleich die Glocken gezogen werden, damit man sich gemeinsam vertheidigen könnte.

Im Jahre 1645 bekam Darmstadt wieder Feinde in seinen Mauern zu sehen. Schon im April des Jahres 1645 wurden von den Commandanten zu Mainz und Höchst stets sich wiederholende Ver-

langen gestellt. Der eine wollte 200 Mann zum Schanzengraben
nach Mainz geschickt haben, der andere verlangte 2000 fl.; im Falle
der Weigerung drohten beide zu kommen und alles Vieh wegzutreiben.
Man trieb deßhalb eine Zeit lang das Vieh auf die Bessunger Weide.
Die Saat auf dem Ackerfeld um die Stadt herum konnte nur unter
dem Schutze von Reitern bestellt werden. Auf Anordnung des Stadtraths erfolgte die Bestellung an bestimmten Tagen in einem gewissen
Theile der Gemarkung.

Im Mai machte der in der Nähe lagernde Jean de Werth
Anforderungen an die Stadt von Wein-, Fleisch- und Brodlieferungen,
sowie der Generalfeldzeugmeister Rauschenberger.

Am 18. Juni erschien die Königsmark'sche, die Türenne'sche und
die Niederhessische Armee, welche in Franken geschlagen nach Mainz
zog, vor Darmstadt. Aus den Marburger Successions-Acten ist zu
ersehen, daß sie bei dem flüchtigen Besuche der Stadt, der nur bis
zum 19. Juni währte, der Stadt an Geld, Frucht, Vieh, Bier und
allerhand Mobilien einen Schaden von 22,231 fl. 29 Albus zugefügt
hatte. Nach einem in den Acten befindlichen Verzeichniß wurde an
Victualien geliefert: 14,000 Pfd. Brod, 7500 Pfd. Mehl, 13,600 Pfd.
Korn. Ferner für eines jeden Generals Küche 9 Ohm Wein, 9 Ohm
Bier, 1500 Pfd. Roggenbrod, 300 Pfd. Weißbrod, 1 Rind, 5 Kälber,
9 Hämmel, 12 Lämmer, 50 junge Hahnen und Hühner, 9 Maas
Butter, 300 Eier, 18 Pfd. Licht, „etwas Würz." Die Verlangen
der Armeen war aber viel größer gewesen. Sie hatten für jede der
3 Armeen 100,000 Pfd. Brod verlangt, ferner für jede 50 Fuder
Wein, 50 Malter Erbsen und Linsen u. s. w. „Wein wie auch das
Bier ist mit gewalt aus denen Kellern genommen, uff die Wägen ge-
laden und fortgeführt worden," steht in den Acten.

Im Anfange des Aprils des Jahres 1647 erschienen die Franzosen abermals in der Bergstraße. Sie besetzten die ganze Obergrafschaft und vernichteten die Ueberreste einiger Darmstädtischen Regimenter,
die sich, ihnen auf dem Marsche begegnend, nicht gutwillig ergeben
wollten. Veranlassung zu diesem neuen Besuche gab der noch immer
nicht erledigte Streit zwischen Darmstadt und Cassel wegen der Marburger Erbschaft, welches letztere die Franzosen, wie früher schon erwähnt, auf seiner Seite hatte. Türenne kündigte von Gerau aus dem
Landgrafen an, daß er Befehl habe, ihn feindlich zu behandeln, wenn
er sich nicht ohne Verzug mit der Landgräfin Amalie von Cassel

vergleichen würde. Zugleich forderte auch Türenne für einen zwei-
monatlichen Aufenthalt seiner Truppen 60,000 fl. und als weitere
Brandschatzung noch weitere 91,000 fl., welche Summe der Oberamtmann Vollmar zu Zwingenberg innerhalb 3 Tagen zu entrichten in
der ersten Bestürzung versprochen hatte. Der Rath zu Darmstadt
that sein Möglichstes, die der Stadt zur Last fallenden 11,000 Thaler
zusammen zu bringen, „er hat alle die von Adel, die Herrn Räthe,
Soldaten, Officiere (so heißt es im Stadtrathsprotocoll) vnd bey
denen man sonst Geld zu sein vermutet, vmb Darschießung eines Stück
Geldes ansprechen lassen. Es hat aber Keiner nichts hergeben wollen
vnd ein jed sich mit der Vnmöglichkeit entschuldigt.“ Da die Erfüllung der ungeheuren Forderung unmöglich war, so rückte am 10. April
der Obrist Mespas mit zwei Regimentern vor Darmstadt. Hier lag
die Leibcompagnie unter Hauptmann Holzapfel und die Compagnie des
Hauptmanns Engelhard. Die Franzosen verlangten alsbald die Uebergabe der Stadt und des Schlosses und bemächtigten sich, während
noch die Unterhandlungen stattfanden, des neuen Thors, durch welches
sie mit Gewalt eindrangen. Die beiden Hauptleute warfen sich mit
ihren Mannschaften ins Schloß, zur tapfersten Vertheidigung doppelt
entschlossen, weil sich darin die Prinzessinnen Töchter ihres Landgrafen
befanden. Dieser Widerstand reizte den Obrist Mespas zur Wuth
und er traf alsbald Anstalten, das Schloß zu beschießen mit 2 großen
Stücken, welche ein drittes französisches Regiment unter General Duval
mitgebracht hatte. Zugleich drohte er, die Stadt an vier Ecken anzuzünden, wenn ihm nicht das Schloß und seine Besatzung überliefert
würde. Kanzler und Räthe, in höchster Bestürzung über die drohende
Gefahr, erlangten endlich auf inständiges Bitten die Erlaubniß, den
Hauptmann Holzapfel an den Landgrafen abschicken zu dürfen, damit
er dessen Befehle einhole. Für die Rückkehr des Hauptmanns war
ein Termin gesetzt, bis zu welchem Mespas „mit der sforza einhalten
wollte; indessen inmittelst aber der Herr General-Feldmarschall Türenne
von der Räthe Opiniatrität gebürlich berichtet werden sollte.“ Hauptmann Holzapfel blieb aber aus und die Drohung der Feinde wurde
immer furchtbarer und dringender. Da versammelte der Oberamtmann
die Räthe, die Geistlichkeit, die Beamten, die Hofdiener in seiner
Wohnung, um zu berathen, ob man der Forderung der Feinde nachgeben oder es aufs Aeußerste sollte ankommen lassen. Hauptmann

Engelhard war zur äußersten Vertheidigung des Schlosses gerüstet: die Anstalten der Franzosen machten aber die versammelten Räthe für die Stadt und das Schloß erzittern, denn diese hatten die Stücke in den Hof des nahe gelegenen Hertingshausen'schen Hauses (die nachmalige s. g. alte Kanzlei, das jetzige Schwab'sche Haus) bringen lassen, von wo aus sie das Schloß zusammenschießen konnten, ohne daß sie durch einen Schuß aus den Fenstern des Schlosses zu hindern waren; sie hatten ferner eine Batterie zu bauen begonnen und vor dem Schloß= graben eine Mine gegraben. Diesem furchtbaren Ernste gegenüber versuchten der Oberamtmann und die Geistlichkeit noch einmal, die vor dem Schlosse auf dem Markte versammelten Officiere zum Warten zu bestimmen, sowie zu erwirken, daß der Hauptmann Engelhard mit 30 Mann als Besatzung bleiben dürfe. Duval und Mespas aber waren unerbittlich. Sie verlangten die Auslieferung der ganzen Be= satzung und nur die Officiere sollten passiren dürfen. Diese Bedingung wurde dem muthigen Hauptmann im Auftrage des Rathes durch einen der Geistlichen, Stein, den Tanzmeister la Marche und den Keller von Bobenhausen mitgetheilt. Noch weigerte sich der am Podagra stark leidende Hauptmann, die Uebergabe zu vollziehen, indem er seine Pflicht als Soldat vorschützte. Die Bitten der Prinzessinnen aber und der übrigen im Schlosse befindlichen Personen, verbunden mit der geringen Hoffnung auf etwaigen Entsatz, aber mit der sicheren Aussicht auf die Demolirung des Schlosses und die Lebensgefahr der Prinzessinnen, bestimmten ihn endlich zur Nachgiebigkeit. Es blieben nur 1 Sergeant, 1 Korporal und 10 Mann des landgräflichen Militärs zur Bewachung der Prinzessinnen und des fürstlichen Eigenthums im Schlosse zurück, die übrigen Soldaten wurden in die französischen Regimenter gesteckt. Dagegen hatte die ganze Bewohnerschaft des Schlosses freien Abzug und Schonung des fürstlichen Eigenthums war zugesagt. Damit war Stadt und Schloß vor Zerstörung bewahrt; die Noth aber hatte noch nicht ihr Ende erreicht, sondern brach nur in anderer Gestalt über die armen Bewohner Darmstadts herein. Die Franzosen drangen nun auf schleunige Zahlung der verlangten Summe und als ihnen nicht willfahrt werden konnte, bemächtigten sie sich des Oberamtmanns, der Räthe und einer großen Anzahl anderer Beamten und Bürger, an der Zahl mehr denn fünfzig, schleppten sie unter den furchtbarsten Drohungen ins Schloß und warfen sie in einen engen, tiefen, dunklen und mit üblem Geruch erfüllten Keller, den s. g. Wildpretkeller *). Zwei ganze Nächte schmachteten die armen Gefangenen in dem scheußlichen Gefängnisse, dessen Fenster noch überdieß verstopft worden waren. Man bedrohte sie im Falle fortdauernder Weigerung in den Bärengraben zum Bären zu werfen. Sie wurden erst erlöst, als die Vornehmsten unter ihnen sich zur Auszahlung einer Summe von 40,000 Thalern verpflichtet hatten. Allein — Versprechen in der Noth ist leicht, aber das Halten des Versprochenen ist schwer. Obgleich man das der Stadt gehörige, auf dem Rathhause aufbewahrte Silberzeug, vorzugsweise Trinkbecher, welche die Rathsherrn dahin gestiftet hatten, in Frankfurt, wo es schon seit einigen Jahren versetzt war**), verkaufte, obgleich man die noch übrigen Glocken der Obergrafschaft, an der Zahl 20 (darunter die Großbieberauer mittlere, von 400 Pfd. Gewicht) in Frankfurt verkaufte, obgleich sogar die Landgräfin ihre Juwelen in Frankfurt gegen 3000 Thaler zu versetzen erlaubte, war man doch nicht im Stande, die Summe auch nur zum vierten Theile zusammen zu bringen. Alle Bitten des Landgrafen um Schonung seiner armen Unterthanen, welche er durch wiederholte Gesandtschaften und Schreiben bei Türenne vorbrachte, hatten keinen Erfolg. Man mußte zuletzt noch die Pferde und das Rindvieh den Leuten nehmen, um wenigstens durch etwas die furchtbaren Gäste zu beschwichtigen. Nach neunwöchentlichem Aufenthalte in der Stadt zogen endlich am 12. Juli die französischen

---

*) Dieser Wildpretkeller ist der im westlichen Schloßhofe an der Ecke unter dem Garde-meuble befindliche.

**) Schon im Jahre 1645 erscheint das Stadtsilber, bestehend laut Inventarium aus 1) einem großen vergoldeten von Ludwig V. gestifteten Becher, 2) einem ähnlichen vom Landgrafen Phillpp, 3) einem ähnlichen vom Landgrafen Friedrich, 4) einem Dutzend „Schwitzbecher," welche die Landgräfin Eleonore (2. Gemahlin Georgs I.) verehrt, 5) 75 silberne Becher von verschiedener Form und Größe, gestiftet von den neu ernannten Rathsherrn, Geistlichen u. s. w., dem med. Dr. Jsaac Chambert in Frankfurt verpfändet. Er drang auf den Verkauf desselben, damit er wieder zu seinem dargeliehenen Gelde käme, und drohte in einem Briefe, wenn nichts zu seiner Befriedigung geschehe, so werde er am Fahrthor eine Erklärung anschlagen lassen, „damit alle Welt sehen möge, mit was vor undankbaren Leuten er es zu thun habe." Auch ließ er durchblicken, daß er jeden der 6 unterschriebenen Rathsherrn würde aufgreifen lassen, sobald einer in Frankfurt erscheinen werde. Indessen schließt er den Brief doch mit den Worten: „Ew. Herrlichkeiten und gunsten hier mit allerseits göttlichem Obdacht und Schutz treuerlich empfehlend."

Regimenter ab und ließen nur eine Besatzung von 40 Reitern und einigen Officieren zurück. Damit endigte der Hauptsache nach die furchtbarste Sturm= und Drangperiode, welche Darmſtadt im Laufe der Zeiten zu beſtehen hatte.

Der 30jährige Kampf endigte im Jahre 1648 durch den weſt= phäliſchen Friedensſchluß und auch der leidige Streit zwiſchen Caſſel und Darmſtadt wurde in dieſem Jahre beigelegt. Darmſtadt kam mit dem ganzen Lande nach Jahre langen Drangſalen wenigſtens wieder zur Ruhe, wenn auch die Wunden, welche die ſchwere Zeit geſchlagen, noch gar lange bluteten.

Die ſchweren Kriegszeiten hatten wiederholt den Landgrafen ge= nöthigt, für ſeine perſönlichen Bedürfniſſe die Hülfe ſeiner Unterthanen in Anſpruch zu nehmen. So war es unter andern mehrmals vorge= kommen, daß er den Bewohnern Darmſtadts die Bitte hatte ſtellen müſſen, ihm mit ihren Pferden das nöthige Brennholz ins Schloß zu führen, weil ihm ſelbſt die Pferde mangelten und die frohnbpflichtigen Bauern der benachbarten Dörfer ihre Pferde verloren hatten. Die Darmſtädter, die eiferſüchtig auf das Privileg ihrer Freiheit von Frohndienſten waren, gingen nur mit großem Widerſtreben auf ſolche Bitten ein, weil ſie fürchteten, durch deren Erfüllung ein Präjubiz zu ſchaffen. Im Jahre 1637, als die Kanzlei von Gießen nach Darmſtadt wieder verlegt werden ſollte, ließen „Präſident und fürſt= liche Räthe den Stadtrath freundlich erſuchen und bitten, daß doch die Bürgerſchaft etliche Klafter Holz in das Schloß führen möchten, Er der Herr Präſident wollte ſein Geſchirr ſelbſt mitgehen laſſen und ſollte ſolches der Stadt an ihrer habenden Freiheit und Gerechtigkeit ohnpräjudicirlich ſein.“ Der Stadtrath zeigte ſich aber widerſpenſtig und verweigerte, nicht zu Frohnbfuhren verpflichtet, die Leiſtung. Das nahm der Landgraf ſo übel auf, daß er dem Stadtrath einen in ſcharfen Ausdrücken abgefaßten Brief zugehen und an die Stelle der Bitte den Befehl treten ließ. „Gereicht uns dieſe euere grobheit, heißt es darin, zu ſonderbarer befrembdung vnd mißfallen, hetten uns auch nicht verſehen, daß ihr ſo unbeſonnene, grobe, undankbare leuthe weret. Wan wir rechnen und ihr recht betrachten wollet, waß wir ſelbſt bey dieſen extraordinari beſchwerlichen böſen Kriegszeiten aus unſern ſelbſt eignen Cammergefällen nur zur erhaltung des lands wohlfahrt verwenden müſſen: ſo werdet ihr euere vermeintliche angezogene diffi= cultäten deſto eher fallen zu laſſen, Urſach haben.“ Dann folgt der

den „indiscreten Köpfen" Strafe androhende Befehl, die Paar Holz-
fuhren zu thun „ohne praejuditz der angezogenen Freiheiten."
Georg II. zog zu Ende des Jahres 1649 wieder in seine Residenz ein. Seine unermüdliche Thätigkeit war von da an hauptsächlich
auf eine zweckmäßigere Einrichtung der Landesvertheidigungs-Anstalten,
auf die Wiederherstellung der zerrütteten Finanzen mit Hülfe seiner
Landstände, auf Unterstützung des verarmten und entvölkerten Landes
und auf das Gedeihen der neu errichteten hohen Schule zu Gießen
gerichtet. Im Einverständniß mit den Landständen wurden die Frohn-
dienste gemildert, die Frohngelder abgeschafft, der Wiederaufbau der
Häuser in den zerstörten Städten und Dörfern gefördert, die ver-
lassenen Aecker und Güter gegen jährlichen Zins an Andere übergeben.
Zur Tilgung der enormen Schuldenlast, welche durch die Zeiten sich
auf 16 Tonnen Goldes (ungefähr 8 Millionen Gulden) vermehrt
hatte, hatten die Stände nicht nur eine fortgesetzte Trankstener, sondern
auch eine neue Vieh- und Fruchtstener oder vielmehr eine Verbrauch-
stener und einen Ausgangszoll, eine monatliche Contribution für den
Unterhalt und die Besetzung der Festungen, sowie eine allgemeine Ein-
kommenstener bewilligt. Diese Steuern aber aufzubringen nach so
vielen Jahren der Noth und Bedrängniß, war oft eine Sache der
Unmöglichkeit. Die Stadt Darmstadt empfand dieß schon im Jahre 1649.
Weil sie auf wiederholte Mahnungen ihren Schuldigkeiten nicht nachkommen konnten, wurde die ganze Stadt auf 5 Tage in Arrest gebracht, d. h. ihre Thore wurden gesperrt und weder Vieh noch Menschen
aus- und eingelassen. Eine jammervolle Zuschrift an den Landgrafen
machte endlich dieser Bedrängniß ein Ende. —
Georg II. hatte einen hohen Sinn für Wissenschaft und Kunst
und würde auch in dieser Beziehung in günstigerer Zeit auf seine
Hauptstadt einen noch größeren wohlthätigen Einfluß ausgeübt haben,
als es schon der Fall gewesen ist in den wenigen Jahren der Ruhe
und des Friedens. Die Stiftung des Gymnasiums und die Wiederherstellung der Universität Gießen sind die schönsten Zeugnisse für
diesen erhabenen Sinn.
An seinem Hofe herrschte eine große Ordnung. Sie war durch
verschiedene Verordnungen bestimmt und regulirt. Dahin gehören:
die „Ordnung, deren sich unsere Officiere, Hofdiener und Gesinde, so
in unserm Gesind-Saal gespeiset werden, vor, Zun vnd nach den
Mahlzeiten verhalten sollen," welche im Allgemeinen dieselben Regeln

des Anstandes und der Sitte enthielt, die in der Ordnung Georgs I.
enthalten sind. Eine andere dahin gehörige Ordnung ist die „Speiß-
Ordnung, wie die in unserm Gesind Saal solle gehalten werden."
Sie enthält manches zur Beurtheilung der damaligen Lebensweise
Interessante, so daß ich ihre Mittheilung in extenso für gerechtfertigt
halte. Sie enthält folgende Bestimmungen:

„Erstlich soll off der Haus Officiere vnd Muficanten Tisch alle Mahlzeit
„vfgesetzt werden sechs Essen, nemblich vier Essen Fleisch, zwey Zugemüß vnnd
„der Keeß, vnd soll ein jegliche Person dazu haben Ein Maaß Bier, ein Echt-
„maß Wein vnnd zwei Hoffbrodt. — Zum Andern soll ober jeden Scribenten,
„Trommeter vnd Mägde-Tisch alle Morgen Mahlzeit aufgesetzet werden sechs
„Essen, nemblich vier Essen Fleisch, zwey Zugemüß vnnd der Keeß, zur Nacht-
„mahlzeit drey Essen Fleisch, zwey Zugemüß vnnd der Keeß, vnd soll jede Mahl-
„zeit eine jegliche Person dazu haben ein Halbmaß Bier vnd ein Echtmaß Wein
„vnd zwey kleine Hoffbrodt. — Zum Dritten ober des Burggraffen, Einspenniger,
„Werckleuthe vnnd Sattelknecht vnd dergleichen Tisch sollen vfgesetzet werden zur
„Morgen Mahlzeit fünff Essen. Nemblich drey Essen Fleisch, zwey Zugemüß
„vnnd der Keeß, Zur Nacht Mahlzeit vier Essen, zwey Essen Fleisch vnd zwey
„Zugemüß vnd der Keeß, vnd auch einer jeden Persohn ein Halbmas Bier vnd
„ein Echtmas Wein vnd zwey kleine Brodt. — Zum Fünften, ferners soll den
„Officirern jederm des Tags über die vier klein Brob, so sie zu beyden Maal-
„zeiten empfangen, noch ein klein Brodt an statt der Suppen gereicht werden. —
„Ingleichen soll zum Sechsten den Trommetern vnd Einspennigen Ihr Suppen
„Brodt wie den Officirern gereicht werden. — Zum Siebenden sollen ober des
„Burggraffen Werckleuthe, Sattelknecht vnd derselbigen Tisch gehörigen Persohnen
„tägliches ober Ihr Mahlzeit-Brodt, noch ein klein Suppen-Brodt durchs gantze
„Jahr vnd jederm ein klein Vesper-Brodt von Ostern biß auff Michaelis gereicht
„vnd gelieffert werden. — An den Sontägen vnd andern hohen Festen vnd
„Feyertagen, da Predigten gehalten werden, soll keinem, er sey wer er wolle,
„das Suppen-Brodt gefolget werden. Signatum Darmbstadt den 30. Tag Augusti
„Anno 1628."

Daß die Kunst der Malerei durch Georg in seiner Hauptstadt
in Schutz genommen war, ersehen wir aus einer von ihm im Jahre 1656
erlassenen Verordnung, worin er die angesessenen Maler gegen Beeinträchtigung durch herumziehende Maler schützte. Er verordnete zu dem
Ende: „daß wofern ein frembder Maler einiger Mahler Arbeit in
unserem Lande unternehmen wollte, Er sich zuvorderst bei Vnserm
Hof-Mahler oder in mangelung dessen bei einem andern, welcher der
gebühr nach sich Landtsäßig gemacht angebe, die Schuldigkeit wie aller
orthen bräuchig prästire." Der frembde Maler hatte damit seinen Lehr-
bericht vorzuzeigen, „der wenigft vff 4 Jahre besaget" vnd nachzuweisen,
„daß er 9 Jahre bei der Malerei gewesen." Wenn er sich dergestalt

legitimirt hatte, ſo war er unter anderem dazu verbunden, „Vnß oder
den Vnßrigen ein Stück nacher Hoff auff ſeinen aignen koſten alles
Fleißes auszumahlen, welches 8 Schuh lang vnd 7 ſchuh breit.“

Auch **Muſik** und **Geſang** hatten unter Georg II. am Hofe
eine Stätte. gefunden, ſo lange die Künſte des Kriegs den Künſten des
Friedens dieſe Stätte nicht ſtreitig machten. Im Jahre 1629, dem
Jahre, welches auch durch die Errichtung des Gymnaſiums, ſowie durch
den Schloßbau bezeichnet war, fand ſich eine aus 20 Perſonen be=
ſtehende Kapellmuſik am Hofe, die indeſſen gar bald ſchon ſich wieder
auflöſen mußte, wenn auch Georg mit einzelnen wenigen Muſikern
ebenſo in Darmſtadt wie in Gießen die Muſik fortwährend pflegte.

Auch der erſte **Tanzmeiſter** am Hofe erſcheint unter Georg II.
Er hieß la Marche und war, wie oben erwähnt worden iſt, unter den
Abgeſandten des Raths, welche bei der Belagerung des Schloſſes dem
Hauptmann Engelhard die Uebergabe=Bedingungen übermittelten.

Einige **Feſtlichkeiten**, welche am Hofe Georgs II. ſtattfanden,
ſind bezeichnend für den Geſchmack, der hier herrſchte, oder haben ein
locales Intereſſe, ſo daß ſie einer Aufführung werth ſind.

Die Vermählung Georgs II. mit Sophie Eleonore, der Tochter
des Kurfürſten Georg I., war in Dresden unter andern mit der Auf=
führung der erſten deutſchen Oper, der aus dem Italiäniſchen über=
ſetzten und dem hohen Brautpaare gewidmeten Daphne von Martin
Opitz, mit der dazu componirten Muſik von Heinrich Schütz, gefeiert
worden. Die auf die Vermählung ſich beziehenden Strophen lauten
im Schlußgeſange:

Nimm zu und wachſe für und für
O Rautenſtrauch, der Felder Zier,
Für dem die Schlangen fliehen,
Der böſe Luft und Schmerzen ſtillt
Für beſſen Kraft kein Gift was gilt
Sich in das Blut zu ziehen.
Nimm zu und wachſe für und für
Und deine Zweige neben dir
Die alle Schönheit zieret;
Von denen einer ſich jetzt giebt
Dem Löwen, der ihn herzlich liebt
Und ſie in Heſſen führet.

Seine Heimfahrt trat Georg mit großer Pracht an. Er und
ſeine Gemahlin fuhren in einer künſtlich geſchnitzten, reich vergoldeten,
mit rothem Sammt und ſilbernen Nägeln verzierten Kutſche, deren

Rabbeschläge ebenfalls von Silber waren. Die Feste, welche in Darmstadt bei dem Einzuge stattfanden, beschränkten sich auf einen musikalischen Gesang und auf Bälle, bei welchen die Musiker und die Trompeter der benachbarten Höfe und Städte mitwirkten.

Während der furchtbare Krieg in Deutschland wüthete, veranstaltete Georg Hoffestlichkeiten nur dann, wenn er durch ganz besondere
Veranlassungen dazu genöthigt war. So z. B. im Jahre 1632, als
die Gemahlin Gustav Adolfs, welche zu Frankfurt Hof hielt, auf
längeren Besuch hierher gekommen war. Die Königin von Schweden
führte in ihrem Gefolge eine ziemliche Anzahl von Staffjungen, welche
zugleich musikalisch gebildet waren und bei dem Gottesdienste als
Sänger mitwirkten und „durch ihren glockenhellen Gesang den An-
hörenden Thränen der Rührung entlockten."

Die Feste, welche statt fanden, als der Friede geschlossen, Georg
wieder nach Darmstadt zurückgekommen war und die Verhältnisse langsam sich zu bessern angefangen hatten, waren im Ganzen derselben
Art, wie wir sie zu Zeiten Ludwigs V. kennen gelernt haben. Ihr
Character war aber in Folge der vorhergegangenen schrecklichen Zeiten,
welche jedes edlere Streben, alle Kunst und Poesie in den Staub getreten und Rohheiten hervorgerufen hatten, die kaum glaublich erschienen,
wenn sie nicht von Gleichzeitigen überliefert wären, ein wesentlich veränderter. Wir haben schon unter Ludwig V. eine Art Maskerade
kennen gelernt. Diese Art von Darstellungen war zu Zeiten Georgs II.,
wo die Balletcomödie mit ihrem Gesange große Geltung erhielt, wieder
neu in Schwung gekommen, beschützt von dem tanzlustigen Theile des
Hofes. Bei diesen Maskeraden, die man auch „Wirthschaften" nannte,
herrschte der Tanz unumschränkt und man duldete dabei höchstens einige
erklärende Verse. Eine solche Wirthschaft wurde am Darmstädter
Hofe im Jahre 1658 bei Gelegenheit eines Besuchs, den der Bruder
des Landgrafen, der Cardinal Fürstbischof von Breslau, Landgraf
Friedrich von Hessen machte, aufgeführt. Es geschah auf Veranstaltung
der Landgräfin Sophie Eleonore, und die Aufführung fand im Kaisersaale statt. Diese Wirthschaft bestand aus 12 Entrées oder Scenen,
in denen jede auftretende Figur und Gruppe durch einige Verse ihre
Masken und den Inhalt ihrer Tänze erklärte. Die Veranstalterin
dieses Festes, die Landgräfin Sophie Eleonore, stellte bei dieser Maskerade die Wirthin, ein Spinnweib und eine Schäferin dar; die Gemahlin des Landgrafen Ludwig eine Kehrmagd, ein Spinnweib und

eine Schäferin. Landgraf Ludwig erschien als Schwabe, Scheeren-
schleifer, betrunkener Schweizer und als Schäfer. Die übrigen Figuren
wurden getanzt von den jungen Landgräfinnen Louise Christine, Hen-
riette Dorothee und der Hofmarschallin Frau von Hertingshausen, dem
Grafen Ernst von Erbach, Adam von Busseck, Otto und Eberhard von
Bernshofen, Friedrich von Holzhausen, dem Hofmarschall Moritz von
Hertingshausen, dem Hoftanzmeister la Marche und seinen drei Söhnen.
Die Geschmacklosigkeit dieser „Wirthschaft" characterisirt sich in einer
jeden Zeile des Textes. So erscheinen z. B. im ersten Entrée zwei
Kehrmägde und sagen:

> „Weil ein so lieber Gast unß kommen ist ins Hauß,
> „So wollen wir mit Fleiß es sauber kehren auß."

Im vierten Entrée vier Schwaben mit den Worten:

> „Vor wen ist angericht? Kompt lasset unß beßend
> „Die Schüsseln leeren auß; Potz Tausend schlapperment."

Im neunten Entrée erscheint ein Satyr, auf einem Fasse reitend und
von zwei Säuen gezogen, in der elften 4 betrunkene Schweizer, die
alle nur vom „Saufen" reden.

Auch die Balletcomödien, welche die damalige Zeit hervor-
brachte, waren nicht viel besser, als diese Maskeraden. Eine rühmliche
Ausnahme machte eine im Jahre 1658 im Schlosse zu Darmstadt
aufgeführte, welche vielleicht den späteren Landgraf Ludwig VI. zum
Verfasser hatte und bei der Taufe von dessen erstem Sohne zur Dar-
stellung kam. Sie führte den Titel „die Tugendkette," und ihr Inhalt war ungefähr folgender: Mars, neidisch über das Glück und die
Ruhe, welche die fürstlichen Häuser Deutschlands und besonders das
Hessische Haus zur Zeit genießen, reizt die Furien der Zwietracht,
Deutschland aufs Neue heimzusuchen und den Greueln des Krieges zu
überliefern. Diesem Beginnen tritt die Eintracht, die Mutter aller
Tugenden, entgegen. Sie vereinigt ihre Kinder zu einer Kette und
umschließt mit dieser das Leben des Neugebornen, ihm wünschend, daß
dadurch nicht allein das Ungemach fern gehalten, sondern er auch im
Stande sei, sein Hessen zu schützen und Deutschland zu dienen. Das
Ballet bestand in 19 Entrées, d. h. Scenen, und wurde von den
Personen des Hofes und dem Tanzmeister la Marche nebst seinen
Söhnen dargestellt. Mars, die Furien, die verschiedenen Laster und
Tugenden, Wanderer, Kaufleute, Jäger, Soldaten, Lahme, Blinde,
Bettler, durch den Krieg heruntergekommene Bauern erschienen darin

in buntem Durcheinander und suchten tanzend, singend und recitirend
die. Idee den Zuschauern vorzuführen.

Ein großartiges Feuerwerk veranlaßte 1654 die Taufe des Prinzen
Georg und zwar wurde dasselbe auf dem großen Woog abgebrannt.
Nach dem Geschmacke der Zeit war dem Ganzen eine bestimmte Idee
unterlegt und zwar war es folgende: „Die Glücksgöttin hat den neugebornen Prinzen in ihren Schutz genommen; um aber vor den Nach-
stellungen der Unglücksgöttin ganz sicher zu sein, hat sie sich auf ihre
im „großen Woog" gelegene Burg zurückgezogen. Die Feindin zieht
gegen sie zu Felde und sucht die „Glücksburg" durch Feuer zu zerstören,
muß aber unverrichteter Sache wieder abziehen." Zu dieser Vorstellung
war außer Flößen und Kähnen ein mit 3 Masten versehenes Kriegsschiff erbaut worden, welches den Angriff mit Feuerwerk aller Art auf
die im Wooge erbaute Scheinburg ausführte. Die Vertheidigung der
Burg erfolgte aus dieser selbst und von der auf den Dämmen aufgestellten Hülfsarmee, bestehend aus „ein groß Pöller von 130 Pfund,
3 Stückposten auf jeder 12 Stück, 6 kleinere Pöller, eine große
Raquet von 50 Pfund, 6 Raketen Posten, Wasserkugeln so von den
Flossen geholt und aus den Schiffen geworfen wurden, 6 Feuer Räder,
8 Kolben Kugeln allerseits voll Schwärmer und Schläg, 60 Kegel,
eine Salva von 500 Doppelhaten." Als der Sieg entschieden war,
erschien über dem Woog in strahlendem Lichte eine Fama, die den
Buchstaben G. trug und an einer Stelle des Damms die Statue des
St. Georg, die erst lange hellleuchtend strahlte und dann 1000 Raketen
in die Höhe schickte.

Ein Fest besonderer Art wurde im Jahre 1660 auch auf dem
großen Wooge gehalten. Der Erbprinz Ludwig veranstaltete mit den
von Georg II. für seine Kinder angefertigten kleinen Jachten und
Nachen und einem kleinen Kriegsschiff (vielleicht demselben, welches,
wie vorhin erzählt, den Angriff auf die Glücksburg gemacht hatte)
eine kleine Seeschlacht. In 2 Nachen waren Musikanten, Trompeter
und Pauker vertheilt, welche dazu aufspielten. Nach diesem Seegefechte
wurde die geladene fürstliche Gesellschaft auf den Schiffen bewirthet
und dann bei hereinbrechender Nacht ein prächtiges Feuerwerk auf dem
Wasser abgebrannt. Die beiden Musikanten-Nachen hielten in der
Mitte des Teiches und um sie herum fuhren die festlich beflaggten
und am Abend bunt erleuchteten Schiffe. —

7*

Und nun noch einige Blicke auf einzelne Einrichtungen und Anordnungen, welche Georg trotz der schweren Zeiten für seine Hauptstadt gemacht hat und welche uns zugleich einen Einblick in Thun und
Treiben, Handel und Wandel der Bewohner Darmstadts gewähren!

Bereits im Jahre 1634 erfolgten verschiedene Verordnungen
im Interesse der Gesundheit und Reinlichkeit der Stadt.
Sie bestimmten unter andern bei Strafe von 100 Reichsthalern, daß
kein heimliches Gemach, wo es auch angebracht sein möge, „über der
Erde geführt sein dürfe," sondern daß es „unter die Erde gewölbs-
„weise geführt und mit Mauern bergestalt stark und wohl versehen
„sein müsse, daß es den Nachbarn in ihren Kellern oder sonst weder
„mit durchdringender Feuchtigkeit, noch mit üblem Geruch Schaden
„thun könne." — In demselben Interesse erschien 1651 eine Verordnung, welche einschärfte, daß die Gassen und Plätze der Stadt in
jeder Woche mehrmals an bestimmten Tagen gekehrt und der „Unflath"
weggeschafft werden müßte. Die Unterlassung dieser Pflicht, mochte
sie zur Last fallen, wem sie wolle, wurde mit einem halben Gulden
unnachsichtlich bestraft. Damit Niemand mit Unwissenheit sich ent-
schuldige, wurde die Verordnung nicht nur öffentlich angeschlagen, sondern auch in jedes Haus gebracht. Daß die gegebenen Verordnungen
auch wirklich gehandhabt wurden, ergibt sich aus den vielen Zurecht-
weisungen, welche (nach den Stadtrathsprotocollen) einzelne Bürger
erfuhren, wegen nicht gehörig gebauter oder gehaltener Schweinställe,
wegen Verunreinigung der Stadtbach bei der Lederbereitung u. s. w.

Auch die Kirchenpolizei wurde gehandhabt. Es erscheint z. B.
1658 der Bäcker Wendel Götz gestraft, weil er am „Auffahrtstag"
während der Predigt Weck gebacken hatte.

Auch die Bettelvoigte wurden ermahnt, ihrer Pflicht emsig
zu warten. Sie erhielten im Jahre 1660 „einen Rock von blau-
grauem Tuch mit einer weißen Lilie; auch wurde ihnen ein „Seiten
blaidt" gegeben."

Trotz der strengsten Verbote waren die Diebereien in den Gärten
der Stadt sehr gewöhnlich. Der Statthalter ließ daher einst (1637)
ein Exempel an einem Gartendiebe statuiren. Er gab dem Schultheißen
auf, den auf Gartendiebstählen wiederholt ertappten Johann Motz durch
den Büttel an den Stock zu stellen, Kraut und Rüben in den Händen
haltend, dann ihn durch die Stadt nach dem Schnellkorb zu führen,
durch den Scharfrichter schnellen und ins Wasser werfen zu lassen.

Das Urtheil wurde vollzogen und gleichzeitig mit dem Motz die Ehefrau eines Soldaten, welche in zwei Gärten Trauben und Birnen abgebrochen hatte, an den Pranger, jedoch unangeschlossen, gestellt und nach Verlauf einer Stunde wieder „in das Plochhaus" geführt.

Fluchen und Lästern wurde mit der „Betzenkammer" gestraft, die auch zuweilen der „Gehorsam" genannt wird. Auch auf Schmähreden und Injurien stand die Betzenkammer. Besonders scharf wurde geahndet, wenn Jemand eine Schmähung gegen den Stadtrath sich erlaubt hatte. So mußte Friedrich Hartmuth 1645 den Stadtrath feierlich um Verzeihung bitten und als freiwillige Sühne gab er noch 1 Ohm Firnwein zum Vertrinken. Im Jahre 1659 mußte ein Bürger feierliche Abbitte thun, weil er, als die Rathsherrn das Rathhaus verließen, geäußert hatte: „wer die Hammelschlägel fresse darauf gebe man nicht Acht, gleichsam als ob ein Ehrbarer Rath sich damit corrumpiren lasse."

Trotz der schweren Zeiten machte sich mitunter eine große Verschwendung bei Taufen, Hochzeiten und Beerdigungen bemerkbar. Dieser Verschwendung setzte Georg II. im Jahre 1641 eine erneuerte Ordnung entgegen, welche in ausführlichen Bestimmungen alles genau regulirte, was in kirchlicher und bürgerlicher Beziehung bei solchen Gelegenheiten vorkommen kann. Darin waren Braut und Bräutigam unter andern angewiesen, nach dreimal erfolgter Aufrufung vor dem Pfarrer zu erscheinen, um sich in dem Catechismus examiniren zu lassen. „Er soll aber" (heißt es darin), „da sie etwa darin aus „Forcht oder Blödigkeit nicht fortkommen könnten, gute Bescheidenheit „gegen sie gebrauchen, ihnen gütlich forthelfen. Würde aber der „Bräutigam oder die Braut ihren Catechismum gar nicht verstehen, „selbige soll der Pfarrer zurückweisen und ehelich nicht einsegnen, biß „sie ihren Catechismum und Geboth gelernt haben." Das Brautpaar, welches den Pfarrer bei der festgesetzten Trauung über die bestimmte Zeit warten ließ, mußte nach Beschaffenheit der Verspätung 8—10 fl. Strafe und 2 fl. in den Gotteskasten geben. Für Aufrufung, Hochzeitspredigt und Einsegnung durften dem Pfarrer höchstens 40 Albus bei Strafe gegeben werden. Wer von den eingeladenen Hochzeitsgästen nicht auch mit zur Kirche ging, zahlte 1 fl. Strafe. Bei keinem Hochzeitsmahle, welches immer nur einmal und zwar als Mittagsmahl gehalten werden durfte, sollten mehr als 4 Tische, jeder zu 10 Personen gerechnet, sein dürfen. Die Zahl der Speisen war

auf 8 warme beſchränkt, worin jedoch Suppen und Gemüſe nicht inbegriffen waren, eben ſo wenig wie Leb= und andere Kuchen, Käſe,
Butter und Obſt. Für jede weitere Speiſe waren 5 fl. Strafe zu
zahlen. Die Mahlzeit mußte um 11 Uhr beginnen und um 4 Uhr
Nachmittags beendigt ſein, bei Strafe von 15 fl. „Alle ferneren
„Verköſtigungen, wie Nachhochzeit, Hühnertag, Zucker= und Speck=
„ſuppen, Brautheimſuchen, Beiführen oder dergl." waren bei willkühr=
licher ſtarker Strafe verboten. Auch war es für alle, mit Ausnahme
der nächſten Angehörigen, beſtimmt, welche Geſchenke den jungen Ehe-
leuten gegeben werden durften, und zwar für ein Paar Eheleute höchſtens
1 Ducaten, für einen Junggeſellen 1 Reichsthaler, für eine Jungfrau
$\frac{1}{2}$ Reichsthaler. Jede Uebertretung darin koſtete 5 fl. Strafe. „Aller=
„maßen ſoll ſich dann auch ein jeder Gaſt, ſonderlich aber das Frauen-
„volk, des unverſchämten Beiſteckens und Abtragens gänzlich enthalten,
„bei vermeydung unnachläſſiger Straff." Eine weitere Beſtimmung
lautete: „Es ſollen die geladenen Gäſte in Eſſen und Trinken ſich
„beſcheidentlich verhalten, an ihren angewieſenen Plätzen ſitzen bleiben,
„nicht hin und her laufen, noch auf die Bänk ſteigen, weniger un=
„ziemlich jauchzen, ruffen und ſcherzen, auch einander mit geſundheit
„und Reytrinken nicht nöthigen bei Strafe." Der Hochzeittanz durfte
nicht über 3 Stunden währen, und wenn dagegen gefehlt wurde,
ſo wurde nicht bloß der Hochzeiter, ſondern jede anweſende Perſon
beiderlei Geſchlechts, ſogar die Spielleute betraft. Damit alle die
Beſtimmungen befolgt wurden, war eine obrigkeitliche Perſon zur Auf=
ſicht beſtellt. Verboten war ferner das Nachhauſeziehen nach der Hoch=
zeit mit Muſik. Der Thurmmann mit ſeinen Geſellen waren die
privilegirten Muſikanten. — Bei Kindtaufen durften eben ſo wenig
Mahlzeiten wie Geſchenke irgend einer Art gegeben werden. — Bei
Leichenbegängniſſen war die größte Einfachheit vorgeſchrieben
und bei ſehr ſtrenger Strafe das „Leydtrinken" unterſagt.

Häufig wurde der Landgraf bei Hochzeiten zu Gaſt gebeten.
Wir hören nicht, daß er ſolchen Einladungen Folge geleiſtet hat, die
auch in den meiſten Fällen wohl nicht ernſtlich gemeint, ſondern mehr
als eine Bitte um Beiſteuer für die Hochzeit zu betrachten waren.
Daß der Landgraf die Bedeutung der Artigkeit alſo verſtand, ergibt
ſich aus den Acten. So wurde auf eine ſolche Einladung hin „Lieſe
der Waſchmagd" $\frac{1}{2}$ Ohm Wein, 1 Ohm Bier, $\frac{1}{2}$ Malter Weiß=
mehl, 1 Malter Rockenmehl verabfolgt. Der Gewandſchreiber Römer

erhielt im Jahre 1653 zu „seinem hochzeitlichen Ehrenfest zwo Ohm Neuen oder dafür ein Ohm Firnenwein, drei Ohm Bier aus dem Hofkeller," ferner zwei Malter Weißmehl, drei Malter Rockenmehl, ein Simmer Salz, ¹/₄ Centner Fisch, ein Reh und zwei Hasen. Aehnliches erhielt 1654 der Forstschreiber Heß. — Aehnlichen Einladungsartigkeiten hatte sich übrigens auch in allen Zeiten der Stadtrath zu erfreuen, der in vielen Fällen eins seiner Mitglieder als Stellvertreter des Raths zur Hochzeit schickte und durch diesen eine Gabe von 6—10 fl. überreichen ließ. Der Stadtrath wurde auch in anderer Weise zu Ehrengeschenken provocirt. Bald waren es in den Ehestand tretende Leute, bald Juden, die zum Christenthum übertreten wollten und den Herrn Bürgermeister zum Pathen sich erbaten, besonders aber waren es bald Poeten, denen eine Ehrengabe verehrt werden mußte, weil sie dem Stadtrath in „Devotion" Gedichte überreicht hatten. Diese Gedichte waren häufig von sehr sonderbarer Form und Ausdrucksweise. Da erscheint einmal ein „Zweisäuliger Trost Altar, an dessen fest gegründete zwei Säulen, als Nein Gewissen und Gutes Ende sich ein jeder Christ festhalten kann" von Martino Werdero theol. stud. Das Gedicht war in Form eines zweisäuligen Altars gedruckt und trug seinem Verfasser 4 fl. vom Stadtrath ein. Für eine ihm gewidmete „Gewissensruhe" zeigte sich der Stadtrath mit 1 fl. 6 Albus großmüthig. Ein „Glückwunschendes Freudenopfer" in Form eines 16strahligen Sterns gedruckt und zwar in der Art, daß der Poet in dem Kerne des Sterns seine religiösen Reflexionen niedergelegt hat, während er seine Glückwünsche für die „Hoch- und Wohledlen, Gestrengen, Hoch-Gelahrten, Wohl-Ehren-Vesten, Groß-Achtbaren, Wohl-Fürsichtigen, Hoch- und Wohl-Weisen Herrn" sich in den 16 Strahlen des Sterns ergehen läßt, wurde mit 1 fl. belohnt. Der Schluß des Dichterwunsches lautet:

> Den Himmel stern' Sie an mit süßem Lust-Vergnügen,
> Ihr Geist, der müsse stets auf Anmuths Rosen liegen.

In Folge der Räubereien und Brandschatzungen der fremden Kriegsvölker war im ganzen Lande ein großer Mangel an Schlachtvieh. Diesen Mangel gaben die Darmstädter Metzger wiederholt als Grund an, daß sie den Bürgern schlechtes Fleisch lieferten. Es erschien nun, weil man nicht nur den Mangel, sondern auch die Gewinnsucht der Metzger als Motiv erkannte, im Jahre 1644 eine besondere Metzgerordnung für Darmstadt, in der den Metzgern unter andern aufgegeben war, in jeder Woche neben dem inländischen Vieh auch einen feisten ungarischen oder polnischen Ochsen zu schlachten, ferner kein Kalb unter 26 Pfund, und in jeder Woche gute gesunde Lämmer zu schlachten, die Sülzen säuberer und reinlicher als bisher zu behandeln, und die Lichter nicht theurer zu verkaufen, als es in Frankfurt geschehe. Zur Beaufsichtigung waren der Stadtschultheiß und 5 Schätzer verpflichtet.

Unter Georg II. etablirte sich der erste Eisenkrämer Wilhelm Reis in Darmstadt. Weil er Aexte verkaufte, beschwerten sich die Schmiede, welche die Verfertigung von solchen sich allein vindiciren wollten. Der Stadtrath aber erklärte, „weil die Schmiede keine Waffenschmiede noch off Axt und Beyl zu machen in ihrer Zunft-ordnung privilegirt seind vnd hier billich einem Eisenkrämer offzu-helfen ist, so ist den Schmieden ihr Suchen abgeschlagen."

Die von Georg I. eingeführten Wochenmärkte waren unter Georg II. in Folge der Kriegsnöthen und der Pestkrankheit in Abgang gekommen. Eine Verordnung von 1649 befahl deren Wiedereröffnung und bestimmte die Regeln, wie es mit dem Verkaufe von Früchten gehalten weeden sollte. Unter andern kam auch die Bestimmung vor, daß auf jedem Wochenmarkte aus jedem Amte wenigstens 1 Karren Frucht erscheinen müsse. Die Art und Weise des Wechselns unter den Ortschaften des Amtes in dieser Beziehung hatten die Amtmänner zu bestimmen.

Als Victnalienpreise werden in den Acten genannt im Jahre 1641: für das Pfund Rindfleisch 3 Albus, Hammelfleisch 3 Alb. 2 Pf., 1 Hammelsgelünge 4 Alb., 1 Kopf $3\frac{1}{2}$ Alb.; für 1 Maas Firnewein 12 Alb., neuer Wein 6 Alb.; für 1 Maas gut Bier 1 Alb. Im Jahre 1645: für $3\frac{1}{2}$ Pfd. Brod 1 Batzen, für 34 Loth Weck 1 Alb., für 32 Loth Bubenschenkel 1 Alb. Im Jahre 1646: für 18 Loth „runde Weck" 4 Pfennig, 16 Loth Spitz-weck 4 Pfennig, 4 Pfund Brod 2 Alb. Als Taxe für die Krämer der Stadt wurde im Jahre 1647 bestimmt: 1 Loth Nägelein $3\frac{1}{2}$ Alb., 1 Loth Pfeffer 1 Alb., 1 Loth Ingwer 1 Alb., 1 Loth Muskat $2\frac{1}{2}$ Alb., 1 Loth Saffran 16 Alb., 1 Loth Zimmt 4 Alb., 1 Loth Canari Zucker 1 Alb., 1 Loth Hutzucker 6 Pfennig, 1 Loth Confect Zucker 4 Pfennig, 1 Loth große Rosinen 3 Pfennig, 1 Loth kleine Rosinen 2 Pfennig, 1 Pfund Reis 5 Alb., 1 Pfd. weiße Stärke $6\frac{1}{2}$ Alb., 1 Loth blaue Stärke 6 Pfennig, 1 Pfd. Schmierseife

5 Alb., 1 Maas Essig 8 Alb., 1 Kumpf Kölnisch Salz 14 Alb.,
1 Kumpf gemein Salz 9 Alb., 1 Pfd. Spickspeck 6¹/₂ Alb., 1 Pfd.
Holländischer Käs 6 Alb., Friesländischer Käs 5 Alb., Schmierkäs
4 Alb., 1 Pfd. Baumöl 9¹/₂ Alb., 1 großer Häring 10 Pfennig,
1 Bücking 6 Pfennig, 1 Pfd. Wagenschmiere 6 Alb., 1 Pfd. Alaun
4¹/₂ Alb., 1 Pfd. rothe Farbe 4¹/₂ Alb., 2 Schusterdrähte 1 Pfennig,
1 Buch Schreibpapier 5 Alb., gemein Papier 4 Alb., 1 Hundert Rab-
nägel 40 Alb., Speichernägel 6 Alb., halbe Speichernägel 5¹/₂ Alb.,
ganze Schiffnägel 12 Alb., Haubennägel 6¹/₂ Alb., Decknägel 3 Alb.,
große Schloßnägel 5 Alb., kleine Schloßnägel 4¹/₂ Alb., Sattlernägel
4 Alb., Schuhnägel 2 Alb. — Im Jahre 1648 waren die Brod-
preise: 2 Albus für 5 Pfd. „Rückenbrod,“ 1 Alb. für 48 Loth Weißbrod. 1657: 2 Alb. für 6¹/₂ Pfd. Brod, 4 Pfennig für 27 Loth
Weißbrod. 1658: Rindfleisch das Pfund 12 Pfennig, Schweinefleisch
14 Pfennig, Hammelfleisch 16 Pfennig.

Das Schulwesen der Stadt lag dem Landgrafen sehr am
Herzen, wie überhaupt das Schulwesen des ganzen Landes. Das
eigentliche Volksschulwesen regulirte die im Jahre 1634 publicirte
„Ordnung von fleißiger Übung des Katechismus.“ Dieselbe enthielt
die heilsamsten Regeln über die Begründung, Einrichtung und Leitung
der Schulen. Darin war unter andern bestimmt: „Sollen alle Knaben
und Mägdlein niemanden ausgenommen, sie seien arm oder reich, die
nur das Alter erreicht haben, daß sie etwas fassen und behalten können,
zum wenigsten so lange, bis sie lesen und schreiben können, in die
Schule gehen, es wäre denn, daß einer bei seinen Kindern einen
privatum praeceptorem hielte, der eben das verrichtete, was in der
Schule gehandelt wird, welches ihnen wol vergönnt ist.“ Bis zum
Jahre 1649 befand sich in Darmstadt nur eine öffentliche Schule;
in diesem Jahre trat die zweite hinzu. Außer diesen öffentlichen
Schulen bestanden aber auch noch einzelne „Rechenschulen,“ deren Errichtung von der Erlaubniß des Stadtraths abhing. Wollte ein Rechen-
schulmeister in seiner Schule etwas mehr als Rechnen lehren, dann
mußten die Geistlichen ihre Erlaubniß dazu ertheilen. Diese Privat-
schulen wurden aber von den Stadtschulmeistern sehr ungern gesehen.
Im Jahre 1666 beschwerten sie sich deßhalb und sagten, daß ihnen
durch hiesige verschiedene Nebenschulen aus der Stadtschule die Knaben
verführt, und „wann hernach die Jugend passirt und der ingenia
corrumpirt, selbige ihnen alsdann wiederum über Hals geschickt

würden." Als Besoldung war im Jahre 1650 dem Schulmeister
Johann Georg Hildenbrand „eins vor alles" 69 fl. 10 Alb. bewilligt.
Im Jahre 1644 wurde dem deutschen Schulmeister Adam Faber gestattet: „daß er hinführo von einem Kinde so er schreiben und lesen
lernt zwei Kopfstücke in einem Vierteljahr nehmen dürfe, wollte aber
einer oder der andere seine Kinder fractur schrifft und rechnen lernen,
möge derselbe so gut mit ihm handeln, als sie können." — Man
vergaß übrigens auch nicht die Dienste, die pflichtgetreue Schulmeister
geleistet hatten. So erkannte man im Jahre 1660 den Cantor und
Schulmeister Walther so alt und gebrechlich, daß Oberschultheiß und
Stadtschreiber im April den Antrag stellten „ein neues Subject ad
interim zu bestellen, so daß dem alten Schulmeister die ordinari Besoldung belassen werden könnte.

Bei den vielen Wachtdiensten, welche die Bürgerschaft thun
mußte, gingen die Juden frei aus. Sie wurden deßhalb zuletzt gehalten, das Oel für die Wachten zu liefern.

Die Miethpreise in Darmstadt unter Georg II. sind zu be-
urtheilen aus den in Acten befindlichen Verhandlungen, welche zwischen
der Regierung und dem Stadtrathe über die bei den Bürgern ein-
quartirten Hofdiener gepflogen wurden. Es war nämlich die Unsitte
eingeschlichen, daß Diener des Hofes bei den Bürgern ohne irgend eine
Vergütung Wohnung und Schlafstelle hatten. Georg II. stellte diese
Belästigung auf erfolgte Klage alsobald ab und befahl, die Vergütung
für Wohnung und Bett aus der Hofkasse zu bezahlen. Für die
Wohnungen der Junker wurden dann 12 fl., für die eines andern
„Bedienten" 6 fl. jährlich gezahlt. — Der Apothekerladen unter dem
Rathhause wurde für 25 fl. jährlich vermiethet.

Wie der Häuserpreis gewesen sein mag, läßt sich schließen
aus dem Verkauf eines der Häuser der alten Vorstadt, die in alter
Zeit ziemlich gleiche Größe hatten. Es wurde nämlich im Jahre 1636
die Dickhant'sche Behausung in der Vorstadt neben Jägermeister
v. Minnigerode für 2100 fl. à 30 Alb. verkauft.

Die Preise für Handarbeit regulirte die 1640 erlassene Tag-
löhner-Ordnung. Von Petri bis Michaelis erhielt der Mann täglich
8 Alb., die Frau 5 Alb.; wenn der Arbeitgeber die Kost stellte nur
3½ resp. 2 Alb. Von Michaelis bis Petri der Mann 7 Alb.,
die Frau 4 Alb., bei eigner Verköstigung, in des Hausmanns Kost
aber nur 2½ resp. 1½ Alb.

Im Interesse der Nachtruhe und Nachtsicherheit der Bewohner der Residenz ergingen ebenfalls mehrere Verordnungen von
Georg II. Der Stadtwachtmeister hatte mit wenigstens 8 wehrhaften,
mit halben Piken oder dergleichen Gewehren versehenen Männern
Straßen und Plätze, so wie Wirthshäuser zu begehen und Missethäter
gegen die Ruhe und Sicherheit, oder auch solche, die verdächtig waren,
zu arretiren. Dabei war ihnen aber anbefohlen, „für sich keinen un-
„nöthigen Streit mit denjenigen, so ihm auf der Gasse aufstoßen, an-
„zufangen, sondern sich aller Discretion und guter Bescheidenheit, so
„lange es der Sachen gestalt leyden will zu befleißigen." Unfolgsame
durfte er „auf den äußersten Nothfall mit unumbgewandten gewehren
„und trukenen Streichen, wiewohl, so viel immer thunlich ist, ohne
„Blutrünstung sich bemächtigen."

Den 1658 neu bestellten Nachtwächtern war aufgegeben, an 12
verschiedenen ihnen genau angegebenen Orten zu blasen und zu singen
(Badstube, am Schwanen, auf dem Markt, Weitzels Haus, am Ochsen,
Geißberg, in der Vorstadt vor dem Minnigerode'schen Hause, Daub-
heims Haus, Rittstein, Schultheißenbau, Culmans Haus, Stadtschreiber
Rhumbels Haus).

Sehr streng wurde die Feuerpolizei gehandhabt. Für einen
ausgebrochenen Brand mußte der Hauseigenthümer 5—10 fl. Strafe
zahlen, wenn er sich nicht vollständig vom Verdachte der Fahrlässigkeit
reinigen konnte.

Die Verhältnisse der in der Stadt wohnenden Juden
lassen sich aus einem 1659 vorgekommenen Vorfall erkennen. Der
Jude Manasses war aus seinem Kramstand, der am Pfingstmarkt
neben denen der Christen stand, getrieben worden. Er beschwerte sich
über diese Unbill bei dem Stadtrath und bat, da er alle bürgerliche
Lasten wie die Christen trage, ihn ruhig seinen Handel treiben zu
lassen. Darauf erfolgte folgende Resolution:

„Dieweil Ehrbarkeit seinen Lauf haben soll und vor Gott und der christ-
„lichen Obrigkeit nicht verantwortlich, sondern einen siblen Nachklang bei
„den benachbarten Reichs- und Landstädten gewähren würde, wenn Manasse
„Jud vor oder zwischen den Christen Krämstände feil haben, also damit die
„Christen hinunter treiben wollte, so wird er Manasse Jud sich selbst hierin zu
„bescheiden wissen, daß er etliche Schritt abgesondert, nach den Christen, die
„dergleichen Waaren feyl haben, sein Stand setzen, so ihm auf sein schriftlich
„Nachsuchen zur Resolution gegeben wird."

Als Besatzung hatte Darmstadt in jener Zeit in der Regel die Leibcompagnie (ein durch den Stadthauptmann Hans Diehl 1621 zu Darmstadt geworbenes, dann zu dem 1630 von dem Oberstlieutenant von Leyden errichteten Regimente gehörige Compagnie), welche aus 100 Musketirern und 50 Pikenirern bestand, während Georg bis zum Frieden den ungemein hohen Kriegsstand von 8—10 geworbenen Regimentern zu Fuß und zu Pferde halten mußte. Auch eine Leibgarde zu Pferde hatte Georg, die in Darmstadt stationirt war. Sie bestand meist aus wohlhabenden Bürgersöhnen aus Darmstadt, welche diese Anstellung als eine ehrenvolle Auszeichnung betrachteten und freiwillig ihre Pferde und Montur stellten, die in einer gleichförmigen Tracht (dunkelblau mit Silber) bestand. Die Musketirer des Fußvolks trugen einen kurzen, etwas weiten Rock, kurze, weite Hosen, Schuhe und Strümpfe, einen runden, spitzigen Hut, den Degen an einem breiten Wehrgehänge über der rechten Achsel, die Patrontasche über der linken Achsel an einem schmalen Bandelier. Die Officiere hatten Spontons, die Unterofficiere Hellebarden, oder auch kurze Wehren. — Außer dem eigentlichen Militär bestand auch noch in der Landgrafschaft eine Miliz, der s. g. Landesausschuß, der in den jungen (von 16—40) und in den alten (von 40—60 Jahren) zerfiel. Der alte hieß auch die Centmannschaft.

Von den 45 Landtägen, welche Georg II. zu berufen genöthigt war, wurden verschiedene auch in Darmstadt abgehalten. Ein solcher Landtag rief einen lebhafteren Verkehr in der Stadt ins Leben. Die Hessischen Landtäge waren seit 1628 nur noch particulare, d. h. solche, die entweder von Cassel oder von Darmstadt abgehalten wurden, während früher auch gemeinschaftliche, bei denen beide Häuser betheiligt waren, abgehalten zu werden pflegten. Die Stände traten dann zusammen, wann sie der Landgraf berief. Georg that dieß, wie erwähnt, 45 Mal, wie gerade der Drang der Zeiten und die Noth des Landes in jenen Zeiten, wo die Anforderungen in Contributionen, Kriegsrüstungen ꝛc. aller Art kein Ende war, solche Einverständnisse zwischen Fürst und Volk und gegenseitige Hülfe zum Wohle des Landes und zur Abwendung noch größeren Uebels oft unerwartet forderte. Die Stände waren gebildet aus 1) den Prälaten, d. h. dem Ordenscomthur zu Schiffenberg und der Landesuniversität zu Gießen, welche ihren Kanzler mit einem Professor schickte. 2) der Ritterschaft, welche mit abligen Gütern im Inlande ansäßig sein und darin wohnen mußte.

3) den Städten und Landschaften, von denen Darmstadt und Gießen je 2, die übrigen, an der Zahl 25, je 1 Vertreter schickten. Diese Stände bildeten 2 Curien, deren eine die Prälaten und die Ritterschaft, die andere die Landschaft bildeten. Die Bauerschaft war hiernach gar nicht vertreten, und nur die Ritterschaft verwendete sich häufig für ihre Hintersassen. Die Direction aller landschaftlichen Angelegenheiten führte der Erbmarschall, mit welchem Ehrenamte der Senior der Familie Riedesel belehnt war. Die Stände hatten das Steuerbewilligungsrecht, und nur in Nothfällen konnte der Regent, mit der Verbindlichkeit, die Stände baldigst zu berufen, provisorisch Steuern ausschreiben. An der Erhebung der Steuern nahmen die Stände durch landständische Beamten, durch die ritterschaftlichen und landschaftlichen Steuereinnehmer, in bestimmter Weise Theil. Mitgesetzgebende Gewalt hatten die Stände nicht.

Zu einem im Jahre 1628 nach Marburg berufenen Landtag wurden von Darmstadt aus der Bürgermeister Reuß und der Rathsverwandte Seyfried gewählt. Die Vertreter der Städte in der Obergraffschaft Katzenelnbogen: Darmstadt, Zwingenberg, Reinheim und Umstadt, versammelten sich im Anfang des Monats Februar im „Engel" zu Darmstadt, um sich „der Fuhr halber mit einander zu vergleichen und mit den Fuhrleuten der Pferde halber zu unterhandeln." Das glückliche Resultat dieser Conferenz war, daß man einen Mann fand, der die 4 nöthigen Pferde für die Dauer der Reise, das Pferd zu 14 Batzen per Tag, leihen wollte. Als alle sonst nöthigen Vorbereitungen gemacht, unter andern, wie es in einer vorliegenden Rechnung heißt, „dem Herrn Burgermeister sein Kummet aufgeputzt war," brach die Gesellschaft am 13. Febr. in Darmstadt auf, nachdem man vorher sich gemeinschaftlich gestärkt und die Soldaten, welche die Städte-Abgeordneten „nacher Frankfurt zu couviren hatten," durch einen guten Trunk zu dem nöthigen Schutz aufgemuntert hatte. Die damals noch sehr beschwerliche Reise nach Frankfurt wurde glücklich zurückgelegt, man hatte aber schon für 1½ fl. zerrissene Stränge. Hier ruhten sie bis zum folgenden Nachmittag bei Gasthalter Schrott im „goldnen Löwen" aus, dem sie beim Abzug für sich, ihre 4 Diener und 4 Pferde 17 fl. 12 Alb. zu bezahlen hatten. Man kam an diesem Tage noch nach Oberroßbach, wo man Nachtlager zu halten genöthigt war, zumal da auf den schlimmen Wegen dahin an der Kutsche verschiedene Reparaturen zu machen waren. Der Weg von

Oberroßbach) nach Butzbach muß ein sehr schlimmer gewesen sein, denn
Kutsche und Pferde hatten Noth gelitten; indessen kam man doch noch
nach Gießen. Hier aber hatte Schmied Selzer „alsbald ein neu
Blech, neue Ringe, ein neu Maulband, ein neu Büchsen, neue Speichen-
band, zwei Geisselring" zu machen. In Gießen übernachtete man bei
dem Wirth zum Wilden Mann, Joh. Conr. Plock, und blieb bei ihm
bis nach dem Mittagessen des folgenden Tags. Bei der Gießener
Zeche figurirt die Mahlzeit mit einem Kopfstück à Person, die Maas
Wein mit 15 Alb. Der Nachmittag brachte die Deputirten nach
ihrem Bestimmungsort Marburg. Hier hatten sie 8 Tage lang mit
den landständischen Geschäften zu thun, die besonders in einer durch
die schwierigen Zeitverhältnisse nöthig gewordenen besonderen Steuer-
verwilligung bestanden. Die Rückreise wurde am 25. Febr. angetreten
und am 28. kam man wohlbehalten wieder in Darmstadt an. Die
Ankunft wurde durch ein gemeinschaftliches Mittagessen gefeiert. Am
folgenden Tage wiederholte sich das gemeinschaftliche Mittagessen, nachdem
man die Abrechnung der Reisekosten vorgenommen hatte, und ebenso
wieder am folgenden, als man sich über die Raten, welche die einzelnen
Städte zu tragen hatten, verglich. Die gesammten Kosten der Land-
tagsfahrt betrugen für die 4 Städte 205 fl. 10 Alb., von denen
Darmstadt ³/₈ zu zahlen hatte. Die den Darmstädter Abgeordneten
von dem Stadtrath genehmigten Diäten betrugen 15 Albus täglich für
den Mann.

Georg II. starb am 11. Juni 1661, nachdem er noch im März
der Vermählung seines jüngeren Sohnes mit einer Prinzessin von
Holstein beigewohnt hatte. Der tiefe Kummer seiner ihm innigst ergebenen Gemahlin Sophie Eleonore drückte sich in einem in der Hofbibliothek zu Darmstadt befindlichen, von ihr eigenhändig geschriebenen
Andachtsbuche aus, worin sich ihre religiösen, Gott ergebenen Gesinnungen kund geben. Sie war es auch, welche nach Beisetzung der
sterblichen Ueberreste des Landgrafen in der Stadtkirche zum Ruhme
ihres Gemahls ein mit allen Trauerfeierlichkeiten, mit den Bildnissen
der ganzen fürstlichen Familien ꝛc. ausgestattetes „Ehrengedächtniß" zu
Darmstadt und ein „Mausoleum" zu Gießen drucken ließ. Die Feierlichkeiten, welche bei der Beisetzung in Darmstadt statt fanden, sind
sehr solenn gewesen und characterisiren ebenso die Sitte der Zeit, wie
die Liebe, welche dem Landgrafen geweiht war.

Nachdem nach Ablauf von zwei Tagen der Leichnam aus dem Sterbezimmer (dem jetzigen Speisesaal Seiner Königlichen Hoheit des Großherzogs) in die Schloßkapelle feierlichst gebracht und unter Gesang und Predigt hingestellt war, erfolgte am 19. in dem ganz schwarz ausgeschlagenen Gemache des Landgrafen in Gegenwart vieler Gesandten der verschiedensten Fürsten, so wie des ganzen Hofes, der dazu er= forderten Räthe und eines Ausschusses der Stände die feierliche Er= öffnung des Testamentes Georgs II., jenes denkwürdigen Documentes der Gesinnungen, der Liebe und des Wohlwollens, so wie der Klarheit des Geistes, welche Georg II. eigen gewesen sind. Am 23. Juli fand die Beisetzung der Leiche in der Stadtkirche statt und zog viele Hunderte von Fremden in die Stadt. Von der Schloßkapelle an über die Schloßbrücke, den Markt bis an die Stadtkirche, bildeten 300 Mus= ketiere, die Gewehre nach unten gekehrt, Spalier. Die Leichenprocession, welche vom Schloßhof an bis zur Kirche unter fortwährenden Trauer= gesängen sich bewegte, fand in ähnlicher Ordnung statt, wie die bei der Beerdigung Ludwigs V., aber sie war prachtvoller als diese. In der zweiten Ordnung, zum Beispiel, kamen unter andern 8 Trompeter und Heerpauker mit bedeckten Heerpauken, 7 die Fürstenthümer und Grafschaften bezeichnenden Fahnen, nebst den dazu gehörigen Pferden, welche alle schwarz behängt waren und das Wappen der betreffenden Provinz an der Stirn und zu beiden Seiten trugen und von je 2 Adligen geführt wurden. Ihnen voran wurde die Blutfahne getragen. Zuletzt erschien die Hauptfahne, das ganze Wappen der Landgrafschaft tragend. Ihr folgte das Leibpferd des verstorbenen Fürsten, geritten von des Landgrafen Leibpagen Heinrich von Pohln, „von Haupt zu Fuß mit „einem schönen in Silber vergüldeten Küras bekleidet, in der Hand „den Regimentsstab führend." „Das Pferd war über den Halß und „am Kopff mit gleichmäßig in Silber musterweiß vergüldeter Rüstung „gewapnet und sowohl der Reuter auffin, als das Pferd auffin Kopf „und Schweiff hatte, eben deren Farben, welche sich am fürstlichen „Heßischen Wappen befinden." Den Fahnen folgten der Erbküchen= meister mit dem fürstlichen Insiegel, der Erbkämmerer von Buseck mit dem Schwerte, der Erbschenk Schenk von Schweinsberg mit dem Regimentsstab, und der Erbmarschall Riedesel mit der Krone, welche Insignien alle auf Sammtkissen lagen. Der Leichenwagen, welcher in der dritten Ordnung kam, wurde gezogen von 8 „überall und biß auf die Erde schwarz bekleideten" und je von einem Adligen geführten

Pferden, und war behängt mit einer bis zur Erde reichenden Sammt-
decke, worauf die Wappen eingestickt erschienen. Neben dem Leichenwagen gingen die 24 abligen Träger und ihnen zur Seite 24 Edelknaben mit brennenden Fackeln, und neben diesen wieder 24 Trabanten
mit zur Erde gesenkten Partisanen. Während der ganzen Feier waren
die Stadtthore geschlossen und die Schloßbrücken aufgezogen. — Dem
hingeschiedenen Vater zu Ehren dichtete Ludwig VI. ein Trauergedicht,
welches in dem gedruckten Ehrengedächtniß steht, und eben daselbst ruft
ein anderer Dichter, Nik. Mart. Drach, aus:

„Ein Fürst uhralten Stams, ein Herr von hohen Gaben,
„Ein Maur seines Volks, ein Seul im Reich erhaben,
„Ein Held der auch im Krieg dem Frieden nachgetracht,
„Ein Engvereinigter mit vieler Kronen Macht,
„Ein Prob der deutschen Treu, ein Zierd bei großen Tägen,
„Ein Spiegel der Gedulb, ein Vatter voller Segen,
„Ein Hertz das Gott vertraut hat hier sein Fürstenlauff
„Mit Ruhm und Lob geendt, die Seel geht himmelauf."

_____

4. Darmstadt unter Ludwig VI. (1661—1678).

Ludwig VI. hatte eine sehr sorgfältige Erziehung, einen trefflichen
Unterricht in den Sprachen, der Geschichte, der Mathematik und in
den Grundsätzen der evangelisch-lutherischen Kirche empfangen. Fromm,
friedliebend, aller weltlichen Pracht abgeneigt, von keiner Leidenschaft
des Ehrgeizes oder der Kriegslust beherrscht, hatte er das Glück, daß
seine Regierung in eine ruhigere Zeit fiel, als die seines schwerge-
prüften Vaters. Seine Hauptstadt blieb von besonderen politischen
Schicksalen verschont.

Bei Gelegenheit seiner zweiten Vermählung mit der Prinzessin
Elisabeth Dorothea von Sachsen-Gotha sah Darmstadt große Feierlich-
keit in seinen Mauern. Die Heimführung war dem sonst einfachen
Sinne des Landgrafen entgegen eine so prachtvolle, daß sie sogar die
Annalen der Zeit, das Theatrum Europeum, in ihrer ganzen Ausdehnung beschreiben, und sogar Lünigs Theatrum ceremoniale sie
als Beispiel einer ceremoniösen Feierlichkeit aufführt. Der Landgraf
war seiner Gemahlin von Frankfurt aus nach Darmstadt voran geeilt.
Die Landgräfin übernachtete noch einmal in Gräsenhausen, über welchen
Ort der Weg führte. Morgens um 7 Uhr, am 20. Febr. 1667,
zogen Soldaten, Bürgerschaft und andere Zugtheilnehmer hinaus vor

die Vorstadt. Ueber 500 Reiter, 6 Compagnien Fußvolk, an 1200 Mann mit 6 Regimentsstücken nahmen daran Antheil. Als alles aufgestellt war und die Wagen von Gräfenhausen her sichtbar wurden, ging der Landgraf mit seinem Gefolge eine Strecke weit seiner Gemahlin entgegen, hob sie, unter fortwährenden Salven und Fanfaren, aus ihrer Carethe in die prachtvolle Carosse, welche sie in ihre Residenz führen sollte. Die Carosse war inwendig und auswendig mit carmoisinrothem Sammt überzogen und mit Gold reich verziert. Die Pferde waren ebenfalls mit rothsammtnen und mit goldgestickten Decken bekleidet, so wie auch die Kutscher und Beiläufer in rothsammtnen, mit Gold verbrämten Röcken erschienen. Der Zug bewegte sich durch das äußere Arheilger (das Sporer=) Thor durch die festlich geschmückten Straßen nach dem Markte. Zu beiden Seiten der Straßen waren 1500 Kinder des Amtes Darmstadt vertheilt, „alle," wie es in der gleichzeitigen Beschreibung heißt, „in weiße Hembden gekleidet, grüne Gräntze auf „den Häuptern und grüne Sträuße in den Händen habend, und zwar „auf einer Seite lauter Mägdlein, alle mit fliegenden Haaren, welche „überlaut geruffen: Vivat Elisabeth Dorothea, auf der andern „Seiten aber lauter Knaben, welche geruffen: Vivat Ludovicus. „Auff den Plätzen und in den Ecken der Gassen sind hin und wieder „Musikanten gestanden, welche beim Vorüberziehen sich weiblich hören „lassen, wie denn auch auff dem neuerbauten Altane über dem Schloß= „thor ein Concert von Zinken und Posaunen sich befunden, welche „J. F. D. ebenfalls unterthänigst bewillkommet und begrüßeten." Die 6 Tage währenden weiteren Festlichkeiten bestanden in feierlichem Kirchgang und Gottesdienst, in Gastmählern, verbunden mit Fackel=, Staats= und freien Tänzen, in Schweinshatzen und Fuchsprellen im Schloßhofe, einem glänzenden Caroussel, prächtigem Feuerwerk und Beleuchtung der Stadt, in Aufführung von Balleten und Comödien.

Die kurze Zeit der Regierung Ludwigs VI. (er starb schon 1678) ist für Darmstadt durch Folgendes bezeichnet:

Er begann den Birngarten der Vorstadt hinzuzufügen; er fügte dem Schlosse neue Bauten hinzu; er stiftete die Hofbibliothek und schuf das erste eigentliche Theater Darmstadts; er begann die Anlage des jetzigen Herrengartens.

Ehe wir diese einzelnen Schöpfungen Ludwigs VI. betrachten, ist noch zu erwähnen, daß der Landgraf, nach vielen noch vorhandenen Brouillons zu urtheilen, mit dem Gedanken umging, seine Residenzstadt

in eine vollſtändige Feſtung umzuwandeln. Es findet ſich indeſſen
nichts darüber, ob irgend etwas geſchah, dieſe Idee der Ausführung
näher zu bringen. Bei dem Bau des Opernhauſes fand man bei den
Fundamentarbeiten eine Anzahl ſehr ſchwerer Ketten, die man für
Ketten von Zugbrücken zu halten geneigt war. Man glaubte daraus
auf eine wirklich ausgeführt geweſene Befeſtigung ſchließen zu dürfen,
um ſo mehr, als nach dem oben genannten Plane grade an jener
Stelle ein Feſtungsthor geſtanden haben würde. In welcher Weiſe
dieſe Auffindung von Ketten zu erklären iſt, iſt zur Zeit noch räthſelhaft.

Ludwig VI. ging auch mit dem Plane um, die Landbach von
Griesheim bis Ginsheim ſchiffbar zu machen und dadurch Darmſtadt
mit dem Rheine in nähere Verbindung zu bringen.

Wie früher erwähnt worden iſt, war unter Ludwig V. die jetzt
ſ. g. alte Vorſtadt der urſprünglich Katzenelnbogiſchen Stadt zugefügt
worden. Zu den vier bis dahin vorhandenen Thoren, dem Mooken-
ober Sprinzen-Thore (auch Arheilger Thor genannt), dem Beſſinger
Thore, dem neuen Thore und dem Thore in der Gegend des jetzigen
Gaſthauſes „zum Prinzen Emil," waren in Folge dieſer Erweiterung
noch zwei neue Thore: das Jäger- und das Sporer-Thor (auch das
äußere Arheilger Thor genannt) gekommen. Ludwig VI. dehnte dieſen
Stadttheil durch den Ausbau der „Birngartenſtraße" (jetzt
Alexanderſtraße) weiter aus. Er erließ im Jahre 1672 ein Patent,
worin er erklärte, „daß diejenigen Häuſer ſo nach dem vorgeſchriebenen
Muſter binnen Jahresfriſt gebaut würden, zuvorderſt von aller Einquartirung und Wachten befreit ſeien, daß ſobann denen, welche alſo
bauten, das dazu benöthigte Holz aus den herrſchaftlichen Waldungen
zu $2/3$ frei angewieſen und gegeben, das Steinbrechen auch an allen
Orten, wo es ihnen am beſten gelegen war, ohne Entgelt frei ver-
ſtattet, ſobann jedes 1000 Backſtein zum höchſten für 4 fl. geliefert,
ſobann das Eiſen aus dem Oberfürſtenthum Heſſen und zwar jeder
Centner um $2\frac{1}{2}$ Thlr. auf herrſchaftliche Koſten hierher geſchafft, und
dann auch ſo viel möglich den Bauhandwerkern eine gewiſſe Taxe vorgeſchrieben werden ſolle." Es war ferner in dem Patent zugeſagt,
daß die alſo erbauten Häuſer auf 3 Jahre von allen Reallaſten und
deren Einwohner 3 Jahre lang von allen Perſonallaſten befreit ſein,
namentlich auch ihnen die Trankſteuer frei gelaſſen werden ſolle.
Trotz aller dieſer Vortheile ging die Sache ſehr langſam voran, ſo
daß nach dem Tode Ludwigs VI. ſeine Wittwe, Regentin und Vor-

münderin, ſich veranlaßt ſah, die Conceſſionen noch günſtiger zu
beſtimmen. Den ganzen unter Georg I., Ludwig V. und ihm
ſelbſt entſtandenen Stadttheil umgab Ludwig dann mit einer
. Mauer. Dieſe neue Mauer zog an der alten Stadtmauer, beim
Sprinzenthore beginnend, nach dem Jägerthore, nördlich nach dem
Sporerthore, dann ein Stück weſtlich, von da ſüdlich nach dem Reit-
hauſe, dann wieder weſtlich hinter den nördlichen Häuſern des Birngartens her, von da wieder ſüdlich nach dem Thore am Prinzen Emil.
Sie war in ihrer ganzen Länge mit 6 Thürmen verſehen, und iſt
noch jetzt zum Theil vorhanden. Einer dieſer Thürme, welcher am
Ausgange aus dem Birngarten ſtand, diente als Thor zur Verbindung
zwiſchen Herrngarten und Vorſtadt. Auf der einen Seite hatte er die
Inſchrift:

„Hos lapides et turrita haec moenia Ludovicus VI. Landgravius Hassiae
„Pr. Hersf. incredibili celeritate in altum duxit, Deoque et securitati patriae
„sacra esse voluit anno MDCLXXV.“

Auf der andern:

„Ludovicus VI. Hass. Landgr. Pr. Hersf. hanc pro horto portam et
„partem urbis pro arboreto aeternae molem laudis erexit MDCLXXV.“

Dieſer Thurm wurde 1739 abgebrochen, um einen breiteren Eingang
in den Birngarten zu haben.

Die Veränderungen, welche am Schloſſe durch Ludwig VI. ausgeführt wurden, ſind folgende (wie die Erläuterung zu einem von dem
Maler Roding auf Befehl des Landgrafen angefertigten Proſpect des
Schloſſes von der Marktſeite lehrt). Er führte aus: 1) den dort
dargeſtellten Eingang ins Schloß, 2) den vom Thore nach dem Glockenbau ziehenden einſtöckigen Bau (Neuer Küchenbau und Schlachthaus),
auf dem auch die Gallerie angebracht war, auf der die fürſtlichen
Pauker und Trompeter ſtanden, wenn ſie zu Tiſch blieſen, 3) den
Glockenbau ſammt dem Glockenſpiel (der hohe Bau genannt). Dann
ſtellte er aber auch die Verbindung zwiſchen Kirchen- und Saalbau
her, indem er den oben (S. 30) erwähnten Thurm und Brunnen
umreißen ließ. Zum Glockenbau legte der Landgraf den Grundſtein am
28. April 1664 mit eignen Händen. In dieſem Grundſtein wurden
eine neue Münze und zwei Flaſchen, die eine mit weißem, die andere
mit rothem Weine gefüllt, gelegt und einige auf Pergament geſchriebene
Verſe beigefügt. Der Glockenauffatz war nicht gleich im Anfange
damit verbunden, ſondern wurde mit ſeinen Glocken erſt in den

8*

Jahren 1670 und 1671 erbaut. An seiner Stelle befand sich bis dahin ein mit einer Gallerie versehenes Belvedere. Der Landgraf hatte auf seinen Reisen durch die Niederlande, wo die meisten Städte Glockenspiele hatten, dieselben kennen gelernt und faßte den Entschluß, ein solches auf dem Treppenhause des neuen Schloßbaues zu errichten, damit es, wie er selbst sagte, „geistliche Lieder spielend als eine leb-„lose Creatur das Lob des Allmächtigen verkünden solle." Den Plan dazu entwarf der Uhrmacher Peter van Call in Nymwegen, dem auch die Anfertigung des Uhrwerks übertragen wurde. Die Anfertigung der kupfernen Spieltonne (der Walze), sowie der Glocken wurde dem Franz Hemony zu Amsterdam überlassen, welcher sich verbindlich machte, innerhalb 4 Monaten „ein Glockenspiel von 28 Glocken von „der-„selben Größe wie die zu Amsterdam auf dem Regulierthurm sind, „und von so schönem correcten Ton, resonnance, Accord und Geläut, „wie irgendwo in diesem Laude zu finden, worauf unpartheyische „Musicanten, die sich darauf verstehen, urtheilen mögen," zu liefern. Im Sommer 1670 wurde die Spieltonne nach Darmstadt gebracht und einige Monate darauf langten auch die 28 Glocken an. Die Glocken wogen zusammen 6153 Pfd., die größte darunter 1200 Pfd., die kleinste 10 Pfd., und kosteten sammt dem „Beyer Stool," einer klavierartigen Einrichtung, um das Werk auch mit den Händen spielen zu können, 6516 fl. 5 Stüber. Die zwölf größten Glocken zierten außer dem Namen des Meisters und der Jahreszahl 1670 verschiedene lateinische, meist den Psalmen entlehnte Sprüche. Die übrigen 16 trugen nur den Namen des Gießers und die Jahreszahl 1670. Der Töne-Umfang der Glocken betrug $2^1/_2$ Octave. Im Herbste 1670 hatte man feierlich den vergoldeten Knopf auf den Thurm gesetzt und die Glocken aufgehängt. Im September 1671 langte das Uhrwerk des Peter van Call, welches zugleich die Spielwalze in Bewegung setzen sollte, in Darmstadt an und mit ihm ein Glockenspieler aus Amsterdam, Valentin Verbeck, welcher nun das ganze Werk einrichtete. Verbeck blieb 20 Wochen lang am Hofe und benutzte die letzte Zeit seines Aufenthaltes dazu, um einen der Hofmusiker des Landgrafen, Breithaupt, zum Glockenspieler heranzubilden. Das ganze Werk kostete im Ganzen 11,218 fl. 14 Alb. und $1^1/_5$ Heller. Im October 1671 war die ganze Einrichtung fertig und an einem Sonntage nach dem Gottesdienste wurde das Glockenspiel feierlichst eingeweiht und spielte von da an nach dem Willen des Stifters beim ganzen und halben

Stundenschlage einfach gesetzte Choräle „Gott zur Ehre und den Bewohnern Darmstadts zur Freude." Zugleich erließ der Landgraf eine
Verordnung, daß sich alle öffentlichen Uhren der Stadt nach dem
neuen Werke zu richten hätten. Als damals in der Stadt befindliche
Uhren werden genannt: die alte Uhr im Schloß, die Uhr an dem
Stadtkirchenthurm, auf dem Rathhause, am Sprinzenthor und am
Sporerthor. Der für die neue Uhr bestellte Diener hatte dieselbe
täglich nach der Sonnenuhr zu reguliren. Mancherlei Verbesserungen
am Glockenspiele, z. B. die Einrichtung, daß das Werk auch Achtel-
Noten darzustellen vermag, während es früher nur ganze, halbe und
Viertel-Noten hatte, ferner 7 weitere Glocken zur Vervollständigung
der dritten Octave, sowie auch Verbesserungen an der Claviatur sind
das Werk der neuesten Zeit.

Für den neuen Bau wurde „das Ameublement oder Hausrath
in ein fürstlich Gemach: als Bett, Stühle, Spiegel, welche zu Paris
gemacht worden" für 4725 fl. angeschafft.

Ludwig VI. war auch gewissermaßen Stifter der Hofbibliothek,
deren erste Anfänge die von ihm aus den verschiedenen Schlössern zu-
sammengebrachten Bücher waren. Einen sehr werthvollen Bestandtheil
bildete die Bibliothek des gelehrten Landgrafen Philipp von Butzbach,
des Sohnes Georgs I. Sie war nach dessen Tode hierher gekommen
und bildet noch heute einen beachtenswerthen Theil der Hofbibliothek.
Alle Bücher sind von des Landgrafen eigner Hand mit dessen Namen
inscribirt. Einen bedeutenden Zuwachs erhielt sie aber schon unter Ludwig VI. durch die Einverleibung der Bibliothek des bekannten Moscherosch,
unter dem Namen „der Träumende," Mitglied der fruchtbringenden
Gesellschaft und Verfasser des bekannten Romans „Philander von
Sittenwald." Er war gräfl. Hanauischer Geheimerath und Kanzleipräsident
gewesen. Seine für die damalige Zeit bedeutende Bibliothek hatte
nach seinem Ableben der Landgraf gekauft und in 9 Fässer verpackt
nach Darmstadt bringen lassen. Moscherosche sind auch Bibliothekare
an der Hofbibliothek gewesen. Im Jahre 1692 erscheint ein solcher,
der außer seiner aus 100 fl. bestehenden Besoldung noch 13 fl. für
einen „Strapazierrock" erhielt. Derselbe war zugleich Hofpoet mit
300 fl. jährlichen Gehalts, jedenfalls ein würdigeres Nebenamt, als
das eines späteren Bibliothekars, der zugleich Balkentreter in der Hofkirche war, wenn er sich auch dafür einen Stellvertreter halten konnte.
Die Hofbibliothek war von Ludwig VI. in dem Glockenbau aufgestellt

worden, wo ſie ſpäter von Ernſt Ludwig neu aufgeſtellt und herge=
richtet wurde.

Auch der Herrngarten verdankt Ludwig VI. ſeine Entſtehung.
Es iſt ſeiner Zeit erzählt worden, daß der von Georg I. hinter dem
Schloſſe angelegte Garten von der jetzigen Infanteriecaſerne herunter
nach dem alten Marſtall, von da am Paradeplatz herauf nach der
Louiſenſtraße zog und mit vielen Obſtbäumen, namentlich auch im
Intereſſe der Seidenzucht mit Maulbeerbäumen und dann mit Reben
bepflanzt war. Durch die Anlage des Reithauſes und deſſen, was
damit zuſammenhing, ſowie durch den Anbau des Birngartens war er
kleiner geworden. Ludwig VI. erſetzte die Verluſte, indem er einen
neuen Garten nördlich mit dem bisherigen zuſammenhängend anpflanzte.
Die frühere Grenze dieſes Gartens war indeſſen eine andere, als die
jetzige. Der ehemalige, von Ludwig VI. in der Anlage begonnene und
von ſeiner Gemahlin, als ſpäteren Vormünderin=Regentin, beendigte
Garten ging von dem gelben Häuschen an hinter dem Gärtnerhauſe
her. (Erſt unter Ludwig I. kam der nördliche Theil mit der Berg=
anlage dazu.) Nach Süden zu, alſo nach dem Schloſſe hin, lief die
Grenze des Gartens mit der vom alten Theater herunterziehenden
Stadtmauer in grader Linie bis zum Paradeplatz und weiter. An
den Garten nordöſtlich, jetzt auch zum Herrngarten gehörig (der in
der jüngſten Zeit erſt dem Publicum zugängliche Theil), ſtieß ein
Garten, der dem Kanzler Hans von Todtenwart gehörte*), und an
dieſen, da wo jetzt der ſ. g. fürſtlich Georgiſche Garten liegt, ſtieß
ein Tannenwäldchen. Nördlich vom Gärtnerhauſe nach dem Teiche
hin lag ein großer Baumgarten. Die Teichanlage iſt ebenfalls neuen
Urſprungs. Eliſabeth Dorothea, Ludwigs VI. zweite Gemahlin,
vollendete, wie ſchon geſagt, die Anlage, ließ eine Mauer um den
Garten ziehen und auf der Südſeite, dem Schloſſe gegenüber, ein
ſchönes Thor bauen, daſſelbe, welches nun noch am nördlichen Aus=
gange des fürſtlich Georgiſchen Gartens ſteht, wohin es bei dem Bau
des Opernhauſes verſetzt wurde. Zur weiteren Orientirung in den
Localitäten ſei noch hinzugefügt, daß die Frankfurter Straße damals
von der Ecke des fürſtlich Georgiſchen Gartens herunter nach der
Gegend des jetzigen Mainthors zog.

*) Ueber dieſen Garten, den ſ. g. Bieuengarten, ſ. Regiſter.

Die Art und Weise, wie die Gründung des eigentlichen ersten Theaters von Darmstadt erfolgte, wird später besprochen werden. — Aus einer gleichzeitigen Relation eines Italieners über den Hof und das Land Ludwigs entnehmen wir, daß das Stadtregiment dazumal von dem Oberschultheiß, 2 Bürgermeistern, 12 Senatoren und einem Notarius geführt wurde. — Als städtische Beamte und Diener werden im Stadtraths-Protocolle vom Jahre 1669 angeführt: 2 Bürgermeister, 2 Weinmeister, 2 Kämmerer, 2 Rechenmeister, 4 Führer, 4 Fleischschätzer, 2 Brodwieger, 1 Stadtküfer, 1 Stadtbaumeister, 2 Hospitalmeister, 1 Weggelderheber, 4 Feldmesser, 6 Steinsetzer, 2 Trocken- und Maßaicher, 1 Mehlwieger, 1 Haymburger, 1 Amtsknecht, 1 Stadtwachtmeister, 1 Stadtbarbier, 1 Bader, 6 Pförtner, 1 Marktmeister, 1 Marktwagemeister, 1 Fruchtmesser, 2 Gassenwächter und Kuhhirten, 1 Schweinhüter, 1 Stadtförster, 4 Stadtweinzapfer, 1 Stadtziegler, 2 Feldschützen, 2 Gartenschützen und Pferdwächter, 1 Brunnenmeister, 2 Stadtammen, 2 Todtengräber, 8 Weinschröter, 1 Trommelschläger, 1 Bettelvogt, 1 Gerichtsknecht*).

Die Stadt war in 4 Quartiere oder Letze eingetheilt: das Arheilger Letz, das Hundsställer Letz, das Vessunger Letz, das Planletz. Für jedes dieser Letze waren je 2 Letzmeister bestellt, welche die Aufgabe hatten, zu Zeiten als Vertreter der Bürgerschaft ihrer Quartiere „im Rathe zu erscheinen und der Bürger Anliegen und andere Mängel vorzubringen."

Die Stadt hatte im Jahre 1669 an Steuer- und Contributionsgeldern 1505 fl. 12 Alb.

Ueber einige besondere Zustände in der Stadt belehren uns zwei im Jahre 1662 und 1677 von dem Rathe der Stadt dem Landgrafen übergebene Beschwerdeschriften, worin derselbe um Abstellung verschiedener Mängel in der Stadtverwaltung bittet. Einige der daraus sich ergebenden Thatsachen sind bemerkenswerth.

Selbstgezogenen Wein durfte ein jeder verzapfen, mochte er Wirth oder Nichtwirth sein. Andere, nicht selbst gezogene Weine mußten der schon oben erwähnten Bestimmung gemäß von der Stadt gekauft werden, die zu dem Zwecke bestimmte, mit einer besonderen

---

*) Die Stelle eines Gerichtsknechts war unliebsam; es mußte deßhalb 1669 der ganzen Bürgerschaft ein Decret vorgelesen werden, welches besagte, daß die Stelle eines Gerichtsknechts „durchaus nicht schimpfe und nachtheilig" sei.

Instruction versehene Personen als Weinmeister bestellt und im Rath-
hauskeller, sowie in einem dazu erkauften Keller, große Weinvorräthe
lagern hatte. Als damalige Schildwirthe werden genannt: der
Engelwirth Joh. Bub, der Schwanenwirth Thomas Staub, der Hirschwirth Adam Hartung, der Ochsenwirth Heinrich Nungesser, der Rothe
Löwenwirth, welche alle, wie die Beschwerdeschrift bemerkt, zu reichen
Leuten geworden waren*). Das Kaufen des Weins bei der Stadt
wurde aber damals nicht mehr der alten Bestimmung gemäß effectuirt,
sondern wurde mit mancherlei Finessen umgangen, so daß sich die
Stadt in ihren Einnahmen geschmälert sah und auf möglichst durch-
greifende Abhülfe drang. Gegen diese schon lange Zeit bestehende Einrichtung zeigten sich die Wirthe unter Ludwig V. bereits renitent. Im
Jahre 1649 war es dahin gekommen, daß Niclas Herbert, der Schwanenwirth, bat, sein Schild abnehmen zu dürfen, weil er mit gutem Gewissen Stadtwein nicht verzapfen könnte. Und als andere Wirthe seiner
Erklärung sich anschlossen und die höhere Behörde mit Strafandrohung
nicht bereitwillig sich zeigte, so beschloß der Stadtrath „dieweil sen-
tentia sine executione wie ein Glock ohne Klippel, und also ohne
Klang" die Wirthe dermalen zapfen zu lassen, wie sie wollten. Der
Wein, welcher im Rathskeller lagerte, war aber nur weißer Wein.
Als im Jahre 1667 der Stadtapotheker um Erlaubniß nachsuchte,
rothen Wein wegen der Kranken auszapfen zu dürfen, erfolgte folgende
Resolution des Stadtraths: „Weilen es ausländisches Gewächs und

---

*) Die ältesten Wirthshäuser der Stadt waren der „Engel," der
„Schwan" und der „Adler," welche alle drei in derjenigen Straße lagen, durch
welche die von Heidelberg einerseits, von Frankfurt andererseits kommenden
Fremden ziehen mußten. Der „Engel" war schon unter Georg I. etablirt
worden. Im Jahre 1601 erscheint als Wirth darin Jac. Stelzer, dem die
Herberge von der Stadt abgekauft wurde, um sie in Pacht zu geben. Im
Jahre 1615 war sie an den Wirth Nic. Mart. Selbenbenner verpachtet. Im
Jahre 1616 gelangte der „Engel" durch Kauf in den eigenthümlichen Besitz der
Familie Seidenbenner aus Worms für die Summe von 2000 fl. Das Haus
hatte Freiheit von verschiedenen Abgaben, dafür aber auch die Verpflichtung,
alle vom Hof dahin bestimmten Gäste zu jeder Zeit, natürlich gegen vollständige
Vergütung, aufzunehmen. Diese Rechte und Pflichten erhielten noch einmal unter
Ernst Ludwig eine Bestätigung. Der „rothe Löwe" wurde 1644 von Joh.
Lautz etablirt; die „goldne Krone" entstand 1681, als der bisherige Wirth
„zum fröhlichen Mann," der Bürger und Metzger Joh. Wendel Sand
die sehr geräumige „Tilenische Behausung" zu diesem Zwecke gekauft hatte.

wider Herkommen, so könne man hierinnen ihm nicht willfahren;
es seyen auch die Weinmeister befehlt und gewillt, morgenden Tags
selbst dem publico bono zu besten nach rothem Wein zu fahren und
vorzulegen."

Scheuerhof.

Eine Schenke, welche außerhalb der Stadt vor dem neuen Thore lag,
der Scheuerhof*), war den Wirthen und darum auch den besorgten
Vätern der Stadt ein großer Stein des Anstoßes, weil alle Welt,
einheimische und besonders fremde, dahin ging, wo es lustig herging,
und weil dadurch den Wirthen in der Stadt, welche die Accise nicht,

*) Der Scheuerhof war im Besitz des Kupferschmieds Wilhelm Muhmen
und wurde von diesem an den Bürger und Märckmeister Jean Dofer und von
diesem 1670 an Ludwig VI. verkauft. Er enthielt die fürstliche Brauerei nnd
hinter demselben lag eine Meierei. Er wurde von der Landgräfin Elisabeth
Dorothee im Namen ihres noch unmündigen Sohns im Jahre 1680 an den
hiesigen Burger und Bierbrauer Georg Daniel Schnauber in Zeitpacht gegeben;
diesem ersten Pächter folgten 1684 Georg Balth. Seiz von hier, 1690 Melch.
Dieterich, Hofbierbrauer dahier; 1694 wurde daran gebaut und Joh. Georg
Siegel, ehemaliger Wirth zum grünen Baum in Heidelberg, erhielt ihn in Pacht
und nach ihm Joh. Georg Lang, ehemaliger Burgermeister und Hirschwirth zu
Heidelberg. Im Jahre 1698 erscheint er, durch Neubauten verändert, als Gasthof zur großen Traube. (Die weitere Geschichte dieses Hauses folgt weiter unten
bei der Regierung Ernst Ludwigs.)

wie der Wirth vor der Stadt, leicht befraubiren konnten, die Nahrung
entzogen wurde. Die Landſtraße zog damals ſchon nicht mehr durch
die Stadt, ſondern um die Stadt.

Eine große Beeinträchtigung erfuhren die Krämer der Stadt
durch herumziehende „Gängler, Welſche, Franzoſen, Savoyarden und
„dergleiche frembde unnütze und wohl verdächtige Leute, denen es nach-
„geſehen wird, daß ſie in der Woche und an Wochenmärkten mit ihren
„am Hals und ufm Rücken und vor ſich oſtiatim umbtragende Waaren
„hauſiren.“ Der Stadtrath bat um Abſtellung und meinte, es ſei
ſchon darum unter anderem räthlich, ſolche Leute ſich fern zu halten,
weil ſie vielleicht Land- oder Reichsſpione ſeien.

Die Ellenwaarenhändler fühlten ſich beeinträchtigt durch
einen Juden David, der ſich im Wolf von Todtenwart'ſchen Garten
vor dem Jägerthore aufhielt, und gegen die Beſtimmung, wornach
Juden nur auf dem Lande und nicht in Städten wohnen durften,
Handel in die Stadt herein trieb.

Auch gegen eine andere Obſervanz wurde vielfach gefehlt, welche
beſtimmte, daß kein Bürger angenommen werden ſollte, der nicht
200 fl. wirklich einzubringen, anzulegen und zu verſteuern vermochte,
und auch ein Einzugsgeld bezahlen konnte.

Der Stadtrath bittet auch in der Beſchwerdeſchrift, dem Unfug
zu ſteuern, der damit getrieben werde, daß man bei Beerdigungen
junger Leute die Särge mit aus Hausblaſe gemachten Blumen über-
mäßig ſchmücke. Er bittet anzuordnen, daß man, „ſtatt ſolch erdichteten
„Blumenwerks und ſtolzer todter Zierde Rosmarinzweige und natürliche
„Blumen verwende.“ In Beziehung auf den Luxus bei Beerdigungen
klagt der Stadtrath weiter: „Bei Begrabung der Todten ſind in Vor-
„jahren die Bürger insgemein mit Läutung einer Glocke (welche auch
„dahero den Namen Todtenglocke hat) wohl zufrieden geweſen, es iſt
„aber nun ſo hoch geſtiegen, daß faſt männiglich, auch die infimi mit
„3 Glocken geläutet haben wollen, wodurch nicht nur die Leute bei
„ohngeſparten Koſten erarmen, ſondern auch der Kirchenthurm und
„oberſte Gebäw hart erſchüttert werden. So wird deſiderirt, ſolcher
„übermaaß und Mißbrauch mit ernſtem Verbot und guter Ordnung
„zu ſteuern.“

Einen weiteren Grund zur Beſchwerde gab der große Luxus bei
Kindtaufen und Hochzeiten, ſowie der Luxus in der Kleidung. In

Bezug auf letzteren klagte der Rath in folgenden Worten: „Wir ſehen,
„Gott erbarm es! mit betrübtem Aug, ſonderlich zu Sonntag und
„bey Haltung des Herrn Nachtmahl, Hochzeiten und Kindtauffen ſolche
„Pracht an jung und alten Dirnen, Hanßtöchtern und Dienſtgeſind
„mit ſchwartz ſeiden Kappen tragen, langen Uebermutzen mit vermutzten
„ſtumpfen Ermeln, weiſen Schuen, nakenden Armen oder mit weiß
„überzogenen Ermeln, welche dann 2. 3. 4 und mehrmalen mit ſchwartz
„oder roth Seiden Band umbunden und gebunden ſeind, daß ſolchem
„Gottes gerechten Zorn und beſorglich große Landplagen nach ſich
„ziehenden Uebermuth zu ſteuern, manch chriſtlich Herz und die Eltern
„ſolcher Dirnen ſelbſt ſeuffzen und wünſchen; deßwegen höchlich deſi-
„deriret wird, weil ohne hochobrigkeitlich ernſtes Einſehen und gemeines
„Verbott und Straff ſolche Ueppigkeit und Hoffart ſich nicht dämpfen
„laſſen will, eine ſolche Kleiderordnung zu machen, darnach ein jeder
„ſich zu achten und keiner dem andern es gleich oder vorthun, ja keine
„Tochter oder Magd den Eltern vorzuwerfen haben möge, dieſe oder
„jene trügen ſich doch auch ſo, ob ſie dann nicht auch thun ſollte wie
„andere Leute und was ſolch trotziger und ſtolzer Worte mehr ſind,
„womit ſie den Eltern das Geld abſchwätzen, dieſelben betäuben und
„ſich ſo ſtolz aufmutzen, wenn ſie gleich kein gut oder ſo viel Hembd
„am Leib haben, als ein Pfau, wodurch die Eltern in Schuld und
„Ungeduld und Verderben gerathen.“

Zuweilen wurden (was ſchon unter Ludwig V. vorkam) Hochzeiten auf dem Rathhauſe abgehalten, bei welchen das Zinn von
der Stadt geliehen wurde. Es beſtand im Jahre 1669 laut Inventar
aus 2 Dutzend großer und 8 Dutzend kleiner Schüſſeln, 3 Dutzend
„Commentger“ und 15 Dutzend Tellern. Für dieſes Darleihen mußte
eine Gebühr gezahlt werden, welche für das Jahr 1669 auf 6 Alb.
„für die Kroppen,“ auf 2 Alb. „für das Dutzend Teller“ beſtimmt
war. Außerdem wurden je nach der Größe der Hochzeit 3 bis 4 fl.
Miethgebühr ꝛc. gezahlt. Die Miethegebühr wurde übrigens manchmal
auch verweigert, weil man der Meinung war, „man ſolle die Bürger
doch auch was genießen laſſen.“ Auch auf das Land wurde das
Stadtzinn zu Hochzeiten geliehen. Der Vorrath wurde verkauft
und damit erloſch dieſe Sitte. Auf dem Rathhauſe wurde auch das
dem Stadtrath gehörige Silber aufbewahrt. Es beſtand vorzugsweiſe
aus ſilbernen Tiſchbechern, deren jeder neuernannte Rathsherr einen
liefern mußte. Das Inventar von 1682 weiſt einen Beſtand von

29 verschieden geformten Trinkgefäßen nach. In Fällen der Noth
bildete das Stadtsilber, wie wir schon oben bei Georg II. gehört
haben, das Unterpfand für ein von der Stadt gemachtes Anlehen.

Aus der Beschwerdeschrift ersehen wir ferner, daß bei peinlichen
Gerichten, sowie wenn die Stadtgelder erhoben werden sollten, die
Rathhausglocke geläutet wurde.

Für das Neue Thor konnte der Stadtrath keinen Pförtner
gewinnen 1) wegen des schweren Dienstes, da er von den passirenden
Fremden das Weggeld einzunehmen hatte, 2) „wegen auf solchem Thor
gehabten peinlichen Tortur und daher entstandenen Grausen.“ Der
Stadtrath bat um Erlaubniß, einen Soldaten, der trotz des Grausens
das Pförtneramt übernehmen wollte, in Dienst nehmen zu dürfen.
Der Landgraf aber schlug diese Bitte ab und verlangte, daß ein
„richtiger“ Pförtner gewonnen würde.

Wenn die Bürgerschaft zusammengerufen werden sollte,
so gingen die Letzmeister von Haus zu Haus und forderten die Bürger
vor. Weil aber die Letzmeister dadurch viel Zeit einbüßten, und weil
ferner der Zweck nicht erreicht wurde, da sich beim Nahen der Letzmeister oft viele Bürger verläugnen ließen, so trug der Rath
darauf an, in solchen Fällen die große Bürgerglocke läuten zu
dürfen, die jeder hören müsse, „er sei denn taub.“ Da auf diese
Weise die Entschuldigung des Nichtgewußthabens wegfalle, so würden
die Bürgerversammlungen aus Furcht vor der auf Versäumniß gesetzten
Strafe besucht werden. Indessen scheint nicht allein die Bürgerschaft
nicht gerne in die Versammlungen gekommen zu sein, auch die Herren
Stadträthe machten es nicht besser. Ein jedes Sitzungsprotocoll des
Stadtraths enthält durchschnittlich ein halbes Dutzend „Abfueruntes.“
Im Jahre 1681 wurde deßhalb die Bestimmung gemacht, daß jeder,
der ohne erhebliche Entschuldigungen nicht erscheinen würde, „dem
„Collegio mit einem halb Viertel Wein verfallen seie, wirde aber
„solcher eine Viertelstunde oder länger ausbleiben und zu spät kommen,
„so soll derselbige nach advenant mit einem Maas Wein darüber
„und darunter angesehen und gestrafet werden.“ Diese Bestimmung
scheint früher schon usus gewesen zu sein, denn das Sitzungsprotocoll
enthält am 31. März 1658 den Eintrag: „Herr Peter Dreyeicher
hat sich gestern im Engel mit Wein besoffen, ist an heutig ordentlichen
Rathstag vom Rath blieben; die Straff ist Ein Viertel Wein.“ Unter
Ernst Ludwig erscheint der Strafwein in eine Geldstrafe von 10 Albus

verwandelt. Die Bedeutung der im Stadtrathe verhandelten Gegenstände war übrigens auch sehr häufig der Art, daß man der Weisheit
der gesammten Körperschaft kaum bedurfte. So findet sich z. B. in
dem Protocoll der Stadtrathssitzung vom 10. Mai 1667 folgender
Eintrag: „Herr Bürgermeister brachte vor, daß ihm gestern aus der
Caplaney ein Bott geschickt und gezeigt worden, daß die Fleisch-
Kämmerlein in derselben oben auf dem Speicher und dem Dach ge-
macht seien, in welchem dieser Zeit eine große Hitze und dem Herrn
Stadtprediger die Speckmäuse 3 Seiten Speck ausgehöhlt, auch das
Schweinefleisch sehr ausrinne, hatte also begehrt, ob man doch das
Kämmerchen dahin weg und an einen andern Ort transferiren könne."
Conclusio et resolutio: „Die beede Burgermeisters sollens nach
ihrem Gutbefinden machen."

In der Stadt wohnte eine große Anzahl „gefreiter," d. h.
von Abgaben für Güter freier Personen. Diese hatten ihren Besitz
durch Ankäufe von Bürgergütern so vermehrt, daß die Stadtkasse von
Jahr zu Jahr einen größeren Ausfall erlitt und sich der Rath bewogen fand, zur Abhülfe dieser Noth Vorschläge zu machen, wornach
die Käufe ohne besondere obrigkeitliche Bewilligung nicht mehr, und
zwar auch dann nur mit Verbindlichkeit der Lasten-Uebernahme gestattet
würden.

Einen anderen Grund zur Beschwerde bildete die Willkühr, mit
welcher die Krämer und Hocken die Preise für ihre Waaren
ansetzten, welche sie in Frankfurt billig einkauften und dann mit über-
triebenen Preisen in Darmstadt verkauften. Es wurde deßhalb gebeten,
daß der Oberschultheiß angewiesen werde, die Frankfurter Taxe zu
wissen und den Leuten darnach den hiesigen Preis festzusetzen. Auch
wurde geklagt, daß eine Menge von Leuten, welche sonstige Verdienste
hätten, sich ein Kränchen anlegten und dadurch den eigentlichen Krämern
die Nahrung entzögen. Der Rath bat deßhalb, solche „polybrach-
mosinische Händel" zu verbieten.

Im Jahre 1668 erließ Ludwig VI. für seine Residenz eine
Sonntags- und Feiertagsordnung, welche befahl, daß an
Sonn- und Feiertagen die Thoren der Stadt Morgens in aller Frühe
bei Tages-Anbruch geschlossen und Niemandem gestattet werde, aus
der Stadt zu gehen, zu reiten und zu fahren, es sei denn, daß er
einen obrigkeitlichen Erlaubnißschein vorzeigte. Dieser Erlaubnißschein
wurde aber nur dann ertheilt, wenn nachgewiesen werden konnte, daß

Jemand die Stadt verlassen wollte, um „zur Gevatterschaft; Begräb-
„nissen oder andern dergleichen zum Gottesdienst gehörigen, oder sonst
„des Christenthums betreffenden Verrichtungen aufs Land zu reisen."
Damit aber die Bewohner Darmstadts wegen des Weidegangs ihres
Viehes nicht in Verlegenheit kämen, war weiter bestimmt, daß das
Vieh Morgens in aller Frühe zum Jägerthor hinaus- und Abends
nach beendigter Nachmittagspredigt wieder eingelassen werde. Der
Stadtwachtmeister war dann bei Androhung von 1 Thlr. Strafe gehalten, darauf zu achten, daß mit dem Vieh kein anderer Mensch, als
der Hirte, hinausging.

Eine sehr bemerkenswerthe Ordnung ist auch die auf den Grund
der oben Seite 25 erwähnten Taxordnung des Landgrafen Ludwig
im Jahre 1623 erneuerte und nun 1653 revidirte Taxordnung, aus
der wie nur einiges wenige anführen wollen. Bei der Bestimmung
der Schneider- und sonstigen Handwerkerpreise geht sie sehr ins Einzelne, indem sie alle Arten der damals von den verschiedenen Handwerkern angefertigten Gegenstände aufführt. Bei den Schneidern
werden z. B. nicht weniger als 30 verschiedene Kleidungsstücke genannt.
Darunter figuriren: „ein Kleid, so itziger Zeit gewöhnlich mit Spitzen
und mit einer Schnur ausgenäht, sambt dem Zubehör und mit vielen
Banden ufgehefft und Knöpflöchern 2 fl.; ein französ. Rock mit 4
oder 5 Dutzend Knöpflöcher ausgenäht 1 fl. 5 Alb.; ein schlecht langer
Rock mit 2 Dutzend Knöpflöcher ausgenäht 25 Alb.; ein Weiber-Rock
und Wambs, mit Schnüren und Fischbein durchzogen und mit ge-
falteuen Ermbeln 2 fl." — Der Schuhmacher erhielt für ein Paar
gute Stiefel mit Absätzen, 3 Sohlen und geschmiertem Leder 5 fl.,
für ein Paar Waden- oder Halbstiefel 1 fl. 18 Alb., für ein Paar
Weiberschuhe 28 Alb., für ein Paar weiße saubere Frauenzimmerschuhe
1 fl. — Auch den Wirthen und Gastgebern waren die Preise vorgeschrieben. Wir wählen folgende aus: „Von einer fürstlichen oder
gräflichen Personen Imbs mit Wein 50 kr.; vor eine adliche Person
und vornehmen Beamten oder andere vornehme Person beneben $\frac{1}{2}$ Maas
Wein 24 kr.; vor einen Reisigen Knecht vor Kost und 1 Maas Bier
12 kr. u. s. w. Da aber jemand extraordinarie wollte traktiret
sein, auch sonsten ein Schlaftrunk begehrte, hat er mit dem Wirth
Willen zu thun."

In die Regierungszeit Ludwigs VI. fällt auch die Entstehung der
Hofbrüderschaft. Es traten nämlich im Jahre 1664 eine Anzahl

Hofdiener und Bürger zusammen und stifteten unter einander „eine „beständige vertrauliche Brüderschaft zu dem Ende, daß in einer und „der andern Noth und Gefahr so der Getreue nach seinem allein „weisen Rath und Willen einem oder dem andern in dieser Brüder- „schafft zu seiner Besserung zuschicken würde, die andern ihme mit „Hülffe, Rath und That treulich beispringen möchten." Ihre Haupt- thätigkeit war die kostenfreie Beerdigung von Mitgliedern der Gesell- schaft und ihrer Angehörigen. Zu dem Ende waren zwei Aelteste bestellt, deren einer stets der Keller von Darmstadt war, der andere dagegen jährlich gewählt wurde. Sie hatten in vorkommenden Fällen alles anzuordnen und waren von Mittragen der Leichen befreit. In welcher Reihenfolge der Personen die Verpflichtung des Tragens der Leichen oder sonstiger Verrichtungen wechselte, war durch das Loos ein für allemal bestimmt. Die Brüderschaft kaufte zur Erfüllung ihrer Mission drei schwarze Tücher von verschiedener Größe, deren jedes mit einem weißen taffetnen Kreuze geschmückt war, sowie ein großes weißes Tuch. Vorkommenden Falls wurden die Träger nach der Reihenfolge der Liste von den Aeltesten zum Dienste aufgefordert, alle übrigen Mitglieder folgten der Leiche. Wer seiner bruderschaftlichen Ver- pflichtung nicht nachkam, hatte eine Buße von 1 Thaler zu zahlen. Jedes Mitglied hatte sich mit schwarzem Kleide, Trauermantel und Trauerbinde zu versehen. Jeder als ehrlich in Handel und Wandel bekannte konnte sich gegen ein Einkaufsgeld von 3 Reichsthalern in die Bruderschaft aufnehmen lassen. Die Bruderschaft war auch gegen Erlegung gewisser Abgaben bereit, andern nicht zu ihr gehörigen Per- sonen zu dienen. Jedes Mitglied verpflichtete sich „zu einem ehrbaren gottseligen Leben und aller Treue und Einigkeit." Wer dagegen fehlte, wurde mit Geld gestraft. Die Bruderschaft verpflichtete sich aber auch, in Fällen der Krankheit und der Noth sich beizuspringen. Eine Weigerung in solchen Fällen von einem und dem andern wurde mit Ausstoßung gestraft*).

In Beziehung auf die Wahl von neuen Mitgliedern des Stadtraths an die Stelle von abgegangenen bestimmte Ludwig VI.

---

*) Die Hofbrüderschaft hat im Jahre 1688 in die Stadtkirche einen silbernen vergoldeten Kelch nebst Patina gestiftet, welcher die Inschrift trägt: „Diesen Kelch und Patina Stiftet zur Ehre und Dienst Gottes die Hofbrüderschaft zu Darmstatt in die Stattkirch Anno 1688. B. Gretzinger und J. H. Rumbel der ältere."

im Jahre 1664, daß ihm in kommenden Fällen von dem Rathe solche Leute vorgeschlagen würden, die man für tüchtig halte, aus denen Er dann die neuen Rathsmitglieder ernennen wolle. In diesem Jahre wurde auch schon die Wahl von zwei neuen Räthen nöthig, und es kamen verschiedene Personen in Vorschlag, über welche Bericht gefordert wurde. Die ertheilte Characterisirung der Personen ist nicht uninteressant. Es heißt darin:

„Der Bader Johann Wolf Mack ist ein feiner berichtsamer Mann, welcher „ziemlich zu gebrauchen. Es hat zwar (wiewohl ganz äußerlich und ohne einigen „Grund) verlauten wollen, ob solte derselbe die schönen Weiber gern sehen, „gleichwie aber kein Mensch disfalls etwas gewisses weiß, also ist deme auch „kein Glaube zuzustellen. Georg Wilhelm Schlechter ist zwar auch ein ehrlicher „Mann, allein er ist noch etwas jung und hält sich selbsten für also klug und „witzig, daß er sich über seinen Verstand verwundert. Wenigmann ist auch ein „feiner alter stiller Mann, nur ist der Fehler dabey, daß er gleichwie Petermann „und Georg Jahn keinen Buchstaben schreiben oder lesen kann, welches bei Ver- „waltung des Bürgermeisteramts ich für einen ziemlichen Gebrechen halte. Peter „Schönemann ist ein ehrlicher vorsichtiger stiller friedsamer Mann und zu solcher „Ehrenstell wohl würdig" ꝛc.

Was die Schulen der Stadt damals betrifft, so können wir auf das Treiben darin aus einer Verordnung von 1669 schließen, welche für die Schulen in kleinen Städten oder Dörfern gegeben wurde. Darin wird unter andern bestimmt, daß alle Kinder, die über 5 und unter 12 Jahre alt waren, zur Schule angehalten werden sollten. Alle halbe Jahre mußte „der Catalogus der Schulkinder sambt dem „Verzeichniß der Lectionen" dem Superlutendenten eingeschickt werden. Die Instruction für die Lehrer besagte ferner:

„Im Lesen lehren sollen sie gute Achtung geben auf das Buchstabiren, daß „damit recht verfahren, und alle Syllaben jedes Wortes fein deutlich ausge- „sprochen werden. Ehe und bevor aber die Kinder zum Buchstabiren und Lesen „angeführt werden, müssen sie das Vatter Unser und den Glauben auswendig „gelernt haben. Der Anfang des Buchstabirens wird mit der ABC Tafel und „Namen Buch gemacht, von welchem hernach zum Catechismo fortgeschritten „wird, in welchem zugleich mit dem Lesen das Auswendiglernen getrieben werden „muß. Und also forters im Psalter und neuen Testament, bei welchen Büchern „man es bleiben lassen kann. Die Disciplin und gute Zucht soll mit sonder- „barem Fleiß und Ernst geführt und die Bestrafung der muthwill'gen Jugend „wohl wahrgenommen werden, doch so daß die Präceptores und Schulmeister „als vernünftige Väter mit ihren Kindern umbgehen und des ehrenrührigen „Scheltens, zumal des unbarmherzigen Haar-Rupfens, Schlagens mit der Faust „und auf die Köpffe der Schüler sich allerdings enthalten, hingegen aber die „Ruthen ziemlich und gebürlich gebrauchen."

Außer den 2 städtischen Schulen bestanden noch verschiedene Privat-schulen. Im Jahre 1666 beschwerten sich die beiden Stadtschulmeister, daß durch „hiesige verschiedene Nebenschulen ihnen aus der Stadtschule die Knaben verführt und wan hernach die Jugend passirt und die ingenia corrumpirt, selbige ihnen alsdann wiederumb übern Halß geschickt würden, welches gleich sehr nicht recht wäre." Es geschah dieß als der Stud. theol. Joh. Heinrich Gilheimer nachsuchte, eine „teutsche und Rechenschule" eröffnen zu dürfen.

Im Jahre 1674 wurde auch auf dem Markte „vor lediges leichtfertiges Gesindlein u. dgl." ein Lasterstein errichtet, auf dem alle des verbotenen Umgangs Beschuldigte an Markttagen einige Stunden lang stehen mußten, die Hände gebunden, mit einem Fußeisen angeschlossen und das Haupt mit einer gelben Kappe bedeckt, an der Hörner und Schellen angebracht waren. Nicht bloß hiesige derartige Sünder und Sünderinnen hatten diese Ausstellung zu erdulden, sondern auch die in den Ortschaften der Obergraffschaft wohnenden. Noch im Jahre 1711 wurden verschiedene neue Kappen angefertigt. Im Jahre 1718 aber ist der Lasterstein weggenommen und an die Stelle dieser Ausstellung an dem Pranger Geldstrafe gesetzt worden. —

Als Preise für Lebensmittel werden im Jahre 1669 ge-nannt: 5 Alb. für eine Maas „herrlichen Trunk Firne Wein," für 1 Pfd. Rindfleisch 12 Pf., Schweinenfleisch 14 Pf., Hammelfleisch 13 Pf., Kalbfleisch 15 Pf.; im Jahre 1671 für 4½ Pfd. „Rücken-brob" 2 Alb., 1 Weck für 1 Alb. mußte wiegen 48 Loth.

Sehen wir nun auch, wie das Leben am Hofe zu Darmstadt unter Ludwig VI. gewesen ist. Die Ordnung bei Hofe regulirte der Landgraf durch eine besondere „allgemeine Hofordnung," sowie durch eine Ordnung, „wie sich unsere Officiere, Hofdiener, und Gesinde so in unserer Gesinde Saal gespeiset werden, vor- über- und nach dem Tisch darinnen verhalten haben sollen." Beide geben Zeugniß von dem frommen Sinne, der dem Landgrafen eigen war, und der sich auch in allen seinen andern Ordnungen kund gibt. Die erste Position der Hofordnung lautet:

„Nachdem das Reich Gottes vor allen Dingen gesucht werden soll, so wöllen „und befehlen wir auch hiermit ernstlichen, daß ein jeder sein Geschäffte der-„maßen anschicke und verrichte, damit er zu Predigszeiten und sonderlich auf den „Sonntag, sowohl zu Predigt als Betstunden, wenn man leuthen wird, das „Wort Gottes zu hören und auf uns zu warten bereydt erscheine. Es sei in „unserer Schloß- oder Pfarrkirche, so sollen die von Abel sich zeitlich vorher in

„unferem Vorgemach einfinden und alsdann fie vor, das übrige Gefinde aber
„nachher gehen, darinnen bis ans Ende bleiben und uns alfo wieder gen Hoff
„auf den Dienft warten. Wo auch jemand folchen feinen Dienft und Kirchgang
„ohne erhebliche Urfachen verfennte oder ehe die Predigt vollendet, darauß lauffen
„und gleich wie ein Hund in die Kirchen fehen und alfo ander Leuth ärgern
„würde, dem, fo feine Koft bey unferem Hoff hat, wollen wir denfelben Tag
„feinen Wein, Bier oder Brodt zu Hoff geben laffen."

Weitere Beftimmungen reguliren das Verhalten und Benehmen
der Hofangehörigen bei allen Verrichtungen des täglichen Lebens fowohl
als das Benehmen und Verhalten derfelben überhaupt. Zu Mittag
gegeffen wurde um 10 Uhr, zu Abend im Winter um 4, im Sommer
um 5 Uhr. Jeder mußte zur rechten Zeit erfcheinen, fonft bekam
er nichts. Ehe man fich an Tifch fetzte, wurde ein Gebet ge-
fprochen. Bei Tifche mußte fich jeder eines anftändigen Benehmens
befleißigen und freundlich gegen andere fein. Eine andere Satzung
lautete :

„Niemand foll fich unterftehen etwas, es fei gleich Fleifch, Brod, Wein,
„Bier, Lichter oder was es fonften immer fein mag, von dem Tifch zu nehmen
„und einzuftecken. Deffen Ueberfahrer follen darumb zu rede geftellt und geftrafft
„werden."

Nach aufgehobener Tafel wurde wieder gebetet und dann mußte
jeder aus dem Eßfaale weg an feine Arbeit gehen.

Ludwig VI. war ein Freund der Poefie und felbft Dichter,
fowie ein Freund der Mufik und theatralifcher Vorftellungen.
Mehr oder weniger übte eine jede diefer Neigungen einen gewiffen
Einfluß auf das Darmftädter Leben.

Er dichtete viele geiftliche Gefänge und machte eine metrifche
Ueberfetzung der Pfalmen, welche in des Landgrafen eigner Handfchrift
in der Hofbibliothek aufbewahrt wird und auch im Drucke erfchienen
ift. Viele feiner deutfchen Lieder find voll Sehnfucht nach einem
anderen Leben und finden fich in feiner nach feinem Tode ihm zu
Ehren durch den Druck errichteten „Ehrenfeul." Diefer Sehnfucht
nach einem anderen Leben entfprechend führte der Landgraf auf feinen
Reifen feine einfachen Sterbekleider in einer Kifte mit fich herum, und
verbat fich auch in feinem letzten Willen jedes weltliche Leichengepränge,
dem er ftets von Herzen abgeneigt gewefen. Charakteriftifch für des
Landgrafen Denken und Gefühlsweife ift ein in der Buchner'fchen
Chronik aufbewahrtes Gedicht, welches alfo lautet:

„Das Unglück spielt mit mir gleich wie mit einem Ball,
„Ich muß nun immerfort in lauter Schmerzen schweben,
„Die Freude wird mir nicht als nur zur Rach' gegeben,
„Weil öfters drauf erfolgt ein schwerer Unglücksfall.
„Drum ist mir Freude nichts als nur ein Echohall
„Der saget: daß ich muß gar bald im Unglück leben.
„Solt mir dann nicht hierob das Herz im Leibe beben
„Wenn mich fast alle Tag erschröcket dieser Schall?"

Aber auch Gedichte weltlicher Art sind in großer Menge handschriftlich im Hausarchiv vorhanden. Einige auf Birkenrinde von dem
Landgrafen eigenhändig geschriebene Gedichte, worin er seine Liebe zu
seiner Gemahlin bekennt, hatte die Landgräfin als Buchzeichen gebraucht.
Dieselben werden jetzt im Cabinetsmuseum aufbewahrt.

Auf das Leben in Darmstadt äußerte indessen des Landgrafen
Liebe zur Musik und zum Theater einen größeren Einfluß. Sie
veranlaßte die Hierherberufung von Musikern, welche den musikalischen
Sinn in der Stadt weckten und förderten. Der berühmteste unter
diesen hierherberufenen Musikern war der Hauptbearbeiter des großen
Cantionals, Briegel*), auch als Componist in seiner Zeit eine
Celebrität. Er trat im Jahre 1671 als Kapellmeister ein und verfertigte in Darmstadt einen großen Theil seiner auch im Drucke erschienenen vielen Compositionen geistlicher und weltlicher Musiken, wie
z. B. sein „musikalisches Tafelconfect," seine „musikalischen Erquick-
stunden," den „musikalischen Lebensbrunnen" ꝛc., ferner die Musik zu
dem Freudenspiele: „Das verliebte Gespenst, von A. Gryphius, Oper
im stilo rappresentativo," Kammer- und Tafel-Musiken jeder Art.
Briegel brachte die Musik in Darmstadt in große Aufnahme. Fahrende
Musiker erschienen von allen Seiten und ließen sich am Hofe und in

---

*) Wolfgang Karl Briegel war im Jahre 1650 von Stettin, wohin
er als Organist berufen war, in gleicher Eigenschaft an den Hof zu Gotha gerufen worden, wo er dann Hofkapellmeister und Lehrer der fürstlichen Kinder
wurde, und als solcher auch der Prinzessin Elisabeth Dorothee, der 2. Gemahlin
Ludwigs VI., Unterricht ertheilte. Als der Kapellmeister Ludwigs VI., Prud-
homme (zugleich der französische Sprachlehrer der fürstlichen Kinder), gestorben
war, gedachte Elisabeth Dorothee ihres Lehrers Briegel und derselbe trat am
Neujahrstage 1671 seine neue Stellung als Kapellmeister am Hofe zu Darmstadt
an. — Das große „Cantional- oder Kirchengesangbuch" erschien 1687 bei dem
fürstlichen Buchdrucker Heinrich Müller, dem Schwager Briegels. Briegel hatte
die Melodien des Cantionals revidirt und 12 neue Melodien dazu componirt,
welche an der Unterschrift W. K. B. zu erkennen sind.

der Kirche hören und wurden zum Theil als Hofmusikanten angestellt. Bald war eine aus 17—20 Personen bestehende Hofkapelle hier versammelt. Die Hofmusiker lebten nicht mehr wie unter Ludwig V. am Hofe, sondern in der Stadt und trieben noch ein Geschäft dabei oder behandelten die Musik als Nebenbeschäftigung. Ihre Thätigkeit wurde in sehr verschiedener Weise in Anspruch genommen; sie hatten ebenso bei den an Sonn- und Festtagen in der Schloßkirche aufgeführten Kirchenmusiken, als bei den am Hofe oft vorkommenden Aufführungen von Comödien, Singspielen und Opern mitzuwirken. Bei diesem mußten sie, wenn sie Sänger waren, ebenso Männer- wie Weiberrollen agiren, sowie auch nöthigenfalls als Tänzer in Balleten fungiren. Die theatralischen Vorstellungen, welche in Balleten, in deutschen und französischen Comödien und in Singspielen und in Opern bestanden, wurden Anfangs noch im Kaisersaale, dann im Theaterhause, manchmal auch im Freien aufgeführt. Das Theaterhaus entstand aus dem Reithause (f. o. S. 53), in welchem die Caroussels und ähnliche Vergnügungen abgehalten zu werden pflegten. Diese Art von Vergnügungen war in Abnahme gekommen und das Reithaus als solches wurde wenig mehr benutzt. Die Vorliebe Ludwigs zu eigentlichen theatralischen Vorstellungen gab Veranlassung, dasselbe umzubauen und einen Theil davon zum Theater einzurichten. Die Maler Breithaupt und Leichter malten schon im Jahre 1670 Decorationen für das neue Theater und von da an wurden alle größere Aufführungen darin abgehalten. Die besten Stücke dramatischer Dichter wurden von Ludwig und seinem Hofe mit Zuziehung von Hofmusikern aufgeführt, unter andern eigens von Briegel in Musik gesetzt des Andr. Gryphius „verliebtes Gespenst." Eine besonders für die Gelegenheit gedichtete und von Briegel componirte Oper: „Triumphirendes Siegesspiel der wahren Liebe," kam im Jahre 1673 zur Ausführung, als der Bräutigam der Prinzessin Magdalene Sybille, Erbprinz Ludwig von Würtemberg, hier war. Diese Oper war eine merkwürdige Schöpfung jener Zeit, weil sie in der Weise der Italiener durchweg componirt war, die Recitative also gesungen wurden. — In allen deutschen Stücken der damaligen Zeit spielte die lustige Person, der Hanswurst, die Hauptrolle, und seine Späße waren von der gemeinsten Art. In der Comödie, welche zu Ehren des Einzugs der Landgräfin Elisabeth Dorothee aufgeführt wurde, und welche, von dem fürstlichen Kammerrath Mylius verfaßt, einen Theil der Geschichte des Landgrafen Ludwig und der h. Elisabeth behandelt, wozu 60 redende Personen nöthig sind, sind die ernstesten

Scenen mit Zwischenspielen untermischt, in denen Harlequin und Labelle ihr Wesen treiben und die allergemeinsten Späſſe machen. In der 6. Scene des erſten Acts erſcheint z. B. Harlequin in einem Weiber= rock, mit geſtohlenen Bratwürſten behängt; in einer andern reitet er auf einem Steckenpferde über die Bühne, einen Marſch auf einer Kindertrompete blaſend. In den meiſten Scenen erhält er Prügel und rächt ſich dafür durch die gemeinſten Schimpfwörter. Die übrigen Perſonen reden dagegen ernſt und ihren Characteren gemäß. Die allegoriſchen Figuren ſprechen in Verſen, die manchmal ſehr eigenthüm= licher Art ſind. So ſagt z. B. die Fama im erſten Eingange:

„Ihr Wälder, ihr Felder, laßt fröhlich erſchallen,
„Ihr Lüfften, ihr Krüfften, laßt freudig erknallen
„Mit wunſchendem Wunſche, das Runde der Welt
„Jauchz' Thüring, jauchz' Heſſen in Stätten und Feld."

Dem hochgebildeten Landgrafen genügten indeſſen dieſe Machwerke nicht. Seine Blicke wendeten ſich deßhalb nach Frankreich, wo Moliere, Corneille und Racine ſchon ſeit einer Reihe von Jahren gediegnere dramatiſche Werke geſchaffen hatten, und es währte nicht lange, ſo ſah man auf dem neuen Theater Corneilles Agrippina in franzöſiſcher Sprache vom Landgrafen und ſeinem Hofe aufführen. Außerdem kamen aber auch vollſtändige Opern zur Aufführung. Den Geſchmack der Zeit characteriſirt die Anordnung der Coſtüme. Bei dem zur Aufführung gekommenen Singſpiele, betitelt „Triumphirendes Sieges= ſpiel der wahren Liebe," welches Briegel in Muſik ſetzte, lautet z. B. dieſe Anordnung der Coſtüme wörtlich alſo:

„1. Saturnus. Einen todtenfarbichten, hageren, leinenen Habit umb „den Leib. Einen gelben kurtzen Schurtz. Auf dem Haupte graue Haare. „Eine gelbe ſpitzige Haube. Eine Larve mit einer langen Naſe. Ein grauer „langer Bart. Gelbe Stiefeln. In der Hand eine Senſe. 2. Cupido. Eine „nackende fleiſchfarbichte Kleidung. Um das Haupt eine blaue Binde, umb die „Augen ſilberne Zindel. Einen Bogen, Köcher und Pfeile in einer blauen „Schärpe. 3. Mars. Einen Cürras. Ein Casquet mit rother Plumage. „Eine rothe Schärpe. Einen Säpel bloß in der Hand. Stieffel. Die Arme „ſind ganz bloß. 4. Venus. In einem fleiſchfarbichten Habit. Auf dem „Kopfe eine güldne Crone. Die Haare auf dem Rücken hangen mit ſilbernem „Zindel eingebunden an der Seite des Hauptes. In der Hand ein brennend „Herz. Um den Leib eine blaue Schärpe, darinnen der Köcher mit dem Pfeil „vergüldet. 5. Bacchus. In einem nackenden Habit, dick aufgefüllt. Um den „Leib einen grünen Schurtz von Tannenbüſchen. Einen Crantz auf dem Haupte. „Einen güldenen Pokal in den Händen. 6. Zwo Nymphen in weißer Kleidung, „grün ausſtaffirt, wie beim Baccho." —

5. **Darmstadt unter Ludwig VII. und unter der vormundschaftlichen Regierung der Landgräfin-Mutter Elisabeth Dorothee (1678—1688).**

Ludwig VI. starb im Jahre 1678. Sein Nachfolger Ludwig VII., der Liebling seines Vaters, regierte zu kurz, als daß er für seine Hauptstadt etwas hätte thun können. Er regierte nur 4 Monate. Als er mit seiner Stiefmutter Elisabeth Dorothee zu seiner Ver= mählung mit der Prinzessin Erdmuthe Dorothee von Sachsen=Zeitz fuhr, wurde er unterwegs schon in Hersfeld von der rothen Ruhr be= fallen. Trotz der heftigsten Schmerzen setzte er seine Reise bis Frieden= stein bei Gotha fort, endete aber hier, kaum im Stande, seinen letzten Willen zu unterschreiben, sein allzu kurzes Leben. Sein mit Cypressen geschmückter Leichenwagen, vom Herzog Friedrich von Eisenach begleitet, traf zu derselben Zeit in Darmstadt ein, als Darmstadts Bürger sich bereiteten, ihn nebst seiner Gemahlin mit Myrthenkränzen zu empfangen.

Sein Nachfolger wurde, da der jüngere Prinz aus Ludwigs VI. erster Ehe, Friedrich, in Folge eines unglücklichen Sturzes von einem Gerüste schon im Jahre 1676 gestorben war, der älteste Sohn aus zweiter Ehe, Ernst Ludwig, damals erst 11 Jahre alt. Einer testa= mentarischen Anordnung Ludwigs VI. zufolge übernahm die Mutter Elisabeth Dorothee die vormundschaftliche Regierung.

Unter der vormundschaftlichen Regierung der Landgräfin Elisabeth Dorothee, welche 10 Jahre dauerte, wurde die Birngartenstraße vollendet, sowie die Anlagen des Herrngartens und die um ihn ziehende Mauer beendigt. Das Thor, welches dem hinteren Schloß= ausgange gegenüber den Haupteingang zum Garten bildete, war mit dem fürstlichen Wappen geschmückt und trug die Inschrift: Viridiarium hoc a Ludovico VI. Hassiae Landgravio ad commoditatem delectamentumque paratum Elisabetha Dorothea D. G. Hassiae Landgravia, Vidua, Tutrix, Regnatrixque in honorem et memoriam Conjugis desideratissimi his lapidibus cinxit et hac porta clausit anno domini MDCLXXXI*).

An die Stelle des baufälligen Neuen Thores zwischen Schloß und Fürstenhof am Ausgange des Markts ließ Elisabeth Dorothee im Jahre 1683 ein neues aufrichten. Die innere Seite trug die Auf=

---

*) Dieses Portal wurde unter Ludewig I., als der vordere Theil des Herrn= gartens zum Bau des Hofoperntheaters nöthig wurde, abgebrochen, und an den nördlichen Eingang des fürstlichen Georg'schen Gartens gesetzt, wo dasselbe noch jetzt steht.

schrift: Nisi dominus custodierit civitatem frustra vigilat qui custodit eam. Die äußere Seite: Deo Opt. Max. Auspice Elisabetha Dorothea D. G. Hassiae Landgravia, Princeps Hersfeldiae, Ducissa Saxoniae, Vidua, Tutrix, Regensque Portam ruinam minitantem everti et hanc novam erigi curavit anno MDCLXXXIII.

Die ursprüngliche Stadtkirche.

(Die — — — — bezeichneten Linien zeigen die Vergrößerung unter Elisabeth Dorothee an).

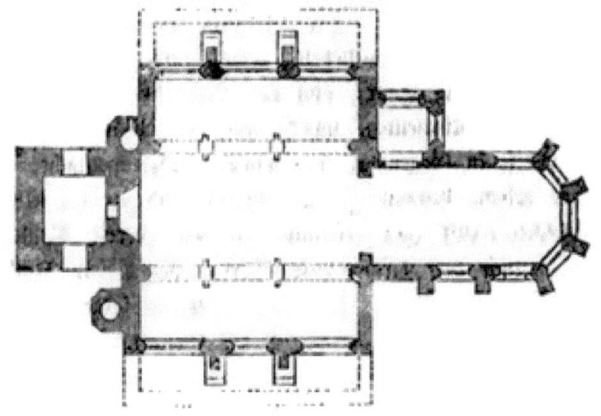

Grundriß.

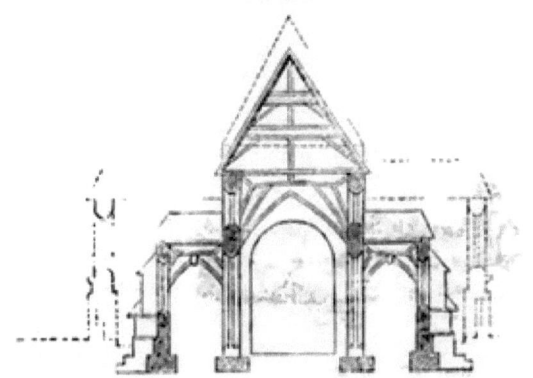

Querdurchschnitt.

Es erfolgte ferner unter derselben die Vergrößerung der Stadt-kirche, wodurch diese ihre ursprünglich schönere Form verlor. Die nördlichen und südlichen Außenmauern der beiden Abseiten mit ihren Gewölben wurden gänzlich abgebrochen, diese Hauptmauern um 12 Fuß weiter nördlich und südlich in größerer Höhe als vorher aufgerichtet, die 4 Giebelwände damit in Verbindung gebracht und mit graden Gebälkedecken versehen. Die beiden Abseiten wurden mit Emporbühnen versehen, die Orgelbühne mit ihrem steinernen Gewölbe am Haupteingange beim Thurme abgebrochen und an deren Stelle eine breitere Emporbühne von Holz errichtet, die mit den beiden Abseiten-Emporbühnen in Verbindung gebracht war. Die Orgel kam über ihre frühere Stelle am Eingange beim Thurme, jedoch auf eine zweite hölzerne Emporbühne zu stehen *). Abgebrochen wurde auch bei dieser Vergrößerung die auf der nordöstlichen Ecke gestandene Halle des Freialtars und dahin die jetzige noch vorhandene, aber bei dem neuesten Umbau verbesserte Sacristei erbaut. Die fürstliche Tribüne wurde in die Oeffnung des westlichen Chorgiebels gesetzt und damit der schönste Theil der Kirche, das Chor, von der Hauptkirche getrennt. Der Anfang zu diesem Kirchenbau wurde am 31. März 1685 in der feierlichsten Weise in Gegenwart des ganzen Hofes gemacht, die Abrechung der Kirche begann am 2. August und an demselben Tag wurde der Gottesdienst zum erstenmal in dem oberen Rathhaussaale gehalten. — Auch der Kirchenthurm verlor bei diesem Umbau der

Kirche seine ursprüngliche Gestalt. Er wurde um ein Stockwerk höher und verlor sein schönes spitzes, mit 4 kleinen Thürmchen versehenes Dach, wie es noch in der Chronik von Dilich abgebildet erscheint.

Im Interesse guter Ordnung und guter Sitte in ihrer Hauptstadt erließ die Landgräfin verschiedene Verordnungen, welche uns einige Einblicke in die Zustände der Stadt gestatten.

Kirchthurm, nach Dilich.

So erfolgte im Jahre 1679 die Feuerordnung für die Residenz und für das Land. Darin war bestimmt, daß bei ausbrechendem Feuer mit allen Glocken gestürmt werden solle. Für die 4 Quartiere oder Letze waren je 2 Inspectores oder Anweiser bestellt, welche bei

---

*) Der im Jahre 1601 von Meister Grorod (s. o. S. 53) gebaute Orgel wurde aber an die Gemeinde Griesheim abgegeben, und eine neue von Joh. Ant. Meher in Darmstadt für 636 fl. gebaut. Die jetzt bestehende dritte Orgel ist von Obernbörfer.

den Brunnen ihres Quartiers die Aufsicht führen und die nöthigen
Anordnungen machen mußten. In diesem Geschäfte wurden sie unterstützt von denjenigen Rathsherren, welche nicht an die Stadtthore bestellt waren. An vier verschiedenen Orten der Stadt wurden große
Feuerleitern und Feuerhaken aufbewahrt, deren Abgabe resp.
Hinbringung bestimmten Personen zur Pflicht gemacht war, die ihrerseits wieder
von einem Feuergeschirr-Inspector controlirt wurden. Zur Verbringung
der Feuergeschirre standen Feuerwagen bereit. Für den Fall, daß in
der Stadt in einem Hause Feuer ausbrach, in welchem kleine Kinder
sich befanden, war deren Rettung dringend empfohlen, und zur Ueber-
wachung solcher geretteter Kinder und zu deren Pflege waren 5 Wittwen
bestellt. Als Hüter der wegzubringenden Mobilien waren ebenfalls
bestimmte Personen bezeichnet. Die Besteigung der Gebäude war allen
Leiendeckern, Schornsteinfegern, Zimmerleuten und Maurern der Stadt
zur dringenden Pflicht gemacht bei namhafter Strafe.

Im Interesse des besseren Choralgesangs in der Hofkirche
erließ die Landgräfin folgende Verordnung im Jahr 1680, deren
Mittheilung in extenso ein specielles Sittenbild jener Zeit liefert.
Sie lautet also:

„Nachdeme von Gottes Gnaden Unß Elisabethen Dorotheen, Landgräfin
„zu Hessen ꝛc. ꝛc. nicht allein vorkommen, sondern Wir auch zum Theil selbsten
„angehöret, welchergestalt der Choralgesang in der fürstl. Hof-Capell alhier und
„zwar unter andren von deswegen fast übel bestelt und geführet werde, weil
„nicht nur die discipuli aus dem Pädagogio alhier, so zum Gesang in er-
„wehnter fürstl. Hof-Capell bishero gebrancht worden, meinstens keine tüchtige
„discantstimm haben, sondern auch dieselbe sich bey den Gesäng dergestalt un-
„fleißig erweißen, daß bisweilen ihrer drey, bisweilen zwey, auch wohl einer,
„ieweils auch gar keiner darbey erscheinet, sodann öfters, wenn der Gesang an-
„zufangen, sie alsdann erst was vor ein Gesang gesungen werden soll, streiten
„und zancken, wobey sich dann zugetragen haben solle, daß sie bey solchem ihrem
„Gezänck zwey Lieder auf einmahl angefangen, sodann auch wohl, wenn ihnen
„solches untersaget wird, sich trotziglich wiedersetzen, oder doch hönisch darzu
„lachen, wie nicht weniger Unsere Musicanten ihres eignen Willens und Ge-
„fallens öfters gar aus den Wochen-Predigten und Betstunden bleiben, So ver-
„ordnen und befehlen Wir, solchem unwesen und Uebelstand zu steuern hiermit
„in gnädigstem Ernst und wollen, daß Unser Capellmeister Wolf Carl Briegel
„hinfüro sowohl bey dem ChoralGesang als bey der FiguralMusic die Direction
„führen, sodann nicht weniger als die übrige Musicanten beedes in denen
„Wochen-Predigten und in denen Bethstunden dem Gesang allemahl mitbey-
„wohnen und ohne erhebliche Ursachen (die der Abwesende gleichwohl vorhero
„den Capellmeister oder demjenigen, so alsdann seine Vices vertritt, der Gebühr

„anzuzeigen hat) nicht ausbleiben, der- oder diejenige aber so ohne genugsame
„Ursachen zurück bleiben, es seye Capellmeister oder Musicanten, notiret, und
„ihnen solcher ihrer versäumniß und Ungehorsambs halber bey Bezahlung der
„quartal Gelder oder Besoldung, nach Befinden ichtwas abgezogen und einbe-
„halten werden solle. So viel dann die oberwehnte knaben aus dem allhiesigen
„paedagogio betrifft, da ist hiermit Unser gn. befehlende Meynung, daß die
„praeceptores classici alhier auf obangeregten deroselben bisherigen Unfleiß und
„muthwillen inquiriren, die Uebertretter auch, befindenden Dingen nach), der
„Gebühr corrigiren und abstrafen, so dann statt deren, so keine Tüchtige
„discantstimm mehr haben und zu alt seynd, andere tüchtige paedagogicos be-
„stellen, dieselbe an obernannten Unsern Capellmeister, so viel das Gesäng in der
„fürstl. Hof-Capell anlangt, zur parition mit Ernst zumal auch zugehörigen
„Fleiß und respect anweisen und so offt sie wieder Beßeres versehen, sich un-
„gehorsam und unfleißig oder wiedrig bezeigen und mehrbesagter Unser Capell-
„meister daselbe durch ein Zettlein oder sonsten notificiret, die überfahrer zu ge-
„bührender castigation ziehe" ꝛc. ꝛc.

In demselben Jahre 1680 erging auch eine Verordnung, wie es
mit Verschließung der Stadtthore an Sonn-, Fest-, Bet- und Feiertagen gehalten werden solle. Dieser zufolge mußten alle Thore von
früh Morgens an bis zur abgehaltenen letzten Predigt geschlossen
bleiben und durften nur den mit einem besonderem Erlaubnißschein
versehenen Personen geöffnet werden. Damit aber der Weidgang des
Viehes nicht allzusehr darunter leide, wurde Morgens in aller Frühe
das Jägerthor zu diesem Zwecke geöffnet. Es war bestimmt, daß
dann außer dem „herrschaftlichen und Stadt- Rind- und Schaf-Vieh,"
ein Superintendent oder wer dessen vices vertrat, zu Installirung
eines Pfarrers auf dem Lande oder zur Haltung einer Kirchenvisitation
und dergleichen, dann ein medicus, der zu einem Kranken erfordert
war u. dgl., hinausgelassen würden. Auch allen Fremden, die hier
übernachtet hatten, war „mit hinaus zu reisen" erlaubt. Sonst durfte
Niemand, wie schon erwähnt, ohne besonderen Erlaubnißschein das
Thor passiren. Ständige Erlaubnißscheine waren genehmigt dem
„ordinari Postknecht" und dem Einspännigen, der viermal wöchentlich
nach Frankfurt geschickt zu werden pflegte. Für die außerhalb der
Stadt wohnenden Darmstädter, die die Kirche besuchen wollten, war
die bestimmteste Fürsorge getroffen. Diese Ordnung war eine weitere
Ausführung der schon von Ludwig VI. erlassenen Sonntagsordnung.

Es war unter der vormundschaftlichen Regierung in Darmstadt
die Unsitte eingeschlichen, daß dee Handwerksgesellen Degen
trugen und in Folge dessen häufig Streitigkeiten mit der hiesigen

Garnison „sonderlich wann etwa ein oder der andere Theil sich mit dem Wein überladen" vorkamen, welche blutig endeten. Dieser Unsitte trat eine Verordnung vom Jahre 1683 mit Nachdruck entgegen.

Verboten wurde auch bei strenger Strafe die Bettelei durch Neujahrsgratulationen von Seiten der Viehhirten, Nachtwächter und anderer Leute, welche, wie es heißt, „in Uffhebung eines Neuen „Jahres Geldes fast eine Schuldigkeit und Gewohnheit machen wollen."

Eine der wichtigsten, für Darmstadt von der Landgräfin gegebenen Verordnungen ist die Kleiderordnung. Auf die oben mitgetheilte Beschwerde des Stadtraths über den zunehmenden Luxus unter Lud=wig VI. scheint keine besondere Ordnung erschienen zu sein, vielmehr scheint der Luxus im Laufe der Jahre noch eine Zunahme erfahren zu haben. Im Jahre 1681 übergaben der Pfarrer Lotichius, der Amtskeller Rauß und der zweite Beamte Planstrarius der Landgräfin folgende Klage:

„Ew. D. H. geruhen gnädigst zu vernehmen, wie daß verschiedene hiesige „Raths=Bürgers= und Beisitzers=Weiber und Töchter sich nun bei kurtzer Zeit „zimlich hoffärtig in Kleidung herauslassen und absonderlich mit tasseten Kappen „ihrem Stand zuwider daherprangen. Dieweil nun dieses allhier ganz unge= „wöhnlich und hiebevor solcher Hochmuth nicht gestattet worden, auch ohne das „die jetzig gefährlich und hochbedrängte Geld=Klemme Zeiten zu übermäßigem „Pracht keinen Anlaß geben, so haben E. H D. wir ein solches unterthänigst „berichten und gnädigen Befehl, wie wir uns dießfalls zu verhalten, obs also „zu gestatten oder auf die ein oder andere Weiße zu verbieten sei, einholen „wollen."

Darauf erwiderte die Landgräfin:

„Nachdem wir aus eurem Schreiben entnommen, was maßen sich die „Raths=Burgers= und Beisitzers Weiber und Töchter einen Uebermaß in Kleidung „und sonderlich in Tragung Daffeter Kappen bei kurter Zeithen unterfangen, „so ist hiermit Unser gnädigster Befehl, daß ihr und insonderheit der Pfarrer „ihnen solchen alle Hoffart und Uebermaß der Kleidung nochmals ernstlich unter= „saget und sie dahin bedeutet und warnet, damit sie sich dießfalls vor Straff „hüten mögen. Und hast Du der Keller bei dergleichen Personen und resp. „ihren Töchtern fleissig zuzusehen, daß alle herrschaftlichen Gefälle und andere „schuldig Gelder jedesmahl ohne einigen Uffschub richtig eingebracht werden „mögen."

Die Landgräfin sah sich dessen ungeachtet genöthigt, im Jahre 1684 eine Kleiderordnung zu erlassen, welche in ihrem ganzen Umfange mit= getheilt zu werden verdient:

„Nachdeme von Gottes Gnaden Uns Elisabethen Dorotheen Landgräffin zu „Hessen rc. verschiedentlich vorkommen, was maßen in Unsern Stätten nicht

„allein der Hoffahrt und Uebermuth in Kleidungen insgemein, sondern auch ein
„übermäßiger sündlicher Prachtunordnung und großer Mißbrauch in specie bey
„denen Leichbegengnissen unter dem Weibs Volk dermaßen eintreiße und überhand
„nehme, daß allhier bevor schon geschehenen, vielfältigen wohlmeinenden Er-
„innerungen, Gebotten und Verbotten ungeachtet fast kein Stand mehr vor dem
„andern zu unterscheiden, darbey es dann eine Weibsperson der andern, wo nicht
„gar zuvor, dennoch gleich thun und der ander an Gepräng nichts nachgeben
„und immer eine auf die andere sich beziehen will, worüber je zuweilen von
„derselben Ehemännern und Eltern allerhand Lamentirens erfolget, und bannen-
„hero zu besorgen, da diesen ungebürlichen Dingen nicht mit einem sonderbaren
„Ernst begegnet würde, daß über die allbereit vor Augen schwebende Türcken-
„Gefahr auch andere sorgsame Kriegs- und Sterbensläuffe die Unterthanen noch
„in äußerste Armuth allerdings durch eigenen Muthwillen nothwendig gerathen,
„und endlich noch größers Landverderben und Ruin aus Gottes gerechtem, durch
„dergleichen Ueppigkeit und übelständige Unordnungen weiter verursachten Zorn
„und Strafe erfolgen möchte, und Uns dann von hohem landesfürstlichen vor-
„mundschaftlich Ampts wegen sonderbahr anlieget, daß neben anderen Lastern
„nicht weniger so thanen bey unsern Stätten in Schwang gehenden leidigen
„Kleider Hoffarth und Gepräng, wodurch jedoch keine Person im geringsten
„weder größer noch kleiner wird, sondern dem publico und privato durch der-
„gleichen vorgeblichen Kosten nur eitler Schad geschiehet, mit Bestand und Nach-
„druck gesteuert und der unnöthige Ueberfluß und Pracht abgeschafft werden, so
„verordnen Wir demnach, wollen und befehlen hiermit und in Krafft dieses
„edicts gnädigst und angelegentlich, daß ein jedes in unsern Stätten sowohl als
„auf dem Land sich selbsten wie billig bescheiden und seines Herkommens, Standts
„und Vermögens erinnern und dar mit sie seinen Eltern und Standts Vorfahren
„nicht ungleich in modesten ehrbaren und untadelhaften und zumahlen nicht in
„kostbaren seidenen und taffeten Kleidungen, vielweniger in den neuen manteaux,
„Jacken, Haaraufsätzen und Krollen, kostbaren Spitzen, vielem Band, gefärbten
„hohen Schuhen und dergleichen Unnothwendigkeiten darher gehen oder einige
„neue Mode und frembde ausländische Manier nachmachen, sondern der ent-
„blößten Hälse, wie auch aller in nicht besondern Diensten stehenden Officialen
„ingleichen der gesambten Burger und andere Weiber, Kinder, Mägde und
„Dienstboten der taffeten schwarzen weißen und anderer Farben flohrenen
„Kappen, Hals- und Schurztüchern, sodann der Krausel, auch der Röcke, die
„hoch mit Schnur oder Spitzen besetzet und Schuhen von weißgelasichem Leder
„sich gänzlich enthalten, die ledigen Weibspersonen hingegen im Haar und nicht
„zustattlichem Aufgebäude zu Unterschied des jungfräulichen Standes von den
„Ehweibern wie auch zu Fall gerathenen Personen und in summa ein jedes sich
„also bezeigen soll, wie es vor Gott und der Welt wohlständig und denen Vor-
„eltern selbst gut genug gewesen ist. Insonderheit aber ist Unser ernstlicher Be-
„fehl, daß bei Leichbegängnissen und in folgendem Trauerjahr die schwarze Flor-
„trauer gänzlich unterbleiben und es bey der leinwandenen weißen von 100 und
„mehr Jahren gewönlicher Trauer gelassen und dergestalt der Unterschied zwischen
„den Personen auch deßfalls billig observiret werden soll, mit dem ausdrücklichen

„Anhange, daß ein jedes so hierwider handelt, nicht allein der öffentlichen Ab-
„nehmung des ohnnöthigen Prahls sobann der schwarzen Trauerstücken, flohreren
„Mäntel und Kappen durch die aus der Burgerschaft darzu expresso bestellte
„und in Händ Treu genommene Personen auf der Straßen oder von der Kirche
„abgenommen werden gewärtig sey, sondern auch jedesmal so oft es mit einer
„Tracht, die seinem Stand zuwider ist, betroffen würde, mit 10 fl. oder Ge-
„fängnißstrafe verfallen sein solle" re *).

Als Brod- und Mehlpreise waren am 10. April 1684 zu
Darmstadt festgestellt: für das Malter Roggenmehl 2 fl., für das
Malter Weißmehl 2 fl. 20 Alb.; Roggenbrod für 2 Alb. mußte
wiegen 4 Pfd. 3½ Loth, Weißbrod für 1 Alb. mußte wiegen 1 Pfd.
12 Loth, Kümmelbrod für 1 Alb. 1 Pfd. 16 Loth.

Die Landgräfin legte 1688 die Regierung feierlich in die Hände
ihres Sohnes Ernst Ludwig und begab sich nach ihrem Wittwensitze,
dem Schlosse von Butzbach, in welchem sie bis zu ihrem Tode verblieb.

6. Darmstadt unter Ernst Ludwig (1688—1739).

Unter der Regierung Ernst Ludwigs, welche 51 Jahre dauerte,
änderten sich ebenso die äußerlichen, wie die innerlichen Verhältnisse
Darmstadts in gar mannichfacher Weise. Ernst Ludwig hatte kaum
die Regierung angetreten, als die Franzosen die Kriegsfackel über
Deutschland entzündeten. Frankreich, eifersüchtig über das Glück der
Kaiserlichen gegen die Türken, erklärte im September 1688 dem
deutschen Reiche den Krieg. Die Ansprüche der Herzogin von Orleans
auf die Pfalz mußten den Vorwand zu dem Kriege geben, der darum
auch gewöhnlich der Orleans'sche genannt wird. Es ist bekannt, auf
welche Weise die Mordbrennerschaaren Louvois in der Pfalz und im
Badischen Lande wütheten, und welche Menge blühender Städte in
Schutt und Asche versanken. Speier, Worms, Heilbronn, selbst Mainz
wurden fast ohne Schwertstreich genommen, Philippsburg belagert und
eingenommen, Mannheim und Frankenthal gingen über. Wohin Melac
kam, da wurden alle Oerter ausgeplündert und den Flammen übergeben. Hunderte sonst blühender Städte und Dörfer in der Pfalz

---

*) Der damals allgemeine Luxus in Kleidungen veranlaßte auch an vielen
anderen Orten Versuche, ihm auf gesetzlichem Wege zu steuern. Malortie hat
im 4. Theile seiner „Beiträge z. Gesch. d. Braunschw. Lüneb. Hofes" eine Geschichte dieser Kleiderordnungen gegeben, die des Interessanten sehr vieles enthält.

wurden vernichtet. Zertrümmert wurde das Schloß zu Heidelberg; verbrannt Mannheim, Leimen, Wisloch, Bretten, Pforzheim, Bruchsal, Baden, Rastadt, Offenburg, Ladenburg, Frankenthal, Alzey, Oppenheim; zerstört die ehrwürdigen Reichsstädte Speyer und Worms, selbst die Gräber der Todten dort nicht geschont. In Folge dieser Städtezerstörungen retteten sich viele Bewohner zerstörter Städte hierher und mehrere von ihnen wurden als Beisaßen aufgenommen. Bei dem Nahen der Franzosen flüchtete der junge Landgraf nach Nidda. Als Mainz von ihnen genommen war, drangen sie auch in die Obergrafschaft ein, bemächtigten sich des alten Schlosses zu Dornberg und der Festung Rüsselsheim, besetzten beide Orte und legten nun den andern Orten der Obergrafschaft Brandschatzungen auf, auch der Stadt Darmstadt.

Der Commandant zu Mainz, General d'Uxelles, stellte im Februar 1689 die Anforderung, die Mauern der Stadt, deren Thürme, die Thore, den Schloßwall und Schloßthurm abzutragen, bei Androhung militärischer Execution im Weigerungsfalle. Man suchte, in der Hoffnung bald Hülfe zu erlangen, Unterhandlungen einzuleiten und beschloß zu diesem Zwecke mit dem von der Regierung ausersehenen Herrn v. Uetterodt auch zwei Abgesandte von Seiten der Stadt nach Mainz zu schicken. Aber es wollte sich keiner der Stadträthe zu dieser Mission bestimmen lassen; ein jeder von ihnen wußte dringende Abhaltungsgründe vorzubringen. Schließlich wurde das Mandat dem Bürgermeister Coburger und dem Stadtschreiber Rhumbel übertragen und diesen versprochen, im Falle einer Arretirung sollen sie ranzionirt und sonst schadlos gehalten werden. Sie übernahmen die Mission, wiewohl sehr ungern. Als sie nach Rüsselsheim kamen, wurden sie dort schon von dem Dragoner-Capitän Ripemont festgehalten. Am 13. Febr. kam Rhumbel in Darmstadt wieder an, um zu ihrer Freilassung die geforderten 600 Thaler zu holen, blieb aber hier, „weilen die chursächsischen Völker und Succurs angelangt," während der Bürgermeister Coburger nach Mainz gebracht wurde und dort „auf dem s. g. Eisenthürmlein" 32 Wochen lang, d. h. bis nach der Eroberung von Mainz, sitzen bleiben mußte. Die Hoffnung auf Befreiung hatte nicht getäuscht. Es rückten nach und nach immer mehr kursächsische Truppen hier ein, so daß die Franzosen sich zuletzt genöthigt sahen, nachdem sie vorher gesengt und gebrannt hatten, Schutz in der Festung Mainz zu suchen, welche sich am Ende selbst den Alliirten ergeben mußte.

Der Aufenthalt der sächsischen Truppen in Darmstadt hatte für die Stadt eine Stiftung im Gefolge. Die Metzger Hans Georg und Hans Michael Schäfer, Joh. Daniel Ost und Nicolaus Storck nämlich hatten an den kursächsischen Dragoneroberst v. Minkowitz eine Forderung 160 fl. für geliefertes Fleisch. Sie nahmen, als die Schuld gezahlt wurde, nur die Hälfte für sich, die andere Hälfte wurde zur Anschaffung eines silbervergoldeten Kelchs und Hostientellers für hiesige Stadtkirche von ihnen bestimmt. Beide von dem Silberarbeiter Borch in Frankfurt gefertigte Gefäße sind jetzt noch da.

Schon im Jahre 1693 drohte der Stadt neue Gefahr. Die Franzosen erschienen wieder in der Obergrafschaft und der Landgraf sah sich genöthigt, nach Nibba und dann nach Gießen zu flüchten. Der Marschall de Lorges befahl nicht nur die Festungswerke von Darmstadt und der übrigen kleineren an der Bergstraße gelegenen Ort- schaften zu schleifen, sondern forderte auch die härtesten Contributionen. 800 theils cassel'sche, theils sächsische Truppen, welche die Bewegungen des Feindes beobachten sollten, wurden bei Heppenheim verrathen und mit Verlust zurückgeschlagen; Zwingenberg, welches einige Tage lang durch etwa 500 Sachsen vertheidigt wurde, wurde den Franzosen, die von verrätherischen Bauern durch den Odenwald geführt waren, in die Hände gespielt, geplündert und verbrannt. Von dem Schlosse Starkenburg wurden sie durch die Tapferkeit und den Muth der Be- satzung zurückgewiesen. Darmstadt aber, wo die streifenden Husaren bereits einige Häuser zerstört, so wie einen Theil der Mauern einge- rissen hatten, mußte 1200 Thaler Brandschatzung zahlen. Die Be- sorgniß vor etwaiger Plünderung hatte den Landgrafen veranlaßt, das Glockenspiel auseinander nehmen zu lassen und in Sicherheit zu bringen. Das ganze Uhrwerk wurde nach Frankfurt in den Garten des Darmstädter Hofs gebracht, die Glocken im Zeughause des Rahm- hofs untergebracht und die Gewichte daselbst vergraben. 1698 kam das ganze Werk wieder zur Aufstellung. Hof und Kanzlei waren ebenfalls im Jahre 1694 vor den Franzosen nach Gießen geflüchtet und kehrten erst 1698 wieder nach Darmstadt zurück.

Von nun an blieb die Stadt während der Dauer des Kriegs von den Feinden verschont. —

Wir haben nun die Frage zu beantworten, was Ernst Ludwig für Erweiterung und Verschönerung der Stadt gethan hat. Ein kleines Gesammtbild von Darmstadt, wie es sich im Laufe der Zeiten gestaltet hatte und bei dem Anfange der Regierung Ernst Ludwigs aussah, wird die nachherigen Veränderungen besser deutlich machen.

Der Umfang der Stadt war also durch die Stadtmauer bezeichnet, welche nun seit Ludwig VI., wenn wir am Schlosse beginnen, hinter dem Schwab'schen Hause her nach der Stadtkirche, hinter dieser vorbei innerhalb des früheren Bessunger Thores nach dem alten Gymnasium, hinter diesem her nach dem kleinen Woog, vor diesem vorbei nach dem Jägerthore, von da hinter der alten Vorstadt her nach dem Sporer- thor, von da nach der Zehntscheuer, von hier wieder herauf nach dem alten Theater und in ihrer weiteren westlichen Fortsetzung hinter den nördlichen Häusern der Alexanderstraße, herunter nach dem Theater- platze, von da wieder südlich nach der Gegend des Gasthofs „zum Prinzen Emil" zog. Der Thore, welche aus der Stadt unmittelbar heraus führten, waren es 4: das Sporerthor, das Jägerthor, das neue Thor und das Bessunger Thor. Das Sprinzenthor stand noch beim Sprinzengäßchen, führte aber nun nicht mehr aus der Stadt ganz heraus, wie ehedem, sondern nur in die Vorstadt. Den Zwischen- raum zwischen den beiden Enden der Stadtmauer füllte das unter Georg I. und II., sowie unter Ludwig VI. erbaute Schloß mit seinem Graben aus. Außer dem Schlosse bestanden als öffentliche Gebäude: die Stadtkirche, die Stadtkapelle, das Gymnasium, das Hospital am Bessunger Thore, das Reit- und Theaterhaus, die Caserne und dabei die Baumühle, die Münze und ein Marstall, das Rathhaus, der Fürstenhof oder das frühere Hertingshausen'sche (jetzt Schwab'sche) Haus und das Jagdhaus, d. h. das Jägerthor sammt einigen am Walle angebauten Gebäuden und Thürmen, welche alle für das Jagd- wesen bestimmt, zum Theile vom Jägerpersonale bewohnt wurden. Die Plätze der Stadt waren: der Marktplatz und der Ballonplatz. Auf dem Marktplatze stand der Marktbrunnen, dabei der Galgen, der Lasterstein (s. o. S. 129) und eine Drillmaschine, die als Strafinstrument benutzt wurde*). Außerhalb der Stadtmauer, hinter dem Schlosse nach

---

*) Der Driller war eine Maschine, die dazu diente, kleinere Arten von Ver- gehungen öffentlich durch das Hohngelächter der Zuschauer zu züchtigen. Er hatte die Gestalt eines runden Vogelkäfigs, worin ein Mensch aufrecht stehen und von Jedermann gesehen werden konnte. Durch seinen runden Boden und Deckel lief eine Spindel, vermittelst welcher man den Käfig mit dem darin be- findlichen Vogel im Kreise herum drehen oder drillen konnte. Diese Ab- strafungsart war in Städten und Dörfern gebräuchlich; in ersteren stand das

Norden hin lag zunächst die Rennbahn, d. h. der zu Caroussels bestimmte Raum, und an dem einen Ende desselben, in der Gegend des Anfangs der Alexanderstraße, stand das Judicirhaus, ein Gebäude, dessen Bedeutung verschiedene Erklärungen erfahren hat, das aber, wie sich aus einem Actenstücke ergibt, die Bestimmung hatte, die Herren Judicirer, d. h. die Preisrichter, während des Caroussels aufzunehmen. An die Rennbahn nördlich stieß dann der Herrngarten, welcher sich nach Norden hin dazumal aber nur bis an das gelbe Häuschen und das Gärtnerhaus erstreckte und von da an weiter westlich und dann südlich nach der Louisenstraße hin zog.

Bereits im Jahre 1695 begann Ernst Ludwig die Erweiterung der Stadt vor dem neuen Thore. Er ließ zu dem Zwecke die Mauern und Wälle vor dem neuen Thore niederreißen; nur der jetzige weiße Thurm, einer der ehemaligen Stadtmauerthürme, blieb stehen und erhielt 1704 eine veränderte Gestalt. Zu gleicher Zeit wurden auf dem weißen Thurme zwei Glocken aufgehängt, die zum erstenmal bei der Beisetzung der Landgräfin Dorothee Charlotte im November 1705 geläutet wurden. Zur Anlage dieser neuen Vorstadt bestimmte der Landgraf ein großes Stück des Hofgartens und bewilligte denen, welche sich anheischig machten, dahin nach einem bestimmten Modelle Häuser zu bauen, gewisse Zugeständnisse. Sie erhielten alle den Platz unentgeltlich, 10 Jahre lang Freiheit von allen Real- und

---

Instrument auf dem Markte, in Dörfern vor dem Rathhause; es diente vorzugsweise zur Züchtigung der kleinen Markt- und Felddiebstähle u. dgl.

Der Esel war ein mit einem scharfen Rücken versehener und am anderen Theile eselskopfförmig geschnitzter Balken. Auf dessen scharfen Rücken mußte der Straffällige eine gewisse Zeit sitzen und dabei dem Hohngelächter der Menge preisgegeben sein. Oft saßen mehrere Sünder zu gleicher Zeit auf dem Esel.

Der Galgen war nicht zur Hinrichtung bestimmt, sondern nur zum Schnellen oder Wippen. Er hatte die Gestalt eines griechischen Γ. Die Straffälligen wurden an einem solchen Galgen mit rückwärts gebundenen Händen schnell in die Höhe gezogen oder geschnellt und geschwind wieder herabgelassen.

Ein anderes Strafinstrument, der Schnellkorb, stand nicht auf dem Markte, sondern wurde vorkommenden Falls am „kleinen Woog" aufgestellt. Es war eine Maschine in Form einer Wage. Statt der Schale hing am Wagbalken ein Korb, in den die Verbrecherin (denn nur solche wurden damit gestraft) gesetzt wurde, um schnell in das Wasser hinab getaucht und wieder herausgezogen werden zu können. Man nannte die Strafprocedur das „Schwemmen". Im Jahre 1680 wurde „die Buttermargareth" (eine sonst nicht bekannte Größe) auf diese Art geschwemmt.

Personallasten, sowie von allen sonstigen ordinären und extraordinären Beschwerungen. Jeder, der ein großes Haus zu bauen unternahm, erhielt unentgeltlich 180 Züber Kalk, 24 Ruthen Mauersteine (nur das Herbeifahren der Steine hatte er zu bezahlen), 10,000 Backsteine und 6000 Ziegelplatten. Jeder, der ein kleines Haus baute, erhielt die Hälfte der genannten Materialien. Außerdem erhielt jeder Bauende das nöthige Eichen-, Tannen- und Buchen-Bauholz und Stückholz unentgeltlich. Es war jedoch festgesetzt, daß nach Ablauf der 10 Freijahre von einem großen Hause 1 Reichsthaler, von einem kleinen $\frac{1}{2}$ Reichsthaler als Grundzins zu zahlen und dann auch alle sonstigen bürgerlichen Lasten zu tragen wären. In Folge dieser Zugeständnisse entstanden im Laufe der Zeit sehr bald eine Anzahl von Häusern, die zum kleinsten Theile jetzt noch so ziemlich in ihrer ursprünglichen Gestalt, zum größten Theile freilich verändert stehen. Ernst Ludwig machte selbst einen Anfang, indem er 1697 an die Stelle des ehemaligen Scheuerhofs (s. o. S. 121 Anm.) durch verändernde Neubauten den Gasthof zur großen Traube stellte*).

Wie früher der Scheuerhof, so war übrigens auch der große Traube lange Zeit ein Gegenstand des Neides für die Wirthe in der Stadt, weil die auf der Landstraße ankommenden Fremden, welche

---

*) Bei der Verpachtung des „großen Trauben" erschienen als Concurrenten 3 Frankfurter, 1 Wormser und 1 Wetzlarer Wirth. Es erhielt ihn 1698 Georg Mich. Wilhelmi, gewesener Regiments-Quartiermeister bei der Miliz. Statt seiner erbot sich, weil Wilhelmis Frau leidend war, im Jahre 1700 Joh. Elias Brückner, Gastwirth zur französischen Krone in Frankfurt, einzutreten; an seiner Stelle erscheint aber schon 1701 Gabr. Schwend, Wirth zum kleinen Riesen in Frankfurt; 1710 ist Postmeister Brand Traubenwirth, 1711 Math. Rautenbusch, Wirth zum weißen Roß in Arheilgen. Im Jahre 1717 erhielt ihn Joh. Casp. Imler in Erbbestand. Dessen Sohn Georg, Postmeister und Regierungssecretär, trat 1750 statt seines Vaters ein und gab ihn dem fürstlichen Postmeister Klees, dann an den Gasthalter Wießner in Pacht. Wießner erlangte von Ludwig IX. 1786 die Zusicherung der Erbleihe nach des kinderlosen Imler Tod. Imler aber gab sich Mühe, die Erbleihe an seiner verstorbenen Schwester Tochter, die Ehefrau des Löwenwirths Fritsch in Frankfurt, übertragen zu dürfen, die dann einen ihrer Söhne die Wirthschaft im Trauben wollte führen lassen. Er fand anfangs für sein Vorhaben kein günstiges Ohr, gelangte aber schließlich doch zur Erfüllung seines Wunsches und Friedrich Fritsch wurde Erbpächter des Gasthofs; 1820 ging derselbe an seinen Sohn Christian Fritsch über, dem die Allodification der Erbleihe möglich wurde. Von Fritsch erkaufte Hr. Fußner den altberühmten Darmstädter Gasthof.

bei dem Gasthofe vorüberzogen, in diesem abstiegen. Die Trauben-
wirthe hatten deßhalb sehr häufig Verdächtigungen wegen schlechter Behandlung der Fremden oder wegen schlechten Weines zu erleiden. Von
einem derselben, dem in der Anm. genannten Rautenbusch, liegt eine Ver-
theidigungsschrift vor, die durch Inhalt und Fassung manches Interessante bietet. Auf die Verdächtigung wegen schlechten Weins erklärt
er, er habe seinen gewöhnlichen Wein von dem Herrn Oberstjäger-
meister erkauft und führe dabei auch von der guten Liebfrauenmilch,
man dürfe auch jeden Augenblick seine Weine probiren. Die An-
schuldigung wegen Abweisung von Fremden entschuldigt er durch den
Mangel an Logirzimmern, deren er nur 7 besitze. Den Vorwurf der
schlechten Bedienung betreffend erklärt er, daß er 2 Kellner und
1 Jungen habe, und daß im Nothfall auch der Stallknecht helfe.
Wenn, wie vor kurzem der Fall gewesen gelegentlich der Kaiserkrönung
in Frankfurt, auf einmal große Schaaren von Fremden kämen, so
könne er für solche Extrafälle nicht verantwortlich sein.

Im Jahre 1697 entstand das jetzige Merck'sche Haus, damals
als „Burkhausisches Haus" aufgeführt, ferner das „Willkühns Haus"
(in neuer Zeit die Merck'sche Apotheke enthaltend), das Buchner'sche
(jetzt Schreger'sche), das Berghofer'sche (jetzt Hauer'sche) Haus; 1700
erscheint das jetzige Ostner'sche Haus als Dr. Herdens Haus, das
ehem. Dambmann'sche als Militiz'sches Haus; 1701 erscheint, von Ernst
Ludwig selbst gebaut, das jetzige s. g. Jagdhaus als neuer „Fürstenhof"; 1708 das Bäcker Lautz'sche, damals Hofsattler Spelter'sches
Haus; das Advocat Leydhecker'sche, damals Bauschreiber Friederici's
Haus; 1715 das Happel'sche und das Struve'sche Haus, damals
Klipsteins Haus und Uetterodens Haus; das Haus des Postmeisters
Brand, da wo jetzt das Palais steht *). Später wurde an
die Stelle des Brand'schen Posthauses **) die Reitercaserne gebaut,

---

*) Das Brand'sche Haus war von Ernst Ludwig 1699 begonnen, aber
unvollendet im Jahre 1710 an Brand verkauft worden. Dasselbe wird in den
Verhandlungen über diesen Kauf das s. g. Reuß'sche Haus genannt, weil es
ursprünglich für den Hofkammerrath Reuß bestimmt war.

**) Die Post (vgl. o. S. 82) fand sich später in dem Struve'schen Hause
in der Louisenstraße F. 18., noch später in der jetzigen „Alten Post"; dann
fand sich die Diligence-Expedition nebst der Briefpost in dem zwischen Jagdhaus
und Marstall stehenden kleinen Bau; der Postwagen stand in der bis in unsere
Zeit bestandenen Post im „Hessischen Hause."

worin die Gardes du corps lagen, als ſie noch beritten waren, und
ſpäter die Chevauxlegers *). Die jetzige obere Rheinſtraße hieß
damals „die neue Schloßgaſſe,“ die jetzige Louiſenſtraße führte den
Namen „die Neuen Bäue.“ Faſt die ganze Reihe der Häuſer der
jetzigen oberen Rheinſtraße, ſowie die der Louiſenſtraße, und auch die
Häuſer am Mathildenplatze wurden unter Ernſt Ludwig errichtet.
Eine Folge dieſer neuen Stadtanlage war die Eröffnung eines neuen
Thores, des Frankfurter Thors, welches etwas mehr ſtadtein-
wärts ſtand, als das jüngſt eingegangene Mainthor **), und die Ver-
ſetzung des neuen Thores von ſeiner bisherigen Stelle auf den jetzigen
Louiſenplatz, da wo Marſtall- und Artillerieſtraße zuſammen ſtoßen.
Der neue Stadttheil wurde 1714 durch eine Paliſadenreihe abgeſchloſſen, an deren Stelle erſt im Jahre 1745 eine Mauer trat. Die
Häuſer der neuen Vorſtadt mußten, wie ſchon erwähnt, nach einem beſtimmten Modelle erbaut werden, ſo daß eines ausſah wie das andere
und höchſtens durch ſeine Größe ſich unterſchied. Zu jener Zeit waren
die kleinen runden Scheiben an den Fenſtern der Häuſer Mode. Als
nun der damalige fürſtliche Kapellmeiſter Kriegsrath Heſſe ſein Haus
baute und ſtatt der runden Scheiben große viereckige anbrachte, er-
ſtaunte ganz Darmſtadt und ſelbſt der Landgraf fragte ihn: warum
er denn ſo von der altherkömmlichen Sitte abweiche. Darauf erwiederte
Heſſe: „daß in den Reſidenzen, die er geſehen, ein jeder Bartſcheerer

*) In früheren Zeiten war die Garde du corps mit Weib und Kind,
ſowie mit dem Pferde bei Bürgern einquartirt. Beſtimmte Häuſer, welche die
Sattelhöfe hießen, hatten dieſe Einquartirungslaſt zu tragen. Im Jahre 1790
ſollte, unter Berufung auf dieſe alte Verpflichtung der Sattelhöfe, die Garde
du corps wieder dahin einquartirt werden; dieſe Häuſer, an der Zahl 45, hatten
jedoch ſolche Veränderungen erfahren, daß man davon abſtand und die Beſitzer
ein etwas höheres Quartiergeld zahlen ließ, als die Beſitzer anderer Häuſer.
Zu dieſen Sattelhöfen gehörten unter andern Häuſern: der wilde Mann, der
Anker, das grüne Laub, das neben dieſem letzteren ſtehende Haus (Weitzen-Eck),
das Gottlieb'ſche Haus in der Ochſengaſſe, die Starkenburg u. a. m. Die aus
dem Brand'ſchen Poſthauſe entſtandene Reitercaſerne beſtand aus vier im
Quadrate an einander ſtehenden Bäuen u. a. m. Sämmtliche unterſte Stockwerke,
mit Ausnahme desjenigen des Vorderbaues, waren Pferdeſtälle und am Ende
des einen weſtlich lag eine Schmiede. Der vordere Bau hieß im Anfang
unſeres Jahrhunderts das Gouvernementshaus, und es wohnten darin der General
v. Freudenberg und die Commandeure des caſernirten Militärs.

**) Das Frankfurter Thor war 1809 abgebrochen worden.

viereckige Scheiben in seinen Fenstern habe und daß er, Hesse, nicht glaube, als fürstlich Hessischer Kriegsrath hinter einem solchen Bartkünstler zurückstehen zu müssen." Das Argument war durchschlagend, die viereckigen Scheiben an Hessens Hause blieben und wurden sogar, zum Grame der am Alten hängenden Darmstädter, von andern nachgeahmt *).

Weil nun diese neue Vorstadt-Anlage den Herrngarten sehr geschmälert hatte, und zwar gerade in dem Theile, in welchem sich der Blumengarten und der Lustgarten befand, so entschloß sich Ernst Ludwig, in Bessungen einen neuen Herrngarten anzulegen. Er kaufte zu diesem Zwecke im Jahre 1714 den Harnischhof in Bessungen, welchen der Minister v. Kametzky als fürstlich Hessisches Mannlehen getragen hatte, für 15,000 fl. und berief zur Anlegung des neuen Gartens einen geschickten Gärtner, Namens Ehret, aus Heidelberg. Es wurde das Orangeriehaus hier gebaut und eine große Anzahl von Orange-Stämmen aus Sardinien herbeigeschafft, so daß die Orangerie des Landgrafen als eine der ausgezeichnetsten jener Zeit galt. Das Orangeriehaus brannte im November 1776 zum großen Theile ab und wurde erst 1781 und 1782 wieder aufgebaut. Nach dem ursprünglichen Plane ist indessen das Haus nicht vollendet worden; denn nach diesem sollte ein gleiches Gebäude nach Osten hin sich anschließen.

Im Jahre 1705 erfuhr auch die Hofkirche eine Erweiterung und Renovation. Die solenne Einweihung erfolgte am 20. December. Im Jahre 1711 wurde vom Orgelmacher Vater von Hannover eine neue Orgel gefertigt und die vorhandene alte der Kirche in Zwingenberg verehrt.

Der größte Bau, den Ernst Ludwig aufführte, war der Schloßbau. Veranlassung zu demselben gab ein großer Brand, welcher am 19. Mai 1715 den von Georg II. aufgeführten Schloßtheil (S. 78) von der Vorderbrücke an gegen das neue Thor hin zerstörte. Ernst Ludwig selbst beschreibt den Brand seinem Minister Kametzky, der sich damals in Frankfurt aufhielt, mit folgenden Worten:

„Demselben soll mit bestürztem Gemüthe nicht verhalten, was maaßen es „dem Allerhöchsten gefallen, diesen Mittag halb ein Uhren eine große Feuers

*) Eine Ansicht der „neuen Schloßgasse mit dem Neuen Thore" nach dem in der Gemäldegallerie befindlichen Bilde von Sonntag geben wir unsern Lesern in einer Lithographie.

„brunst entstehen zu lassen, wodurch in Zeit 3 à 4 Stunden das halbe Schloß
„und sonderlich meinen gantzen Bau, wo ich gewohnet von der Wacht an bis
„an den Wall völlig in Asche gelegt worden. Es ist zwar alles daraus salviret,
„meiner armen Tochter sachen und der Hofmeisterin und Frl. Forstnerin zuge-
„hörige sind wo nicht alle, doch das Allermeiste verbrannt. Wie groß und ent-
„setzlich dieser Brand gewesen, ist mit Worten nicht zu exprimiren, denn in einer
„halben Stundt sind meine zwei Baue und der, darin die churfürstlichen Zimmer
„gewesen, in vollem Brandt gestanden und es ist auf einmahl zu vier seiten, an
„diesen drei Orten das gantze Dach in voller Gluht und Flammen gewesen, so
„daß sogleich die Flamme Mannsdick und mehr auch halb piquen lang aus
„Dach und Fenster geschlagen. Ich kann nun nicht mehr logiren und bin all-
„hier im parforce Hauß, der Fürst von Oettingen bei dem Oberjägermeister,
„die Hoffmeisterin aber mit ihrer Tochter bei der Babenhausin und die Prin-
„zessin bei dem Herrn von Schwarzer. Das Elendt ist nicht zu beschreiben,
„denn es sindt viele arme Leuthe verbrandt, worunter des Maskowsky Diener,
„Steuernagel, so bei dem seel. Präsidenten gewesen; man weiß noch nicht recht,
„wer alß verbrandt ist; über der Kirch und an dem Glockenspiel hat es auch
„zugleich anfangen zu brennen, so aber bald gelöschet worden, enfin, es war
„nicht anderst, als wenn es an allen Ortzen angelegt gewesen wäre, und es
„kann es kein Mensch ergründen, wie es angegangen, denn es ist in der Stube
„über der Frl. Forstnerin am ersten außgeschlagen. Gott ist es zum Besten
„bewußt, welchem man still halten und in Gedult diese Züchtigung annehmen
„muß. Es ist mir leidt, daß ich Ihme eine so betrübte Zeitung schreiben muß,
„weil ich aber weiß, daß Er part nimbt an deme was mich angeht, so habe es
„nicht unterlassen können; provenire Er seine Frau, daß sie sich nicht zu sehr
„bey ihrem Zustande erschrecke, denn wenn sie es sonsten so gänzling erfährt oder
„hier zu gesichte bekombt, könnte es ihr schaden. Weilen nun vieles bey diesem
„Unglück vorfallen wird, als bitte ich ihn sehnlich, Er verlasse mich nicht und
„komme doch bald hierher et je suis

„votre
„Ernest Louis."

Die Tradition sagt, daß das Feuer aus Unvorsichtigkeit der
Büglerinnen entstanden, eine andere gibt der Unvorsichtigkeit beim
Kaffeekochen die Schuld. (Das Kaffeekochen verstand man nämlich
damals schon beim Hofe in Darmstadt; der Landgraf hatte im
Jahre 1692 den Lakai Adam nach Stuttgart geschickt, um es daselbst
zu erlernen.) Die Tradition will aber auch wissen, daß ein auf dem
Schlosse nistender Storch unablässig Wasser getragen und ins Feuer
gegossen habe, sowie, daß die Feuereimer auf dem Rathhause Tags
zuvor von selbst von ihren Nägeln gefallen seien, gleichsam um anzu-
deuten, daß sie bald nöthig sein würden. Die Kanzlei und das
Archiv, welche in dem brennenden Schlosse befindlich waren, wurden

nur mit Mühe gerettet *). Die Kanzlei wurde in den Fürstenhof, das jetzige Schwab'sche Haus, gebracht, woher dieses damals als Amthaus benutzte Haus bis auf unsere Zeiten die alte Kanzlei hieß **). Das Archiv aber wurde auf das Rathhaus geflüchtet und blieb bis zur Beendigung des jetzigen Archivs 11 Jahre daselbst.

Ernst Ludwig selbst bezog nach dem Schloßbrande eine Zeit lang des Landgrafen Johanns Haus, welches von der Zeit an das alte Herrnhaus hieß (f. o. S. 55); darin hatte er auch seine Dreherwerkstätte, in der er sich einer fürstlichen Sitte jener Zeit gemäß gern beschäftigte ***).

Ernst Ludwig entschloß sich bald, an die Stelle des abgebrannten Schlosses ein neues zu bauen. Wegen der dazu nöthigen Geldmittel ließ er die Landstände am 1. Sept. 1715 nach Gießen berufen, und deren Berathung fiel dahin aus, daß zum Bauen des neuen Schlosses

---

*) Bei dem Brande verunglückten 5 Personen, darunter der Regierungs-Accessist und Scribent bei dem Geheimerath v. Maskowsky, Joh. Bernh. Steuernagel, der in der Geheimerathsstube durch Brandschutt verschüttet wurde.

**) Das „Fürstenhof" genannte Haus hatte dem Oberamtmann von Hertingshausen gehört und führte nach diesem den Namen. Im Jahre 1670 wurde es dem Hofjunker Heinrich von Bohl um 3000 Thlr. abgekauft und erhielt 1674 den Namen „Fürstenhof." Ehe der „Fürstenhof" oder die „alte Kanzlei" in unserer Zeit in Privatbesitz überging, befand sich das Kriegsmagazin für Montirung darin. Daher hieß das Gebäude auch das „Kriegsmagazin."

***) Der ganze Inhalt dieser Werkstätte wird in einem Zimmer des Cabinetsmuseums aufbewahrt, Drehbänke, Werkzeuge aller Art in überaus großer Anzahl, und ihre Einsicht ist den Drehern heutiger Zeit vielfach interessant. Sehr eigenthümlich ist die dem Landgrafen ausgestellte Urkunde, daß er ein richtiger Drehermeister sei, also sein Meisterbrief. Derselbe ist mit calligraphischer Meisterschaft auf Pergament geschrieben, und es hängt daran an einer goldenen Schnur eine aus Elfenbein, Horn und Perlmutter zusammengesetzte Siegelkapsel, worin sich ein Siegel befindet, auf dem zwei gekreuzte Schlüssel zwischen zwei Kunstdreherei-Gegenständen mit der Ueberschrift: Schlüssel zur Kunst, erscheinen. Der Inhalt des Documents beginnt mit einer Hinweisung auf die hohe Ausbildung der Drehkunst in jener Zeit, auf die Reichhaltigkeit der Instrumente und Apparate zur Verfertigung einer jeden denkbaren Art von Dreherei, auf die Begünstigung der Kunst durch gekrönte Häupter und insbesondere auf die Pflege derselben durch Ernst Ludwig, und spricht dann dessen Meisterschaft in folgenden Schlußworten aus: „So habe ich mich verbunden erachtet, Höchstderoselben aus eigner Bewegung und in Betrachtung Dero oben gerühmten ganz außerordentlichen Geschicklichkeit, Kunst und Erfahrung auch in Ansehung derer von höchst deroselben hohen Hand verfertigten nettesten und künstlichsten Meister-Stücke

ein Beitrag von 300,000 fl. bewilligt wurde. Die Repartirung dieser
Gelder wurde im October desselben Jahres schon vorgenommen
und in das ganze Land hin ausgeschrieben. Den Plan zu dem neuen
Schlosse machte der fürstliche Baumeister Rouge la Fosse*). Nach=
dem nun der Brandschutt des alten Schlosses völlig weggeräumt war
und alle Vorkehrungen zur Legung des Grundsteins für den neuen
Bau getroffen waren, begab sich der Landgraf am 11. Mai 1716
Vormittags nach 9 Uhr in Begleitung seines Erbprinzen, der sämmt=
lichen Geheimen=, Regierungs=, Kammer= und Kriegsräthe, sowie der
Hofcavaliere und Officiere sammt dem Baumeister und mehreren
Maurern in den Schloßgraben und zwar auf die Ecke, dem Amthause
oder wie es auch genannt wurde, dem alten Fürstenhofe gegenüber,
wo rechts auf der Ecke in dem Rost ein vierkantig gehauener Sand=
stein eingesenkt lag. Auf diesen wurde unter dem Geläute der Sophien=
glocke der länglicht=viereckige Grundstein gelegt, der mit einer Inschrift
versehen war. In diesen wurden in einer runden bleiernen Kapsel,
die dann zugelöthet wurde, 42 goldne, silberne, kupferne und zinnerne
Schaumünzen gelegt. Der Baumeister Rouge la Fosse band dem
Landgrafen ein rosenfarbiges taffetnes Schürzchen um den Leib und
reichte ihm einen mit Blumen gezierten Maurerhammer, womit der
Fürst mehrere Schläge auf den Grundstein that; ein Gleiches geschah
vom Erbprinzen. Zum Schlusse der Feier begab sich der ganze Hof=
staat in die Hofkapelle, worin der Oberhofprediger Philipp Bindewald
eine Predigt hielt. Der Bau wurde nun mit aller Macht in Angriff
genommen und zu dem Ende eine besondere Baucommission ernannt.
Der Modellschreiner Weimar erhielt den Auftrag, nach den Rissen des

---

gegenwärtigen Meister=Brief zu präsentiren und zu beclariren, daß höchstbesagt
Ihro Hochf. Durchlaucht von männiglich als ein ausgelernter voll=
kommener Meister und vortrefflicher Virtuos zu achten und zu er=
kennen seyn. Dessen zu wahrer Urkund hab ich diesen Meister=Brief eigenhändig
unterschrieben und mein Professions=Insigl wissentlich daran gehangen. So ge=
schehen in des Keys. Reichsstadt Regensburg den 16. September 1737. Johann
Martin Teuber.

*) Aus seinen hinterlassenen Literalien ergab sich, daß er eigentlich le Rouge
hieß. Ueber seine früheren Schicksale ist aber nichts bekannt geworden. Ernst
Ludwig hatte ihn hierher berufen, war aber im Anfange in Verlegenheit, was
er ihm zu thun geben sollte. Verschiedene Pläne zu Bauten, wie z. B. der zu
einem neuen Theater, wurden dem Landgrafen mit Hinweisung auf die mangeln=
den Geldmittel von dem Minister v. Kametzky ausgeredet.

Baumeisters den ganzen Bau mit allen seinen Zimmern und Gemächern, mit Thurm, Pavillons und Dachstuhl in einem Modell auszuführen. Dies Modell ist das heute noch im Museum zu Darmstadt stehende, dessen Abbildung nach einem älteren Kupferstiche wir unsern Lesern in Lithographie mittheilen. Der ungeheure Bauplan ist nur zum kleinsten Theile ausgeführt worden. Wäre er ganz zur Ausführung gekommen, so hätte das ganze alte Schloß niedergerissen werden müssen, da der Plan in keiner Weise darauf Rücksicht genommen hatte. Nach diesem Plane sollten in dem Schlosse alle Räumlichkeiten vorhanden sein, die irgendwie für Zwecke des Hofes dienlich sein konnten. Dahin gerechnet waren alle Arten von Sälen und Zimmern, das Theater, die Kirche u. a. m. Von der Colossalität des Planes gibt der Umstand schon einen Begriff, daß allein an den vier äußeren Façaden nach S. W. N. und O. 410 Fenster sich befinden. Das jetzt Stehende ist kaum der vierte Theil des Projectirten. Der Bau, wie er jetzt steht, wurde im Jahr 1727 mit dem östlichen Eckpavillon fertig, stand aber wegen der bedeutenden Kosten des inneren Ausbaues beinahe 100 Jahre lang in seinen rohen Mauern. Erst vom Jahre 1804 an wurde der innere Ausbau nach und nach vorgenommen und die früher mit Brettern zugeschlagenen Oeffnungen des zweiten und dritten Stocks mit Fenstern versehen.

Ein Verdienst Ernst Ludwigs um Darmstadt ist die Gründung eines Waisenhauses. Der unvergeßliche Landgraf Georg II. hatte seinen fürstlichen Nachfolgern besonders die Sorge für die Waisen ans Herz gelegt mit den schönen Worten: „Halte Dich gegen die Waisen wie ein Vater und gegen ihre Mütter wie ein Hausherr." Ernst Ludwig hatte dieser Worte eingedenk bereits im Jahre 1695 über 40 vater- und mutterlose Waisen Darmstadts bei den Bürgern gegen Bezahlung verköstigen und erziehen lassen. Da man auf diese Weise aber die Zwecke des Unterrichts namentlich zu wenig gefördert sah, so wurde beschlossen, eine besondere Waisenanstalt zu errichten, und zu dem Ende in der langen Gasse ein Haus, der s. g. Schulteisenbau (ein der Stadt gehöriges Haus, welches diese bis dahin gegen Zins vermiethet oder auch einem und dem andern städtischen Diener, häufig den Schullehrern, als Wohnung vergönnt hatte), im Jahre 1698 für 500 fl., um welche Summe es verpfändet war, nebst einem Garten am Sporerthor gekauft. Die dazu nöthige Summe war zum größten Theile von dem Stadtpfarrer Eberh. Phil. Rühl, dem Pfarrer

Rieß u. a. m. in und außer dem Lande gesammelt worden. Dieses
erste Darmstädter Waisenhaus war für in- und ausländische Waisen
jeder Confession bestimmt, ja es wurden auch Kinder von armen lebenden Einwohnern Darmstadts darin aufgezogen. Bei der Aufnahme
von unehelichen Kindern waren die Geistlichen immer sehr scrupulös.
Um die Einkünfte der Anstalt zu mehren, wurde im Jahre 1706 eine
Tuchfabrik darin betrieben, deren Leitung der Tuchmacher Andreas
Hausmann übernahm. Vorsteher waren 2 Geistliche, Inspectoren
4 Bürger. Die Einkünfte der Anstalt waren anfangs sehr unbedeutend;
ihr Fonds bestand in 2000 fl., deren eine Hälfte die Landgräfin
Charlotte Dorothee, die andere ein anderer Gönner gewährt hatte.
Nach und nach mehrten sie sich indessen durch mehrere Privilegien,
welche der Anstalt gestattet wurden, wie z. B. die Ausstellung und
Herumtragung der Armenbüchse in öffentlichen Amts-, Raths-, Ge-
richts- und Zunftstuben, in Post- und Wirthshäusern, bei Copulationen,
Versteigerungen, bei Contracten, Erbvertheilungen ꝛc. Auch wurden
gelegentlich ständige Erbpächte zu kaufen gesucht. Mit der Zeit erwies
sich indessen der Raum nicht ausreichend für die Aufnahme aller gemeldet werdenden Waisen. Im Jahre 1710 mußten nach einem Berichte der Inspectoren je 3 und 4 Kinder zusammen in einem Bette
liegen. Aus einem Berichte von 1719 ergibt sich, daß 54 Kinder
darin verpflegt wurden. Auch fand man, daß die Lage des Hauses
in der schmalen Gasse der Gesundheit der Kinder und der Lehrer
nachtheilig war. Viele Kinder starben oder bekamen einen siechen
Körper, und als schnell hinter einander vier der Lehrer gestorben
waren, dachte man ernstlich an eine Verlegung der Anstalt in ein
anderes Haus. Alle dazu vorgeschlagenen Häuser fanden aber nicht
den Beifall des Landgrafen. Er wünschte die Erbauung eines durchaus neuen, für die Anstalt von vornherein eingerichteten Gebäudes und
trug die Anfertigung des Planes dem Baumeister la Fosse auf.
Verschiedene Plätze waren für den neuen Bau in Aussicht genommen,
unter andern einer am Frankfurter Thore. Man war indessen mit
der Wahl des Platzes noch nicht fertig, als Ernst Ludwig 1739 starb.

Auch ein anderer Bauplan Ernst Ludwigs kam nicht zur Ausführung. Er hatte nämlich beschlossen im Jahre 1716 eine zweite
Kirche, auf dem Ballonplatz, zu erbauen. Der Baumeister la Fosse
hatte den erforderlichen Platz auf dem Ballonplatze schon abgemessen
und seine Pläne fertig, die Bürger, insbesondere die der Vorstadt,

hatten versprochen, durch freiwillige Beiträge die Kosten bestreiten zu helfen, da erkaltete auf einmal der anfangs so große Eifer, wie ein Zeitgenosse berichtet, nicht ohne Einfluß der Geistlichen der Stadt, welche durch die neue Kirche ihre Stolgebühren geschmälert zu sehen fürchteten.

Eine eigenthümliche Anstalt gründete Ernst Ludwig in Darmstadt im Jahre 1738 in der s. g. „Proselytenanstalt." Es hatten sich nämlich nach und nach eine größere Anzahl einer andern, als der lutherischen Confession angehörigen Personen zusammengefunden, welche um Aufnahme „zum wahren evangelischen Glauben" nachgesucht hatten. Der Landgraf errichtete daher auf Antrag des Geheimen Raths-Collegiums wie es in der betreffenden Urkunde heißt, „aus christlichem fürstlichem „Eifer und Fürsorge vor die arme verirrte Schäflein, die keinen Hirten „haben, ein besonderes Proselyten-Collegium, welches vor die geistliche „und leibliche Verpflegung dieser armen Leute alle möglichste Sorge „tragen soll." Das Collegium bestand aus dem Oberdirector, dem geistlichen Director und dem Oeconomus. Die geistliche Leitung wurde dem Hofdiaconus Fresenius übertragen, der schon im Jahre 1731 den Vorschlag gemacht hatte, „besondere Manufacturen von Proselyten zu errichten." Es wurde ferner ein eigener Fonds gebildet und ein besonderes Haus bestimmt. Dieser Fonds war bestimmt, diejenigen Proselyten, „die nichts eignes hatten und auch nichts verdienen konnten bis zu ihrer Confirmation oder auch bis zu ihrer weiteren Versorgung zu verpflegen." Eine reiche Beisteuer dazu lieferte Frankfurt, wo man sich sehr für die Anstalt interessirte. Bekehrungseifer war übrigens schon vor Einrichtung der Anstalt vorhanden. Er wendete sich besonders der Bekehrung der Juden zu, deren christliche Taufe jedesmal mit großer Feierlichkeit begangen wurde. Ein eine solche Taufe betreffender Eintrag im Protocoll des Jahres 1709 lautet folgendermaßen: „Nachdem am verwichenen Sonntag d. 29. Sept. ein Jud Ernst Christian Darmstätter alhier in der Stadtkirch getauffet, und zu Tauffzeugen Namens der hiesigen fürstl. Rathkammer der Hr. Regierungsrath v. Schwartzer und Herr Kammerrath Plus, sodann wegen der Statt Darmstatt so darzu auch erbetten worden, Herr Burger-meister Koch nebst dem Raths Seniori Herrn Schnauber das Werk der Gevatterschaft verrichtet und dann dem Vernehmen nach von fürstl. Rathkammer 30 fl. als Patengeschenk zugedacht worden sein sollen, als ist bei versammeltem Rath beschlossen worden, ermelten Ernst

Christian aus der Bürgermeisterei 12 fl. zum Pathengeschenk zu geben und zu verrechnen, und sind die sämbtlichen Herrn Gevatter nebst Herrn Ambts Verwalther von Herrn Bürgermeister Koch mit einer Mahlzeit tractirt worden, welches 15 fl. gekostet." Von den Proselyten aber wurden nach vorhergegangener sorgfältiger Prüfung ihrer Beweggründe so viele aufgenommen und unterstützt, als der Fonds erlaubte. In einer späteren Nachricht heißt es über die Resultate dieser Anstalt: „Von „solchen die von ihren Irrwegen abgeführt und in den Schooß unserer „Kirche aufgenommen worden, zählete man über 400 Seelen, von „solchen aber die als Betrüger entdecket worden, belief sich die Zahl „auf ohngefähr 600."

„Das fliehende Pferd."　　　　Kametzky Haus.

Ein Haus in Darmstadt, welches mit seinem Garten unter Ernst Ludwig zuerst als namhaftes Gebäude auftritt, ist das jetzt ganz umgebaute Kametzky'sche Haus auf dem Marktplatze (Gräf'sches Haus). Es rührt schon aus den Zeiten Georgs I. her und war stets ein herrschaftliches Gebäude, welches ebenso als Wohnung für fürstliche Angehörigen, wie zur vorübergehenden Aufnahme von vornehmen Fremden diente. Unter Ernst Ludwig erscheint es als von dem Minister Kametzky von Elstibor bewohnt, dem es 1708 um 3800 fl. verkauft worden war. Nach dem Tode Kametzkys gelangte es in den Besitz des Landgrafen; es wurden laut Kammerrechnung vom Jahre 1727 den Erben „für das Haus auf dem Marktplatz" 16,000 fl. und für die darin befindlichen Möbel weiter 3826 fl. 12 Alb. ausgezahlt. Es diente von da an als Wohnung für angesehene, zum Hofstaate gehörige Personen, und wohnten nach einander darin: Hofmarschall von Ziegesar, Hofmarschall von Dungern, Hofkammerrath Gerau, Minister von Gatzert, Präsident von Rathsamhausen, Generallieutenant von Weyhers *). In jener Zeit, als es von Kametzky bewohnt war, wurde der große Garten hinter dem Hause angelegt, der jetzt verschwunden ist. Damals und noch bis in unsere Zeiten zog er sich weithin bis an den Aus- gang des Beffunger Thores und war mit einer auserlesenen Orangerie versehen. Er hat zur Anlegung des größten Theils der Ludwigstraße, des Ludwigsplatzes, der Schulstraße und der Ernst-Ludwigsstraße gedient.

Gleich nach dem Antritte seiner Regierung scheint sich dem Land- grafen eine Gelegenheit geboten zu haben, seiner Stadt einen großen Aufschwung zu verschaffen. Als nämlich nach Aufhebung des Edicts von Nantes 1685 eine große Anzahl französischer Protestanten (Huge- notten) zur Auswanderung aus ihrem Vaterlande genöthigt war, kamen auch eine Anzahl derselben nach Darmstadt und knüpften Unter- handlungen an wegen ihrer Aufnahme in der Stadt. Sie erboten sich im Falle ihrer Aufnahme zu mancherlei besonderen Leistungen. Unter diesen Anerbieten soll sich auch das gefunden haben, daß sie nicht allein auf ihre Kosten die Stadt vergrößern und verschönern, sondern auch zur Hebung des Handels einen Kanal vom Rhein herüber nach Darm- stadt führen wollten **). Auch die sorgfältigsten Nachforschungen lassen von diesem Erbieten, welches die Tradition als wirklich erfolgt an- nimmt, in den Acten nichts finden. Ein in der Großherzoglichen Cabinetsbibliothek befindlicher, aber erst in der Mitte des vorigen

---

*) Das daneben liegende (jetzt Römer'sche) Haus, war früher auch ein herrschaftliches Haus, welches 1701 von Ernst Ludwig an den Hofkammerrath Reuß käuflich überlassen wurde. Es führt in den Acten den Namen „das Haus auf dem Markt, das fliehende Pferd genannt."

**) Wir erinnern daran (s. o. S. 114), daß schon Ludwig VI. mit dem Plane umgegangen war, die Landbach von Griesheim bis Ginsheim schiffbar zu machen und dadurch Darmstadt mit dem Rheine in nähere Verbindung zu bringen.

Jahrhunderts gefertigter Grundriß über diese Stadterweiterung ist das einzige Document, welches davon Kunde gibt. Man ging auf die Er-bietungen der Hugenotten indessen nicht ein, weil einige Mitglieder der Geistlichkeit Gegenvorstellungen gemacht und dargethan hatten, daß es sich nicht zieme, in einer rein lutherischen Stadt Calvinisten ein solches Ansehen gewinnen zu lassen, und daß der christlichen Liebe Genüge geleistet sei, wenn man die Flüchtlinge im Lande sich ansiedeln lasse. Viele von den Flüchtlingen aus dem savoyischen Gebirge (Waldenser) ließen sich auch wirklich im Lande nieder, als im Jahre 1688 eine Declaration des Landgrafen erschienen war, welche in 29 Artikeln die Privilegien der Waldenser feststellte. In zwei Zügen kamen die Wal-denser in unserer Gegend an. Der eine Trupp lagerte sich in einem Walde bei der Stadt, bei der Täubcheshöhle (in dem Franken-steiner Lagerbuch 1450 Duffelshelden genannt), zwischen Darmstadt und Gräfenhausen und zog von da in die Gemarkung Michelfeld, zwischen Arheilgen und Messel, welche ihnen der Landgraf überlassen hatte. Hier ließen sie sich häuslich nieder und bauten Baracken. Ein anderer Trupp wurde in verschiedenen Dorfschaften im damaligen Amte Nidda untergebracht. Der größere Theil derselben ging indessen später wieder nach Savoyen zurück. Dagegen kamen im Jahre 1699 wieder an 300 Familien, welche sich zunächst zwischen Mörfelden, Rüsselsheim und Kelsterbach niederließen, aber nur zum Theile da blieben. Durch diese entstanden die Waldenser=Colonien Walldorf und Neu-kelsterbach. Gleichzeitig mit diesen Colonien entstanden auch die auf den herrschaftlichen Gütern Rohrbach, Wembach (Wendenbach) und Hahn im Hahn im Odenwalde, welche im 30jährigen Kriege stark herunter gekommen waren*).

Zu erwähnen ist auch, daß unter Ernst Ludwig im Jahre 1727 der Kirchhof vor dem Bessunger Thore, auf dem die jetzige Stadt-

---

*) Der Grund und Boden wurde bei Kelsterbach, Mörselben und Arheilgen als ewiges Eigenthum, in Rohrbach, Wembach und Hahn aber als Erbleihe ge-geben, wovon nichts ohne landesherrliche Genehmigung sollte verpfändet oder veräußert werden dürfen. Die Ländereien sollten gegen eine Abschlagszahlung von 1200 fl., Entrichtung eines jährlichen Fruchtzinses und des Zehnten an die Pfarrei Niedermodau unter 40 Familien vertheilt werden. Es kamen 48 meist aus dem Thale Pragelas stammende Familien in das Oberamt Lichtenberg. Bis zu ihrer durch das Loos bestimmten Vertheilung an die einzelnen Orte hielten sie sich in einem Walde zwischen Rohrbach, Wembach und Hahn, Hartmanns-hütten genannt, auf, wo sie sich Zelte errichtet hatten.

kapelle die Todtenkapelle bildete, eine Erweiterung erfuhr und im
Jahre 1728 mit einer steinernen Mauer umgeben wurde. Auf einem
viereckigen Steine in dieser Mauer stand folgende Inschrift: „1727 den
14. August ist der Grundstein zu dieser neuen Kirchhofsmauer gelegt
worden und war damals der Oberburgermeister Herr Johann Martin
Dofer und Johann Jacob Schuster."

Unter Ernst Ludwig erbauten auch die Juden ihre Synagoge.
Sie wurde am 4. Juni 1737 eingeweiht und am 16. Juni zogen
die jüdischen Frauen in feierlichem Gange mit einigen Knaben dahin,
um die erste Beschneidung darin vornehmen zu lassen.

Auch die jetzige Metzger-Schirne entstand unter Ernst Ludwig.
Es wurde zu dem Zwecke das „Mattern'sche Haus gegen der güldnen
Kron über an der Bach gelegen" angekauft. Die dazu nöthigen 200 fl.
lieh der Stadtprediger Wolfg. Jac. Praun.

Wie sich das äußere Ansehen der Stadt unter Ernst Ludwig
wesentlich veränderte, so war dieß auch in Beziehung auf das Leben
und Treiben ihrer Bewohner der Fall. Diese Veränderung war einmal durch die ganze Anschauungsweise der Zeit über die Nothwendig-
keiten des täglichen Lebens hervorgerufen, andererseits aber auch durch
die besonderen Liebhabereien und Neigungen des Landgrafen, die nicht
verfehlen konnten, ihren Einfluß auf Handel und Wandel in der Residenz auszuüben. Das Beispiel des französischen Hofes und der französischen Hauptstadt übte schon seit der Mitte des 17. Jahrhunderts
in Beziehung auf das, was zum Leben und Lebensgenusse für nöthig
erachtet wurde, eine weitgreifende Einwirkung, und was in dieser Hinsicht von der Zeit Ernst Ludwigs gilt, gilt im Allgemeinen auch von
der ganzen folgenden Zeit des 18. Jahrhunderts. Modesucht und
kostspielige Lebensweise, dabei auch lascive Sitten, drangen auch in die
bürgerlichsten Stände ein und äußerten hier vielfach ihre nachtheiligen
Folgen. Die Folgen dieses im Laufe des Jahrhunderts sich steigern-
den Jagens nach Genuß, besonders bei den Mittelklassen, der eitlen
Sucht, den Vornehmen in äußerem Prunke und Aufwande nachzuahmen,
ohne Rücksicht auf das Maß der eigenen Mittel, zeigten sich in der
überhand nehmenden Unsolidität in Handel und Wandel, in häufigen
Betrügereien, in hohem, auch wohl falschem Spiele, endlich bei den
in öffentlichem Dienste Angestellten in Bestechlichkeit, Erpressung und
Unterschleif. Das Zusammenwirken der Genußsucht, welche zur Mode
geworden war, mit der Mangelhaftigkeit der Mittel machte sich be-

sonders in den Residenzen bemerkbar, so daß die berühmte englische Reisende Lady Montague von den materiellen Zuständen der Bevölkerung in den deutschen Residenzen kein besonders günstiges Bild entworfen hat. Als deren gemeinsamen Charakterzug bezeichnet sie eine „gewisse schäbige Eleganz," ein „aufgeputzte Unsauberkeit und Armuth," namentlich in den höheren Classen. Die Modesucht, welche die Schuld an dieser schäbigen Eleganz trug, äußerte sich vorzugsweise in dem Hausgeräthe und in der Kleidung. Nur die wohlhabenden bürgerlichen Häuser zeigten manchmal noch einen alterthümlichen, aber soliden Geschmack, besonders in der Ausschmückung der Wohnungen. In der Wohnstube, dem gewöhnlichen Aufenthalte der Familie, fand man Möbel aus feinen, aber meist inländischen Holzarten, die Stühle mit grünem Tuche beschlagen, die großen Tische mit demselben Stoffe bedeckt, dazu ebenfalls grüne wollene Fenstervorhänge. Die nur selten geöffnete Visitenstube hatte als besonderen Putz Familienporträts, auch wohl Figuren von Fayence, Porzellan oder ähnlichen Stoffen. Der Luxus in den Kleidertrachten, welche Frankreich einführte, begann schon in den Zeiten des 30jährigen Kriegs, und wir haben schon zu verschiedenen Malen gehört, wie strenge Verordnungen dem Unwesen entgegen treten mußten. Auch haben wir schon gehört, gegen welche Luxuskleider speciell eingeschritten werden mußte. Wir wollen uns das Bild des äußeren Erscheinens unserer Voreltern von damals noch etwas ausführlicher ausmalen, damit die Scenen und Aufzüge, die wir vorführen wollen, mehr an Leben gewinnen können. Sehen wir zunächst einmal die Z u t h a t e n damaliger Modefiguren an. Die natürliche Farbe des Gesichts und der Arme genügte nicht mehr, um als schön zu erscheinen. Mit einer dicken Lage w e i ß e r F a r b e wurden alle entblößten Theile des Körpers übertüncht, und dann mußte die rothe S c h m i n k e bei alten Gesichtern das Fehlende ersetzen, bei jungen das Zugetünchte wieder herstellen. Das Streben, dem Gesichte die Farbe frischer Jugend zu geben, war ein zu entschuldigendes. Was aber mühsam und künstlich erreicht war, wurde wieder entstellt durch eine Unzahl kleiner schwarzer s. g. S c h ö n h e i t s p f l ä s t e r c h e n. Man suchte also Wunden im Gesichte zu imitiren, wo keine waren, und zu gleicher Zeit klebte auf dem Kinne, über dem rechten Mundwinkel, unter dem linken Auge und an der Stirne überall ein groschengroßes Pflaster. Der zweite Unsinn dieser Periode ist das P e r r ü c k e n - und Z o p f w e s e n. Der Kopf wurde rasirt, auch wenn er den schönsten

Haarwuchs hatte, und ihm ein künstlicher Haarwust aufgesetzt. Die Allongeperrücke, welche ein jeder, der von Stande sein wollte, jung oder alt, trug, hatte ungefähr die Form wie die Mähne eines langhaarigen Pudels, der seit einigen Jahren nicht geschoren war. Fast faustgroße, dicke, runde, steife Locken über dem ganzen Kopfe bis zur Hälfte des Rückens und auf die Schultern herabhängend wog eine solche Perrücke mitunter 7—8 Pfunde; überdieß hatte sie meist nicht die natürliche Haarfarbe, sondern war mit Fettigkeiten und Pomaden stark eingerieben und dann kreideweiß gepudert. Das lange Gezottel der Allongeperrücke wurde aber doch lästig und nun kam der Zopf. Derselbe machte eine Masse von Gestaltungen durch. Bald hing er lang geschweift mit einer Haarlocke, einem Ferkelschwanze ähnlich, nachlässig den Rücken herab, bald war es ein kurzer, dicker, sorgfältig in Band gewickelter Knüppel, hauptsächlich aber bei dem Modeherrn und feinen Manne ein mit großer, breiter, im Nacken sitzender Schleife geziertes Anhängsel in Form eines zugeschnürten Sackes unter dem bekannten Titel: Haarbeutel. Die Perrücke umgab, von einem Ohre zum andern gehend, hoch auftoupirt oder in sorgfältige Locken gruppirt, den Kopf wie ein Heiligenschein; zu andern Zeiten erschien sie wie ein glatt zurückgekämmtes Haar, welches in drei spitzen Schneppen auf die Stirne und nach beiden Backenknochen zu ins Gesicht ragte. Bei den Damen, welche zu eitel waren, ihr eignes schönes Haar der mörderischen Scheere des Friseurs Preis zu geben, wurde dasselbe so lange in einander toupirt, verkleistert und verpudert, bis ebenfalls der tollste, oft fußhohe Haarwust daraus entstand. Oft aber auch trugen die Damen hochfrisirte Perrücken; die je nach ihrer Form bald so, bald so nach einer berühmten oder berüchtigten Person genannt wurden.

Betrachten wir uns die eigentliche Bekleidung, so finden wir Folgendes: der Rock des Mannes lag um den Oberkörper glatt an, hatte jedoch keine Brustpatten, sondern ziemlich weit ausgeschnitten, damit man Weste und Jabot sehen konnte, lief er von den beiden Brustknochen nach der Herzgrube zusammen. Der nicht zu weite Aermel ging nur bis auf die Hälfte des Unterarms, hatte einen großen Aufschlag, aber letzterer war steif und je nach dem Luxus reich gestickt. Alle Nähte und der ganze Rand des Rocks waren breit und reich mit Tressen, Galonen oder Spitzen besetzt. Der Schoß des Rocks war steif und weit abstehend; zu beiden Seiten waren ein Paar große, ebenfalls reich gezierte Patten angebracht. Unter dem Aufschlage des

Aermels quoll ein weites, feines Hemb hervor, welches in einer reichen Spitzenmanschette, welche die Hand bedeckte, endigte. Unter diesem Rocke trug man ein jackenartiges, fast eben so langes Unterkleid in Schnitt und Farbe wie der Rock. Es ist der Urgroßvater unserer heutigen Weste. Diese Weste hatte Aermel und der Rücken derselben war nicht von anderem Zeuge, als die Vorderblätter derselben. Der feine Mann konnte den Rock ausziehen und stand gleichsam in einem zweiten, weniger reichen und prachtvollen Rocke da. Diese Weste legte sich um die Schenkel ziemlich glatt an, hatte an beiden Seiten und hinten einen langen Schlitz, war aber an den Vordernähten herunter reich verziert. Am Oberkörper bis an die Herzgrube geöffnet, drang der reiche Busenstreif, der Jabot, aus der Weste hervor. Den Hals umschloß eine kleinere, bald farbige, bald schwarze Halsbinde, die in einer großen Schleife unter dem Kinne endigte. Von Beinkleidern war fast gar nichts zu sehen. Die Strümpfe, farbig, gemustert, von Seide, mit langen Zwickeln versehen, wurden unter den Knieen von reichen Bändern gehalten. Die Schuhe waren mit hohen Absätzen versehen.

Bei der Frauentracht war das Hauptstück der wie eine Glocke um den ganzen Körper in langen, weiten Falten herabfließende, meist aus schwerem seidenem Stoffe, häufig aus Sammt verfertigte Reifrock. Der Leib des Rocks, eng anliegend, vorn tief ausgeschnitten, war mit Spitzen, Goldborten und Stickereien verziert, ging in eleganter Form von den Hüften ziemlich weit herab und war durch Fischbein oder Rohr wie ein Panzer steif gearbeitet. Der Rock war ebenfalls in der Zeit, um die es sich hier handelt, reich mit Stickerei und Verzierungen versehen, welche, ähnlich der jetzigen Schürze, in der Gegend des Gürtels 3—4 Zoll breit anfing und unten am Saume einige Fuß breit endigte. Bald waren es 20 bis 30 Reihen über einander gelegter feiner Brüsseler Spitzen, bald waren es schwere Goldwebereien, bald Garnituren von Perlen und Edelsteinen. Als Aermel diente ein kurzes, kaum bis auf die Hälfte des Oberarms gehendes, steifes Aermelstück, aus dem bald mehr, bald weniger ein Uebermaß von Spitzen und gesticktem Weißzeuge hervorquoll. Um den entblößten Unterarm wurden goldne Ketten, Perlenschnüre getragen. Ein Halsband von bunter oder schwarzer Seide oder Sammt umschloß den Hals. Der Perrücken und Schönheitspflästerchen ist schon gedacht worden. Bald thürmte sich auf der Frisur ein Schleifenbau auf, bald lag ein Goldnetz darüber, bald schmückten sie Bänder, Blumen oder Zitternadeln mit funkelnden Edelsteinen. Der Schoß um das Leibchen schied auch wohl den eigentlichen Rock von der Bekleidung des Oberkörpers, indem eine besondere Jacke entstand, welche noch heut zu Tage unter dem Namen Contouche bekannt ist. Diese Jacke war ebenfalls steif genäht, ging bis auf die Hälfte des Körpers herab und hatte eng anliegende Aermel, die bis auf die Hälfte des Unterarms herab gingen, sich jedoch bei der Mündung plötzlich erweiterten, aus welcher dann ebenfalls Spitzenmanschetten hervordrangen. Einen Hauptbestandtheil der Damenkleiderpracht bildete die sogenannte Robe. Sie sank über den ausgeschweiften Reifrock bald in schönen Falten, bald zusammengesteckt hinab bis auf die Erde, häufig auch nur bis zur Hälfte des Kleides. Alle nur existirenden feineren Stoffe, alle Verschwendung, alle Farben kamen bei derselben vor. Vorn ausgeschnitten bildete sie uranfänglich eine Art langen weiblichen Frackrocks, aber die Modesucht veränderte sie von Jahr zu Jahr. Ein Hauptrequisit war schließlich noch der Fächer. — Also aufgeputzt und ausstaffirt sind demnach die Figuren zu denken, die sich unter Ernst Ludwig, wie anderwärts, so auch hier herumgetrieben haben.

Was bisher von Trachten gesagt worden ist, gilt übrigens nur von den Städtern und den bemittelten Classen der Bürger. Die Leute auf dem Lande und in den unteren Bürgerclassen behielten noch zum Theile die alten vaterländischen Stoffe, Tuch und Leinwand, sowie den einfachen altväterlichen Schnitt bei. —

Gehen wir nun von dem, was in jener Zeit für alle Städte galt, auf das speciell über, was unsere Vaterstadt berührt!

Die Eigenthümlichkeiten des Lebens in Darmstadt waren vielfach durch die individuellen Neigungen des Landgrafen bestimmt, welche nicht verfehlen konnten, ihren Einfluß darauf zu äußern.

Seine Baulust, welche wir bereits kennen gelernt haben, brachte durch die vielen Hände, welche dabei gebraucht wurden, ein lebendiges Treiben in einzelne Classen der Bevölkerung.

Eine andere Vorliebe, die zur Alchemie und zur Schatzgräberei hatte wohl weniger Einfluß auf das Leben in der Stadt, wenn sie auch wohl eine Menge von Schwindlern hierher brachte, die sonst nicht hierher gekommen wären, und die mehr oder weniger auf die guten Bewohner der Stadt ihren moralischen Einfluß geäußert haben mögen. Ernst Ludwig war ein Anhänger der Ansicht, „daß man aus Körpern,

11*

die kein Gold oder Silber enthalten, durch Kunſt dieſe Metalle her-
vorbringen könne," und er verwendete viel darauf, um zu dieſem Ziele
zu kommen. Im Anfange ſeiner Regierung hatte er auf dem Walle
im Schloſſe ein beſonderes Häuschen zum Laboratorium eingerichtet,
ſpäter erſcheint ein anderes eine Reihe von Jahren hindurch im Herrngarten. Im Jahr 1717 erhielt er von unbekannter Hand ein Päckchen
mit rother und weißer Tinctur, nebſt Anweiſung, ſie zu gebrauchen,
und nebſt dem guten Rathe, eignes Forſchen einzuſtellen. Es wurde
laborirt und es entſtanden Ducaten, Thaler und Groſchen, welche noch
jetzt als Raritäten in Münzſammlungen vorkommen. — Die Neigung
zum Schatzheben entſprang wohl aus der Sage, daß im Darmſtädter Schloſſe ein großer Schatz verborgen ſei. Die Sage nämlich
erzählt: „Der Erbauer des alten Schloſſes, ein ſehr gütiger und ver-
trauender Herr, gab dem Baumeiſter, der daſſelbe aufrichten ſollte,
einen großen Schatz, um damit alle Koſten des Baues zu beſtreiten.
Als das Schloß nun fertig war, vergrub der Meiſter den Reſt des
Schatzes und entfloh, nachdem er noch einen Theil davon zu ſich ge-
ſteckt hatte. Als er ſpäter in der Fremde ſtarb, fand er keine Ruhe
im Grab; er muß jede Nacht an das Schloß nach Darmſtadt, wo er
an der Mauer kratzt und zwar an der Stelle, wo der Schatz liegt.
Erſt wenn derſelbe wiedergefunden iſt, wird der Geiſt Ruhe finden." —
Ein Schwindler, der des Landgrafen Ernſt Ludwig Glauben an die
Wahrheit der Sage benutzte, war ein gewiſſer La Valée, der ihm,
nachdem er längere Zeit ſeine Schwindeleien getrieben hatte, am
14. Juni 1714 aus Homburg ſchrieb: „. . . . Après touts les
examens les plus sérieux, que j'ay pu faire, voicy ce que
j'en ay tiré: Il y a pour sur un trésor même de grosse con-
sideration dans l'enceinte de son chateau, mais par une fata-
lité inconceivable ce trésor n'est pas dans la même place, que
ci devant et en a été transporté par un malin Esprit dans un
endroit si douteux qu'il est à presumer que jamais quelqu' un
l'y trouve"*).

_____

*) Die Sage vom Schatz zu Darmſtadt ſpinnt ſich weiter bis in die Zeit
Ludwigs IX. Sie läßt Ludwig VIII. durch eine Erſcheinung in die Gewölbe
des Schloſſes führen und ihn den Schatz ſehen, dabei aber erfahren, daß deſſen
Hebung für ſeinen Sohn Ludwig IX. beſtimmt ſei. Der Landgraf ließ bei
dieſer Gelegenheit ſeinen Stock im Gewölbe ſtehen, vermochte ihn aber trotz alles
Suchens am folgenden Abende nicht zu finden. Die Sage läßt weiter Ludwig IX.

Von größerem Einfluſſe war ſeine außerordentlich große Liebe zur Jagd. Von ihr gibt Zeugniß die Erbauung der Jagdſchlöſſer Wolfsgarten bei Langen, Zwiefalten im Vogelsberg, der Jagdlager Kröge und Kleudelburg bei Battenberg, des Jägerthals bei Zelle u. a. m. Im Jahre 1708 wurde die Parforcejagd durch Oberjägermeiſter v. Schad in Darmſtadt eingeführt, zu derſelben wurden für 900 fl. Hunde gekauft, in Beſſungen die dafür nöthigen Einrichtungen gemacht, der Parforcehof etablirt (die nachherige Beſſunger Reitercaſerne), der ſogenannte neue Fürſtenhof, das jetzige ſ. g. Jagdhaus am Paradeplatz für Hunde und Pferde eingerichtet. Die Parforcejagd war unter Ludwig XIV. von Frankreich nach Deutſchland gekommen. Sie war ein in jeder Beziehung fürchterliches Vergnügen, für Menſchen, Pferde und Hunde gefährlich und für den Feldbau verderblich. Die eigentliche Kunſt dieſer Jagd beſteht darin, einen Hirſch in einen mit Rothwild reich bevölkerten Forſt zu führen, darin anzujagen, nur ihn vor allem übrigen Wilde zu verfolgen, ihn von jedem andern Hirſche im Laufe der Jagd zu unterſcheiden, und wenn er einmal verloren iſt, wieder mit Sicherheit aufzufinden. „Wenn der Hirſch beſtätigt iſt, d. h. wenn die Stelle gefunden iſt, wo er ſich verſteckt hält, dann ziehen die Jäger, die Piqueurs mit ihren Wald= und Hüfthörnern, die Beſuchjäger mit den Hundeneuten bis ins Dickicht, wo der Hirſch beſtätigt worden. Die alten Lancirhunde, welche ihn aufmuthen ſollen, werden gelöſt, die Piqueurs drängen ſich rings um das Dickicht und muntern die Hunde mit Jagdgeſchrei und Hörnerſtößen auf. Die Jäger haben ſich unter= deſſen aufgeſtellt, um den Hirſch zu beobachten. Die Piqueurs durch= ſuchen nun mit den Lancirhunden das Dickicht. Auf einmal ertönen die Waldhörner vom Fanfare eines gut jagdbaren Hirſches, ein Zeichen, daß der Hirſch lancirt iſt. Die alten Hunde muthen ihn dann auf und treiben ihn aus dem Dickicht auf die Flucht. Da werden die Meutehunde auf die Fährte gelöſt und das Rennen beginnt. Die Jäger auf den beſten Rennern verlieren keinen Augenblick die Spur, ſie folgen allen Winkeln, allen krummen, geraden und gebrochenen Linien, allen Abſprüngen, welche die Jagd durchlaufen. Schon ver=

---

aus Aengſtlichkeit und Furcht vor Geſpenſtern den Schatz nicht heben, der für ihn beſtimmt war; ja ſie nennt dieſe Furcht vor Geſpenſterbeſuchen den Grund weßhalb Ludwig IX. in Pirmaſens reſidirt habe und ſelbſt bei ſeinem zeitweiſen Hierherkommen ſein Nachtquartier nicht hier, ſondern in Bickenbach aufgeſchlagen habe. Die Geſchichte kennt dieſen Grund beſſer als die Sage.

künden die Hörner das Hallali. Der Hirsch ist gestellt und setzt er
sich auch gegen die ihn umgebende Meute zur Wehre, setzt er auch
listig über sie hinweg, sie stellt ihn wieder und drängt sich um ihn
her. So thun auch im zweiten Kreise die Piqueurs, alle auf Hörnern
blasend. Nun kömmt der fürstliche Jäger mit seinem Gefolge; das
Ganze umschließt ein weiter Kreis von Zuschauern. Hier ist Hallali.
Der fürstliche Jäger steigt vom Pferde und erlegt den Hirsch durch
einen Schuß. Weithin tönende Fanfaren erschallen und feiern den
Erfolg der Jagd. Der erste Piqueur löst nun den rechten Vorderlauf
des Hirsches, bekränzt ihn mit einem Bruche und übergibt ihn dem
Oberjägermeister, der ihn dem fürstlichen Jäger überreicht. Unter-
dessen werden auch das Kurzwildpret und der Lecker des Hirsches aus-
geschärft. Noch ist aber die Sache nicht zu Ende. Noch fehlt die
Curée. Die Hundeknechte zerwirken den Hirsch. Nachdem sie die
Filets und andere zum großen und kleinen Jägerrechte gehörigen Theile
ausgeschärft haben, bedecken sie den Rest des Wildprets mit der Haut.
Kaum sind die unruhigen Hunde im Zaume zu halten. Jetzt ertönen
die Hörner zur Curée; die Hunde werden losgelassen und nach wenigen
Augenblicken ist vom ganzen Hirsche nichts mehr übrig, als das blanke
Knochengerippe. Hörnerzeichen ertönen noch zum Rückzuge nach Hause
und die Jagd ist zu Ende." Solcher Jagden wurden in der Gegend
von Darmstadt sehr viele von Ernst Ludwig abgehalten; das Flachland
bei Darmstadt selbst, bei Griesheim, Eschollbrücken, Pfungstadt u. s. w.
mit seinen Kiefern- und sonstigen Waldungen war günstiges Terrain
für solche Jagden. Um die Jagden zu erleichtern, wurden die Waldungen mit Schneisen durchzogen, die alle besondere Namen trugen,
welche an Pflöcken angeschrieben waren. Die Anlage der Schneisen
in den Wäldern bei Darmstadt rührt zum größten Theile aus jener
Zeit her. Der Anfang dazu wurde im Jahre 1714 gemacht.

　　Die Parforcejagd erforderte einen großen Aufwand an Pferden
und Hunden und erheischte die ausgezeichnetsten Jäger. Der J a g d -
e t a t war in Folge dessen ein sehr großer, und die Haupt-Leute in
Darmstadt waren unter Ernst Ludwig, sowie auch unter seinem Nachfolger, Ludwig VIII., die Jäger. Das Jagdpersonal wohnte zum
Theile in dem (vordem als „neuer Fürstenhof" bekannten) P a r f o r c e -
h o f e, oder wie es auch hieß, dem f r a n z ö s i s c h e n Jagdhause, dem
heute noch „Jagdhaus" benannten Gebäude am Paradeplatze, zum
Theile auch in dem d e u t s c h e n Jagdhause, d. h. in den Gebäuden

des Jägerthors, und was sich ihm anschloß. Ein Hofjäger hatte hier seine beständige Wohnung, und außerdem werden noch unter Ernst Ludwig als daselbst wohnend namentlich aufgeführt: der Besuchknecht Klippstein und der Schirmknecht Gerst. Auch eines großen Kessels im deutschen Jagdhause erwähnen die Acten, in welchem für die vielen Jagdhunde gekocht wurde.

Die Parforcejagden waren indessen nicht die einzigen, welche gehalten wurden; die Jagdlust erging sich auch in andern Arten der Jagd und auch Damen nahmen an ihr Theil. —

So wie die Liebe des Landgrafen zur Jagd auf das Leben in Darmstadt seinen großen Einfluß äußerte, so that dieß auch seine Liebe zur Musik und zum Theater, welche die Landgräfin-Mutter in ihm schon früher geweckt hatte. Ernst Ludwig war selbst Componist, namentlich von Märschen und spielte die Gambe. Die Musik in Darmstadt zu fördern, zog Ernst Ludwig Musiker jeder Art hierher, so z. B. den späteren Kriegsrath Hesse, einen der ersten Violagambisten seiner Zeit, dessen zweite Frau, eine geborne Döbricht, die größte deutsche Sängerin ihrer Zeit war, sowie ferner eine der ersten musikalischen Größen jener Zeit, Graupner, den Componisten vieler Opern, welche damals an vielen Orten zur Aufführung kamen. Namentlich war es Graupner, welcher den Landgrafen in seinen musikalischen Bestrebungen unterstützte. Er brachte neues Leben in die Aufführungen der Hofkapelle, ebenso im Theater wie bei Kammer- und Kirchenmusiken. Die Leistungen der Darmstädter Hofkapelle waren bald in günstigster Weise weit und breit bekannt. Der fruchtbarste Componist jener Zeit, Telemann, langjähriger Kapellmeister an der Barfüßer- und Katharinenkirche zu Frankfurt, führte sogar zur Empfehlung einer seiner Serenaden an, daß sie vor ihrer Bekanntmachung durch den Druck „der unvergleichlichen Execution" des Darmstädter Orchesters gewürdigt worden sei. Viele Musiker kamen Graupners wegen hierher, theils um Unterricht zu genießen, theils um wo möglich unter seiner Leitung zu musiciren.

Die Neigung des Landgrafen zu theatralischen Vorstellungen war erwacht, als im Jahre 1679 eine zu jener Zeit berühmte Bande, die eines Magister Johann Velthen, nach Frankfurt zur Messe gekommen war und die Landgräfin-Mutter ihn mit dahin genommen hatte; und vollends als in demselben Jahre eine andere Bande nach Darmstadt selbst kam, welcher die Landgräfin erlaubt hatte, auf dem kleinen Theater im Schlosse Nachahmungen der Molière'schen und anderen französischen Stücke, auch Stegreif-Comödien mit Gesang aufzuführen. Seit jener Zeit war die Neigung des jungen Prinzen zu theatralischen Vorstellungen befestigt und es wurde nun keine Gelegenheit, wie Geburts- und andere Familienfeste, die Carnevalszeit, fürstliche Besuche u. s. w. unbenutzt gelassen, und in allen möglichen Formen, im buntesten Durcheinander tauchten die Darstellungen am Hofe auf. In größerem Maßstabe erfolgten dann die theatralischen Vorstellungen, aber auch mit dem feinsten Geschmacke der damaligen Zeit, als Ernst Ludwig selbstständig die Regierung angetreten hatte. Für diese Vorstellungen war das von Ludwig VI. hergerichtete große Theater im Reithause neu hergestellt, mit neuen Decorationen und allerlei neuen Ballet- und Comödien-Kleidern versehen worden. Dasselbe wurde am 14. Februar 1711 mit der Oper Telemach eröffnet. In Ermangelung eignen darstellenden Personals wurden fremde Sänger und Sängerinnen verschrieben.

Der Sinn für das Theater war übrigens bei dem Darmstädter Publicum zu Ende des 17. Jahrhunderts noch kein besonders großer. Im Jahre 1685 traf einmal eine reisende Comödiantenbande in Darmstadt ein und schlug ihre Bühne bei dem Engelwirthe Elias Kreuzer auf. Aber die Theilnahme von Seiten der Darmstädter blieb gar gering, sie blieben bei den „sehenswerthen Burlesken und Hauptcomödien" äußerst kalt und da auch noch 3 Albus Eintrittsgeld bezahlt werden sollten, war es ganz aus. Die Bande mußte Darmstadt so bald als möglich verlassen, wenn sie nicht Hunger leiden wollte.

Die Beschaffenheit der von solchen herumziehenden Banden gegebenen Vorstellungen bezeichnet eine uns vorliegende Theaterankündigung aus jener Zeit. Die hier anwesenden „Hoch-Teutsche Sächsische Comödianten" stellten nämlich auf ihrem großen Marionetten-Theatro vor „eine galante Haupt- und Staats-Action, genannt: L'Ecole de desespoir oder L'Honneur diaboliquo b. i. das remarquable Leben des Graffen Bonnevals, ehedessen Kays. General der Infanterie, anjetzo aber commandirenden Bassa von 3 Roßschweiffen, oder die Belagerung der Stadt Turin. Mit Hanswurst vorstellend 1. einen veritablen lepore in stabulo. 2. Kurtzweiligen Esel-Inspector. 3. Beschämten Ehemann im Nothstall. 4. Kurtzweiligen Reuter auf gut Glück. 5. Lächerlichen Schmarotzer bei Jungfern u. s. w. u. s. w." Als „Auszierungen" des Schauplatzes werden gerühmt 1. der Graf

Bonneval in seiner Wiege. 2. eine Kirche von deren Thurm der Donner das Kreuz herunter schlägt. 3. ein Adler der im Schnabel eine Lilie trägt. 4. der halbe Mond der zunehmend voll wird und endlich gar verschwindet. 5. der römische Adler in der Luft. 6. die Belagerung von Turin u. s. w." Die meisten dieser „Auszierungen" präsentiren sich dem Grafen während eines Traums. Das „Glück" und das „Verhängniß" sind zwei Hauptfiguren des Schauspiels; das letztere „condolirt den Grafen in einer lamentablen Aria," als er in Constantinopel eine Operation zu bestehen hat.

Die Comödien, welche Ernst Ludwig auf seinem Theater auf= führen ließ, waren meistens die Stücke der großen dramatischen Schriftsteller Frankreichs, namentlich Molières; die Opern, welche zur Aufführung kamen, waren solche von dem Franzosen Lully und andern, sowie von Graupner, dem Durlach'schen Kapellmeister Anschütz und andern mehr. Im Anfange wurden die Damenrollen noch von Dis= cantisten gesungen. Erst mit der Einführung der regelmäßigen Opern erschienen Frauen als Sängerinnen auf dem fürstlichen Theater. Den Geschmack der Zeit kennzeichnet es zum Theil, daß bei der gelegentlich aufgeführten Oper „Cleopatra" von Anschütz der römische Kaiser Augustus in einem „bleumourantenen Türken Habit" und die Cleo= patra in einem „weißgüldenen Kleide" erschienen, natürlich nach dem Schnitte der damaligen Mode.

Als eine besondere Erscheinung in den Zeiten Ernst Ludwigs verdient erwähnt zu werden, daß bei Festlichkeiten des Hofs in der Regel auch die Einwohner der Stadt bedacht wurden, indem man Ver= gnügungen veranstaltete, welche entweder ganz besonders für diese be= stimmt waren, oder solche, an denen sie wenigstens Theil nehmen konnten. So ließ Ernst Ludwig gelegentlich seiner Vermählung mit der Prinzessin Dorothee Charlotte von Brandenburg=Anspach auf seine Kosten den „Marionetten=Comödianten=Prinzipal Richter," welcher während der Frankfurter Messe das dortige Publicum belustigt hatte, nach Darmstadt kommen. Er schlug seine Bude vor dem neuen Thore, auf dem jetzigen Weißen=Thurm=Platze auf und spielte daselbst. Für sich und seine Leute erhielt derselbe freien Tisch im Schlosse und beim Abzuge ein Geschenk von 204 fl.

Die Freude des Landgrafen an Festlichkeiten erleichterte jedes Unternehmen von solchen. Er unterstützte deßhalb die Festschießen, welche von der hiesigen Schützengesellschaft alljährlich gehalten zu werden pflegten*). Ein mit einem Volksfeste verbundenes Freischießen fand unter andern im Jahre 1700 statt. Es wurde auf einer Wiese vor der Stadt gehalten und dauerte zwei Tage. Zu demselben hatten sich Schützen aus Mainz, Worms und Frankfurt eingefunden. Die Darmstädter Schützen hatten feierlichst den Landgrafen und seine Familie zu diesem großen Schießen eingeladen und der Landgraf war ihrer Einladung gefolgt, ja er hatte sogar dazu einen Hauptpreis von 50 fl. gestiftet, „so von einem Wormser Schütz gewonnen wurde." Eine große Menge Menschen aus der Umgegend hatte sich eingefunden und trieb sich auf der Wiese herum. Gaukler, Marionettenspieler und „englische Reiter" hatten daselbst ihre Buden aufgeschlagen und zogen die Menge an, während vor den ambulanten Wirthschaften fahrende Musikanten zum Tanze und zur Kurzweil aufspielten. Dazwischen wogten dann die Bewohner Darmstadts in ihrem Sonntagsstaate, in ihren kurzen Kniehosen, weiten Bratenröcken, auf den Häuptern die Lockenperrücke und darüber den Dreimaster, in der Hand das spanische Rohr mit dem Metall- oder Porzellanknopfe.

Bei größeren Festivitäten waren Illuminationen durchaus unentbehrlich. Als Ernst Ludwig am 15. Nov. 1700 seinen Geburtstag glänzend feierte, wurde, während im Schlosse vor dem Hofe eine Comödie dargestellt wurde, das Gebäude von außen prachtvoll

---

*) Die hiesige Schützengesellschaft war eine in der Gegend sehr geachtet. Sie erhielt nach vielen Seiten hin Einladungen zu Festschießen und brachte häufig Ehrengaben mit. Im Jahre 1701 (Juli) war ein solches in Hanau. Die mitgebrachten Preise wurden im Trauben niedergestellt, dann von da in feierlichem Zuge, die Schützenfahne voran, unter Musik auf das Rathhaus gebracht und daselbst „denen Schützen und Officiers, so sie eingeholt ein Trunk Wein von 4 Viertel aufm Rathhaus gegeben worden und haben folgende Darmstädter gewonnen als: 1. Georg Daniel Reuling die beste Gab, war ein hölzern Schwahn mit 100 fl. 2. Derselbe ferner ein silbern Becher mit 8 fl. 3. Hofbüchsenmacher Gürs 15 fl. 4. Derselbe ferner ein silbern Becher mit 15 fl. 5. Item 2 Rennbecher jeder à 6 fl. 6. Item 2 silberne Löffel à 2 fl. 7. Secretarius Schlechter ein silbern Becher 18 fl. 8. Derselbe ferner 2 Rennbecher à 6 fl. 9. Johann Georg Quiring ein silberner Löffel und 8 fl. an Geld. 10. Niclas Heimer ein silbern Becher 12 fl. 11. Derselbe an Geld 8 fl." — Auch zu einem großen Schießen in Butzbach, welches mit Genehmigung der dort wohnenden Landgräfin-Mutter in Gemeinschaft mit dem Grafen Wilhelm Moritz von Solms von der Stadt Butzbach im Jahre 1698 veranstaltet wurde, erscheint die Schützengesellschaft eingeladen; man ordnete zu diesem Schießen 4 Schützen ab, welche zur Zehrung 10 fl. im Ganzen bewilligt erhielten.

illuminirt. 197 Feuerpyramiden brannten rings um dasselbe und an den beiden Hauptfaçaden nach dem Markte und nach der östlichen Seite hin strahlten noch 27 größere Pyramiden in buntem Feuer. Auch in der Stadt waren die meisten Häuser glänzend mit farbigen Lichtern und Transparenten geschmückt, und die Bewohner Darmstadts ergötzten sich an den schimmernden Gebäuden und an den lustigen Stücklein, welche die Hautboisten und Trompeter des Schrautenbach'schen Regiments vom Schloßwalle herab spielten. — Großer Lärm war auch in Darmstadt, als im Jahre 1707 der Kurfürst von Hannover einen längeren Besuch am Hofe machte. Der Kurfürst hatte in seinem Gefolge eine Bande englischer Reiter, welche theils im Schloßhofe, theils auf der Rennbahn den Hof, theils auf der großen Wiese vor der Stadt die Bewohner Darmstadts und der Umgegend belustigten.

Die größten Feierlichkeiten aber, welche der Feste liebende Land-graf in seiner Residenz bereitete, hatten statt bei dem Einzuge des neu-vermählten Erbprinzen und bei seinem eigenen 50jährigen Regierungs-Jubiläum. Die Vermählung des Erbprinzen mit der Erbgräfin von Hanau war am 5. April 1717 auf Schloß Philippsruhe erfolgt, und am 28. April sollte das Heimführungsfest statt finden. Zur Ver-herrlichung des Festes waren die Gassen der Stadt sauber gemacht und aufgeräumt, der Brunnen auf dem Markte renovirt, die Straßen vor der Stadt planirt worden. Zur Mitwirkung bei der Festlichkeit waren hierher beordert: das Kreisregiment aus Gießen mit 30 Kanonen aus dem bortigen Zeughause, die 3 in Oberhessen stehenden Land-bataillons, sowie das in der Obergraffschaft liegende Lehrbach'sche Bataillon, die fürstliche Leibgarde zu Pferde, die Grenadier-Compagnie und das Schrautenbach'sche Regiment. Vor dem neuen Thore war eine Ehrenpforte errichtet, geschmückt mit Emblemen und Aufschriften aller Art. Unter diesen befand sich unter andern eine Tafel, worauf ein Wagen abgebildet war, „worinnen der dchl. Erbprinz und Erb-„prinzeß repräsentirt saßen und der Cupido dem Wagen Einhalt thäte, „nebst davor auf den Knieen liegender Statua, die hiesige Stadt, mit „unterthänigstem Gehorsam die Hand zum Herzen haltend, vorstellend, „mit dem darüber stehenden Worte: Obsequio." Eine zweite Ehren-pforte stand zwischen dem jetzigen Jagdhause und dem Ostnerischen Hause, damals Dr. Herdens Haus, und war errichtet von dem Magi-strate der Stadt. Sie trug ebenfalls eine große Menge von Emblemen und Devisen. Unter diesen befand sich, was wir zur Characterisirung

des Geschmacks anführen: der Brandenburgische Adler, der dem Hessischen Löwen ein mit einem Lorbeerkranze bekröntes Herz reicht, mit
der Unterschrift: „Das Herz in mir gebühret Dir!" Auf einem andern
erschien „der Wagen der Liebe mit zwei Schwanen bespannt, worin
„der Hessische Löwe saß, so einen Myrthenkranz in den Klauen hält
„und von der Göttin der Liebe regieret wird, mit der Ueberschrift:
„Die Lieb allein, Setzt mich hier ein," und als Gegenstück der Wagen
der Liebe von zwei Löwen bespannt, in dem ein Schwan saß, der den
Myrthenkranz im Schnabel hatte. Auf einem dritten Bilde erschien
der Jason, das goldne Bließ haltend, mit der Ueberschrift: „Weil es
mein Herz vergnügt, Hab ichs mit Müh besiegt." Auf einem vierten
Bilde sah man eine sehr schöne und hohe Tanne, die einen ganz aus-
gegangenen Wald wieder frisch besaamt, mit der Ueberschrift: „Ein
ganzer Hauff Sproßt von mir auf!" Auf einem andern wieder erschien
der Hanauische und der Hessische Löwe, ein jeder ein oben beflammtes
Herz empor haltend mit der Ueberschrift: „Gott laß es bald geschehen,
Daß wir das dritte sehen." Wieder ein anderes zeigte zwei „Pallen-
Bäume neben einander gepflanzet" mit der Ueberschrift: „Wann sie
wohl gesellet sein, Stellen sich die Früchte ein" u. a. m.*). Zum
Einzuge des fürstlichen Paares an der Gehefspitz standen nun am
28. April schon frühe der alte Ausschuß, an einem bestimmten Platze
zwischen Griesheim und Darmstadt die 30 Kanonen aus Gießen. In
der Stadt von der Ehrenpforte an stellte sich die hiesige Schützen-
compagnie und die Bürgerschaft auf bis ans Neue Thor. Vor diesem
stand das Schrautenbach'sche Regiment zu Fuß, blau und roth montirt,
die Officiere alle mit blau und Silber chamerirten Kleidern und rothen
Federn auf den Hüten, das Düringische Bataillon, weiß montirt mit
gelb, das Dallwigk'sche weiß mit roth, das Lehrbachische weiß mit blau,
das Geißmar'sche weiß mit grün, endlich das Kreisregiment zu Fuß
mit blauer Montur und weißen Aufschlägen, „bei welchen Regimentern
und Bataillons die Herrn Officiers sich recht propre montirt und
aufgeputzt hatten." Auf dem Platze, wo die Erbprinzessin empfangen
werden sollte, im Griesheimer Felde, waren vier Zelte aufgeschlagen
und die ganze Menge von Pferden, Kutschen, Lakaien, Cavalieren aller

---

*) Die Malerarbeit gelegentlich des Einzugs der erbprinzlichen Gemahlin
im Jahre 1717 verfertigte Zach. Sonntag. Er erhielt täglich laut Accord
3 fl. und arbeitete vom 19. bis 28. April.

Art waren daselbst versammelt. Die Erbprinzessin kam von Frankfurt
her und fuhr an der Gehespitz vorüber, von da durch Mörfelden,
gradeswegs durch die Schneise am dem Gehaborner Hof vorbei nach
den im Griesheimer Felde aufgeschlagenen Zelten. Dort wurde sie
unter Salven aus den 30 Kanonen empfangen. Sie setzte sich alsdann in eine mit sechs Pferden bespannte Chaise und fuhr durch die
Reihen der aufgestellten Soldaten, sowie des versammelten Volks nach
der Stadt. Ihr folgte das ganze große Comitat, bestehend aus einer
Unzahl von Wagen, aus den besonders geführten Handpferden der ver=
schiedenen fürstlichen Gäste, sowie der Abligen, aus Lakaien, Laufern,
Pagen, Jägern, Reitknechten zu Fuß und zu Pferde, aus einer großen
Anzahl Cavaliere, alle schön beritten in „chamarirten Kleidern." Es
befanden sich dabei, außer den fürstlichen Kutschen, 29 weitere,
sowie 57 kostbar geschmückte und besonders geführte Handpferde. —
Einen stattlichen Theil des Festzugs bildete die fürstliche Garbe „in
überaus schöner Montur, blau mit rothen Aufschlägen und reich mit
Silber bordirt, silberne Achsel-Bänder, kostbar gestickten und bordirten
Chabraquen, mit ihren Trompeten und Pauken, darvon die Herrn
Officiers alle roth montirt und mit Silber chamarirt, auf weiß=
grauen Pferden, die Reuter aber durchgehends egale schwarze Pferde
ritten." Die nächsten Tage vergingen in Festlichkeiten aller Art und
gottesbienstlichen Handlungen. Während der Tafeln wurden schöne
Vocal=. und Instrumental=Musiken aufgeführt und aus den 30 Gießener
Kanönen geschossen. An einem der Festtage ließ der Stadtrath auf
seine Kosten aus dem Marktbrunnen mittelst einer dazu eigens präpa=
rirten Maschine weißen und rothen Wein springen, unter dem Zu=
schauen aller hohen Herrschaften. Der Wein sprang aus den Rachen
zweier Löwen, zweier Schwanen und zweier Adler, welche mit Devisen
geziert waren.

Die Löwendevise lautete:

Wie reich begabt
Er schützt und labt.

Die Schwanendevise:

Treu der Bürger muß so rein
Wie die weiße Schwanen sein.

Die Adlerdevise:

Hessens hohes Glück und Wonne
Stieg dem Adler gleich zur Sonne.

Am Abende desselben Tags fand ein großartiges Feuerwerk in der breiten Allee statt, welches von 9 bis 11 Uhr währte. An einem andern Tage veranstaltete die Darmstädter Schützengesellschaft auf ihrem Schießplatze vor dem Bessunger Thore ein Nachtschießen, zu welchem Zwecke zwei aus grünen Tannen bestehende Wände aufgerichtet waren, an denen einige Tausend kleiner Lampen hingen. Wieder an einem Tage war die breite Allee in der Tanne illuminirt, bei welcher Illumination mehr als 56,000 Lichter brannten, die an den zu beiden Seiten der Allee aufgestellten 800 Pyramiden angebracht waren. Die Feierlichkeiten währten im Ganzen vom 28. April bis 7. Mai und ein jeder Tag war mit einer besonderen Festlichkeit bezeichnet *).

Die andere große Festlichkeit galt dem 50jährigen Regierungs-Jubiläum des Landgrafen im Jahre 1738. Es wurde im ganzen Lande durch Gottesdienst und allgemeine Illumination gefeiert, und ganz besonders zeichnete sich dabei die Residenzstadt aus. Eine ungeheure Menge von Transparenten aller Art war außer den Lampen und Lichtern an den Häusern angebracht. Jeder einzelne Bewohner der Stadt war nach dem Feste um Mittheilung der Art und Weise seiner Illumination gebeten worden und in Folge dessen ist im Archive zu Darmstadt eine genaue Beschreibung der glänzenden Beleuchtung vorhanden. Die Transparente waren zum Theile äußerst characteristisch für die Anschauungsweise der Zeit, denn sie kamen nicht an den Häusern von armen Leuten, sondern an denen vornehmer Personen vor. Oft sind sie sehr räthselhaft und zuweilen ist es ganz unmöglich, die Beziehung auf das sie veranlassende Fest herauszufinden. So hatte

---

*) Bei dem Abbrechen der Ehrenpforte beschädigte sich ein Zimmermann sehr erheblich. Die uns vorliegende Rechnung für dessen Heilung lautet wörtlich: „Wegen des Zimmermanns als die Ehrenport abgebrochen worden und durch ein Stück Holz die Schulter auseinander geschlagen, so dann zwei Rüben in dem Sterno oder Brustbein zerbrochen, auch einen Lappen auf der Stirn über dem Aug abgeschlagen, haben wir beyde Unterschriebene davor zu fordern:
1. Vor die Schulterverenkung taxmäßig 6 fl.
2. Vor die zwei Rüppen zu curiren 6 fl.
3. Vor die Wunde auf der Stirn 2 fl.
Darmstadt d. 10. Nov. 1717.

Dienstwillig
Joh. Mart. Toser Chirurgus
Georg Dan. Reuling."

z. B. der Oberstallmeister v. Geißmar an einem seiner nach dem Ballonplatz herausgehenden Fenster im alten Marstalle bei der Caserne einen Transparent, der eine zugeschlossene Hand darstellte, auf der mehrere Flöhe herumhüpften, mit der Unterschrift: „La garde en est difficile." Der Heſſiſche Löwe mußte ſich zu ſehr verſchieden= artigen Situationen bequemen. So fand ſich z. B. an dem Hauſe des Kammermeiſters von Wallbrunn am Ballonplatze (dem jetzigen Schulhauſe) in einem Fenſter ein Bild, welches einen Berg mit 100 Stufen darſtellte, auf dem ein Löwe hinanlief, der grade auf der 50. ſtand. Dabei fand ſich die Unterſchrift:

„Steig großer Heſſen Löw im Regimentslauf
Von 50 ferner fort nochmals zu 50 auf."

Wie glänzend übrigens die Beleuchtung geweſen ſein mag, geht daraus hervor, daß z. B. an dem ebengenannten Wallbrunn'ſchen Hauſe an jedem Fenſter eine mit Lampen reich geſchmückte Pyramide ſtand und an dem Thor und Thorbogen nicht weniger als 1800 Lampen brannten. Aus den Berichten ergibt ſich übrigens, daß Lampen, Wachslichter, Talglichter und Oellichter herhalten mußten. Beſonders brillant war eine große illuminirte Ehrenſäule auf dem Ballonplatze, welche die Bewohner jener Vorſtadt hatten errichten laſſen, wofür indeſſen die Koſtenbeträge nach fünf Jahren noch beigetrieben werden mußten. Aeußerſt naiv iſt der Bericht, welchen die auf dem Sporerthor wohnen= den Gnadenſöldner über ihre Illumination einreichten. Er lautet wörtlich alſo:

Capitaine d'armes Schultheiß im 3. Stockwerk wohnhaft, vor den Fenſtern „illuminirt mit 30 Lampen bis nach 12 Uhr Mitternachts.

„Corporal Kramer mit 2 Pyramitten mit 20 Lämperger vivat Ernſt „Ludwig.

„Corporal Rühl hinten an der Ecke wohnhaft hat illuminirt mit 20 Läm= „perger.

„Marx Bohl 21 Lämperger 2 Pyramitten mit dem Wappen. Stroh „4 Lichter.

„Baumann. Eine Piramitte mit 3 Lämperger.

„Günzum 2 Lämperger.

„Groß, Tambour 5 Lämperger am Fenſter." u. ſ. w.

Den Fremdenverkehr in Darmſtadt zu damaliger Zeit kennzeichnet ein Nachtzettel vom 12. April 1715, der wörtlich alſo lautet:

„Paſſagier Zettul.
„Darmbſtatt am Neuenthor den 12. April 1715.
„Im Trauben logirt.
„1. Drey Güther Wagen kommen von Frankfuhrt.

„Im Löwen.

„1. Der Pfarrer von Rohrbach.
„2. Ein Mann von Franffurt.
„3. Zwey Kauffmanns Diener von Franffurt.
„4. Zwey Chl Krämer auß Tyrol.

„In der Crou.

„1. Ein Mann un zwey Weibs Perſonen auß Sachßen.
„2. Drey Mann von Prönſpach.

„Im Engell.

„1. Drey Rothgerber Geſellen.

„Extra.

„1. Der Junge Herr von Gemmingen kombt auff der Poſt von Hall, paſſirt
zum Neuenthor herein.
„2. Der Herr Spengler von Rüßelsheim logiert bey ſeinem Sohn.

„Durch Paſſirt.

„1. Zwey Cavaliere von Diſteldorff, nahmens Baron Weyß undt Haag, paſſiren
„durch nacher Heydelberg.
„In übrigen Wirthsheußern loge 0.

„Joh. Chriſt. Oſtheimb, Thorſchreiber.“

In Bezug auf die bürgerlichen Verhältniſſe Darmſtadts unter
Ernſt Ludwig verdient erwähnt zu werden, daß im Jahre 1730 von
Darmſtadt und Beſſungen ein wechſelſeitiger Vertrag abgeſchloſſen
wurde, dem zufolge in Darmſtadt oder Beſſungen „geborne Bürger
„und Gemeindsleute freyen Einzug beiderſeits haben ſollen.“ Frem-
ben, welche 16 Jahre in Darmſtadt oder in Beſſungen gewohnt,
wurde das gleiche Recht zugeſtanden. Andere mußten das Einzugsgeld
zahlen, welches in Beſſungen auf 5 fl., in Darmſtadt auf 12 fl. geſetzt war.

Im Jahre 1691 erhielt die Stadt die Erlaubniß, von Fremden
Pflaſtergeld zu erheben, 10 Jahre lang zum Beſten des ſchad-
haften Pflaſters, von jedem Stück Zugvieh 2 Pfennig.

In Bezug auf Preisverhältniſſe wollen wir folgende Einzelnheiten anführen: das Wirthshaus zum Engel wurde 1708 verſteigert
und gelangte für 3750 fl. an den Lederhändler Gambs. — Im
Jahre 1689 war der Preis für ein Paar Mannsſchuhe auf 1 Thlr.
feſtgeſetzt. — Im Jahre 1697 beſtanden folgende Bäckerpreiſe:
für 2 Albus Roggenbrod mußte wiegen 4¼ Pfd., 1 Alb. Kümmelbrod 34 Loth, 1 Alb. Weißbrod 30 Loth, 1 Alb. Spitzweck 26 Loth.
1 Achtel Weißmehl galt 4 fl. 15 Alb., 1 Achtel Roggenmehl 2 fl;
20 Alb. Die Preiſe wurden übrigens ſehr häufig, faſt wöchentlich
geändert oder vielmehr, es wechſelte das Gewicht der Brodarten, weil

die Fruchtpreise ungewöhnlich oft wechselten. So wog z. B. am 28. November 1698 für 2 Alb. Roggenbrod nur 1½ Pfd., 1 Alb. Weißbrod 18 Loth, das Achtel Roggenmehl kostete 7 fl., Weißmehl 8 fl.; 1699 im April wogen 2 Alb. Roggenbrod 1¼ Pfd. Dafür kostete auch das Weißmehl 9½ fl., Roggenmehl 7 fl. 22 Alb. .

Eine eigenthümliche Verordnung gegen nachlässige Weingärtner erging 1699. Es wurde nämlich „der Burgerschaft angedeutet, daß ein jeder, dessen Nachbar seine Wingerte wüst liegen lasse und zwischen April und Michaelis nicht baue, solche zu sich zu nehmen befugt sein sollte und vor eigenthumlich besitze." Daß von dieser Erlaubniß Gebrauch gemacht wurde, ergibt sich aus mehreren Beispielen. So erklärte z. B. Conrad Geiselmann, daß die Hirsch'sche Wittib am h. Kreuz neben ihm ein wüst Stück liegen habe; „er wolle es anbauen und die onera tragen."

Erwähnenswerth ist auch, daß unter Ernst Ludwig bei den drei Brunnen das Bergwerk St. Elisabeth betrieben wurde. Dasselbe war schon 1609 in stetem Betrieb gewesen und die drei Gebrüder Ludwig, Philipp von Butzbach und Friedrich von Homburg hatten dabei Antheile. Im Jahre 1689 war der Betrieb zeitweise eingestellt worden, begann aber im Jahre 1696 wieder.

Für die Sittengeschichte interessant erscheint die Notiz, daß im Jahre 1698 dem Rathsdiener ein Geschenk von 10 fl. für einen Rock gemacht wurde, weil er sich das Branntweintrinken abgewöhnt und sich ferner dessen zu enthalten versprochen hatte, aber auch die Thatsache, daß Ernst Ludwig sich im Jahre 1700 veranlaßt sah, einen Burgfrieden neu zu errichten, um dem Streite und dem Zanke in seinem hiesigen Schlosse, wie in sonstigen herrschaftlichen Häusern zu steuern. Bedroht war darin jeder, der gegen einen andern „das Gewehr rücken, und auf den andern in ernstem Muth zuschlagen, hauen oder stechen und denselben blutrünstig machen würde" mit Abhauung der Hand. Wer aber sein Gewehr in ernstem Muth zückte, oder die Hand zum Schlag oder Stoß erhob, oder Jemand zum Duell herausforderte, auch wenn die That nicht zur Vollführung kam, „derselbe wurde mit ungnädiger Abschaffung aus Diensten ohne Abschied, auch wohl gar mit Landesverweisung oder Thurmstrafe bei Wasser und Brod nach Beschaffenheit der Sache und der Personen gestraft." Wer Jemand mit ungebührlichem Schelten und Schmähworten an seiner Ehre verletzte, der mußte dem Geschmähten öffentlich Widerruf thun. Für den der sich aber dessen weigerte, trat der Henker ein und leistete den Widerruf und dazu wurde der Injuriant mit einer Geldstrafe belegt und aus dem Dienst geschickt.

Im Jahre 1712 hatte der Landgraf eine Verordnung erlassen, welche dem übermäßigen Luxus bei Trauerfällen steuern sollte. Für Mann · und Frau, Vater und Mutter und Schwiegerältern, sowie für erwachsene Kinder, sodann für solche, „welche per testamentum beerbt wurden," durfte ½ Jahr in schwarzem Boy oder Tuch getrauert werden. Bei strenger Strafe aber war verboten, Zimmer und Bedienten irgend einer Art in Schwarz zu kleiden. Für Großältern, Brüder und Schwestern und für den ersten Grad der Schwägerschaft war die Trauerzeit auf ¼ Jahr in schwarzer Kleidung bestimmt, für sonstige Collaterales aber und für minderjährige Kinder, Brüder, Schwestern ꝛc. nur auf 6 Wochen, und für die unter 14 Jahr nur 8 Tage, und zwar ohne Anlegung von schwarzen Oberkleidern.

Um dem überhand nehmenden Feldfrevel und den Diebereien in Gärten und Gartenhäusern in der Residenz und um dieselbe herum zu steuern, wurde im Jahre 1699 die ganze Gemarkung der Stadt in 6 Bezirke getheilt, deren jeder zwei Feldhüter erhielt, die abwechselnd im Sommer Tag und Nacht, im Winter („wegen der Zäune und Hecken und Abfrätzung des Viehes") die Bezirke zu begehen hatten.

Der lässige Kirchenbesuch der Bürger veranlaßte im Jahre 1712 folgende Anordnung: „Der Bürgerschaft solle angedeutet werden, daß selbige inskünftige auf denen Landbethtagen fleißiger als bißhero nicht geschehen, die Kirche besuche und nach verrichteten Gottesdienst aufs Rathhaus gehen sollten, zu welchem Ende dann jedesmals Umbzählung gehalten und die Absentes mit ¼ fl. zur Straf gezogen werden sollen."

Der Anführung werth ist auch die actenmäßige Aufzeichnung der Geschenke, welche der Landgraf gab, wenn er zu Gevatter gebeten war. Sie lautet: „Es pfleget gegeben zu werden vor das Kind 6 fl., der „Hebamme 1 fl. 15 Alb., in den Klingelbeutel 10 Alb., in die Armen=„büchs 10 Alb."

Ernst Ludwig überlebte sein Jubiläumsfest nicht lange. Im Herbste des folgenden Jahres 1739 begab er sich nach Jägersburg, wo er ein Haus stehen hatte, dessen Fenster nach allen Schneisen gingen, die darauf stießen, und von dem die vergrößernde Sage erzählt, es habe 365 Fenster gehabt. Er hatte hier, wo er früher, als er noch rüstiger war, gern gejagt, zu bauen angefangen; er war aber kaum hier angekommen, so überfiel ihn ein Fieber, welches so heftig wirkte, daß er schon zwei Tage nachher seinen Geist aufgab. Das dort angefangene Gebäude wurde nach seinem Tode wieder abgerissen *).

---

7. Darmstadt unter Ludwig VIII. (1739—1768).

Ernst Ludwigs Sohn und Nachfolger, Ludwig VIII., hatte von seinem Vater eine große Liebe zum Bauen und zur Jagd geerbt. In Folge seiner Jagdliebe, welcher er einen bedeutenden Theil seiner Zeit widmete, lebte er meist von Darmstadt entfernt. Sein liebster Aufenthalt war zu K r a n i ch st e i n **). Von hier aus leitete er die Regierungs-

---

*) Die eigentliche J ä g e r s b u r g erbaute im Jahre 1609 Landgraf Ludwig V. „mitten im Thiergarten, wie Winkelmann (Beschreib. d. Fürstenthums Hessen I. 52) erzählt, rings herum mit einem tiefen und weiten Graben." Das Schlößchen stand dem heutigen Forsthaus gegenüber; es war mit einem Graben umgeben, der einen sechseckigen Stern bildete, mit einer Zugbrücke. Sie wurde im Jahre 1738 als baufällig verkauft.

**) S. 50 Anm. ** ist eine Geschichte Kranichsteins in Aussicht gestellt. Wir schalten dieselbe hier, als an der passendsten Stelle, ein.

Der Ursprung von Kranichstein scheint in die letzte Hälfte des 14. Jahrh. zu reichen. Zu jener Zeit erscheint in den Acten ein Burgmann zu Darmstadt, d. h. ein Vasall, der mit andern Burgmännern die Burg der Grafen von Katzenelnbogen zu Darmstadt zu vertheidigen berufen war, mit Namen C r a n a i ch zu D e r i n st e i n. Derselbe hatte sein Burgmannsgut, mit dem er von den Grafen belehnt war, „im Einsiedel am Messeler Weg." Von einer Hofanlage an der Stelle, wo jetzt Kranichstein liegt, findet sich zwar in den Acten keine Andeutung aus jener Zeit; die Benennung Kranichstein oder „Kranichrotth", wie es 1549 noch actenmäßig heißt, gibt aber genügenden Grund zu der Annahme, daß jener Darmstädter Burgmann, Cranaich zu Derinstein, der in dieser Gegend belehnt war, die erste Anlage zu dem Hofgute gemacht habe. Die Anlage bestand aber damals wohl nur in einer Urbarmachung (Rodung) des Geländes.

Actenmäßig tritt Kranichstein zum erstenmale im Jahre 1549 auf. Aus dem betreffenden Actenstücke ist zu ersehen, daß das „Kranichsrotth am Messeler Weg gelegen," von den Landgrafen von Hessen als Lehen verliehen zu werden pflegte, bis es von Landgraf Wilhelm zu freiem eignen Erbgut gegeben wurde. Als Besitzer dieses Guts erscheinen im Jahre 1549 die Erben des Johannes Scheerer, d. h. dessen Sohn Hans Scheerer und dessen Schwestermänner Karges von Münster und Heinrich Leipoldt. Diese Erben des alten Scheerer verkauften ihr Gut an den Keller, späteren Amtmann zu Darmstadt, Johann von Rens-

geſchäfte. In den dabei liegenden Wäldern lebte er vorzugsweiſe ſeinem Jagbvergnügen, und noch ſind dort eine Menge von Bäumen zu ſehen, an welchen angeſchrieben iſt, wann ein glücklicher Schuß des Fürſten dort einen Hirſch oder Eber niedergeſtreckt hatte. Während der Landgraf in Kranichſtein reſidirte, lag ein 30 Mann ſtarkes Commando vom Leibgrenadier-Corps daſelbſt, welches im Munde des Volks

dorf, und zwar Hans Scherrer ſeinen Antheil für 110 fl., Karges den ſeinen für 60 fl. und Leipoldt b-n ſeinigen für 50 fl. Kaufgeld. Das Gut heißt in den Acten das „Kranches Roit im Darmſtädter Wald am Meſſeler Weg" und es beſtänd aus Wieſen und Aeckern. — Johann von Rensdorf vergrößerte das erkaufte Gut ſehr bedeutend durch Ankauf einer Anzahl Aecker und Wieſen, welche Darmſtädter Bürgern angehörten, darunter das „Eulers Roit, den Hornigsberg und die Hornigswieſen," und erbaute ein Haus, da wo jetzt das Schloß liegt, und dann eine Mühle mit zwei überſchleifigen Rädern vor dem Darmſtädter Walde bei der Hornigswieſe. — Den ganzen Gutscomplex verkaufte Rensdorf als „Haus und Gut Kranichſtein" im Jahre 1572 an Georg I. um die Summe von 2000 fl.

Georg I. begann alsbald das Haus zu vergrößern, d. h. neue Bauten dabei aufzuführen. Die erſten Bauten waren Gebäude, welche der Oeconomie dienten und da ſtanden, wo jetzt die Gebäulichkeiten des Hofguts ſtehen, die vielleicht zum Theile noch die alten ſein mögen. So wurden 1577 Scheuern gebaut von ziemlichem Umfange, denn es wurden dazu 21,000 Ziegel gebraucht; 1579 entſtand ein Bienenhaus, eine Schafſcheuer, ein Taubenhaus, für welches 100 Paar Tauben aus der Wetterau beſchrieben wurden, deren Herbeiſchaffung den damit beauftragten Kellern große Mühe machte. Zu Frohndienſten bei der Oeconomie, insbeſondere zum Ackern der Felder, zum Heimführen der Erndte, zum Dreſchen des Getreides waren die Bewohner von Arheilgen, Wixhauſen und Erzhauſen verpflichtet, die, weil dieſe Dienſte ihnen viele Zeit wegnahmen, von Frohndienſten an andern Orten befreit wurden, nachdem ſie dem Landgrafen ihre Noth geklagt, in welche ſie die Strenge der Beamten, namentlich die des Förſters Schnitzpahn bringe.

Zu den Oeconomie-Anlagen gehörte auch ein Teich, zu deſſen Anlegung man zuerſt einen Seegräber aus Frankfurt und ſpäter den Seegräber Meiſter Paulus Ennekell aus Gießen mit einer Anzahl von Wallknechten und Waſenſtechern verwendete. Mit dem Zuſammenbringen dieſer Arbeiter hatte man große Noth, obgleich man 1 Thaler wöchentlichen Lohn bot und die Verſicherung gab, daß der Ort, wo der Teich gegraben werden ſollte, trocken, alſo die Arbeit nicht ſo hart ſei.

Neben der Hauptbeſtimmung als Oeconomiegut erhielt Kranichſtein aber ſchon unter Georg I. die Nebenbeſtimmung, als Jagdſchloß zu dienen. Demgemäß entſtand ſchon 1580 ein neuer Bau, neben dem Rensdorfiſchen Schlößchen, mit dem Rondell und der Kapelle. Georg I. hielt ſich auch öfters in ſeinem neuen Baue auf, ſo daß ſogar Reſcripte von ihm daher datirt ſind. Die Ober-

„das Corps der Brühfleischesser" hieß, weil es aus der Hofküche gut
gepflegt wurde. Außerdem waren dann noch ständig einige Ordonnanz-
reiter von der Leibgarde zu Pferde und den Dragonern daselbst. Sehr
gern gesehene Gäste in Kranichstein waren die Kapuziner aus Dieburg,
denen der Landgraf durch Spendirungen aus der Hofküche ein großer
Wohlthäter wurde, so daß sie auch sein Bildniß in ihrem Kloster

---

aufsicht führte in Kranichstein ein Vogt. — Der Aufenthalt in Kranichstein
scheint übrigens dazumal kein gesunder gewesen zu sein. Der vertraute Diener
Georgs I., Reyß Loißkam, berichtet am 7. Sept. 1572: „Zu Kranichstein ist
widder ein Arm Spital, Alß das sie darinnen allesampt schwach findt vnd keines
darinnen ausgenommen. Der Vogt hat sich widder etwas vfgemacht vnd gehet
widder Rhamhero."
       Unter Ludwig V. wird des Hauses Kranichstein nur selten in den Acten
erwähnt. Unter Georg II. aber wurde troß der Ungunst der Zeiten Deconomie
in bedeutendem Umfange daselbst getrieben, und die Viehzucht erstreckte sich auf
Schaafe, Tauben, Enten, Hühner und — Kraniche. Insbesondere war die
Schaafzucht sehr bedeutend, so daß im Jahre 1639 551 Stück Schaafe aus
Oberhessen dahin verbracht wurden, welche sich 1641 bis auf 684 vermehrt
hatten. 1639 war auch wegen Unsicherheit der nächsten Umgegend von Darmstadt der Landgräfin Rind und Schaafvieh nach Kranichstein getrieben und in
den Ställen des neuen Baues untergebracht worden. Zu seinem Schuße auf
der Weide waren mehrere Musketiere von Darmstadt nach Kranichstein comman-
dirt. Zur Deconomie von Kranichstein gehörte dazumal auch eine Mahl- und
eine Schneidmühle. Aus einem Kostenverzeichnisse vom Jahre 1640 ist zu
ersehen, daß 10 Gesinde-Personen im Hofgute verwendet waren, deren Unterhalt
224 fl. kostete. Sie verbrauchten unter andern: 38 Malter Korn, 11 Malter
Gerste, ¼ Malter Weizen, 1 Malter Erbsen, 740 Pfd. Fleisch, 268 Pfd. Butter,
204 Pfd. Käse, 2 Malter Salz u. s. w.
       Zur Regulirung der Kranichsteiner Haushaltung erließ Georg II. eine
„Ordnung, wie es daselbst mit allerley soll gehalten werden." Aus ihr ist zu
entnehmen, daß eine sehr wohlüberlegte Hausführung statt hatte, Ab- und Zu-
gang jeder Art von Erzeugnissen der Deconomie genau regiftrirt wurde rc. Die
Eier, Obst, Wachs und Honig wurden von hier aus an die Hofhaltung zu
Darmstadt geliefert. — Aber auch am Schlosse wurde unter Georg II. gebaut.
So im Jahre 1642, wo ein neuer Bau aufgeschlagen wurde, wozu die Unterthanen in den sämmtlichen Dorfschaften des Amts Hain zu Dreieich aufgeboten
waren, mit Spießen, Heugabeln und Wagenseilen zu erscheinen, und sich zu
verproviantiren, um ohne Unterlaß Tag für Tag an der Arbeit bleiben zu können.
       Seine Bedeutung als Jagdschloß erhielt Kranichstein erst von Ernst
Ludwig an. — Ernst Ludwig ließ 1688 neue Gemächer herstellen, 1690 das
neue Jagdzeughaus bauen und 1697 das „alte Schlößchen" (d. h. das Rens-
dorfische Haus) abbrechen. — Die Hauptglanzzeit Kranichsteins war indessen die
Zeit Ludwigs VIII., deren Einzelheiten eine Menge von Interessantem bieten.

hängen hatten. Ein starker Verkehr zwischen Kranichstein und Darm=
stadt war die natürliche Folge dieses Aufenthalts. Ludwig VIII.
pürschte stets mit einer Windbüchse entweder von seinem Wagen aus
oder aus festen Schirmen, welche er an allen Brunftplätzen hatte
errichten lassen und deren Stellen jetzt noch häufig bezeichnet sind.
Das Jagdgefolge war sehr groß. Da waren: ein Commandant der
Jagd, Jagdjunker, Oberjäger, Piqueurs, valets des chiens, Jäger=
bursche, Vorbereiter, Sattelknechte, Jagdreitknechte u. a. m. Die
Fütterung der Hunde nur an Brod und Sülzen kostete an 1700 fl.
Die Jäger wurden sehr freigebig bezahlt und ihr Eifer wurde stets
durch Extrageschenke rege gehalten. Für jeden von Ludwig VIII. ge=
schossenen Hirsch erhielt der Jäger, welcher den Stand und Wechsel
des Hirsches ausgemacht hatte, einen Hirschbucaten, der auf den
2 Seiten einen Hirsch mit der Unterschrift: „Durch die Dukaten
ward ich verrathen," hatte. Auch Hirschgulden ließ Ludwig VIII. für
seine Jäger schlagen mit der Aufschrift: „Ach wir arme Hörnerträger
haben wider Willen Schwäger." So gab es auch Saugulden und
Saubucaten. Es war ein gewaltiges Jägerleben unter Ludwig VIII.
und er war von seinen Jägern angebetet. Die Cabinetsbibliothek in
Darmstadt bewahrt eine in ihrer Art interessante Reliquie aus jener
Zeit in einem geschriebenen Buche, dessen Inhalt in köstlicher Weise
das Jagdleben unter Ludwig VIII. characterisirt. Es führt den Titel:
„Spezifikation aller raren Schüsse, welche S. H. D. Ludwig VIII.,
„Landgraf zu Hessen=Darmstadt, von a. 1742 an bis 1758 im Forst
„Arheilgen gethan hat, zusammengetragen von Rautenbusch, Oberförster
„zu Wolfsgarten." Darin findet sich nicht nur alles von dem Land=
grafen auf irgend eine merkwürdige Weise erlegte Wild bunt colorirt
und mit sehr sichtlicher Bezeichnung des Schusses in effigie darge=
stellt, sondern auch eine kurze Geschichte jedes Schusses in oft sehr
ergötzlichen Reimen. Als Beispiel diene Folgendes: Im Arheilger Forste
standen damals eine Eiche und eine Buche mit in einander geschlungenen
Aesten. Diese Bäume hießen allgemein die „Eheleute". Ludwig VIII.
erlegte am 12. Juli 1760 bei diesen Bäumen einen stattlichen, sein
Gehörn daran fegenden Zwölfendner. Diese Scene ist unter andern
auch in dem Buche bildlich dargestellt mit der Unterschrift:

> „Hegen auch die Bäume Flammen?
> „Ja, sie fügen sich zusammen
> „Und bezeigen ihre Glut.

„Seht was hölzerne Liebe thut!
„Auch ein Hirsch sucht diesen Ort,
„Schlägt und fegt das Gehörn alldort
„Da ihn daran der theure Fürst
„In beliebter Stellung pürscht.

Dianenburg.

Der Bauliebhaberei leistete die Jagdlust Vorschub. Ludwig VIII. baute verschiedene Jagdgebäude ebenso bei Darmstab twie an andern Orten. Bei Darmstadt erbaute er unter andern die Dianenburg, die da stand, wo jetzt der Jagdpavillon gleichen Namens steht. Die vormalige Dianenburg bestand in dem untern Stockwerke aus einem Speisesaale, in den die auf einer Tafel bereit stehenden Speisen durch den auf beiden Seiten sich öffnenden Fußboden aus dem Souterrain, wo sich die Küche befand, heraufgeschafft wurden. Im zweiten Stocke befanden sich mehrere kleine Zimmer und über diesen ein Kabinet, in welches man nur durch eine in der Decke in Form eines Sterns an= gebrachte Thüre gelangen konnte. Die Fensterbrüstungen des Saales waren durch Oelgemälde geschmückt, welche Ansichten von Hessischen Städten darstellten. Im Jahre 1808 wurde das Haus auf den Ab= bruch versteigert und die darin befindlichen Mobilien der Versteigerung ausgesetzt, jedoch nachher von Prinz Friedrich, Sohn Ludwigs VIII. († 1809), übernommen, da er das Jagdhaus in Arheilgen wieder

aufzubauen beabsichtigte.   Der jetzt an der Stelle der alten Dianaburg
stehende Pavillon ist von S. K. H. Großherzog Ludwig III. als Erbgroßherzog errichtet.

Griesheimer Haus.

Ein anderes in der Nähe von Darmstadt gelegenes Jagdhaus,
welches von Ludwig VIII. erbaut wurde, war das Griesheimer
Haus.   Es stand am Ende der Stadtschneise, einer Fortsetzung der
„scheppen Allee" *), da wo jetzt zur Erinnerung an das dagestandene
Gebäude auf einer Erhöhung ein mit der Ansicht des Hauses ver-

---

*) Es ist actenmäßig nicht nachzuweisen, wer die „scheppe Allee," eine
der Merkwürdigkeiten unserer Stadt, angelegt hat, ja es ist sogar manchmal be-
zweifelt worden, ob sie eine absichtliche Anlage sei.   In der Regel nimmt man
an, sie sei mit einer bestimmten Absicht angelegt und zwar in der Weise, daß
man bereits krumm gewachsene junge Tannen dahin gepflanzt, die dann in
diesem krummen Wuchse um so eher weiter wuchsen, weil sie im Freien standen.

sehener Pflock steht. Ein Gebäude für temporären Jagdaufenthalt hatte schon Ernst Ludwig im Jahre 1713 daselbst errichtet, allein dasselbe war schon 1736 wieder eingestürzt. Ludwig VIII. baute ein neues auf, indem er zu gleicher Zeit, um das Wild in den benachbarten Wäldern zu halten, an verschiedenen Orten Behälter graben ließ, die heute noch sichtbar sind, in welche Wasser aus dem Bessunger Wald geleitet wurde. Das Haus machte in den Zeiten Ludwigs VIII. viel von sich reden durch mancherlei Spukgeschichten, deren Sitz es gewesen sein sollte. Unter Ernst Ludwig schon und dann auch unter Ludwig VIII. war einer der angesehensten Männer der Oberjägermeister und Geheimerath von Mingerod. In seinen Amtsverrichtungen soll dieser Mann sehr streng, ja sogar hart gegen die Armen, welche Holz brauchten, gewesen sein, so daß er sich den Haß und die Verwünschungen vieler Leute zugezogen hatte. Nach dem Ableben dieses von dem Landgrafen sehr geschätzten Mannes verbreitete sich bald der Glaube, der gequälte Geist des harten Mannes spuke im Griesheimer Hause. Die Spukerei wurde darin erkannt, daß sich oft in der Nähe des Hauses Winde erhoben, welche, je näher sie dem Hause kamen, in wahre Orkane ausarteten, Bäume zerknickten, Dachschiefer herabschleuderten und das ganze Gebäude erzittern machten. Diese Stürme kamen immer zur Nachtzeit, dauerten bis nach Mitternacht und dann trat eine plötzliche Ruhe in der ganzen Gegend ein. Zuweilen erblickte man auch das Haus innerhalb ganz erleuchtet, während Niemand darin war und alle Thüren verschlossen waren. Das Haus wurde deßhalb nach Untergang der Sonne ängstlich von aller Welt gemieden. Wer aber durch seine Dienste dahin geführt wurde, erlebte ganz sicherlich jedesmal etwas Ungeheuerliches; namentlich war wiederholt in einer solchen Lage der Vater der beiden Hofbildhauer Eckhard, dem die Reinhaltung des Hauses oblag, und der sich dabei meist von seinen Söhnen begleiten ließ. Eine ganze Sammlung von Spukgeschichten in und bei dem Hause ging in jener Zeit von Mund zu Mund, und selbst als das Haus in den 1770er Jahren gänzlich abgerissen war, wurde der Platz als ein unheimlicher betrachtet*).

---

*) Einige andere untergeordnete Jagdlocalitäten, deren Andenken jetzt noch bezeichnet erscheint, waren: 1) die Fortunaburg, ein 8eckiges hölzernes einstöckiges Häuschen, eigentlich nur ein gedeckter Schießstand (Schirm) in der s. g. Tanne, etwa 50—60 Schritte südlich von dem s. g. Bassin, abgebrochen 1805; 2) die Favoritenburg, ein Saufanghäuschen an der Landwiese, unfern des

Zuweilen, wenn der Landgraf von Kranichstein nach Darmstadt kam, fuhr er in einem Cabriolet, welches von einem kräftigen Hirsche gezogen wurde. Er hatte sogar ein Sechsgespann von Hirschen, welche dazu abgerichtet waren, seinen Wagen zu ziehen. An der Seite des vordersten Hirsches pflegte ein Vorreiter auf einem Pferde das Gespann zu lenken.

Altes Palais.

Wenn der Landgraf Darmstadt besuchte, dann stieg er gewöhnlich in dem Hause ab, aus welchem die jetzige Calmberg'sche Apotheke und das Homberger'sche Haus entstanden sind, in dem sogenannten alten Palais. Dieses sogenannte alte Palais war aus zwei Häusern entstanden, welche schon unter Georg I. oder Ludwig V. erbaut waren und deren eines unter Ludwig VI. 1675 von der Tochter des Vice-kanzlers Faber, verehelicht mit dem Kammerrath und Landschreiber Wannemacher, gekauft worden war. Später, 1682, kam es durch Schenkung der Landgräfin mit dem andern daneben stehenden Hause in den Besitz der Familie von Uetterod. Noch im Jahre 1725 erscheinen die beiden Häuser als „die Uetterodischen Burgfreien Häuser." Ludwig VIII. erkaufte sie und ließ sie zweistöckig umbauen. Von ihm

Einsiedel; 3) die Lauerburg, ein kleines Häuschen in der wilden Fasanerie bei Kranichstein, am Ziegelhüttenthor, 6eckig, von Tannenholz, 1798 abgebrochen.

erhielt sie im Jahre 1764 sein zweiter Sohn Georg Wilhelm, welchen er in vielen Dingen seinem Erbprinzen vorzog, nebst dem g r o ß e n L u st g a r t e n bei dem Herrngarten, mit allen darin befindlichen Ge= bäuden, Möbeln, der Orangerie rc.*). Georg Wilhelm ließ neben dem Hauptgebäude, wo bis dahin der unter dem Namen des „Fürsten= höfchens" bekannte und an die alte Kanzlei stoßende Platz von einer Mauer begrenzt gewesen, im Jahre 1772 einen neuen zweistöckigen Bau aufführen, an welchem Orte damals oft Hofbälle stattfanden. Hinter dem Hofe des Hauptgebäudes des alten Palais stand ein großes rundes, durchaus hölzernes, im Innern jedoch schön decorirtes Ge= bäude, P a n t h e o n genannt, welches zur Feier der Vermählung des Prinzen Maximilian, des nachherigen ersten Königs von Bayern, er= richtet und durch einen glänzenden Ball eingeweiht wurde. Nach dem Tode des Prinzen Georg im Jahre 1782 kam in Folge einer Cession die ganze Verlassenschaft desselben an seinen Sohn Georg Carl und im Jahre 1822 das „alte Palais" durch öffentlichen Verkauf in Pri= vatbesitz.

Wenn auch die Liebe Ludwigs VIII. zur Jagd seine vorherrschende Neigung gewesen ist und der fürstlichen Residenz ihre Hauptfärbung gab, so fand doch auch die Kunst in Darmstadt ihre Pflege, nicht bloß die musikalische und dramatische, sondern auch die zeichnende. Unter Ludwig VIII. waren verschiedene M a l e r darin thätig, welche der Stadt zur Ehre gereichen. Da war vor allen J o h a n n C h r i s t i a n F i e d l e r, der schon unter Ernst Ludwig im Jahre 1724 zum Hof= maler ernannt worden war. Er malte sehr viele Porträts und in späteren Jahren auch Genrestücke. Er wohnte in der jetzigen „Stadt Frankfurt" in der Alexanderstraße, und wurde zur besonderen Aus= zeichnung 1765 noch auf den alten Kirchhof bei der Kirche begraben. Ein zweiter bedeutender Maler war C h r i s t i a n L u d w i g v. L ö w e n= st e r n, unter Ernst Ludwig schon als Regierungs=Assessor und Hof= junker angestellt. Er malte sehr viele Schlachten= und Pferdebilder. Seine Wohnung war das jetzige Enslin'sche Haus in der Alexander= straße. Ein dritter Maler war J o h a n n C o n r a d S e e k a t z, der vorzüglich kleine Conversationsstücke und biblische Bilder malte. Ein vierter hieß E g e r, und war Hof= und Jagdmaler. Als solcher trug

_____
*) S. o. Seite 78.

er eine Jägeruniform und folgte gewöhnlich dem Landgrafen auf die
Jagd, um ſogleich an Ort und Stelle Stoff zu ſeinen Gemälden zu-
ſammentragen zu können. Seine Bilder waren nur Jagdſcenen und
Waldſtücke. Noch ein anderer war der Landſchaftmaler Sonntag,
ein weiterer der Jagdſtücke-Maler Stockmann. Von allen genannten
Künſtlern finden ſich in Darmſtadt noch Bilder vor. Beſonders viel
gethan wurde in der Porträtmalerei, und namentlich exiſtiren von
Ludwig VIII. zahlloſe Porträts.

Die öffentlichen Gebäude, welche in Darmſtadt unter
Ludwig VIII. entſtanden ſind, ſind das ehemalige Spinnhaus am jetzigen
Arreſthauſe und das Waiſenhaus. Wir haben ſchon gehört, daß Ernſt
Ludwig ein Waiſenhaus in der langen Gaſſe gegründet hatte, daß
er aber mit dem Plane umgegangen war, ein neues und zweckmäßigeres
zu bauen, daß ihn aber der Tod ereilte, ehe man ſich über den Platz
geeinigt hatte, wohin es zu ſtehen kommen ſollte. Den Plan des
Vaters brachte der Sohn zur Ausführung. Gleich nach deſſen Regierungsantritte wurden mancherlei Vorſchläge für einen dazu paſſenden
Platz gemacht. Der Landgraf wollte das Hofgebäude in Beſſungen
dazu ſchenken, weil dieß aber zu weit von der Stadt ſchien, ſo wurde
erſt das Wolf v. Todtenwart'ſche Haus in der alten Vorſtadt nächſt
dem Ballonplatz und dann das Brandiſche Poſthaus, aus dem das
jetzige Palais entſtanden iſt, in Vorſchlag gebracht. Zuletzt aber wurde
beſchloſſen, ein ganz neues Haus zu bauen, und zwar da, wo jetzt
noch das ehemalige Waiſenhaus, das jetzige Gymnaſium, am ehemaligen
Beſſunger Thore ſteht. Zu dem Ende wurden verſchiedene dort gelegene Gärten und ſonſtige Grundſtücke um den Preis von 2780 fl.
erkauft. Den Plan zu dem Hauſe hatte der damalige Obriſtlieutenant
und Baudirector Müller gemacht, und am 10. Sept. 1748 wurde der
Grundſtein zum Baue gelegt. Zu dieſem Acte begaben ſich die ſämmt-
lichen Geiſtlichen der Stadt, die Waiſenkinder und die Bauleute in das
alte Waiſenhaus und zogen von da nach dem neuen Bauorte. Ein
Waiſenknabe trug auf einer mit Blumen beſtreuten Schüſſel die Tafel
mit der Inſcription. Vor Legung des Grundſteins wurde dem Allmächtigen zum Lobe ein Lied geſungen und von dem Kanzler von
Schwarzenau eine feierliche Rede gehalten. In den Grundſtein kam
eine bleierne Kapſel mit 5 goldenen und 5 ſilbernen Denkmünzen,
dann eine zinnerne Tafel mit einer Inſchrift, welche den Tag der

Grundsteinlegung und sonst darauf Bezügliches nennt*). Nach Legung des Grundsteins ging das Bauen mit aller Energie weiter, so daß der feierliche Einzug am 14. August 1750 gehalten werden konnte. Die Kosten des Baues betrugen 21,962 fl. 24 Alb., „das hierzu verehrte Holz und ohnentgeltlich geschehene Fuhren nicht mitgerechnet, welche beide Posten auf 6000 fl. anzuschlagen sind." — Die Gelder dafür waren theils aus dem Waisenhausfonds, größtentheils aber aus freiwilligen Beiträgen von Fürst und Volk bestritten. Im Jahre 1777 war in dem Waisenhause eine Wollen-, Tuch- und Zeug-Manufactur auf Actien angelegt. In der Weberei waren 6 Stühle in voller Arbeit. Die Spinnerei wurde ebensowohl im Hause als außerhalb desselben getrieben und gab vielen Armen in und außerhalb der Stadt Beschäftigung. Das Haus konnte am Ende nur einen kleinen Theil der Waisen des Landes aufnehmen und man sah sich genöthigt, im Jahre 1832 die Landeswaisen auf Kosten der Waisenanstalt bei Leuten unterzubringen. Das Waisenhaus beherbergt nun das Gymnasium Darmstadts.

Unter Ludwig VIII. wurde auch der Marstall am jetzigen Paradeplatz gebaut. Derselbe diente zur Aufnahme der Pferde, welche bei der Parforcejagd gebraucht wurden.

Eine Anlage, welche unter Ludwig VIII. c. 1766 entstand, ist der Riedeselische Garten, dessen letzter Rest das jetzt der Baronin Brunnow gehörige Haus nebst Garten bildet. Mit dem Riedesel'schen Garten und Gut war ein Theil des s. g. Bessunger Hofguts**) pachtweise verbunden gewesen, und kam 1786 in Bestand

---

*) Die Inschrift der Tafel lautet den Acten zufolge: In Dei Patris, Orphanorum Supremi Honorem, Ludovici VIII. Hassiae Landgravii nunc Regentis Serenissimi Memoriam sempiternam et Orphanorum Solamen ac Asylum. Dei Triunius gratia benedicente Principis Munificentia praelucente Ministrorum cura providente Officialium, Civium, Ruricolarum et Beneficiorum quorumvis Liberalitate insigniter adjuvante nec non Inspectorum concordia promovente Orphanotrophium hocce e Fundamentis d. 10. Sept. MDCCXLVIII positis assurrexit.

**) Das s. g. Bessunger Hofgut beträgt über 300 Morgen, meist in Bessunger Gemarkung. Es wurde früher auf fürstl. Rechnung bewirthschaftet, später (c. 1740) aber verpachtet. Es scheint dasselbe zu sein, wie das schon 1581 vorkommende Baumbach'sche Lehengut. Von diesem Baumbach'schen Lehengut lagen nach einem alten Actenstück 19¼ Morgen Ackerfeld im Clappacher Feld, 31¼ im Niederfeld, 41 Morgen im Oberfeld; es gehörten ferner dazu 11¼ Morgen Feld- und Waldwiesen.

auf Lebenszeit der 3 damals lebenden Riedesel'schen Kinder. Der Riedesel'sche Besitz erstreckte sich sehr weit hin, da wo jetzt Sandstraße, Wilhelminenplatz und Straße, obere Hügelstraße, Hölgesstraße u. s. w. liegen.

Von den politischen Ereignissen der Zeit hatte Darmstadt unter Ludwig VIII. nicht zu leiden. Es zogen zwar während des Kriegs wiederholt fremde Truppen durch Darmstadt und bei Darmstadt vorüber, allein ohne besonderen Schaden anzurichten. Ueber diesen Aufenthalt fremder Kriegsvölker in Darmstadt und Bessungen gibt das Bessunger Kirchenbuch verschiedenfältige Nachrichten, die die damaligen Pfarrer hineingetragen haben.

„Ao. 1743," schreibt der Pfarrer Ortenberger zu Bessungen, „kamen die „Franzosen, nachdem sie Bayern hatten verlassen müssen, in die hiesige Gegend „und rückten am 7. Juni bei Pfungstadt und Eberstadt ein, von wo sie am 11. „nach Gerau marschirten Den 17. brachen sie von da wieder auf und ver „legten ihr Hauptquartier nach Arheilgen, besetzten auch zu Darmstadt die Thore „und verlegten 40 Mann als salva gardia nach Bessungen, des Herrngartens „wegen. Den 18. marschirten sie nach Dieburg und gingen am 27. bei Aschaffen „burg über den Main, worauf die Schlacht bei Dettingen vorfiel. Die Fran „zosen betrugen sich bei ihrem Rückzuge wieder gewohnter Weise, ruinirten zu „Pfungstadt, Eberstadt, Hahn, Griesheim, Büttelborn, Gerau, Arheilgen, Gräfen „hausen und an andern Orten unserer Gegend, welche ihre gottlosen Füße be „tráten, gar Vieles, versprachen aber den Schaden zu vergüten, was indessen „niemals geschah. Bessungen kam noch ziemlich gut weg, wenigstens besser als „andere Orte. Die Engländer und Oestreicher hielten übrigens schärfere Manns „zucht. Ao. 1745 am 13. Juli zogen sich die bei Dieburg und in dasiger „Gegend gestandenen Franzosen vor den aus dem Odenwalde anrückenden Oest „reichern zurück über den Rhein, wobei sie ihren Marsch unten auf der alten „Landstraße an Bessungen vorbei nahmen. Ihre meiste Bagage war in der „Nacht vorausgegangen, des Morgens um 9 Uhr kamen aber die Vortruppen „und hatten zwischen sich und der Hauptarmee noch einige Bagage nebst den „Marketendern. Hiervon benachrichtigt brachen 50 Mann Oestreichische Husaren, „welche im nahen Forst auf Commando lagen, plötzlich hervor, überfielen die „Bagage und Marketender und machten große Beute; auch die Bessunger Ein „wohner waren nicht faul, halfen treulich mit und schleppten fort, soviel sie nur „tragen konnten. Als aber die Hauptarmee nachkam, wurde sogleich ein Com „mando Franzosen ins Ort geschickt, um eine Nachsuchung zu veranstalten und „den Schultheiß und Bürgermeister wegen der Wiedererstattung als Geiseln mit „zunehmen. Diese waren indeß entflohen und nun ging es über den Pfarrer „her, denn sie stürmten seinen Hof und sechs setzten ihm ihre Carabiner und „Pistolen auf die Brust, verboten ihm das geringste Wort und schleppten ihn „in Schlafmütze, altem Gaßgäng und Pantoffeln, sowie mit aufgebundenen „Strümpfen bis zum Wirthshaus zum Löwen fort, wo er an zwei andere

„Bessunger Männer, welche gleichfalls gefangen waren, angekoppelt und in
„solchem Aufzuge ins Hauptquartier zu Pfungstadt geführt ward, wo man Nach-
„mittags um 3 Uhr unter beständigem Regen anlangte und die Bessunger Ge-
„fangenen unter vielen anderen in einer Scheune ihr Quartier nehmen mußten."

Pfarrer Ortenberger wurde indessen noch an selbigem Tage um 5 Uhr
Abends wieder freigelassen, und zwar auf Verwendung des Capitäns
Hoffmann, der sich als fürstlicher Commissär beim commandirenden
General, dem Prinzen Conti, befand; die übrigen Gefangenen aber,
sowohl Bessunger, als Eberstädter, wurden noch acht Tage lang mitge-
schleppt und übel tractirt, kamen jedoch endlich ohne Ranzion wieder los. —

Ueber verschiedene einzelne städtische Zustände geben einige Verordnungen Aufschluß, welche Ludwig VIII. hatte ergehen lassen. Eine
der interessantesten Verordnungen dieser Art ist die im Jahre 1742
erlassene Trauerordnung, welche vorzugsweise die Residenzstadt
betraf. Dieselbe theilt die Todten in 4 Rangordnungen, und bestimmt
für jede einzelne Classe genau die Einkleidung der Todten, die Särge,
Kronen, Kränze, Trauerflöre und den Conduct. Sie characterisirt in
der verschiedensten Weise die Anschauung der Zeit. Als Motiv zu
ihrer Erlassung ist in der Einleitung der große Luxus bezeichnet,
welcher bei Todesfällen getrieben werde, durch den besonders Wittwen
und Waisen in Armuth gestürzt und die Vermögenden in unnöthige
große Ausgaben gesetzt würden. Die 4 Rangclassen waren: „1. Die
„Staats-Ministers, Geheimbde Räthe und sämmtliche von Adel. 2. Die
„wirklichen Räthe, die Professores und welche mit jenen gleichen Rang
„haben. 3. Die Secretärii, Registratores, Cancellisten und welche mit
„ihnen in gleichem Rang stehen. 4. Die übrigen Bedienten wie auch
„die Bürger und alle andere." Die erste Classe durfte ihre Todten
in Atlas und Damast kleiden, die zweite Classe in Taffet, die dritte
in Leinwand, die vierte in ein bloßes Hemd oder Todtenkleid von geringer Leinwand; für alle Classen war das Kopfkissen von demselben
Stoffe, wie das Todtenkleid. Letzteres durfte nur so lang, als der
Todte selbst sein, und in keiner Weise war es gestattet, Luxus daran
mit Bändern u. s. w. zu treiben. Der Sarg durfte für die erste
Classe von Eichenholz mit 6, für die zweite von Eichenholz mit
4 Handhaben und inwendig beschlagen sein, für die dritte und vierte
aber mußte er von Tannenholz und unbeschlagen sein. Für Alles
waren Taxen festgesetzt. Verboten wurde der Gebrauch, daß beim Ab-
sterben von Kindern und jungen Leuten deren Taufpathen die Ankleidung

der Leiche besorgten. Für die Beerdigungen bestanden verschiedene
Brüderschaften. Zu der unter Ludwig VI. entstandenen Hofbrüderschaft
waren noch gekommen: die Rathsbrüderschaft, die Officiers-
brüderschaft, die Schneiderzunft, die Schuhmacherzunft,
die Ackerbrüderschaft. Dieselben liehen zur Bedeckung der Särge
ihre Tücher und besorgten das Hinaustragen gegen bestimmte Taxen.
Der Luxus mit Kronen, Kränzen und Kreuzen war gänzlich verboten.
Um aber doch die Möglichkeit einer Ausschmückung zu geben, wurden
von dem Waisenhause dreierlei metallene Kronen geliehen, nach dem
Unterschiede der Classen. Untersagt war das Liefern von Trauerflören
von Seiten des Trauerhauses. Jeder hatte sich einen Flor zu halten,
den er erforderlichen Falls zu benutzen hatte. Für eine jede bei einer
Beerdigung beschäftigte Person, Leichenbitter, Bockträger, Grabmaurer,
war nach den einzelnen Classen eine bestimmte Taxe vorgeschrieben,
ebenso die kirchlichen Gebühren, dabei auch die des praeceptoris, der
die Personalien anfertigte. Die Leichenbegleiter hatten die Verpflichtung,
die Leidtragenden bis aus Sterbehaus zu begleiten, sie durften aber
keinen „Flanncrts" oder Leichenschmaus annehmen. Nur die zwei
ersten Classen durften einen den Conduct führenden Marschall haben.
Instrumentalmusik durfte nur die erste Classe machen lassen. Auch
die Begräbnißzeit war regulirt. Nur die erste Classe durfte die Beerdigungen Nachts vornehmen lassen mit Trauerkutschen und Fackeln,
deren letztere übrigens die Zahl 20 nicht übersteigen durften; die zweite
Classe durfte um 9 Uhr Morgens ihre Todten beerdigen, und zwar,
wenn sie wollte, mit 4 Kutschen, die andern Classen um 1 Uhr.
Das Geläute durfte nur eine halbe Stunde dauern. Die dabei in
Anwendung kommenden Glocken waren die Sophienglocke, wenn Jemand
dafür 30 Thaler erlegte, und die 11 Uhr-Glocke. Die letztere hatten
die drei ersten Classen frei, von der vierten aber mußte ihr Geläute
mit 2 fl. bezahlt werden. — Aber nicht nur die Art der Beerdigung,
sondern auch die Art der Trauer derselben war vorgeschrieben. Für
alle Classen war es bei 80, 60, 40 und 20 Reichsthalern Strafe,
sowie bei Confiscation des corpus delicti verboten, die Domestiken
in Trauerkleidung zu stecken, sowie die Zimmer, Tische und Stühle
mit schwarzem Tuche zu behängen. Ein Ehemann durfte um seine
Frau in der ersten und zweiten Classe dreiviertel Jahre, in der dritten
und vierten aber nur ein halbes Jahr trauern, und zwar nur in der
ersten Classe in pleureusen, in der zweiten und dritten „mit über-

zogenen Degen, schwarzen Stöcken, geräucherten Schuhen und schwarzen
angelaufenen Schnallen," in der vierten Classe aber ohne diese Stücke
nur in ordinären schwarzen Kleidern. Eine Ehefrau hatte ein ganzes
Jahr um ihren Mann zu trauern, und zwar in der Art, daß die in der
ersten Classe im ersten halben Jahre einen besonderen Wittwenrock
trug, „benebst einem Sturtz und einer langen Kappe in das Gesicht
„hangend, wie auch einen Nachtzeug von weißem Tuch und mit einem
„dergleichen bandeau oder breiten Schniepe." Im zweiten halben
Jahre wurde der Wittwenrock abgelegt, der Sturtz zurückgeschlagen.
Eine aus der zweiten Classe trug nur einen Sturtz; eine aus der
dritten Classe nur eine lange Kappe mit dem andern weißen Aufsatz
auf dem Kopfe; eine aus der vierten Classe nur eine schwarze Ueber-
haube und einem weißen Strich mit einem breiten Saume. — In
ähnlicher Weise war bestimmt, wie Kinder und Enkel um Aeltern und
Großältern, ferner wie Aeltern und Großältern um erwachsene und
kleinere Kinder und Enkel, wie Schwiegerältern, Schwiegersöhne und
Schwiegertöchter, Geschwister, Schwäger ꝛc. zu trauern hatten. —

Es war unter Ludwig VIII. zur Mode geworden unter den
Civildienern, sich Kleidungen machen zu lassen, welche einer und der
andern Uniform von Officieren und Jagdbedienten ähnlich waren.
Der Landgraf sah sich deßhalb veranlaßt, im Jahre 1751 das Tragen
von ro t h e n, w e i ß e n, b l a u e n und g r ü n e n Röcken überhaupt zu
verbieten, weil diese Farben bei den verschiedenen eingeführten Dienst-
kleidungen in Anwendung kamen. Später wurde das Tragen von
blauer Kleidung wieder zugegeben, in Anbetracht, „daß die blaue Farbe
„diejenige sei, welche im ganzen Lande getragen zu werden pflege.".

Eine für Darmstadt bedeutende Einrichtung nahm unter Ludwig VIII.
ihren Anfang. Es war die S t r a ß e n e r l e u c h t u n g, die durch eine
1767 erlassene besondere Laternenordnung regulirt wurde. Aus ihr
ersehen wir, daß die Laternen an eisernen Armen hingen, welche an
Stöcken angebracht waren. Sie brannten nur von Neulicht im September bis zum ersten Viertel im Monat April, und zwar in diesen
beiden Monaten an 16, in den übrigen an 18 Tagen. Zur Be-
sorgung der Straßenbeleuchtung waren bestellt ein Laterneninspector,
ein besonderer Lampenfüller und 8 Lampenknechte. Die letzteren hatten
die Laternen sauber zu halten, anzuzünden und sie, so lange sie brannten,
zu überwachen. Zu letzterer Aufgabe war ihnen vorgeschrieben „wenigstens
bis gegen 12 Uhr stets in denen Gassen hin- und herzugehen, damit

sowohl die Dochte fleißig gebutzt als auch die Deckel bey etwaigen Sturmwinden wohl verwahret und zugemacht, wie auch denen Laternen von muthwilligen Freolern oder betrunkenen Leuten kein Schade zugefügt werde." Die Beleuchtung muß übrigens nicht sehr brillant gewesen sein; denn Anschaffung und Unterhaltung der Laternen, sowie die übrigen dazu gehörigen Geräthschaften, Besoldung des Laterneninspectors, des Lampenfüllers und der Lampenknechte, die Beschaffung des Oels war auf jede Laterne mit 5 fl. jährlich berechnet. Der landgräfliche Beitrag für die Laternen um das Schloß, die Kanzlei und an anderen in einer besonderen Specifikation benannten Plätzen betrug 150 jährlich. Das städtische Aerar hatte die Kosten für die Laternen am Rathhause, an der Stadtkirche und den Stadtbrunnen zu tragen; der Rest wurde aus dem Laternengelde bestritten, welches die Einwohner im Verhältniß zur Größe, zum Werth, zum Licht, zu den Gerechtigkeiten ihrer Häuser beizutragen hatten.

Das Rathhaus erscheint unter Ludwig VIII. wiederholt zu öffentlichen Unterhaltungen vermiethet. So hatte im Jahre 1760 der französische Tanzmeister Le Roy von dem Landgrafen und dem Geheimeraths-Collegium die Erlaubniß erhalten, auf dem Rathhause „als dem einzigen Orte, welchen die Personen von Stande und besonders vom Hof besuchen können," einige Bälle zu veranstalten. Der Stadtrath aber, der um sein Eigenthum besorgt war, stellte dem Unternehmen Hindernisse in den Weg, indem er anführte, „durch die Menge so vieler Menschen und deren Bewegung könne leichtlich etwas von dem Saal, und hauptsächlich dessen Plafond beschädigt werden," auch sei das in der Nähe befindliche Stadtarchiv Gefahren ausgesetzt, auch könne leicht ein Feuer ausbrechen. Der Franzose ließ sich aber nicht so leicht abweisen. Er widerlegte in einem Pro memoria alle die stadträthlichen Bedenken, indem er erklärte, daß mit Vorsicht bei Behandlung des Ofens und der Lichter kein Schade, und „bei einer observirt werdenden guten Ordnung beim Tanz" kein Nachtheil entstehen könne. Nachdem er schließlich für den Fall, „daß der Plafond Schaden leiden sollte, 12 Carolins hinterlegt hatte, von denen dem Magistrat 100 fl. pro concessione gehören sollten," durften die Bälle abgehalten werden.

In den Zeiten Ludwigs VIII. muß ein starker Verkehr von auswärtigen Juden in Darmstadt im Gange gewesen sein, denn der Landgraf machte 1743 eine Bestimmung, daß genau Acht gegeben

werden solle, wenn fremde Juden zum Thore herein wollten. Alle an
den Thoren ankommenden Juden mußten durch das Neue Thor gewiesen werden, dessen Zöllner sich zu vergewissern hatte, ob sie den
herkömmlichen Judenleibzoll gezahlt hatten. Es war nämlich herkömm-
lich, daß die Juden, wenn sie in einem Amte reisten, in dem sie nicht
ansäßig waren, einen s. g. Leibzoll zahlen mußten, mit dem sie gewissermaßen ihre persönliche Sicherheit in dem Amte erkauften. Von
solchen fremden Juden scheint ein starker Unterschleif mit dem Leibzoll
getrieben worden zu sein, indem sie, wie es in dem Rescripte hieß,
stets sagten, sie kämen „von Meschel oder Dieborg.“ Damit auch
die Thorwächter controlirt waren, wurde verfügt, daß Juden nur in
Gasthöfen logiren durften, deren Inhaber gehalten waren, sie anzuzeigen. In dem diese Sache regulirenden Rescripte ist bemerkt, daß
bei dem Traubenwirth solche fremde Juden vorzugsweise einzukehren
pflegten.

Die Fremdenpolizei wurde überhaupt sehr strenge gehandhabt. Man ersieht dies aus der Dienstinstruction, welche dem Thorschreiber am Neuen Thore gegeben war. Fremde Personen, mit Ausnahme von Standespersonen, welche überall Einlaß erhielten, mußten
alle durch das Neue Thor einpassiren und wurden von den andern
Thoren immer hierher gewiesen. Der Thorschreiber durfte von der
Oeffnung bis zur Schließung des Thores am Abende das Thor nicht
verlassen, außer Mittags eine halbe Stunde lang, wenn er zum Essen
ging. In dieser halben Stunde durfte außer den Standespersonen
kein Fremder in die Stadt gelassen werden. Jeder Fremde mußte
außer Stand und Gewerbe auch angeben, wo er sein Absteigequartier
nehmen wollte, ferner ob er übernachten oder nur das Mittagessen
einnehmen wollte. Alles wurde genau notirt und an den Commandanten geschickt. Verdächtige Personen, oder Personen, welche in Darmstadt nichts zu verrichten hatten, durften gar nicht herein. Zu diesen
wurden gerechnet „Vaganten, Landbettler, abgedankte Soldaten, preß-
„hafte Personen, insonderheit unbekannte oder frembde Betteljuden.“
Nachts mußte der Thorwächter vom Neuen Thore mit der Patrouille
die Wirthshäuser visitiren und sich überzeugen, ob alle Wirthe die bei
ihnen logirenden Fremden angezeigt hatten.

Häufig erscheinen, wie aus den Acten zu ersehen ist, vornehme
Ausländer, die den Stadtrath um eine Unterstützung angingen. Meistens
waren es Leute, die in der Türkei Mißhandlungen und Verfolgungen

erfahren haben wollten. So erſchien z. B. im Jahre 1748 ein „ſo=
genannter arabiſcher Cavalier" oder wie es in einem anderen Acten=
ſtücke heißt, „ein Cavalier von der adlichen Familie vom Berg Libanon,"
dem man aus allen Kaſſen eine Beiſteuer als Viaticum leiſtete und
der zuletzt noch mit der Bitte kam, ihm eine Fuhre bis nach Langen
zu geben. Der Regierungsrath Eymers aber, der die Entſcheidung zu
geben hatte, decretirte: „Weil dergleichen Lauffer ſehr viele kommen,
dieſer auch hier aus allen Kaſſen bereits etwas bekommen hat, ſo iſt
ihm geſtern ein Gulden ex aerario gleichfalls gereichet worden.
Wegen der Fuhren geht es bei der Stadt nicht wohl an." Damit
der Cavalier von hier fort kam, wurde ihm noch ein Gulden ex aerario
gereicht.

Den hieſigen Hauderern und Lohnkutſchern, ſowie ſonſtigen
Fuhrleuten, war durch eine beſondere Taxordnung, die ſehr ins Einzelne
ging, vorgeſchrieben, wie viel ſie für ihre Fuhrdienſte nehmen durften.
Darnach koſtete z. B. eine einſpännige Chaiſe nach Frankfurt, Gepäck=,
Futter= und Stallgeld mit inbegriffen, 2 fl. Trinkgeld wurde bei
Einſpännern keines bezahlt. Fuhr man mit der Chaiſe am folgenden
Tage wieder zurück, ſo wurde für Hin= und Herfahrt 3 fl. gezahlt.
Nach Worms koſtete es 3 fl.; nach Bensheim hin und zurück 1 fl. 15 Alb.
Brückengeld und Weggeld hatte der Reiſende zu zahlen. Wollte man
zweiſpännig fahren, ſo hatte man für jedes Pferd per Meile 15 Alb.
zu zahlen. Eine „wohlconditionirte vierſpännigte Chaiſe" ohne Pferde
koſtete den ganzen Tag über, einſchließlich des Schmiergeldes, 20 Alb.,
eine ſchlechtere oder halbgedeckte 15 Albus.

Verſchiedene andere Ordnungen wurden außerdem noch von Lud=
wig VIII. erlaſſen, welche das Intereſſe der Bewohner Darmſtadts
nach den verſchiedenſten Beziehungen hin zu wahren beſtimmt waren.
Dahin gehören unter andern eine ſehr genaue Marktordnung, ſo=
wie eine Schirnordnung, durch welche letztere die Metzger ſehr
ſcharf controlirt waren. Die Marktordnung ſchloß ſich an eine
frühere bereits von Ludwig V. 1618 erlaſſene und von Ludwig VI.
1661 revidirte an. Sie beſtimmte 2 Wochenmärkte (Dienſtags und
Samstags), auf welche die Oberämter Darmſtadt, Lichtenberg und
Dornberg, ſodann aus dem Amt Rüſſelsheim die Ortſchaften Klein=
gerau, Worfelden, Königſtetten und Wallerſtetten, aus dem Amt See=
heim die Dörfer Seeheim, Malchen, Jugenheim, Balkhauſen und
Bickenbach, aus dem Oberamt Zwingenberg die Oerter Hähnlein, Als=

bach), Ober= und Schmalberbach, aus dem Oberamt Kelsterbach die Ortschaften Egelsbach, Langen und Mörfelden dergestalt „gebannt waren, daß die dahin gehörigen Unterthanen alles was ihnen an Feder= vieh, Käse, Butter, Eyer, Milch, Kraut, Rüben, Obst u. dgl. entbehrlich war, hierher zu feilem Kauf bringen mußten." Wer dieß nicht selbst thun wollte, hatte sich der dafür bestellten Unterkäufer zu bedienen. Ausgenommen waren hierbei diejenigen Landesproducte, „welche wie z. B. die Zwiebel in Griesheim, die Kohl= und Kappes= pflanzen und das s. g. Weißkraut zu Büttelborn, Wallerstätten und der Orten in so großer Menge gezogen werden, daß sie dahin nicht alle zu verconsumiren sind." Diese durften ausgeführt werden. —

In ähnlicher Weise gebannt waren die Fischer zu Biebesheim, Stock= stadt, Erfelden und theilweise auch die zu Trebur, Rüsselsheim und Ginsheim, ferner die „Bäcker und Parthierer" zu Ober= und Nieder= ramstadt wie auch Traisa (die Niederramstädter mit den „sogenannten Niederramstädter Wecken"). Das Hausiren während der Marktzeit, sowie das Aufkaufen durch Unterkäufer vor 10 Uhr u. s. w. war strenge verboten. Unzeitige oder sonst untüchtige Victualien wurden confiscirt u. s. w.

Eine andere, aber sehr unbeliebte Ordnung war die im Jahre 1766 erlassene S p e r r o r d n u n g, welche bestimmte, daß die sämmtlichen Thore mit Anbruch der Nacht, deren Eintreten in jedem Monate be= sonders bestimmt war, geschlossen und nur gegen Sperrgeld geöffnet werden sollten. Eine Viertelstunde vor dem Thorschlusse wurde mit einer bestimmten Glocke geläutet. Die vom Sperrgelde befreiten Per= sonen waren besonders benannt und einer besonderen Controle unter= worfen.

Wieder eine andere, nicht angenehme Ordnung war die, welche das K a f f e e t r i n k e n beschränkte. Auf dem Lande durfte, dieser Ord= nung zufolge, gar kein Kaffee mehr getrunken werden, ja es wurde sogar jeder gestraft, bei dem man Kaffeegeschirr fand. „In Städten," heißt es darin, „mögen zwar diejenigen Burger, welche in dem An= „sehen und Vermögen stehen, daß sie von dem eingerissenen Mißbrauch „des Caffee, sich dessen ohne Anstoßes bedient, solchen ferner mäßig „gebrauchen. Es soll aber dahier in Unserer Residenz Darmstadt die „von Uns angeordnete Polizeydeputation auf die geringere und unver= „mögende Burger genaue Obacht nehmen, sie von ihrem in allem Be= „tracht zum Verderben gereichenden Caffeegetränk nachdrücklich abmahnen

„und bey verſpürendem Misbrauch die Uebertreter nach Befinden zur
„Strafe bringen. Und gleichwie Unſere Intention vornemlich mit
„dahin gerichtet iſt, daß dem in Städten von denen Handwerksgeſellen,
„Taglöhnern und dem Geſinde mit vielem Zeitverluſt betriebenen Un=
„fuge des Caffeetrinkens völlig abgeholfen werde, alſo ſollen ſich auch
„dieſe ſothanen Getränks in Zukunft für ihre Perſon gänzlich ent=
„halten. Dafern aber die Hausväter und Hausmütter oder ſonſtige
„Perſonen, ſie ſeyen weß Standes ſie wollen, denen Arbeitsleuten, von
„welcher Gattung dieſe auch ſeyn mögten, unter dieſen namentlich denen
„Wäſch= und Büglerinnen, der Caffee geſtattet oder aus einem übel
„angebrachten guten Willen, ihnen ſolchen gar ſelbſten verhandreichen
„und ſolchergeſtalten das Uns zu ihnen hegende Vertrauen, daß ſie
„dieſe zu ihrem eignen und eines jeden Beſten eingeführte Ordnung
„aufs genaueſte zu befolgen, von ſelbſten den vernünftigen Bedacht
„nehmen werden, etwan hintergehen würden; ſo ſollen dieſelben gleich=
„mäßig in die gedachte Strafe (10 Reichsthaler) unnachſichtlich ver=
„fallen ſein."

Aus einem Reſcripte vom 21. Juli 1759 erſehen wir, daß ſich
damals in Darmſtadt eine Separatiſten=Gemeinde gebildet hatte,
die durch Verbreitung von Schriften und durch Zuſammenkünfte im
Kametzly'ſchen Garten Anhänger zu gewinnen ſuchte. Welche Lehren
dieſelbe verbreitete, iſt aus dem Reſcripte nicht zu erſehen.

Ueber mancherlei ſtatiſtiſche Verhältniſſe Darmſtadts gibt
das ſchon vor 1743 erſcheinende Wochenblatt, welches ſeitdem ohne
Unterbrechung ſein glänzendes Daſein fortgeführt hat, Aufſchluß.
Daſſelbe beſtand in damaliger Zeit regelmäßig aus 2 Blättern oder
4 Seiten in der Woche. Die Rubriken, welche es enthält, ſind folgende. Am Anfange kommt immer ein avertissement, welches meiſt
die milden Gaben verkündigt, die den Waiſen zugekommen waren.
Dann folgt die Rubrik: Zum Verkauf wird angeboten! Dieſer ſchloß
ſich in der Regel ein Verzeichniß von damals neu erſchienenen oder
ein Publikum verſprechenden Büchern an, die in der Druckerei des
Wochenblatts zu haben waren. Dann kamen die „angekommene frembde
Herrn Paſſagieres," der Preis der Lebensmittel und die Gebornen,
Getauften, Copulirten und Verſtorbenen. Im Januar (29.) 1756
waren die Preiſe der Lebensmittel in Darmſtadt wie folgt:

1 Malter Korn 2 fl. 50 kr.
1 „ Gerſte 2 „ 10 „

1 Malter Spelz 1 fl. 40 kr.

1 „ Hafer 1 „ 20 „

1 Pfund Ochsenfleisch	5 kr. 2 Pf.	Dörrfleisch	12 kr.
Rindfleisch	5 „	Bratwurst	10 „
Kalbfleisch	5 „	Leberwurst	8 „
Schweinefleisch	6 „ 2 „	Blutwurst	8 „
Hammelfleisch	6 „	Butter	12 „

Im Jahre 1756 wurden dem Wochenblatte zufolge 245 Personen geboren, 175 starben. —

Einen interessanten Beitrag zur Sittengeschichte jener Zeit liefert der Aufenthalt einiger „Kunstspieler" in Darmstadt im Jahre 1748, welche im „Engel" ihre Aufführungen geben wollten. Um die Erlaubniß zu erlangen, hier spielen zu dürfen, mußten die Künstler ihr Programm einliefern, welches folgendermaßen lautete:

„Mit Gnädigster Verwilligung Hoher-Obrigkeit dienet allen Hohen und „Niederen Standes-Persohnen zu beliebiger Nachricht:

„Wie daß allhier angelangt eine Manns-Persohn, welcher in den mehresten „Provintzen von Europa Hohen Häuptern mit seinen kunstreichen Exercitien zu „bedienen die Ehre gehabt. Sein Alter ist 60 Jahre, die Höhe 2 Schuh und „2 Zoll, gebohren ohne Füß, die rechte Hand ist gantz, an der Lincken aber nur „2 Finger, und machet die lustigste Künste, so daß ein jeder mit größtem Ver-„gnügen von ihme gehen wird.

„Er spielet die Kunst-Taschen mit seiner Luste und Luft-Kugel mit vieler „Verwunderung, so daß dergleichen ohne Ruhm zu melden wenig gesehen worden. „Was aber seine Exercitien anlanget, so sind es folgende:

„1. Stellet er sich auf den Kopff und schehlet einen Apfel und schencket in „dieser Positur ein Glaß Wein ein, und trincket auf der gantzen Com-„pagnie Gesundheit, isset, trincket und bedienet sich selbst mit Schneiden „und Einschenken.

„2. Stellet er sich auf die rechte Hand und hält den Leib in die Höhe, der-„gleichen noch niemahls gesehen worden.

„3. Stellet er sich auf den Kopff und hebt den Leib in die Höhe und trincket „ein Glaß Wein aus, ohne daß ers mit der Hand berühret.

„4. Stellet er sich auf eine zinnerne Kanne mit dem Ellenbogen und hält den „Leib gerade in die Höhe, dergleichen nicht gesehen noch gehöret worden.

„5. Stellet er sich auf die Lehne eines Stuhls oder Sessels und hält den Leib „in die Höhe.

„6. Ohngeachtet er keine Füsse hat, tantzet er doch so schnell als einer der seine „Füsse hat.

„7. Stellet er seinen Kopff abermal auf einen Stuhl und spielet einen Eng-„lischen Tantz.

„8. Auch da er nur eine Hand hat, so schlaget er den Marsch mit jedem Tam-„bour, voraus den Englischen Repell.

„9. Ohngeachtet er keine Füße hat, so springet er jedem noch mit samt der „Drummel auf den Tisch mit größter Verwunderung.

„10. Wird sich unser lustige Scaramouche absonderlich mit seiner Palasinir „Kunst und extra raren Exercitien sehen lassen, dergleichen nicht gesehen „worden.

„11. Unser Englischer Tanz-Dräher stellet vor in seinem Dräher-Tanz solche „wunderswürdige Exercitia mit der größten Geschwindigkeit, so daß es auch „die schärfsten Augen nicht observiren können, indem er eine Nähe-Nadel „einfädelt, mit verkehrten Händen den Degen außziehet und wieder ein-„stecket, halt 2 Deller in der Balance, schwingt den Fahnen, blaset die „Trompeten und tanzet mit 4 biß 8 bloßen Degen" ꝛc. ꝛc.

Dem Geheimerathscolleg schien die Sache bedenklich und es erstattete deßhalb an den Landgrafen einen Bericht, worin die erbetene Erlaubniß widerrathen wurde, weil die Körperverdrehungen schwangeren Frauen schädlich sein könnten, da vor Kurzem ein in Frankfurt zu sehen gewesenes Rhinoceros einen „funesten" Effect bei einer Frau nach sich gezogen habe, weil es ferner nicht wünschenswerth wäre, daß die Einwohner für solche Dinge ihr Geld vergeudeten. Der Landgraf wollte indessen den Leuten behülflich sein, Geld zu erwerben und gab dem Geheimerathscolleg auf, zwei seiner Mitglieder zu den Kunst-spielern zu schicken, damit sie sich überzeugten, ob wirklich funeste Effecte dadurch zu befürchten seien. Die Herren wurden committirt und erstatteten folgenden Bericht:

„Ew. H. D. gnädigster Resolution vom 4. hujus zu unterthänigster Be-„folgung habe beede gehorsamst subsignirte derer supplicirenden Schauspieler practi-„cirende Kunststücke angesehen. Und weilen sich dabei nichts directe ärgerlich, „fürchterlich oder widriges geäußert (außer daß etwa des s. g. englischen Dreh-„Tänzers mouvements, welche mit bloßen Degen geschehen, ein oder anderem, „besonders aber bei zarten Phantasieen einen fürchterlichen Eindruck machen „dorsten) an der Figur des verstümmelten Prinzipalen selbsten auch nichts son-„derlich wiedriges erschienen, weilen alles, was etwa einen Abscheu verursachen „könnte, ziemlich bedeckt gewesen, schwangere Weiber hingegen, welche ohnehin an „dergleichen Orte nicht gehören, sich selbsten zu imputiren haben, wenn sie „solcherley ihrem Zustand nicht convenable Sachen nicht evitiren und sich Schaden „dadurch zufügen, so hat man dieses Ortes denen Supplicanten die gebetene „Concession ihre Kunststücke auf 3-5 Tage lang vor Geld öffentlich sehen zu „lassen, ertheilt" ꝛc. ꝛc. —

Ein Sittenbild anderer Art bildet der Erbleihebrief eines damaligen Wasenmeisters. Er lautet:

„Specifikation der wegen ein oder anderer zu verrichten habender Execution „dem Wasenmeister verordnete Taxe. 1. Vor einen zu richten mit dem Schwert „oder Strang 5 fl. 2. Einen mit Ruthen auszupeitschen 3 fl. 3. Einen zu

„foltern oder nur mit den Instrumenten ihme aufzuwarten 1 fl. 15 Alb.
„4. Einen zu radbrechen 10 fl. 5 Einen aufs Rad zu legen 10 fl. 6. Einen
„Kopf auf den Pfahl zu stecken 5 fl. 7. Einem eine Hand abzuhauen 5 fl.
„8. Einem Nase und Ohren abzuschneiden, wie auch die Zunge heraus zu reißen
„5 fl. 9. Einen armen Sünder zu begraben 5 fl." ꝛc. ꝛc. —

Die bei einer Grenzbegehung üblichen Formalitäten in dieser
Periode haben schon S. 26 ihre Besprechung gefunden. —
Ludwig VIII. starb am 17. October 1768 im Theater während
der Aufführung des ursprünglich englischen Stücks von Lillo: „Barnwell, der Londoner Kaufmann." Er saß in seiner vergitterten Loge
im Proscenium, und bei den Worten, welche Barnwell am Schlusse
der achten Scene des fünften Actes sprach: „Ich baue auf die Gnade
Gottes!" stürzte der Landgraf mit dem Ausrufe: „Ich auch!" vom
Schlage getroffen zusammen *).

8. Darmstadt unter Ludwig IX. (1768—1790).

Die Stadt hatte, wie wir gesehen haben, unter Ernst Ludwig
und Ludwig VIII. durch den Neubau des Schlosses, sowie durch die
Gründung des neuen Stadttheils westlich vom Schlosse, der s. g.
Neuen Vorstadt, eine wesentlich veränderte Physiognomie erhalten.
Dieser Stadttheil ist es aber auch), welcher in der folgenden Zeit bis
auf unsere Tage die meisten Aenderungen erfahren hat und dadurch
jetzo in seiner damaligen Form in keiner Weise mehr zu erkennen ist.
Es ist darum nicht minteressant, ein Gesammtbild jenes Stadttheils
in Kürze zu entwerfen, wie er sich bis zum Tode Ludwigs VIII. gestaltet hatte. —

Dieser ganze bis dahin neu entstandene Stadttheil war anfänglich
nur mit Pallisaden umzäunt, erhielt aber in den 1740er Jahren eine
Mauer als Abgrenzung, jedoch nicht von der Stärke der alten Stadtmauer und auch nicht mit Thürmen versehen. Das neue Thor,
welches, wie schon erwähnt, zwischen dem Schlosse und dem jetzigen
Schwab'schen Hause gestanden, von Georg I. angelegt, von der Landgräfin Elisabeth Dorothee, weil es baufällig geworden, wieder renovirt

---

*) Das Perspectiv, welches er in der Hand hielt, als ihn der Schlag
rührte, wird mit einigen andern von ihm herrührenden Gegenständen (Marschall-
stab, Pfeifenköpfe, Tabaksbeutel, Mundtasse, Spazierstöcke u. s. w.) im Cabinetsmuseum aufbewahrt.

worden war, war seit dem neuen Schloßbau Ernst Ludwigs wegge-
fallen und an das Ende der neuen Vorstadt gesetzt worden, dahin wo
jetzt Marstall- und Artilleriestraße zusammenstoßen. Von der Stadt-
seite her standen hier auf der rechten und linken Seite des Thors zwei
sich ähnliche Häuser, deren eines als Wachthaus diente. Sie waren
beide einstöckig mit Mansarden und einer Vorhalle versehen *). An
dem nördlichen Ende der jetzigen Louisenstraße stand, mehr stadteinwärts als das jetzige Mainthor: das **Frankfurter Thor** **). An
dem südlichen Ende der Louisenstraße, dem Hause der „Eintracht"
gegenüber, war in der Stadtmauer eine Thüre angebracht, an deren
linker Seite ebenfalls ein Wachthaus stand, welches in den Acten das
„Wachthaus am Sandhügel" genannt wird. Die Landstraße
von Frankfurt zog an dieser Stadtmauer unmittelbar vor den Thoren
vorbei. Sie kam vom jetzigen nördlichen Eingange in den Herrngarten
am Prinz Georgen Garten her, zog bis in die Gegend des gelben
Häuschens im Herrngarten, wendete sich dann in südwestlicher Richtung
bis dahin, wo der Darm die jetzige Chaussee durchschneidet, und ging
dann südlich bis ans Frankfurter Thor, wendete sich wieder westlich
und führte, wo jetzt der neue Marstall steht, südlich an der Stadt
vorbei. Da wo jetzt die „Stadt Mainz" steht, drehte sie sich wieder
östlich nach dem alten Bessunger Wege und ging von da nach Eberstadt. Später wurde eine neue Landstraße angelegt, welche von dem
neuen Thore an anfangs in südwestlicher, dann in ziemlich grader
Linie in südwestlicher Richtung nach Eberstadt zog und somit Grafenstraße, Waldstraße, Elisabethenstraße und untere Hügelstraße durch-
schnitt. — Unmittelbar vor dem neuen Thore begann die Linden-
allee, welche von Ludwig VIII. angelegt, nach Grießheim zog. — Vor
dem oben erwähnten Thore in der Stadtmauer am Hause der „Eintracht" war ein wüst liegender herrschaftlicher Platz, an dem der Weg
nach Bessungen vorbei zog, zum jetzigen Schießplatze. Die jetzt
noch „am Schießplatze" genannte Gegend bildete damals den Bürger-
Schießplatz, der sich bis ungefähr zum jetzigen Wilhelminenplatz erstreckte ***).

---

*) Das neue Thor wurde im Jahre 1809 abgebrochen, als die bis-
herige Umfangsmauer schwinden mußte.

**) Abgebrochen im Jahre 1809.

***) Die Anhöhe, auf der der Schießplatz u. s. w. lag, hieß der Schieß-

So etwa sah es außerhalb dieses Stadtviertels aus. Innerhalb der genannten Thore ist aber auch manches anderes gewesen, als jetzt! Da wo jetzt das Palais steht, stand damals, wie schon erwähnt, das Brand'sche Posthaus modo die Reitercaserne. Der jetzige Palais-garten war zum größten Theile herrschaftlicher Zimmerplatz. Zwischen diesem Zimmerplatze und der Louisenstraße befand sich eine Promenade mit einer Reihe von Kastanienbäumen bepflanzt. Die Südseite des jetzigen Palaisgartens hieß „am Kreuzelberg." Das unmittelbar vor dem Palais liegende Stück des Louisenplatzes war Paradeplatz; der Platz, wo jetzt die Kanzleien stehen, mit dem jetzigen Mathilden-platz, war Exercirplatz*).

Gehen wir weiter in die Stadt herein!

Vor dem jetzigen Jagdhause, wo jetzt der Paradeplatz ist, war eine Reitbahn. Da wo jetzt das Zeughaus steht, waren herrschaft-liche Stallungen und ein Haus, hinter diesem der herrschaftliche Bleich-garten**). Auch da, wo jetzt das Schleiermacher'sche Haus steht, waren Stallungen***). Vom Exercirhause nach dem Herrngarten hin stand eine Reihe kleiner Häuser, die größtentheils von fürstlichen Dienern bewohnt und benutzt wurden. Sie bildeten die Rennbahngasse. Wo jetzt das Dr. Breidert'sche Haus beim Theater steht, stand das Schlachthaus†), von dem aus die alte Stadtmauer nach dem, dem

---

berg, auch der Kreuzelberg, und erhielt später den Namen des Riedeselsbergs. Auf diesem Kreuzelberg fanden früher die Hinrichtungen statt.

*) Außer diesem innerhalb der Stadt gelegenen Exercirplatze war auch noch ein zweiter außerhalb derselben, „vor dem neuen Thor auf der Seite an der breiten Allee gegen Bessungen, wo ehedessen Weinberge gewesen sind," im Jahre 1747 von Ludwig VIII. angelegt worden.

**) Dieses Haus mit dem dahinter liegenden Bleichgarten war 1739 von Ludwig VIII. dem Oberjägermeister und Geheimerath Aug. Fried. v. Minigerode geschenkt worden in Anerkennung „der seinem Vorfahren geleisteten und ihm selbst ferner zu leistenden Dienste."

***) Bordem hieß dieser Raum der Bachgarten und wird unter den in der Specification der von Sophie Eleonore 1671 ihrem ältesten Sohne Ludwig (VI.) prälegirten liegenden Gütern genannt.

†) Bei dem Schlachthaus stand die erst bei dem Bau des neuen Theaters abgerissene s. g. Fleischwacht, die von der Artillerie besetzt war. Das der Fleischwacht dienende Häuschen war wahrscheinlich ein Ueberrest der alten Rennbahngasse. In früheren Zeiten hatte es zur Hoferzinnerei gedient. In dem dabei gestandenen 4eckigen Mauerthurm war das Fleisch aufbewahrt worden. (Man s. die diese Gegend darstellende Lithographie.)

jetzigen Gasthause zum Prinz Emil gegenüber gestandenen Waschhause zog *). Zwischen dieser Stadtmauer, und zwar an diese an-
gelehnt, und dem jetzigen Schulhause, stand die Hoffschlosserei.

Im Jahre 1777 standen in Darmstadt 574 Gebäude, nämlich
518 Häuser, 53 Scheuern, 3 Mühlen. Die Bewohner waren
9038 Personen in 2086 Familien, darunter 1660 Ehemänner, aber
nur 1474 Eheweiber, da viele Männer ihre Weiber auf den umliegen-
den Dörfern wohnen hatten, 135 Wittwer, 310 Wittwen, 2498 ledige
Mannspersonen, 1872 ledige Weibspersonen, dazu 274 Gesellen,
114 Jungen, 125 Bediente und Knechte, 576 Mägde.

Die ganze Gemarkung hatte 4327 Morgen, darunter 2114 Morgen
Ackerfeld (1657 Morgen mit Früchten, 3 Morgen mit Futterkräutern,
454 Morgen öde), 322 Morgen Wiesen, 80 Morgen Weide, 311
Morgen Gärten, 170 Morgen Weingärten **), 1330 Morgen Wald
(225 Buchen, 225 Eichen, 880 Tannen).

Mit dem Tode Ludwigs VIII. traten wie für das gesammte Land,
so insbesondere für die Residenz, große Veränderungen ein. Ludwig VIII.
war bekanntlich mit der Erbtochter von Hanau vermählt. Ludwig IX.
war schon frühe von seinem Großvater, dem Grafen Reinhard, nach
dessen Landen hingezogen und für sie bestimmt worden. Er hatte sich
schon im Jahre 1736, dem Todesjahre Reinhards, ganz nach den
Hanauischen Besitzungen im Elsaß gezogen und die Regierung der

---

*) Das (Hof-) Waschhaus, welches erst in neuerer Zeit verschwunden ist,
war in alten Zeiten ein ziemlich großes, mehrstöckiges Gebäude, dessen obere
Räume einzelnen Hofhandwerkern oder Hofkünstlern zu Wohnungen eingeräumt
wurden. Es brannte im Jahre 1770 bis auf die Umfangsmauer des unteren
Stocks ab und wurde dann nur in diesem Erdgeschosse wieder hergestellt.

**) Weinbau wurde in der Umgegend schon in der Katzenelnbogener Zeit
getrieben (man vergl. o. S. 14). Im Jahre 1567 hatte die Landesherrschaft
bei Darmstadt 36 Morgen 3½ Viertel Weinberge, die in diesem Jahre
42 Fuder ertrugen; außerdem waren hier und in Bessungen 415 Morgen
1 Dreiling 1 Viertel zehntbare Weinberge und diese ertrugen in diesem Jahre
39 Fuder 3½ Ohm 5 Viertel Zehntwein. Die Abnahme des Weinbaues wird
besonders dem 80jährigen Kriege zugeschrieben. In einer Visitation der Weinberge Darmstadts vom Jahre 1668 werden als Hauptweinbergsplätze bezeichnet:
der Wingertsberg, der Breitwieserberg, der Embser, dann von der Stadt
an bis Bessungen zu beiden Seiten des Wegs, der Busenberg am heiligen
Kreuz ꝛc.

Grafschaft Hanau-Lichtenberg im Jahre 1741 angetreten. Dort fand er einen Ort, den er sich zum Aufenthalte erkor, um seinen Neigungen, besonders seiner Liebhaberei an Soldaten, ungestört zu leben. Dieser Ort war Pirmasens. Er hatte, als Ludwig IX. ihn zum erstenmale betrat, nur 14 Häuser; seine Bevölkerung aber stieg durch die Begünstigungen des Landgrafen so außerordentlich, daß er im Jahre 1789 über 6800 Einwohner in 750 Häusern zählte. In dieser neuen Residenz errichtete Ludwig IX. sein Grenadierregiment und war hier ganz Soldat und Soldatenfreund, wie sein Vater Jäger und Jägerfreund in Darmstadt. Pirmasens wurde eine Art Militär-Colonie. Als Ludwig VIII. im Jahre 1768 starb und der neue Landgraf seinen Aufenthalt in seiner Hauptstadt hätte nehmen sollen, hatte er sich so in sein Pirmasenser Leben eingewöhnt, daß er sich nicht davon trennen konnte und von Pirmasens aus sein Land regierte. Wenn er dann und wann einmal in die Gegend von Darmstadt kam, so pflegte er häufig in Vickenbach zu logiren. Nur selten verlor sich ein Reisender in jenen Winkel von Deutschland, der Nachricht von dem Treiben daselbst geben konnte. Das Treiben in Pirmasens gehört zwar nicht direct in unsere Aufgabe; weil es aber einen eigenthümlichen Gegensatz zu dem Leben der Landgräfin in Darmstadt bildet, welches wir nachher kennen lernen wollen, so möge ein Wanderer, der im Jahre 1789 dahin kam, seine Erlebnisse erzählen, die in dem damals erscheinenden „Journal von und für Deutschland" mitgetheilt sind. „Hier in Pirmasens," erzählt er, „bin ich wie in eine ganz neue Welt versetzt, unter eine zahlreiche Colonie von Bürgern und Soldaten, die kein Reisender auf einem so öden und undankbaren Boden suchen würde; Alles um mich her wimmelt von Uniformen, blinkt von Gewehren und tönt von kriegerischer Musik. Hier, wo ehemals nichts als Wald und Sandwüste war, wo ein einsames Jagdhaus bloß zum Aufenthalte einiger Förster diente und die ganze Gegend umher von Niemandem, als einigen Räuberhorden, besucht wurde, da legte der regierende Fürst von Hessen-Darmstadt mancherlei Wohnungen an, pflanzte Einwohner darein, versetzte den Kern seiner Kriegsvölker dahin und erkor sich den Ort, der 16 deutsche Meilen von seinem größeren Lande und seiner eigentlichen Residenz liegt, zu seinem Aufenthalte. Der Ort ist von mittlerer Größe, hat einige gut gebaute Häuser, aber keine vorzügliche Straßen. Der Landgraf wohnt in einem wohlgebauten Hause, das man weder ein Schloß, noch ein Palais nennen

kann, und genau genommen, nur aus einem Geſchoß beſteht. Nahe
bei demſelben, nur etwas höher, liegt das Exercirhaus. Hierin nun
exercirt der Fürſt täglich ſein anſehnliches Grenadierregiment, das aus
2400 Mann beſtehen ſoll. Schönere und wohlgeübtere Leute wird
man ſchwerlich beiſammen ſehen. Allerlei Volk von mancherlei Zungen
und Nationen trifft man unter ihnen an, die nun freilich auf die Länge
nicht ſo zuſammenbleiben würden, wenn ſie nicht immer in die Stadt
eingeſperrt wären und Tag und Nacht von umherreitenden Huſaren
beobachtet werden müßten. So eben komme ich aus dem Exercirhaus
von der eigentlichen Wachtparade, ganz parfümirt von Fett- und Oel-
dünſten der Schuhe, des Lederwerks, der eingeſchmierten Haare und
von dem allgemeinen Tabackrauchen der Soldaten vor dem Anfang
der Parade; wie ich eintrat, kam mir ein Qualm und Dampf entgegen, der ſo lange meine Sinne betäubte und mich kaum die Gegen-
ſtände unterſcheiden ließ, bis meine Augen und Naſe ſich endlich an
die mancherlei Dämpfe und widrigen Ausflüſſe einigermaßen gewöhnt
hatten. Wer Liebhaber von wohlgeübten, aufgeputzten und ſchön ge-
wachſenen Soldaten iſt, wird für alle die widrigen Ausflüſſe hinlänglich
entſchädigt. So wie das Regiment aufmarſchirt und ſeine Fronte
durch das ganze Haus ausdehnt, erblickt man von einem Flügel zum
andern eine ſehr grade Linie, in welcher man ſogar von der Spitze
des Fußes bis an die Spitze des aufgeſetzten Bajonets kaum eine vor-
wärts oder rückwärts gehende Krümmung wahrnimmt; durch alle
Glieder erſcheint dieſe pünktliche Richtung, und ſie wird weder durch
die häufigen Handgriffe, noch durch die vielfältigen Körperbewegungen
verſchoben. Die Schwenkungen und Manövres geſchehen mit einer
außerordentlichen Schnelligkeit und Pünktlichkeit; man glaubt eine
Maſchine zu ſehen, die durch Räder- und Triebwerk bewegt und regieret
wird. Man ſoll ſogar öfters das ganze Regiment im Finſtern exercirt
und in den verſchiedenen Tempos keinen einzigen Fehler bemerkt haben.
Auf den 25. Auguſt, als dem Namensfeſt des Landgrafen, iſt jährlich
Hauptrevue, und dann wimmelt es in Pirmaſens von auswärtigen
Offizieren und andern Fremden, die theils aus Frankreich, Zweibrücken,
der Unterpfalz, Heſſen und andern Ländern hierher reiſen. Den Landgrafen habe ich auch in aller Thätigkeit dabei geſehen; mit ſpähendem
Blicke befand er ſich bald auf dem rechten, bald auf dem linken Flügel,
bald vor dem Centrum, bald in den hintern Gliedern; Alles war ge-
ſchäftig an ihm und er ſcheint mit Leib und Seele Soldat zu ſein.

Doch läßt er hierbei keinen fremden Zuschauer aus den Augen; es wurde sogleich bei Anfang der Parade ein Offizier an mich geschickt, der sich nach meinem Namen erkundigen sollte, und nach einiger Zeit hatte ich die Ehre, den Herrn Landgrafen selbst zu sprechen, wobei er sich in den höflichsten und gefälligsten Ausdrücken mit mir unterhielt. In seinem Hause und in seinen Apartements erblickt man wenig Pracht; man glaubt bei einem campirenden General im Felde zu sein; überall leuchtet die Lieblingsneigung des Fürsten hervor."

Ludwig IX. wird vielfach von Geschichtschreibern seiner Zeit und unserer Zeit, die nur aus jenen geschöpft haben, einzig und allein nach jenem Soldatenleben in Pirmasens beurtheilt, dadurch aber in seinen ausgezeichneten Eigenschaften nicht erkannt. Eine spätere Geschicht-schreibung, welche zu seiner Beurtheilung nicht bloß seine Soldatenliebe ins Auge faßt und die aus ihr hervorgegangenen Einrichtungen beachtet, sondern nach den reichlich vorhandenen Archivalien, namentlich nach dem Briefwechsel mit seinem Minister v. Moser, in dem er seine Ideen entwickelte, wird ihm gerechter werden. Karl Friedrich v. Moser war auf die Empfehlung der Landgräfin an die Spitze der Staatsverwaltung gestellt worden, und ein lebhafter Briefwechsel zwischen dem fürstlichen Paare hatte das System festgestellt, welches die neue Staatsverwaltung beherrschen sollte. Nach Ordnung der Finanzen, welche Ludwig IX. sehr zerrüttet fand, war rasch Hand an die Regeneration des Staats-haushalts gelegt worden, und es folgten sich in schneller Folge eine Menge von Anordnungen, welche der Regierung Ludwigs IX. Ruhm verleihen; dahin gehören unter andern: die Veranstaltung einer Landes-geschichte durch Wenck, die Aufhebung der Wildbahnen*), die Auf-hebung der Tortur, die Errichtung einer Brandassecuranz, die Aufnahme der Saline Salzhausen, der Bau mehrerer Chausseen, der ersten im Lande, u. a. m.

Trotz der Abwesenheit des Landgrafen von der Hauptstadt seines Landes war ihr in vielfacher Beziehung die Aufmerksamkeit und Sorge der Regierung zugewendet. Man war sehr thätig für Hebung der Landwirthschaft, des Gartenbaues und der Industrie. Vieles Weideland wurde in Wiesen verwandelt; im Jahre 1782 war dieß mit 68 Morgen geschehen, darunter befanden sich die durch

---

*) In Folge der Verminderung des Wildstandes stieg der Ertrag einer einzigen Gemarkung von 5212 fl. auf 8866 fl.

Kammerrath Martin angelegten Wiesen, die im Jahre 1777 bereits 100 Wagen Heu eintrugen. Man belobte die Ackerleute, die sich ihren Beruf angelegen sein ließen und nannte sie öffentlich, während man die nachlässigen rügte und mit Nennung ihres Namens bedrohte. Man wirkte darauf hin, daß bis Bessungen und Arheilgen links und rechts der Chaussee Gärten angelegt wurden, sowie sich auch ein Theil des offenen Feldes in der Umgebung der Stadt in Gärten verwandelte. Eine öffentliche Baumschule wurde angelegt, aus welcher für private und öffentliche Zwecke Bäume abgegeben wurden. Sie mußte wohl eine ziemliche Ausdehnung erlangt haben, denn die Chronik meldet, daß sie sich im Jahre 1788 um 4000 „Böllensetzlinge" vermehrt hatte.

Auch die Verwaltung der städtischen Angelegenheiten erfuhr unter Ludwig IX. eine zweckmäßige Regulirung. Im Jahre 1778 wurde der städtische Haushalt verbessert und die Verwaltung der Geschäfte 5 Departements übergeben, deren jedes eine weitläufige Instruction erhielt. — Eine große Sorge machte Ludwig IX. der Wassermangel der Stadt. Er empfahl die verschiedenartigsten Verbesserungen der Wasserleitungen und ließ zuletzt durch den Ingenieur Hill einen großen Plan ausarbeiten, wie dem Mangel gründlich abgeholfen werden könnte. Dieser Plan besteht aus einer großen Anzahl von einzelnen Veranstaltungen, die alle die Sammlung der Quellen im Bessunger Wald zur Aufgabe hatten. Der Jägermeisterteich, die Ruthsen- und andere Wiesen, der Mühlgraben u. a. m. sollten dabei benutzt werden. Der Stadtrath sah die Möglichkeit einer Abhülfe auf diesem Wege zwar ein, scheute aber vor den Kosten, die da entstehen würden, und vor den Privatrechten Dritter, die dadurch eine Beschädigung erleiden müßten.

Alte Caserne.

Die Veränderungen, welche die Stadt Darmstadt an sich in ihrem äußeren Ansehen unter Ludwig IX. erfuhr, beschränken sich auf folgende: Vieles von dem, was sonst an die Jagd erinnerte, wurde entfernt, und man sah Einrichtungen machen, welche auf das Militärwesen Bezug hatten. Das Jagdhaus am Jägerthor wurde zum Garnisons-Lazareth gemacht; dann erfolgte der Umbau der Infanterie-Caserne, zu deren zweckgemäßeren Einrichtung die Baumühle, sowie die zur Münze gehörige Strecke niedergerissen wurden. Für die täglichen Uebungen und Wachtparaden wurde der jetzige Paradeplatz hergerichtet. Damit aber auch die Soldaten bei unfreundlicher Witterung im Trocknen und Warmen ihre Uebungen halten konnten, wurde im Jahre 1769 von dem Baudirector Mann der Bau eines Exercirhauses entworfen und die Ausführung befohlen. Der Bau mißfiel jedoch dem Landgrafen so sehr, daß er ihn im Jahre 1771 wieder abbrechen und das jetzt noch stehende Exercirhaus, jetzt Zeughaus, erbauen ließ. Den Plan dazu hatte der Baumeister Schuhknecht entworfen und der Aufbau erfolgte so rasch, daß selbst Nachts bei Fackelschein gearbeitet werden mußte. Am 6. April war er begonnen worden und am 2. Nov. stand das Haus schon so weit unter Dach und Fach, daß am 8., einem Sonntage, die Kirchen- und Wachtparade darin abgehalten werden konnten, und am 15. Dec., dem Geburtstage des Landgrafen, an dem alles geräumt und planirt war, das ganze Regiment zum erstenmale unter Gewehr gestellt werden konnte.

Das Residenzschloß erhielt 1786 durch den Chevalier Morelli den an das ursprüngliche Schloß angehängten, nach Nordwesten hin gerichteten Anbau, den (zugleich mit dem ursprünglichen Bau) Seine Königliche Hoheit der Großherzog bewohnt.

Ein anderes Gebäude, welches unter Ludwig IX. entstand, war das jetzt noch stehende alte Collegienhaus, wodurch ein Theil des damaligen Exercirplatzes sich verlor, und eine Zierde für die Stadt entstand. Am 7. Juni 1777 wurde von dem Erbprinzen in Gegenwart des Ministeriums und der Räthe der Landescollegien unter versammelter Wachtparade und anderen Feierlichkeiten im Beisein vieler auswärtigen und einheimischen Zuschauer der Grundstein gelegt, und im Herbst 1780 wurde es von den sämmtlichen fürstlichen Collegien bezogen.

Der städtische Schießplatz, „der bisher bloß zum Spiele müßiger Schützen diente, manchem Bürger zu seinem Verderben Anlaß

gab und der Stadt wenig Nutzen brachte," wurde in seinem untersten
Theile zu einem Holzplatze eingerichtet und an Bäcker und Bauern
verpachtet,. der übrige Raum zu einem Bleich- und Waschplatz bestimmt
und das Haus zu einer Schenke verpachtet. Ein neuer Schießplatz
wurde in dem jetzigen Holzhof angelegt.

Ludwig IX. ging auch 1772 mit dem Plane um, Darmstadt
mit Bessungen durch eine auszubauende Straße zu verbinden,
weil er den Wunsch hegte, Darmstadt empor zu bringen, und hoffte,
daß besonders „bei allen erlaubten Religionsfreiheiten sich Fremde her-
bei ziehen würden." Er gab dem Oberjägermeister v. Riedesel den
Auftrag, über die Möglichkeit und über die Art der Ausführung dieses
Planes mit dem Präsidenten v. Moser zu reden. In dem betreffenden Rescripte an v. Riedesel sagt der Landgraf: „Ich weiß wohl, daß
die Herrn Geheimen Räthe nicht sehr davor portirt sind und eben
deßwegen ist es auch nicht nöthig, mit denenselben über diesen articul
zu sprechen, sondern der Herr Präsident kann hierüber mit dem Herrn
v. Riedesel sich berathen *)." Es scheint, daß auch diese beiden Herren
ihre Bedenken gegen das Project hatten, denn aus der Verbindung von
Darmstadt mit Bessungen ist damals nichts geworden, sie blieb einer
späteren Zeit überlassen.

Die Vorstadt vor dem Jägerthor, die Bangertsgasse, entstand zum größeren Theile unter Ludwig IX. Meistens waren es
Militärpersonen, die sich dort anbauten, obgleich der Stadtrath sich
wiederholt gegen die Erbauung von „Feldwohnungen" ausgesprochen
hatte, „weil man sie zu Feld- und Walddiebstahl gelegen erachtete,
und dergleichen Leute größtentheils mit einem Haus voll Kinder aus
dem wenigen (ihnen eigenen) Gartenfeld nicht leben könnten."

Eine Anlage, welche unter Ludwig IX. entstand, ist der Bessunger
Herrngarten an der Chaussée. Er wurde von dem Freiherrn
v. Moser angelegt und ging schon einige Jahre nachher in den Besitz
des damaligen Erbprinzen, nachherigen Landgrafen Ludewig X. über.

Auch der Darmstädter Herrngarten erhielt durch die Landgräfin Caroline eine Umgestaltung, denn er verwandelte sich aus einem
Gemüsegarten, der er bis dahin nur war, in einen englischen Lust-

***

*) In dem betr. Rescripte empfahl der Landgraf auch Rüsselsheim der
besonderen Fürsorge, weil er es für sehr günstig gelegen hielt, sowie auch die
Herbeiziehung von „Wiedertäufern, die er für die besten Hofleute hielt."

garten. Ein kleines Wäldchen von Rüstern, welches in dem Gemüsegarten gestanden, brachte die Landgräfin auf den Gedanken dieser Um-
wandlung. Zur Erweiterung des Gartens hatte sie 1774 den dabei
gelegenen s. g. Gmelin'schen Garten gekauft.

Viele der Verordnungen Ludwigs IX., welche er für Darmstadt
allein, theils auch für andere Städte zugleich erließ, und die auf das
materielle Leben ihre Wirkungen äußerten, bezweckten eine Rückkehr zu
weniger luxuriösen Sitten und Gewohnheiten, worin der Landgraf selbst
mit dem besten Beispiele voranging. Eine der strengsten darunter war,
wie unter Ludwig VIII., auch gegen den Kaffee gerichtet, von dem
„berichtet worden war, daß der Gebrauch mehr zu- als abgenommen
„habe und dabei kein Ziehl noch Maaß, vielmehr derselbe allgemein
„oft Morgens und Nachmittags gebrauchet werde, und manche Familie
„damit in Abgang der Nahrung und zu Entrichtung ihrer Abgiften
„außer Stand gesetzt werde." Die strengen einzelnen Bestimmungen,
welche den Gebrauch des Kaffees hindern sollten, sind im Eingange
auf folgende Weise motivirt:

„Wann Wir nun erwogen, daß Unsern Unterthanen dieser aus einem
„fremden Gewächs zubereitet- und mit Zucker gewürz' werdende Trank nur zur
„Lüsternheit der Zunge und keineswegs zum nothwendigen Unterhalt des Lebens
„diene, auch oft der Gesundheit Nachtheil bringe, dadurch aber und durch den
„dabey mit verschwendet werdenden vielen Zucker, bey dem allgemeinen und
„übermäßigen Gebrauch desselben, große Summen außer Unsern fürstl. Landen
„und dem Reich unnützer Weise verschleppen und der Creys-Lauf des Geldes
„in Unsern fürstl. Landen gemindert und gehemmt, das Einländische aus denen
„im Land gezogenen Früchten, Pflanzen und Gewächsen gekeltert, gebraut und
„gebrannt werdende wohlfeilere Getränk hingegen zum merklichen Schaden derer
„davon im Lande sich nährenden vielen Personen, und derer, welche die Steuern
„vom Getränk hergebracht- bey Seiten gesetzt- viele Zeit zu andern Geschäften
„versäumet und vieles Gehölz dabey ohnnöthig verbrannt werde; Als haben
„Wir aus Landes Väterlicher Vorsorge vor das allgemeine Beste Unserer fürstlichen
„Landen und Unterthanen, und das Wohl vieler Familien zu Abwendung des
„aus dem allgemeinen und übermäßigen Gebrauch dieses Tranks, demselben
„immer mehr zuwachsenden Nachtheils die Eingangs erwehnte Verordnung (es
„war die Ludwigs VIII.) aufs Neue zu durchsehen, zu erneuern, zu vermehren
„und zu ändern, auch zur Erreichung des Zwecks eines minderen und mäßigeren
„Gebrauchs dieses Getränks angemessen einzurichten, gut und nothwendig er-
„achtet."

Und nun folgen in 12 Paragraphen die genauen Vorschriften
über Ankauf, Verkauf und Genuß des Kaffees.

Eine andere Verordnung von 1770 verbot bei hoher Strafe für Bürger und Bauer das Tragen von Kleidern, deren Stoffe nicht im Lande fabricirt waren.

Wieder eine andere von 1769 schaffte bei allen Classen der Bevölkerung „alle und jede ohnehin an eine bloße Ceremonie und leere „Einbildung hinauslaufende Anschaff= und Anlegung einiger Trauer, „sie bestehe worin sie wolle, von nun an gänzlich" ab und bedrohte „die welche darwider handelten und dagegen aus Ambition oder anderem „Vorurtheil etwas vornehmen würden, jedesmal mit einer Strafe von „50 Reichsthalern."

Eine andere von 1774 trat mit großer Strenge gegen jede Art von Luxus bei „Copulationen, Kindtaufen, Begräbnissen, auch Zunft= versammlungen" auf. Bei den Hochzeiten erscheinen da als verboten das Pferderennen u. dgl. Ueppigkeiten.

Aus einer Verordnung von 1774 ist zu ersehen, daß bis dahin immer nur Ein Mann in Darmstadt eine Kegelbahn halten durfte. Diese Bestimmung wurde nun dahin abgeändert, daß „einem jeden, „der eine Kegelbahn zu halten Willens war, solches in Zukunft gegen „eine jährliche Abgabe von 5 fl. gestattet werden solle," aber mit der Clausel, „daß die Beständer bei namhafter Strafe keine Unter=Offiziers „oder gemeine Soldaten weder zusehen, noch viel weniger mitspielen „lassen."

Im Interesse der Bewohner wurde wiederholt den Hocken und Unterkäufern der Verkauf der vom Lande herein gebrachten Vic= tualien verboten, wodurch die vom Lande gebrachten Erzeugnisse nicht zum Markte kamen und die Bewohner zu höheren Preisen getrieben wurden.

Als Thatsachen, welche die industrielle Thätigkeit kennzeichnen, haben wir folgende anzuführen: In dem Waisenhause wurde im Jahre 1777 auf Actien eine Wollen=, Tuch= und Zeug=Manu= factur angelegt, durch deren Vermittlung im Jahre 1778 bereits mehr als 100 Personen in der Stadt mit Wollespinnen beschäftigt waren, zu welchem Zwecke dieselben Unterricht in der Manipulation und die nöthige Wolle erhielten. — Im Jahre 1780 erhielt die ver= wittwete Hauptmann Fischer zu Berlin die Erlaubniß zur Anlegung einer Stärkefabrik, unter 6jähriger Befreiung von allen Abgaben. — Im Jahre 1788 beabsichtigte der Kriegsrath Merck eine Kattunfabrik anzulegen und zwar in dem von ihm erkauften f. g. Persius'schen

Hause (f. o. S. 83). Im Interesse dieser Fabrikanlage hatte er den hinter seinem Hause liegenden Zwinger, sowie ein Stück der alten Stadtmauer mit dem in diesem Mauerstück liegenden „Schlangenthurm" erkauft und die Erlaubniß erhalten, an dem Thurme Veränderungen vorzunehmen. Ob diese Fabrik wirklich in Betrieb gekommen ist, läßt sich aus den vorhandenen Archivalien nicht ersehen.

Anerkennenswerth sind auch die Bemühungen zur Abstellung des Straßenbettels. Die Arbeitslosen erhielten im Waisenhause, die Faullenzer im Zuchthause Beschäftigung; die wahrhaft Bedürftigen wurden aus der neu eingerichteten Armenanstalt unterstützt, die durch freiwillige Beiträge von Privaten, durch ständige Zuschüsse von der Herrschaft, dem Hospital und mehreren andern milden Fonds unterhalten wurde.

Von großer Bedeutung für die Stadt war es, daß die Toleranz in religiösen Dingen, welche den Landgrafen überhaupt beseelte, 1771 den reformirten Einwohnern der Stadt eine freie öffentliche Religionsübung gestattete. Zu dem Ende wurde ihnen, bis sie sich eine eigene Kirche gebaut haben würden, die Benutzung der Friedhofskapelle gewährt. Die zu Gunsten der Reformirten erlassene Verordnung regulirte alle Verhältnisse, die Irrungen zwischen ihnen und den Lutheranern hätten veranlassen können. So bestimmte z. B. §. IX. Wir verordnen, daß die Söhne in des Vaters, die Töchter aber in der Mutter Religion, ohne auf allenfalsige Ehepakten zu reflectiren, erzogen werden sollen; und obwolen Wir einem jeden Kind, welches zur Confirmation fähig ist, erlauben, nach eigenem Gefallen eine Religion sich zu wählen, folglich keinen Religions = Zwang eingeführt wissen wollen, so sollen doch, wie obgemelt, die Söhne nach des Vaters und die Töchter nach der Mutter Religion getauft und wenn sie vor der Confirmation sterben, auch begraben werden.

Auf Leben und Treiben in Darmstadt übte die Landgräfin Caroline einen vielbedeutenden Einfluß. Sie hatte als Erbprinzessin, während ihr Gemahl in Pirmasens wohnte, in der Hauptstadt der Grafschaft Hanau-Lichtenberg, in Buchsweiler, gewohnt. Die daselbst angestellte Regierung und Kammer machten den Ort recht lebendig, und die Umgegend war schön. Hier bewohnte die fürstliche Frau das Schloß, welches sich ein früherer Graf von Hanau-Lichtenberg in diesem Hauptorte seines Landes zur Residenz erbaut hatte. Studien, ein lebhafter Briefwechsel mit ausgezeichneten Zeitgenossen und die Sorge für die Erziehung ihrer Kinder waren ihre Beschäftigung. Als sich der hochbetagte Vater ihres Gemahls dem Grabe zuneigte und damit auch die Zeit näher kam, wo sie auch dem Hessischen Lande Mutter werden sollte, bestimmte sie der Gedanke an die ihr näher kommenden Pflichten zur Bitte an ihren Gemahl, in der Hessischen Residenz ihren Aufenthalt nehmen zu dürfen. Die Bitte wurde ihr gewährt und so verließ sie im Jahre 1767 ihren ihr lieb gewordenen Aufenthalt und zog nach Darmstadt. Während also ihr Gemahl erst noch als Erbprinz, dann als Landgraf in Pirmasens weilte, hielt die Landgräfin Caroline in Darmstadt ihren kleinen Hof, und fand für die fehlende Pracht, welche übrigens eben so wenig dem erhabenen Sinn der Landgräfin, wie der Sparsamkeit des Landgrafen entsprach, in dem Umgange mit den geistreichsten Menschen der Stadt und in der Pflege der Musenkünste mehr als Ersatz. Die Landgräfin folgte mit lebhafter Theilnahme dem neuen Aufschwunge der deutschen Literatur. Die ersten Gesänge des Messias von Klopstock waren damals erschienen und erfüllten die Seele der Landgräfin für die Dichtung, wie für den Dichter. Die Oden und Elegieen Klopstocks waren in Zeitschriften zerstreut, einzeln noch gar nicht abgedruckt. Da veranstaltete Caroline im Jahre 1771 die erste Ausgabe aus derselben in 34 Exemplaren, welche sie an die ihr nahe stehenden Verehrer des Dichters, darunter auch an Göthe und Herder, vertheilte. In dem Kreise der Fürstin waren Männer wie Wenck und Merck willkommen. Durch Mercks Vermittlung stand sie mit Herder und Göthe, welche sie „die große Landgräfin" nannten, wie auch mit Wieland in geistigem Verkehre, welch' letzterer in einem Briefe den Wunsch aussprach, „nur einen Augenblick Herr des Schicksals zu sein, um sie zur Königin von Europa erheben zu können." Sie säete aus, was später durch ihren erhabenen Sohn Ludewig I. so herrliche Früchte trug. Leider raubte der Tod zu schnell die edle Fürstin, die durch ihren hohen Sinn in Darmstadt ein geistiges Leben zu erwecken verstanden hatte, welches in seiner Erstarkung eine vielversprechende Anziehungskraft auf die großen Geister der Zeit geäußert haben würde. Die Reise nach Petersburg, wohin sie mit ihren Töchtern zur Verlobung und Vermählung der einen derselben mit dem Großfürsten Paul gegangen war, hatte ihre Gesundheit untergraben. Sie war zu Ende des Jahres 1773 nach Darmstadt zurückgekehrt und schon am 27. Jan. 1774 schrieb sie, ihr baldiges Ende fühlend, ihren letzten Willen nieder, der ihre große Seele kennzeichnet. Sie schreibt darin:

„Mein häufiges Unwohlsein läßt mich mein nahes Ende voraussehen. Ich „muß mich daher zu meinem Weggehen anschicken und meine Anordnungen „treffen. Die Güte und Werthschätzung, womit der Landgraf mich beehrt hat, „läßt mich erwarten, daß er meinen letzten Willen erfüllen wird; sein Edelmuth „wird die Bitten gewähren, welche ich an ihn richte: Ich will in keine Kirche „beigesetzt werden; meine Grabstätte soll mein Garten sein. Leibgardisten sollen „ohne weitere Begleitung meinen Sarg zu Grabe tragen. Mit Einschluß des „Glockenspiels kein Glockengeläute, weder hier noch im Land. Ich bin gefaßt. „Ich empfehle meine Seele dem Allmächtigen; ich habe mit Willen Niemandem „wehe gethan; ich verzeihe meinen Feinden, wenn ich solche haben sollte, und „meinen Verräthern. Ich beklage meine Kinder, meine Mutter und meine „Freunde. Möge ich in ihrer Erinnerung leben!"

Am letzten Tage ihres Lebens schrieb sie an ihren Gemahl:

„Meine letzte Stunde naht und ich danke Gott, daß er mich nach so vielem „erlebtem Glück auch noch des Glückes werth hält, sie mir anzukündigen. Das „Diesseits liegt hinter mir und ich ahne die Seligkeit des Jenseits. Ich wünsche „Ihnen und meinen lieben Kindern ein frohes Leben und das größte denkbare „Glück, ein ruhiges, seliges Ende. Meine Chatouille wird Ihnen Baron Riedesel „einhändigen. Ich weiß, daß sie in eine Hand kommt, die sich so gern, als die „meinige, den Dürftigen öffnet. Noch einen Wunsch habe ich, den letzten auf „dieser Welt. Lassen Sie mich mitten in der großen Baumgruppe des eng„lischen Gartens beerdigen. Man wird dorten eine Grotte finden, die außer mir „nur ihrem Erbauer bekannt ist. In ihr ist die Stelle, wo ich ruhen will, und „die ich größten Theils mit eigner Hand zugerichtet, mit einigen Steinen be„zeichnet. Hier, an der Stelle, an die ich mich von dem Geräusche des Hofes „flüchtete, wo sich meine Seele mit Gott unterhielt, denn ich bald von meinem „Leben, das ich mit Ihnen, mein Gemahl, theilte, Rechenschaft geben soll, hier „wo ich so oft Sie und meine Kinder dem Herrn befahl, hier wo der Allmäch„tige alle meine Wünsche erhörte, hier will ich auch ruhen. Mein theuerster „Gemal und Herr! ich erwarte Sie jenseits des Grabes in einer besseren Welt. „Mein letzter Hauch gehört Ihnen."

Man fand nicht ohne Mühe die bezeichnete Stelle. Ein unterirdischer Gang führte zu einer Felsengrotte, in welche durch eine kleine Oeffnung, die durch einen vorgelegten Stein verschlossen werden konnte, so viel Licht fiel, als zum Lesen erforderlich war. Unten das Ruhelager mit dem vollendeten Grabe. Zwischen den Steinen lagen Andachtsbücher, auch religiöse Betrachtungen, welche die fromme Frau selbst niedergeschrieben hatte *). Caroline starb am 30. März 1774

*) Die Landgräfin hatte Gleim bei seiner Anwesenheit in Darmstadt ihre

in den Armen ihrer Mutter. Die sterblichen Reste der Hingeschiedenen wurden am Abende des 4. April bei Fackelschein zu Grabe getragen und an der bestimmten Stelle beigesetzt. Die Urne von weißem Marmor, der Landgräfin von ihrem königlichen Freunde, dem großen Friedrich, zu Ehren gesetzt, welche seitdem den von Gebüschen und Bäumen umschatteten, von Epheu umrankten Grabhügel schmückt, trägt den Namen der Ruhenden, den Tag ihrer Geburt und ihres Todes und nennt sie Femina sexu, ingenio vir (Weib an Geschlecht, an Geist ein Mann). Am Fuße der Urne steht der Name des großen Königs, welcher dem Andenken der großen Landgräfin das Denkmal geweiht.

In einem Briefe vom Jahre 1777 klagt Merck: „Der Geist der Landgräfin ist entflohen," und mit ihm war es auch der Aufschwung, den das Leben in Darmstadt zu nehmen begonnen hatte. Nach dem Ausdrucke eines Zeitgenossen glich nun der sonst nicht unangenehme Ort einer völligen Wüstenei. Die einzelnen begabten und gebildeten Männer entbehrten die Freude und den Vortheil des Zusammenlebens mitstrebender Seelen; das Verfahren des geistreichen Ministers v. Moser war stolz und despotisch, von öffentlichem Leben außerhalb der Kirche war nichts vorhanden. Der im Jahre 1776 als Oberlandescommissär und als Mitglied „der zur Berath- und Verbesserung des allgemeinen Nahrungsstandes angeordneten Landcommission" hierher berufene Claudius, der Wandsbecker Bote (der im ehemals Baron Friedrich- schen, jetzt Wolfskehl'schen Hause am Louisenplatze gewohnt hat), hielt darum nur kurze Zeit, kaum ein Jahr, in Darmstadt aus. In der kurzen Zeit seines Aufenthalts wirkte er übrigens mit voller Kraft

---

Grabstelle gezeigt. Seine Empfindungen dabei spricht er in folgendem Gedichte aus (s. Hamb. Musenalm. 1787. p. 31.):

„Ihr Grab weiß Sie? Stieg eine Fürstin schon
Von Ihrem Thron
Und weiß Ihr Grab? Und legte Mängel -
Der Menschheit ab?
Und weiß Ihr Grab,
Und lächelte wie Raphael der Engel?
Ein gleichzeitiges Gedicht sagt in ihrem Namen:
Satt des Hoffens, satt des Klagens
Ueber Erdengröße und Geschick,
Richt' ich ohne Wunsch und ohne Zagen
Auf den Tod hier meinen Blick.

für die schönen Zwecke, die er verwirklichen helfen sollte; seine zahlreichen treuherzigen und gemeinnützigen Beiträge zur Darmstädter
Zeitung, deren Begründer und erster Redacteur er war, fanden überall
die wirkſamſte Aufnahme *). Allein ſchon 1777 begab er ſich wieder
nach ſeiner Heimath Wandsbeck zurück, weil er, wie officiell erklärt
wurde, das Klima nicht vertragen konnte, nach überſtandener ſchwerer
Krankheit. Auch der Kaiſer Joſeph II. empfand bei ſeinem Aufenthalte in Darmſtadt 1781 kein Vergnügen; er hielt ſich, wie Merck
in einem Briefe an den Herzog von Weimar ſagt, billigerweiſe nur
eine halbe Stunde auf. Er beſuchte in Begleitung des Erbprinzen
und des Prinzen Georg das Exercirhaus, verbat ſich aber alle Handgriffe der ihm zu Ehren auf dem Paradeplatze aufgeſtellten Truppen,
dankte auch für das ihm von den Prinzeſſinnen offerirte Frühſtück und
ſtieg, in einen grauen Rock und gelbe Lederhoſen gekleidet, in der
„alten Poſt" bei dem weißen Thurme wieder in ſeinen Wagen und
fuhr, um den ſich zudrängenden Leuten Gelegenheit zu geben, ihn zu
ſehen, im Wagen ſtehend bis zum Frankfurter Thore **).

An die Rückkehr des Erbprinzen von ſeinen Reiſen und Feld-
zügen knüpfte ſich die Hoffnung der geiſtigen Wiederbelebung, und dieſe
Hoffnung ging in Erfüllung.

Der Erbe der hohen Eigenſchaften der großen Mutter begann
ſchon ſehr bald den Weg anzubahnen, auf dem er ſein Volk und zunächſt die Bewohner der Reſidenz in Bildung voranzuführen gedachte.
Sein hohes Intereſſe für Kunſt und Wiſſenſchaft beurkundete ſich in
jeglicher Weiſe durch unmittelbare Theilnahme an allen Veranſtaltungen,
welche zur Förderung allgemeiner Bildung dienen konnten. Sehr häufig
ergriff er ſelbſt die Initiative, wie wir an einer anderen Stelle aus
einzelnen Beiſpielen erſehen werden. Alle die freudigen Hoffnungen,

---

*) Die Landzeitung begann im Jahre 1777 zu erſcheinen. Die ihr Er-
ſcheinen regulirende Verordnung ſagt über die derſelben geſtellte Hauptaufgabe:
„Unſere Abſicht gehet dahin, Unſer ſo ſehr zerſtreutes Land mit ſich ſelbſt
bekannter zu machen, Fleiß, Verdienſte, edle und gute Handlungen aufzumuntern
und den jetzt Lebenden ſowohl zur Kenntniß als der Nachwelt zum Andenken zu
bringen, den Weg der Communication des Landes unter ſich zu erleichtern und
auch Auswärtigen in all dieſen Stücken auf eine anſtändige Weiſe bekannter
zu werden."

**) In Günderode's Neuen Fragmenten S. 166 f. iſt dieſer Beſuch des
Kaiſers ausführlicher erzählt.

die sich an eine solche Theilnahme des Fürsten knüpften, wurden während seiner Regierung glänzend übertroffen.

Auf das Leben bei Hofe und in den mit dem Hofe in Verbindung stehenden Kreisen übte die Familie des Prinzen Georg, des Bruders Ludwigs IX., einen großen Einfluß. Dieser Einfluß äußerte sich noch entschiedener, als der Erbprinz sich mit einer Tochter des Hauses vermählt hatte.

Von dem Ton, der in diesen Kreisen herrschte, sowie von der Art der Unterhaltungen, die man veranstaltete, erzählt H. W. v. Günderode (in seinen „Neuen Fragmenten") Verschiedenes. Wir wählen folgende Schilderung aus:

„Annahmung an häusliche Glückseligkeit habe ich täglich hier bei Hof. Eine hier einschlagende Scene war mir so innigst erfreulich, daß ich sie Ihnen erzählen will. Der 14. Juni war der Geburtstag des Herrn Erbprinzen. Schon einige Tage vorher verbat man sich dieser Seits alle Feierlichkeiten; man that also auch dergleichen. Gemahlin und Vater aber nährten die Begierde in ihren Herzen, dem theuren Eidam, dem lieben Gemahl auch äußerlich ihre Gesinnungen zu erkennen zu geben. Prinz Georg gab an diesem Tag ein großes Mittagsmahl, welches für eine Staatstafel recht lustig und unterhaltend war.

„Der Prinz hatte, um den Abend mit einer unvermutheten Unterhaltung auszufüllen, die Bernerischen Kinder*) kommen lassen, welche voraus einen allegorischen Prolog und dann zwo Operetten Lucilie und die Kolonie, aufführten. Nachher war eine noch zahlreichere Abendtafel bei Prinz Georg und eine ganz vortreffliche türkische Musik stimmte öfters die schönsten Stücke an, welche dann von der Straße herauf sehr angenehm und herzerfreulich klangen.

„Alles dieses war schön und artig angeordnet, und um so angenehmer, da diese fürstlichen Personen alle Anwesende auf die ihnen eigene gnädige und freundliche Art bewirtheten. Was mich aber hauptsächlich an diesem Tage freute und wirklich rührte, war das Frühstück, welches die Frau Erbprinzeß ihrem Herrn Gemahl ohnbewußt auf das artigste herstellte.

„Auf einem freien und etwas erhabenen Platze im Boslet wurde ein fünfeckiger offener und ganz einfacher Tempel errichtet. Dessen

---

*) Eine herumziehende Schauspielertruppe.

rundgewölbtes Dach war von Tannenästen zusammen geflochten; die Säulen, welche es unterstützten, waren rauhe Tannenstämme in ihrer natürlichen Rinde, welche aber alle von oben herab mit Blumenkränzen umwunden waren; inwendig sah man die Buchstaben v. L. von Rosen gebunden; in der Mitte des Tempels stand ein kleiner Altar. Als sich der Herr Erbprinz diesem Tempel näherte, kam ihm seine Gemahlin daraus entgegen und empfing ihn mit wenigen Worten. „Es wäre jetzt Gelegenheit eine Rede zu halten, sagte sie ohngefähr, Worte aber sind nicht nöthig, wenn das Herz spricht!" Sie führte ihn alsdann in diesen Tempel, stieß an einen Riegel des Altars, welcher alsbald auseinander fiel und ein ausnehmend schön gearbeitetes Tischchen entdeckte; unter diesem kroch der kleine Prinz L o u i s, ein gesunder schöner blonder Knabe*), hervor, welcher darunter verborgen war und seinem Herrn Vater einen Rosenkranz überreichte. Mag solche Szenen unempfunden ansehen, wer da will; ich war gerührt und verbarg meine nassen Augen hinter einer Säule dieses Tempels. Ich sah an der Umarmung des Prinzen, daß diese Ueberraschung so auf ihn wirkte, wie es von einem edlen empfindsamen Herzen zu erwarten ist. Hierauf wurde das Frühstück eingenommen und man blieb versammelt, bis es Zeit war, sich zur Mittagstafel anzukleiden.

„Noch mehrere Freudenbezeugungen folgten diesem festlichen Tage. Den andern Morgen ward wieder im Freien gefrühstückt und des Abends ward auch unter freiem Himmel gespeist. Nachher führte die Bernerische Truppe zwei Singspiele auf einer Bühne auf, welche Prinz Georg zu dieser Gelegenheit in seinem Orangeriegarten unter freiem Himmel hatte errichten lassen. Dieses Theater war ziemlich groß, und, wie gewöhnlich erhaben; die Szenen waren von Tannenästen geflochten, die Buchstaben v. L. waren hin und wieder darauf in Rosen geflochten; vom Theater nach dem Zuschauer zu, waren auf beiden Seiten viele Orangenbäume zu sehen. Diese Einrichtung fiel bei der guten Erleuchtung sehr angenehm in die Augen. Der Himmel war ganz heiter, ein Heer von glänzenden Sternen und ein heller Mond leuchtete auf die Bühne herab. Dieser schöne Himmel war aber der Vorstellung des Donnerwetters, welches in der einen Oper öfters vorkam, sehr nachtheilig. Schon kam die Morgenröthe mit starken Schritten an, bevor dieses Schauspiel geendigt war. Man ging als-

---

*) Der spätere Großherzog Ludwig II.

dann zu Fuß durch das Boslet zurück; die Vögel stimmten ihr Morgen=
lied schon an, die ganze Natur schien verjüngt. Es wurde noch ein
wenig in dem Tempel verweilt, alsdann ging ein jedes seinen Weg;
die Sonne leuchte schon in hellen Strahlen.

„Der bei dieser Gelegenheit errichtete Tempel im Boslet steht
noch und hat schon zu mehreren Vergnügungen Anlaß gegeben. Vor
einigen Tagen wurde er mit farbigen Lampen erleuchtet und dabei
unter freiem Himmel zu Nacht gespeist und das ganze Boslet erschallte
von dem harmonischen Tone vieler musikalischen Instrumente. Auch
wurde noch vor Abbruch des unter der Orangerie errichteten Theaters
eine mit Musik begleitete Abendtafel gehalten, wobei die Prinzessinnen
das bekannte Lied: Ou peut-on être mieux, qu'au sein de sa
famille, — zu Ehren ihrer Aeltern und Geschwistern anstimmten.“

---

9. Darmstadt unter Ludwig X. (I.) (1790—1830).

Ludwig IX. starb am 6. April 1790 zu Pirmasens, und der
unvergeßliche Landgraf Ludewig X., als Großherzog der Erste, bestieg
den Thron seiner Väter, um wie ein Wohlthäter des ganzen ihm von
Gott anvertrauten Landes, so ein zweiter Begründer von Darmstadt
zu werden.

Wir stehen nun an der Schwelle der neuesten Geschichte Darm=
stadts, der Geschichte einer Zeit, die viele der Jetztlebenden mit durch=
lebt haben, einer Zeit, angethan mit einem von dem bisherigen ganz
verschiedenen Gewande, reich an Ereignissen der mannichfachsten Art,
reich an Fortschritten des Staatslebens, wie des bürgerlichen Lebens,
reich an Fortschritten der materiellen, wie der geistigen Cultur.

Darmstadt war durch die Thronbesteigung des zehnten Ludwig
wieder fürstliche Residenz geworden. Seine Bevölkerung erhielt alsbald
einen ansehnlichen Zuwachs durch das Militär und durch viele Familien,
die, vom Hofe angezogen, oder durch die französische Umwälzung ver=
scheucht, aus Pirmasens und der Grafschaft Hanau=Lichtenberg über=
haupt hierher überzogen. Die „Neue Stadtanlage,“ die vor dem
Neuen=Thore ihren Anfang nahm, wurde nöthig. Sie erfolgte nach
einem bestimmten Plane. Der Anfang damit wurde bereits im
Jahre 1791 gemacht und im Interesse ihrer Förderung eine Lotterie
errichtet, die aus Geldprämien und 3 Häusern bestand, zu welchen

der Landgraf die Bauplätze angeschafft und 1000 fl. Beitrag für jedes Haus geschenkt hatte. Die drei ersten Häuser derselben, das Wies= ner'sche (der jetzige Darmstädter Hof), das Fräser'sche (jetzt Querner'sche) und das Heim'sche (jetzt Boßler'sche in der Grafenstraße), wurden ver= loost; später erst entstand das Schenk'sche Haus (jetzt Post). Große Schwierigkeiten machte gleich bei dem Beginne die Weigerung des Parfumeur Dermenon, der sein unmittelbar vor dem Neuen Thore gelegenes, mit einem Laboratorium versehenes und von einem 4 Morgen großen Garten, mit Reben (zum Theil aus Alicante und Languedoc), 900 Obstbäumen und Pflanzungen von aromatischen Kräutern bepflanzt, umgebenes Haus anfangs gar nicht, dann aber nur für einen hohen Preis hergeben wollte. Erst nach einem mehrjährigen Proceß, der zuletzt noch mit dem Käufer des Hauses, dem Jäger und späteren Wildbereiter Rungesser, geführt werden mußte, kam der Kauf zu Stande, und die auf den Platz projectirten Häuser konnten gebaut, andere erst in ihren Hofraithen abgegrenzt werden. Die Kriegsstürme der nächsten Jahrzehnte hemmten indessen den Fortschritt in der Neuen Stadtanlage. Bereits am 4. Sept. 1792 erfolgte die Bekanntmachung, daß die Verabreichung von Geldbeiträgen für Erbauung von neuen Häusern bis nach erfolgtem Frieden eingestellt und nur in ganz be= sonderen Fällen eine Ausnahme gemacht werden solle. Schon hatte das Preußische Heer den Feldzug in die Champagne unternommen, schon waren durch Custine die deutschen Grenzen überschritten, der Krieg war vom deutschen Reiche an Frankreich erklärt. Mit dem Herbste 1792 zogen auch aus Darmstadt die Truppen weg. Die Fortschritte der Franzosen machten bald den Aufenthalt des Hofes in Darmstadt zu gefährlich, er floh 1796 nach Franken. Bernadotte be= setzte Darmstadt, der General Jourdan legte der Stadt eine harte Kriegssteuer auf und nahm bis zu deren völliger Auszahlung sechs der angesehensten Bürger als Geiseln mit. Bei diesem Aufenthalte der Franzosen waren sie durch einen Ueberfall von Oesterreichischer Ca= vallerie, die von Eberstadt hierher eilte und an zwei Thoren zu gleicher Zeit einrückte, vertrieben worden. Zufällig den Tag über entfernt gewesene Bewohner hatten am Morgen die Stadt voller Franzosen verlassen, und als sie am Abende heimkehrten, war sie voller Oester= reicher, und am „Habichtshäuschen," einem kleinen Häuschen, welches isolirt auf einem wüsten Platze, bei der jetzigen Artilleriecaserne, stand, loderte ein helles Freudenfeuer wegen des gelungenen Ueberfalls. —

Auch im Fortgange des wechſelvollen Krieges ſah ſich der Hof wiederholt genöthigt, aus ſeiner Reſidenz zu fliehen. Der Tag ſeiner Rückkehr war jedesmal ein Freudentag. Indeſſen hatte die Stadt außer
ſtarken Contributionen und drückenden Einquartierungen kein beſonderes
Mißgeſchick zu ertragen. Selbſt die franzöſiſchen Marſchälle Augereau
und Lefebre ließen fürſtliches und ſtädtiſches Eigenthum unangetaſtet.
Beide waren nach einander im Jahre 1806 in Darmſtadt. Augereau
wohnte in dem „Erbprinzen,“ dem jetzigen Dieffenbach'ſchen Hauſe in
der Rheinſtraße; Lefebre wohnte anfangs ebenfalls dort, zog aber
ſpäter nach Kranichſtein, wo ihm ein eigner kleiner Hofſtaat und eine
eigne Hofwirthſchaft gebildet wurde, von deren theilweiſe ſehr wüſtem
Treiben ſich die Zeitgenoſſen viel zu erzählen wiſſen. Noch in neuerer
Zeit ſah man in dem von ihm bewohnten Zimmer, welches ſein Ar-
beitslocal bildete, die vielen Tintenflecken, die er auf den Fußboden
gemacht hatte*). — Jede Erweiterung der Landesgrenzen, welche durch
die politiſche Wendung herbeigeführt wurde, verlieh der Reſidenz des
Landesherrn größeren Glanz und Umfang. Am 31. März 1814 war

---

*) In den Mémoires du General Rapp, S. 54 ſteht folgende, die Stimmung
Napoleons gegen die fürſtliche Familie bezeichnende Stelle: Je m'arretai huit
jours à Francfort chez Augereau pour voir et pour entendre: c'étoient mes
instructions. Napoleon venait de demander des contributious à cette ville;
elle craignait d'être obligée d'en payer encore.

Nous occupions le pays de Darmstadt. Le maréchal, qui avait son
quartier général dans la capitale de cette principauté n'était pas plus aimé
de la cour que des habitants; son état-major encore moins. Madame la
grande Duchesse me fit inviter par Augereau qui paraissait affectioné ce
pays; je refusais, je n'avais pas d'ordre: elle le chargea de me transmettro
ses plaintes. Elles étaient amères.

Je partis pour Wesel. Je devais examiner les dispositions du pays.
Nos troupes l'occupaient deja.

A mon retour, je rendis compte à Napoleon de ce que j'avais vu et
entendu. Je ne lui cachai rien. Je lui parlais surtout en faveur du pauvre
pays de Darmstadt, mais il était outré contre la Duchesse. Elle avait ecrit
au roi de Bavière une lettre terrible, au sujet de la mesalliance de sa nièce
Auguste avec le prince Eugène. Entre autres expressions outrageantes se
trouvait celle de „horrible mariage.“ L'Empereur, qui croyait que la
gloire d'avoir fait de grandes choses valait bien l'avantage de descendre de
ceux, qui peut être n'en avaient pas fait, ne lui pardonnait pas ses pre-
ventions féodales. Jl fut sur le point de lui oter ses états; mais Maxi-
milien intercéda pour elle; elle en fut quitte pour une occupation de quel-
ques mois . . . .

Paris an die verbündeten Mächte übergegangen, und Darmstadt strahlte am 12. April zur Feier des glücklichen Ereignisses in glänzender Erleuchtung. Der Rückzug der siegreichen Truppen der verbündeten Heere in ihre Heimath führte viele ihrer Colonnen durch Darmstadt oder an demselben vorbei; vom 26.—29. Mai drei Colonnen des Sacken'schen Armeecorps, etwa 30,000 Mann mit 13,000 Pferden; am 1. und 2. Juni 7100 Mann Kosacken mit 8400 Pferden. Diesen folgte vom 11.—14. Juni das Bayerische Armeecorps unter dem Oberbefehl des Divisionsgenerals Grafen v. Rechberg in 4 Colonnen, 15,000 Mann mit 4000 Pferden; am 11. außerdem ein Kosackenregiment, bestehend aus 550 Mann und 500 Pferden, ein preußisches Infanterie-Detachement, ein russisches Detachement, und am 14. 1500 aus französischer Gefangenschaft zurückkehrende Russen; am 17. Juni abermals zwei Regimenter Bayern, am 18. wiederum ein Bayerisches Regiment, und so währte es noch eine Zeitlang bis zum 29. Juli fort. Am 3. Juli war das Hessische Truppencorps aus dem Felde zurückgekehrt und hatte in der Umgegend Cantonirungsquartiere bezogen. Dieser Rückkehr der siegreichen deutschen Truppen folgte später die Rückkehr der aus russischer Gefangenschaft heimkehrenden Franzosen.

Es war ein bewegtes Leben in Darmstadt während der vielen Kriegsjahre, und die Erinnerung daran erregt noch heute manche unserer Mitbürger bald mit schmerzlichen, bald mit heiteren Gefühlen. Einmal, im Jahre 1796, war es vorgekommen, daß die Franzosen der Stadt eine bedeutende Contribution auferlegten und zur Sicherheit mehrere Geiseln sich unter den angesehensten Bewohnern aussuchten. Damals waren die Herren: v. Lehmann, Brade, May, Cavally, u. Netz und Hessemer eine kurze Zeit von den Franzosen mitgenommen und festgehalten worden. Wir können es uns nicht versagen, als Beispiel dieses bewegten Lebens eine der vielen Scenen, an denen die Zeit so reich gewesen ist, mit den lebendigen Worten des Erzählers mitzutheilen, der uns in der früher hier erschienenen „Muse, herausg. von Dräxler-Manfred," mit einer Reihe von Darmstädter Zeit- und Sittenbildern aus dem Anfange unseres Jahrhunderts erfreut hat.

„Großherzog Ludwig war der letzte deutsche Fürst gewesen, welcher sich dem Rheinbunde angeschlossen hatte, aber als ein Glied desselben blieb er geschlossenen Verträgen getreu, bis zur letzten Stunde. Die Heere der Verbündeten nahten den Grenzen des Landes, wie die noch immer 100,000 Mann starke französische Armee. Da mußte allerdings die Entscheidung eine schwierige Aufgabe sein. Der weise Fürst erblickte in dem Zögern dasjenige, was den Verhältnissen des Landes angemessen erschien. Da konnte er aber auch in seiner Residenz nicht ferner verbleiben. An einem Nachmittage füllte sich der innerste Schloßhof mit einer Menge, die mit Schmerz auf die bereitstehenden Reisewagen hinschaute. Feierliche Stille herrschte rings umher. Nur die Indecenz eines Lakaien, welcher Etwas, was er schicklicher verhüllt hätte, als vergessenen Gegenstand offen in den Wagen trug, bewies hier die Wahrheit, daß von dem Erhabenen zum Lächerlichen nur ein Schritt ist. Als aber der alte allverehrte und geliebte Herr erschien und auf der großen Treppe tief bewegt von seinen Getreuen Abschied nahm, da blieb kein Auge ohne Thränen. Der Großherzog war in einen langen grauen Ueberrock gekleidet und seinem Herrn zur Seite stand tief erschüttert sein treuester Diener, der Gr. Geh. Kabinets-Sekretär Schleiermacher. Nach der ergreifenden Scene des Abschieds eilte die geliebte Großherzogin Louise weinend und schmerzvoll grüßend zum Wagen, und alsbald fuhren die Wagen dahin. Ihr erstes Ziel war Mannheim. Die Flucht der fürstlichen Familie erfüllte alle Gemüther mit banger Furcht. Der Gedanken an die Schrecken des Krieges drückte centnerschwer. Plünderung war allgemein befürchtet. Fast allenthalben verbarg man die besten Habseligkeiten. In unserem Hause wurde das Werthvollste in Kisten unter einem Kartoffelhaufen im Keller versteckt. Die tief bekümmerten Aeltern wurden von uns Kindern mit dem innigsten Mitgefühl betrachtet, und die so leicht ansteckende Furcht herrschte in allen Familien. Der Hort der Stadt war der Landgraf Christian. Er war geblieben. Er besaß das Vertrauen und die Hochachtung aller Bewohner, welche er auch durch seine Umsicht, seine Humanität, wie durch seine Entschiedenheit im höchsten Grade verdiente. Unendlich viel verdankt Darmstadt diesem edlen Fürsten in jener verhängnißvollen Zeit. Das Zeughaus war auf seinen Befehl in aller Stille geräumt und die Geschütze in dunkler Mitternacht in den Kranichsteiner Teich versenkt worden.

Von Stunde zu Stunde wuchs das Bangen. Man bestieg den Stadtthurm, von welchem man am fernen Horizonte Rauch aufsteigen sah. Leute, mit guten Fernröhren bewaffnet, wollten ein Gefecht bei Hochheim und das in Brand stehende Kostheim bemerken. In Wahrheit fand hier der Kehraus von dem furchtbaren Kriegstanze in Deutschland statt. Noch hätte Napoleon sein Reich bis an den Rhein sich und seiner Dynastie erhalten können; aber verblendet von dem Glanze seines Glücksterns, wies er die ihm von den Großmächten gestellten Bedingungen zurück und somit waren des Krieges eiserne Würfel wieder geworfen.

An einem Dienstag Nachmittag, als das helltönende Glöcklein des Gymnasiums schon einmal gelockt hatte, nahm ich meine Bücher unter den Arm, um, wie man zu sagen pflegte, zur Klasse zu ziehen. Unterwegs vernahm ich plötzlich den Ruf: „Sie sind da! Ich hab sie gesehen!" — Wen denn? — „Die Kosacken! Zum Jägerthor sind sie hereingesprengt!" Auf diese Kunde wurde Schellers Wörterbuch und Wenck's Grammatik in ein Kellerloch einquartiert und nach dem Jägerthor hingeeilt. Auf dem Wege dahin begegnete uns einer jener so gefürchteten Reiter, der in kurzem Trab, die Lanze an einem Riemen im Arme hängend, und in der andern Hand den Kantschu schwingend, seinen vorausgehenden Kameraden nacheilte. Obgleich der Kosack einen langen Bart trug, so hatte der Anblick durchaus nichts Furchterregendes, und die Folge bewies es, daß gerade die Kosacken die kindlichsten Naturen waren und durchaus nichts gemein hatten mit dem Wesen „der Rothmäntel," die uns unsere Eltern als wahre Kannibalen geschildert hatten. Der Zusammenhang jener Erscheinung ist folgender. Der Graf Mensdorf, welcher später als k. k. österreichischer General in Mainz die Stelle eines Kommandanten begleitete, befehligte in jener Zeit einen Theil eines aus verschiedenen Truppenkörpern zusammengesetzten Freikorps. Die Spitze desselben bestand aus einem Pulk Kosacken und einigen Schwadronen Szekler Husaren. Nach der Schlacht bei Hanau war diese Avantgarde vorgerückt, um das linke Mainufer zu sondiren, und auf dem Marsche nach dem Rhein vor der Residenz angelangt. Widerstand fanden sie hier keinen. Nur in einer Weise wurden die Feinde, oder besser Freunde, attakirt: mit Wein- und Branntweinflaschen, die von allen Seiten herbeigebracht und mit einem gemischten Gefühle den Reitern dargebracht wurden. Friedlich ritten die Eskadronen bis zum Louisenplatz, wo sie von den Pferden stiegen und diese aneinander koppelten. Der Kommandant des Korps begab sich auf das Kanzleigebäude, wo die Räthe des Ministeriums mit ihm konferirten. Erst nach und nach war die Kunde von den neu angekommenen Gästen durch die Stadt gedrungen, und Tausende von Bewohnern umstanden nun Rußlands und Oesterreichs Krieger. Komisch war es, wie so Manche, von Furcht getrieben, die Vorräthe der Speise-

kammer und des Kellers hervorschleppten, um, wie es schien, damit
den Ausbruch der Feindseligkeiten zu verhindern. Nach Verlauf von
etwa zwei Stunden entfernten sich die so gefürchteten Feinde ebenso
ruhig, als sie gekommen waren, und ritten zum Rheinthore hinaus.
Da fiel Manchen eine centnerschwere Last vom Herzen; denn anstatt
des Pulverdampfes hatte man nur den Dampf der Friedenspfeife ge-
rochen. — —

In der Stadt waren um diese Zeit, die Angabe der Tage sei
mir erlassen, weil solches dem Gedächtniß nicht immer völlig treu geblieben ist, — einige bayerische Soldaten der Landwehr gesehen worden.
Wir Knaben mußten wissen, was diese wollten. Wir legten uns auf
Kundschaft und sahen, wie der fremde Unteroffizier nach der Stadtkirche hingeführt und ihm diese geöffnet wurde. Bald hatten wir es
heraus, daß etwa 6000 bei Hanau gefangene Franzosen hier in der
Stadtkirche untergebracht werden sollten. Alsbald waren Handwerks-
leute und Stadttaglöhner beschäftigt, die Kirchenstühle wegzuschaffen,
die auf dem Kirchenplatze in Reihe und Glied aufgestellt standen.
Den aus der Umgebung der Stadtkirche aus den Fenstern schauenden
Gesichtern konnte man es deutlich ansehen, daß ihnen die zugedachte
Nachbarschaft keineswegs angenehm war. Doch Dank dem Landgrafen
Christian, der die Kirche vor der ihr drohenden Einquartierung be-
wahrte. Der edle Fürst erklärte: so lange man noch andere und ge-
räumigere Lokalitäten zu verwenden habe, soll man die Kirche, das
Heiligthum des Herrn, verschonen. Noch am Abende wurden die Be-
wohner der Stadt mittels der Schelle des Aufrufers aufgefordert,
Speise für die Tags darauf kommenden Gefangenen bereit zu halten.
Der Wohlthätigkeitssinn, das Mitgefühl für des Menschen Wohl und
Wehe sprach sich auch hier in erfreulicher Weise aus. Allenthalben
dampften die Kessel; denn die gewöhnlichen Gefäße wollten für so
zahlreiche Gäste nicht genügen. Mein Vater sagte: wir sollten hier
in unserer Stadt freudig die größten Opfer darbringen; denn Darmstadt hätte in diesem Jahrhundert den Krieg von seiner schrecklichen
Seite aus eigener Erfahrung nicht kennen gelernt. Wie gerne trugen
wir Speise und Trank hin zu den Hungernden, die am folgenden
Tage von Dieburg her kamen. Himmel, welche Veränderung! Mir
schwebten vor meiner Seele noch immer die schmucken Kriegergestalten
in glänzenden Uniformen und Waffen und auf hohen Rossen! In dem
heitersten Uebermuthe hatte ich, wenn ich nicht irre, im Jahre 1809

die letzten franzöſiſchen Truppen geſehen, die, nachdem ſie hier übernachtet, am folgenden Tage auf Bauerwägen weiter gebracht wurden.
Vor dem Rheinthor war damals ein ſchallender Jubel. Gar viele
der Soldaten hatten die ihnen gelieferten Laibe Brod mit ihren Bajo-
netten geſpießt und ſie in ungeheurem Bogen auf den Exercirplatz ge-
ſchleudert. Wieder andere ſpielten mit dem lieben Brod ein Spiel,
das mich lebhaft an das Werfen der Diskusſcheibe erinnerte, wie es
Homer ſo herrlich in jenem Geſange ſchildert, der den vielgewanderten
Odyſſeus auf der Inſel der Phäaken verweilen läßt. Dieſe Erinnerung
flog mir wie ein Blitz durch die Seele, als ich die verhungerten, zer-
lumpten, krankhaften und zum Theil verwundeten Geſtalten erblickte,
die ich, von bayeriſcher Landwehr eskortirt, vorüber ziehen ſah. Da
ſchritten Alle ohne Ordnung und ohne Rückſicht auf Waffengattung
in der bunteſten Mannigfaltigkeit an uns vorüber. Die meiſten waren
von dem furchtbarſten Hunger gefoltert. Am Schloßgraben ſtand zufällig ein Wagen mit weißen Rüben. Mit der Gierde der Harpyen
ſtürzten ſich die Armen auf dieſen Wagen hin, und konnten ſelbſt durch
die empfindlichſten Kolbenſtöße der Eskorte nicht zurückgehalten werden.
Noch jetzt klingen mir die Worte in die Ohren: Pour l'amour de
Dieu donnez, donnez moi un morceau de pain! Doch die Gefühle des Mitleidens und der Theilnahme miſchten ſich bald mit denen
des Ekels und des Abſcheues, da man Scenen erblickte, die man bei
Menſchen, nach Gottes Bilde geſchaffen, nimmer für möglich gehalten
hätte. Fragt man, wie konnten die Leute in ſo kurzer Zeit ſo furchtbar herabkommen, ſo erwäge man, was mir ſpäter klar geworden,
daß dieſe Unglücklichen, meiſt Nachzügler der großen Armee, ſchon bei
Leipzig verſprengt und dann die Straße gezogen waren, an der nur
ausgeplünderte und ausgehungerte Dörfer und Städtchen lagen.
Während der Schlacht bei Hanau, die Napoleon vollſtändig gewonnen
und Wrede mit großem Verluſte verloren hatte, haben die Bayern
wenig Gefangene machen können. Aber nachdem Napoleon mit ſeiner
immer noch 60,000 Mann ſtarken Armee bei Hanau durchgebrochen,
war es der nachdrängenden Verbündeten wegen ein Leichtes, täglich
Hunderte, ja Tauſende der unglücklichen verhungerten Nachzügler gefangen zu nehmen. Viele von ihnen erſchienen mir wie wandelnde
Leichen. Hunderte von den Gefangenen litten an dem damals herrſchen-
den Typhus, welcher durch dieſelben auch nach Darmſtadt gebracht
wurde und hier nicht wenig Opfer forderte. Gleich einer Heerde trieb

15 *

man die unzählbare Schaar in das hieſige Zeughaus. Alsbald brachten die Bewohner die bereitgehaltenen Speiſen, meiſtens Kartoffelſuppe mit Fleiſch. Aber es war faſt unmöglich, in das Innere des ungeheuren Raumes einzubringen. Am Thore entbrannte im wahren Sinne des Wortes ein Kampf um die in Menge dargebrachten Nahrungsmittel, die Hungernden im Innern drängten nach außen, erſtiegen die Fenſter= öffnungen, und reichten von da in die mit ſiedend heißer Suppe ge- füllten Züber auf den Köpfen der Mägde, um die feſten Brocken her= auszufiſchen. Manche lagen gleichgiltig gegen ihre Umgebung auf dem Boden; andere entblößten ihre verwundeten Glieder, um ſich von den vielbeſchäftigten Aerzten und Wundärzten verbinden zu laſſen, die auf dem Paradeplatz Ambulancen aufgeſchlagen hatten; hier hörte man Fluchende, da ſah man Weinende, ja Sterbende, nach welchen die zu= nächſt Liegenden nicht einmal hinſchauten.

Am folgenden Morgen verſuchte man im dichteſten November= nebel die Gefangenen in Reihe und Glied auf dem Paradeplatze auf= zuſtellen. Vergebliches Bemühen. Die Eskorte war dazu viel zu ſchwach. Die Aerzte hatten noch alle vollauf zu thun, die Verwundeten zu verbinden, und reichten bei weitem nicht aus, allen Anforderungen zu entſprechen. Nach allen Seiten hin verſuchten Einzelne, ſich von dem Haufen zu entfernen und in die Straßen der Stadt zu ſchleichen. Hie und da nahm ſie voll Erbarmen in die Wohnungen auf und wurde nicht müde, ſie Wochen lang zu pflegen. Auf dieſe Weiſe wurde der verderbliche Typhus in die Häuſer gebracht. Eine nicht unbe= deutende Schaar blieb krank im Zeughauſe zurück, für welche man der Gefahr der Anſteckung wegen ein Bretterhaus auf dem Exercirplatz erbaute, in welchem wir Knaben täglich die Kranken beſuchten. Die große Maſſe der Gefangenen zog die Bergſtraße hinauf. Wie Manche mögen unterwegs erlegen ſein! Allein von dem Paradeplatz bis zum Neckarthor waren Fünf tobt niedergeſunken." —

Freudig bewegt war die Stadt, wie wir gehört haben, jedesmal, wann die fürſtliche Familie, in Folge der Kriegsdrangſale zu zeitweiſem Aufenthalte außerhalb des Landes genöthigt, wieder zu den mit Liebe an ihr hängenden Bürgern zurückkehrte. Freudig bewegt war ſie auch, als im Jahre 1804 der Erbprinz ſeine junge Gemahlin, die badiſche Prinzeſſin Wilhelmine, heimführte. Am 19. Juni war er ihr ver= mählt worden und der 16. Juli war der Tag des Einzugs in die Reſidenz. An der Grenze des Amts Darmſtadts war das fürſtliche

Paar von dem aus 105 Mann beſtehenden bürgerlichen Reitercorps empfangen worden und langte Abends 7 Uhr bei der Stadt an, um dann in folgender Zugsordnung einzufahren. Den Zug eröffnete der landgräfliche Poſthalter aus Darmſtadt mit ſeinen Poſtillonen, ihm folgte der Reichspoſthalter aus Heppenheim mit ſeinen Poſtillonen, die erſte Abtheilung der Forſtdiener, das bürgerliche Reitercorps, der Wagen des Fürſtenpaars, die zweite Abtheilung der Forſtdiener, dann das Reitercorps der Aemter Pfungſtadt, Seeheim, Zwingenberg, Bensheim und Heppenheim. In der Stadt ſelbſt ſandten Pauken und Trompeten von der mit Wappen, Sinnbildern und Inſchriften verzierten Ehrenpforte herab, verbunden mit der Muſik des Reitercorps, der bewaffneten Reſidenzbürger, dem hohen Paare den erſten Gruß der Reſidenz entgegen. An der Ehrenpforte ſtand der Stadtſyndikus und ihm zur Seite 111 Mädchen, theils in „Aurora‟, theils in „Weiß‟ gekleidet, die den Weg und die Wagen mit Blumen beſtreuten, und dann bewegte ſich der Zug unter den Klängen der Muſik und dann nicht endenden Bivatrufen der dichtgebrängten Menge nach dem Schloſſe hin. Am Abende ſtrahlte die Stadt in glänzendſter, auch die engſten Straßen erhellenden Beleuchtung.

Am 18. Juni 1815 war der entſcheidende Sieg bei Waterloo erkämpft und in der von Menſchen erfüllten Stadtkirche zu Darmſtadt ertönte am 2. Juli unter dem Geläute aller Glocken und unter dem Donner der Geſchütze das Te deum laudamus für die endliche völlige Befreiung von fremdem Joche. —

Der Krieg war nun zu Ende und Ludewig I. begann mit der ihm eignen klaren Einſicht und kräftigen Energie die bereits in Angriff genommenen Pläne, welche er zum Wohle ſeiner Reſidenz erdacht hatte, zur weiteren Ausführung zu bringen. Gruppiren wir ſeine Veranſtaltungen in der Art, daß wir

1) die unter ihm erfolgte Stadterweiterung mit den dabei entſtandenen größeren Gebäuden,

2) ſeine Bemühungen um Kunſt und Wiſſenſchaft,

3) ſeine Veranſtaltungen für die materielle Wohlfahrt der Darmſtädter und ihre Annehmlichkeit,

4) die Zunahme der Bevölkerung in Folge ſeiner Sorge für das Wohl der Reſidenz betrachten!

Die Erweiterung der Stadt erfolgte nach dem früher ſchon feſtgeſtellten Plane. Die Schranken, welche die Vorſtadt Ernſt Ludwigs

von den bereits entſtandenen Häuſern der Neuen Vorſtadt trennten,
fielen vollſtändig, nachdem die Mauer und das Neue Thor ſchon 1809
gefallen waren; geebnet wurden die Sandhügel, die in dem Terrain
der projectirten Neuſtadt lagen und ziemlich zahlreich waren, wie ältere
Situationszeichnungen der Umgebung Darmſtadts lehren; auf dem ge-
ebneten Sandboden entſtanden die Straßen der Neuſtadt in raſcher
Folge, hervorgerufen durch das Bedürfniß und die den Bauenden ge-
währten Vergünſtigungen. Freie Bauplätze, freigeliefertes Bauholz,
temporäre Steuerfreiheit und ſogar als „Facadengeld" gewährte pe-
cuniäre Unterſtützung waren mächtige Anregungsmittel zum Bauen
von Häuſern. Schöne Privathäuſer auf nicht zu knappem Raume
mit geräumigen Höfen und Gärten wuchſen empor, öffentliche Gebäude
erhoben ſich; die Neuſtadt Darmſtadts wurde in ihren Hauptteilen
unter Ludewig I. zu dem, was ſie jetzt iſt, — eine Stadt in neuerem
Style mit breiten geraden Straßen, aber auch luftig durch ihre die
Häuſer trennenden Gärten und Hofräume, ein geſunder Wohnplatz,
wie ihn nicht viele Städte bieten können, und gewiß vermiſſen ſeine
Bewohner gerne die in Folge dieſer Bauart oft von Fremden be-
ſpöttelte Menſchenleerheit der Straßen, im Gefühle des Behagens,
welches geſunde unverdorbene Luft ihnen gewähren. Es entſtanden bis
zum Tode Ludewigs I. folgende Straßen: Rheinſtraße, Waldſtraße,
Bauſtraße (jetzt Eliſabethenſtraße), mit Schulſtraße, Hügelſtraße, Sand-
ſtraße und die dieſelben durchſchneidenden: Neckarſtraße, Magazinſtraße
mit Weinbergsſtraße, Zimmerſtraße mit Grafen- und Hospitalſtraße,
Wilhelminenſtraße. Zur weiteren Verbindung der Alt- und Neuſtadt
entſtand die Ludwigsſtraße (von 1821 an anfangs „Neue Marktſtraße"
genannt), die Schulſtraße (früher Finanzſtraße genannt, weil die
Finanzkammer in 2 neben einander ſtehenden Häuſern ihren Sitz hatte).
Beide entnahmen ihr Terrain dem Kametzky'ſchen Garten. Zur Verbindung Darmſtadts mit Beſſungen die Carlsſtraße u. ſ. w. Schöne
Plätze bildeten ſich in und an den neuen Straßen, ſo: der Louiſenplatz, Mathildenplatz (früher grüne Bettlade), Marienplatz, Wilhelminenplatz, deren Ausſtattung zum Theile erſt der ſpäteren Zeit zur Aufgabe wurde.

Die namhaften Gebäude, welche unter Ludewig I. entſtanden,
waren die folgenden:

1) In erſter Linie iſt hier zu erwähnen die bauliche Vollendung
des Schloßbaues Ernſt Ludwigs, der bis dahin ohne Fenſterglas in

den beiden oberen Stockwerken, die Fensteröffnungen mit Brettern zu-
genagelt, mit ungetünchten Innenwänden und ohne Fußböden dagestanden
hatte. Er wurde von Ludewig vollendet, um vor allen Dingen die
Kunst- und wissenschaftlichen Sammlungen aufzunehmen, die theils
schon vorhanden waren, theils zusammengebracht werden sollten.

2) Das Großherzogliche Palais auf dem Louisenplatz.
Es wurde im Jahre 1802—3 auf den Fundamenten der Reitercaserne,
die, wie wir oben S. 148 gehört haben, an die Stelle des Brand'schen
Posthauses getreten war, durch den Ingenieur-Hauptmann Mittermayer
erbaut. (Der Saalbau, der an den Vorderbau nach der Hofseite sich
anschließt, wurde erst im Jahre 1832 nach dem Plane Mollers erbaut.)

3) Das Hofoperntheater, erbaut nach den Entwürfen Mollers.
Es wurde im März 1819 begonnen und im November 1820 eingeweiht.

4) Die katholische Kirche. Den katholischen Einwohnern
war im Jahre 1791 ein Freiheitsbrief ertheilt worden, nachdem schon
alsbald nach dem Regierungsantritte Ludewigs nicht nur die Ausübung
ihres Gottesdienstes unter gewissen Restrictionen verstattet, sondern
auch ein Beitrag von 250 fl. jährlich verwilligt worden war. Zum
Zwecke des Gottesdienstes schenkte ihnen im Jahre 1791 Kaiser Leo-
pold II. 1000 Ducaten, und im Jahre 1792 Franz II. 1000 Ducaten
zum Bau einer Kirche. Zum Bau einer eignen Kirche kam es aber
im Laufe der nächsten Jahre nicht; als Betsaal diente seit 1802 viele
Jahre der Saal des Darmstädter Hofes (der jetzige Assisen-Saal).
Im Jahre 1822 erhielt die katholische Gemeinde die Erlaubniß, eine
eigne Kirche zu bauen. Ludewig schenkte ihr dazu den nöthigen Platz
und ein von einer milden Stiftung herrührendes bedeutendes Capital
und sicherte weitere Unterstützungen zu. Den Plan zu der Kirche,
sowie dessen Ausführung übernahm Oberfinanzrath Moller. Für Auf-
bringung der weiteren bedeutenden Kosten war eine zur Beförderung
des katholischen Kirchenbaues ernannte, aus dem Oberhofmarschall
v. Perglas, Geh. Staatsrath v. Wreden, Oberappellationsrath Floret
und Oberfinanzrath Moller bestehende Commission thätig, welche im
Juni 1822 einen öffentlichen Aufruf zu Beiträgen erließ. Am
25. März 1827 wurde der erste Gottesdienst darin gehalten und am
26. Sept. fand die feierliche Einweihung der Kirche statt.

5) Das Gesellschaftshaus. Den Zweck und die Aufgabe
dieses Gebäudes, welches nach einem vielfach getadelten Plane Mollers

im Jahre 1816 und 1817 erbaut wurde, bezeichnet der am 6. Dec. 1816 gesprochene Zimmermannsspruch in folgenden Worten:

Wenn Babels Thurm durch Hader und Zwist
Bis dato noch nicht geendigt ist
So kam dieser Bau durch Einigkeit
In kaum fünf Monaten schon so weit,
Daß zu der Bauherrn und Zimmerleute
Und, wir hoffen's, auch zu eurer Freude
Ich heute schon am St. Nickels Tag
Den Strauß aufs Gebälke zu pflanzen vermag.
Nach meinen aufhabenden Zimmermanns-Pflichten
Muß ich, nach Brauch, auch nun berichten,
Zu welchem Zweck, Nutzen und Frommen
Dieses Gebäude ward unternommen.
Für den Ernst pfleget das menschliche Leben
Leider! nur zu viel Stoff zu geben,
Und der Arbeit, Sorgen und Beschwerden
Gibts bekanntlich genug auf dieser Erden.
Der Mensch soll aber nicht allein
Ein bloßes Lastthier hienieden sein,
Der Erholung und seineren Geselligkeit
Ist drum dieser stattliche Bau geweiht.
Im Bunde mit den Schwestern, den holden Camönen,
Die das Leben zur Poesie verschönen
Wird künftig in diesen weiten Hallen
Nur sittlicher Freude Ruf erschallen.
Die Meisterstücke seltener Geister
Sinn' und Gefühle beherrschender Meister
Von Mozart, Beethoven, Gluck und Haydn
Werden durch Zauberklang der Saiten
Hier manchen Frohgenuß euch bereiten
Hier erhebt einst manche Meisterrede
Und manches Gedicht von Schiller und Göthe
Und anderer Künstler in Ernst und Scherz
Der Hörer empfänglichen Geist und Herz.
Hier eint sich der Mädchen und Jünglinge Kranz
Zu vernünftigem Genusse von Spiel und Tanz.
Indeß sich ob ihrer fröhlichen Reihen
Die Alten verjüngend sich erfreuen
Und bei manchen in diesem großen Saale
Der Erholung und Frohsinn geweihten Mahle
Reichen sich die gebildeten Stände
Sittlich vereint traulich die Hände,

Kurz, ein Bestreben wird hier nur sein
Sich weise, mit Anstand, des Lebens zu freuen*).

6) Das Palais des Landgrafen Christian (jetziges Ständehaus), eins der ersten Gebäude der neuen Stadtanlage vor dem Neuen Thore.

7) Die neue Infanterie-Caserne. Sie wurde an der Stelle der älteren von Georg I. angelegten (S. 209) und von Ludwig IX. weiter ausgebauten, nach den Plänen des Baumeisters Heger 1829—30 erbaut. Da mit der alten Caserne auch die Münze verbunden gewesen war, wurde der Neubau eines Münzgebäudes nöthig, der indessen erst unter Ludwig II. 1831 und 32 zur Ausführung kam.

8) Die Reitercaserne, erbaut von Heger im Jahre 1827. Die Reiterei lag vor deren Erbauung in Bessungen in Garnison, wo die am Forstmeistersplatz westlich liegenden Gebäude als Caserne dienten.

9) Der Marstall am Mathildenplatz im Jahre 1810—12 von dem Hauptmann und Hofbaumeister Mittermayer erbaut und in seiner inneren Einrichtung von dem Landbaumeister Spieß hergestellt**).

10) Das städtische Hospital mit der städtischen Armenanstalt in der Grafenstraße, erbaut 1806. Bis dahin bestand das Spital am Bessunger Thor (s. o. S. 53). Im Jahre 1828—29 wurde dasselbe durch Anbauten vergrößert.

11) Das Correctionshaus in der Grafenstraße, erbaut 1808.

---

*) Ehe sich in Darmstadt eine geschlossene Gesellschaft zur Förderung geselliger Freude gebildet hatte, gingen alle derartige Veranstaltungen von dem Gasthalter „zur Traube" aus, der im Jahre 1794 einen großen Concertsaal erbaut hatte. Am 5. Dec. 1794 wurde darin der erste Gesellschaftsball gehalten, nachdem am 26 Nov. darin schon die abonnirten Winterconcerte begonnen hatten. Zur Förderung höherer Geselligkeit hatten indessen schon früher der Erbprinz und die Prinzen des Hauses zeitweise Veranstaltungen gemacht. So wurde am 12. Oct. 1784 im Palais ein masquirter Ball gehalten, „zu welchem alle, die an diesem öffentlichen Vergnügen Theil nehmen wollten, eingeladen wurden." Solche masquirte Bälle fanden öfters noch im Hoftheater statt unter dauernder Theilnahme des Hofes und zu großer Befriedigung der Anwesenden, die häufig von den scherzhaften Streichen des Erbprinzen zu erzählen wußten.

**) Nachdem mit dem Katzenelbogener Schloß auch die darin befindlich gewesenen Marställe zerstört waren, entstand unter Georg I. ein Marstall zunächst der Baumühle (s. o. S. 36). Der Marstall am Paradeplatz war unter Ludwig VIII. für die Parforcepferde bestimmt gewesen.

12) Die Freimaurerloge in der Sandstraße, erbaut 1816 von Moller.

13) Das Militärlazareth am Jägerthor, erbaut 1827 von Heger.

14) Das neue Collegiengebäude am Mathildenplatze, erbaut 1827 von Heger.

Ebenso wunderbar wie die durch Ludewig I. geschaffene äußere Veränderung wurde auch die durch ihn hervorgerufene innere, die durch öffentliche und private Pflege von Kunst und Wissenschaft bedingte und die eine materielle Wohlfahrt der Bewohner bezweckende. Ludewig war ein reicher Erbe der hohen Bildung seiner großen Mutter und ihres feinen Sinnes für Kunst und Wissenschaft. Er erkannte deren Bedeutung für die Wohlfahrt seines Volkes und war unabläffig bemüht, ihre Genüsse Allen zugänglich zu machen. Schon als Erbprinz hatte er dafür im schönen Vereine mit seiner gleich gesinnten Gemahlin gewirkt. Veranstaltungen verschiedener Art, von ihm ausgehend, weckten den noch schlummernden Sinn dafür bei den Bewohnern der Stadt. Dramatische Vorlesungen und Aufführungen, Concerte wechselten miteinander; neue Erfindungen wurden dem Publikum vorgeführt *). Das Blühen merkwürdiger exotischer Pflanzen im fürstlichen Lustgarten zu Bessungen mußte der Hofgärtner Müller ankündigen und das Publikum zurch Betrachtung einladen; durch Ankäufe von Naturalien und Kunstgegenständen machte er den Anfang zu einem von ihm zu begründenden Museum, welches demnächst dem allgemeinen Nutzen dienen sollte. Durch solche und ähnliche Veranstaltungen machte der Erbprinz den Boden empfänglich, dessen unmittelbare Bepflanzung er als regierender Herr in der Folge zu unternehmen gedachte. Und als er den Thron seiner Väter bestiegen, war er für diese seine Lieblingsaufgabe thätig, wie selten ein Fürst es gewesen ist. Als treuer und einsichtsvoller Helfer und Berather wirkte mit ihm sein Freund und Diener, der Cabinetssecretär Ernst Schleiermacher, gleich seinem Herrn für die schöne Aufgabe begeistert und durch hohe Bildung und Einsicht zu ihrer Lösung befähigt. Großartig, wahrhaft großartig gestalteten sich die Schöpfungen Ludewigs für Kunst und Wissenschaft, und ihnen

---

*) Der Erbprinz selbst veranstaltete z. B. im Jahre 1783 und 1784 mehrmals das Aufsteigen eines Luftballons, lud durch öffentliche Bekanntmachung das Publikum ein zur Anwesenheit bei Füllung und Aufsteigen und ließ die Resultate bekannt machen.

namentlich verdankt Darmstadt die Bedeutung unter den Städten
Deutschlands, die ihm beigelegt werden wird, so lange es diese
Schöpfungen sein eigen nennt.

In erster Linie steht hier das **Museum** oder die Gesammtheit
der von Ludewig ins Leben gerufenen wissenschaftlichen und Kunst=
sammlungen, wie Hofbibliothek, Gemäldegallerie, Naturalien=Cabinet,
physikalisches Cabinet, Alterthümersammlung ꝛc., mit Ausnahme einer
kleinen Bibliothek, alle vor Ludewig noch nicht vorhanden gewesen und
durch seine Bestimmung zum Gemeingut des ganzen Volks geworden.
Die Energie und die Kenntniß, mit denen diese Schätze gesammelt
worden sind, sind wahrhaft bewundernswerth; enorm sind die Summen,
welche der erhabene Fürst aus den ihm zu Gebote stehenden Geld=
mitteln für diese Sammlungen opferte. Bereits im Jahre 1816
konnte Göthe (Kunst und Alterthum I. 122 ff.) ebenso den ungemeinen
Reichthum an Gegenständen aller Art, Alterthümer, Gemälde, Kunst=
sachen, Naturgegenständen und Büchern, wie deren wundervolle und
reinliche Aufstellung rühmen. „Was jedoch, so sagt Göthe, fast noch
mehr als die Schätze den Beschauer anspricht, ist die Lebendigkeit,
welche man dieser Sammlung als einer sich immer fortbildenden an=
merkt. Alle Fächer sind in Bewegung, überall schließt sich etwas
neues an, überall fügt sich's klarer und besser, so daß man von Jahr
zu Jahr den schaffenden und ordnenden Geist mehr zu bewundern hat."

Ein stetes Wachsen brachte die Sammlungen zu einer Bedeutung,
daß sie bei dem Tode Ludewigs den größten Sammlungen in viel=
facher Hinsicht ebenbürtig waren. Sie bildeten neben dem Theater
einen Hauptanziehungspunkt für die Massen von Fremden, die an
Sonntagen aus den benachbarten Städten hierher kamen und die Gast=
höfe füllten. Mit Stolz erinnern sich die Darmstädter noch der Zeit,
da der Hof des „Trauben" und der Platz vor demselben nicht aus=
reichten, um die Chaisen zu fassen, welche die Fremdenschaaren zur
Betrachtung des Museums und zum Besuche der Oper hierher geführt,
welche als die erste Deutschlands oder mindestens als eine der
ersten galt.

Die Anfänge des **Darmstädter Theaters** haben wir in den
früheren Perioden kennen gelernt bis auf die Zeit des 8. Ludwig.
Der 9. Ludwig hatte keine Liebhaberei dafür; es entbehrte also der
Unterstützung, die zu seiner weiteren Ausbildung nöthig gewesen wäre.
So weit es ihm die Möglichkeit erlaubte, hatte der Erbprinz sich des

verwaisten Musentempels angenommen. Die recitirende, namentlich aber die musikalische dramatische Kunst erfreuten sich seiner Pflege, nicht aber in öffentlichen Aufführungen, sondern im engeren Kreise des Hofes und der von diesem geladenen Gäste. Besondere Ereignisse in der fürstlichen Familie wurden meist auch mit einer ernsten Musik oder mit einer dramatischen Aufführung gefeiert. So meldet die Chronik, daß am Geburtstage der Prinzessin Georg Wilhelm am 16. März 1779 verschiedene Dramen bei Hofe aufgeführt wurden, und daß die Erbprinzessin als Sophonisbe auftrat. (Bei der Tafel waren in dem Dessert alle verschiedene Scenen dieses Stücks vorgestellt.) Zur Nachfeier des Geburtstags des Prinzen Georg Wilhelm am 14. Juli 1779 kam ein vom Legationsrath Lichtenberg verfaßtes und vom Kapellmeister Vogler componirtes Melodram, Lampedo genannt, zur Aufführung. Dasselbe führte der Hof auch am Ludwigstage 1779 auf. Ein ständiges Hoftheater-Personal existirte nicht. Die Freude an theatralischen Vorstellungen aber veranlaßte, daß zuweilen einer wandernden Schauspielergesellschaft das Hoftheater eingeräumt wurde. So führte im Jahre 1779 die Bernerische Schauspieler-Truppe, welche auch ein Ballet von 25 Kindern hatte, in demselben Opern, Ballete und Schauspiele auf. In den 80er Jahren war die Mehrlich'sche Truppe hier und gab im Hoftheater Vorstellungen. Als im Jahre 1805 der Marschall Augereau sein Hauptquartier in Darmstadt aufgeschlagen hatte, wurde zur Unterhaltung der fremden Gäste eine französische Schauspielergesellschaft engagirt, um Lustspiele, Schauspiele, kleine Ballete u. s. w. aufzuführen. Eine Liebhaber-Theatergesellschaft, bestehend aus Bürgern und Bürgerssöhnen, spielte im Jahre 1806 und 1807 abwechselnd im Gasthofe zum wilden Mann und im Rathhause. Die Frauenzimmer-Rollen wurden von jungen Männern aufgeführt, so daß ein junger Bäckergeselle die Amalie in den oft wiederholten Schiller'schen Räubern zu spielen hatte. Eine solche Räubervorstellung konnte eines Tags nicht statt finden, „weil," wie öffentlich angekündigt wurde, „die Amalie die Backnacht hatte." Den ersten Anfang eines ständigen Theaters bildete im Jahre 1807 das Krebs'sche Theater in dem Saale des Gasthauses zum Erbprinzen (Dieffenbach'sches Haus, Eck der Rhein- und Grafenstraße). Als der Raum für die Schaulustigen zu enge zu werden anfing, errichtete Krebs ein förmliches Theater mit Gallerien und Logenreihen, einer besonderen Loge für den Hof, in der Scheuer der „Alten Post," und eröffnete dasselbe am

15. Mai 1808. Ludewig I. beehrte dieses Theater zum erstenmal am 7. Juli 1808 mit seinem Besuch gelegentlich der Aufführung von Mozarts Don Juan und von da an sehr oft. Zeitweise durfte die Krebs'sche Gesellschaft auch Vorstellungen im Hoftheater geben, besonders als die berühmte Schauspielerin Händel-Schütz Gastrollen hier gab. Das Krebs'sche Unternehmen wollte aber dessen ungeachtet nicht recht gedeihen und wäre wohl ganz zu Grunde gegangen, wenn Ludewig nicht als Retter in der Noth erschienen wäre, das Theater, wie es war, übernommen und es 1810 zum Hoftheater erklärt hatte. Das Krebs'sche Local erschien aber für ein Hoftheater ungeeignet und so wurde das Opernhaus hergestellt und neu decorirt, zu gleicher Zeit ein neues Chorpersonal angestellt und manche andere Anordnung getroffen, die für ein Hoftheater passend erschien. Von der Zeit an begann das später so berühmt gewordene Theaterleben Darmstadts. Das neu hergestellte Opernhaus wurde am 26. Oct. 1810 mit Mozarts Titus eröffnet. Aber schon im Jahre 1818 (22. April), legte Ludewig den Grundstein zu dem neuen Hofoperntheater, dessen Plan Moller entworfen hatte. Am 17. Oct. 1819 wurde das alte Theater mit der Oper „Sargines" geschlossen und das neue am 7. Nov. mit „Fernand Cortez" eröffnet. Ludewig I. wohnte den Abendproben seines Theaters regelmäßig bei und stand dabei an seinem Notenpulte, worauf die Partitur lag, da wo bei Vorstellungen der Souffleurkasten war. Das Orchesterpersonal des Hofoperntheaters bestand der Regel nach aus 89 Personen, das Chorpersonal aus 30 männlichen und 24 bis 26 weiblichen Mitgliedern, und unter dem Sänger- und Schauspieler-Personal befanden sich die berühmtesten Namen der Theaterwelt.

Zur Entstehung des Darmstädter Theaters unter Ludewig I. gab dessen hohe Liebe und tiefe Kenntniß der Musik die eigentliche Veranlassung. Von Ludwig IX. hatte diese schöne Kunst sich keiner besonderen Förderung zu erfreuen gehabt, obgleich derselbe eine eigne Musikliebhaberei hatte, bei der ihm aber eine Anzahl Hautboisten, Trompeter, Pauker, Trommler und Pfeifer genügten. Der Volksmund weiß noch gar Manches von der Sonderbarkeit dieser Liebhaberei zu erzählen. 40 bis 50 Pfeifer und Trommler mußten Märsche aufführen, bei denen derjenige Tambour das größte Lob einerntete, der die meisten Felle zerschlug, weil der Landgraf dieß als ein Zeichen ansah, daß dieser Tambour am meisten herausgeschlagen, d. h. am kräftigsten getrommelt habe. Saiteninstrumente waren aus der Musik

Ludwigs IX. verbannt geweſen, weil ſich dieſe, wie er meinte, nur für
Kirmeßfiedler paßten. An Oboen und Fagotts mußten meſſingene
Becher und Stürzen angefertigt werden, damit die Töne verſtärkt
wurden, denn gegen Piano hatte der Landgraf eine entſchiedene Ab-
neigung. Die Märſche componirte Ludwig IX. meiſtens ſelber für
ſeine Hautboiſten, und es werden viele Tauſende in den Muſikbiblio-
theken in Darmſtadt aufbewahrt. Da der Landgraf, wie bekannt, in
Pirmaſens reſidirte, ſo hatte Darmſtadt indeſſen doch nicht unter dieſer
Antipathie gegen Saiteninſtrumente zu leiden. Hier ſuchte Miniſter
v. Heſſe den muſikaliſchen Sinn zu pflegen, indem er in ſeinem Hauſe
Liebhaber-Concerte veranſtaltete, zu denen alle brauchbaren Kräfte her-
angezogen wurden. An dieſen Concerten nahm auch der Erbprinz
Theil, als er im Jahre 1776 von ſeinen Reiſen zurückgekehrt war.
Bald nach ſeiner Vermählung ſchon begann der Erbprinz mit der Or-
ganiſation einer eignen Hofkapelle, die aus noch brauchbaren alten
Hofmuſikern, aus den brauchbarſten Hautboiſten der Regimentsmuſiken,
und aus fähigen Dilettanten beſtand. Neben dieſem Orcheſter entſtand
auch bald ein Hofconcert-Dilettanten-Chor, der aus jungen Beamten,
beſonders aber aus Gymnaſiaſten, aus Officiers-, Staatsdiener- und
Bürgerstöchtern zuſammengeſetzt war. Mit dieſen Kräften begann
Ludewig die Pflege der muſikaliſchen Kunſt. Quartette, bei welchen
Ludewig die erſte Violine ſpielte, wechſelten mit größeren Concerten
ab, die immer im Kaiſerſaal gegeben wurden. Im Jahre 1778 ſoll
das Orcheſter bereits 50 Perſonen ſtark geweſen ſein. Dieſe muſikaliſchen Aufführungen in Darmſtadt wurden nur durch den zeitweiligen
Sommeraufenthalt des Hofes in Auerbach unterbrochen*). Hier aber

*) Das Fürſtenlager zu Auerbach hat als langjähriger Sommer-
aufenthalt der fürſtlichen Familie, ſowie als beliebter Aufenthalt der Darmſtädter,
in früherer wie in jetziger Zeit, für die Bewohner Darmſtadts eine beſondere
Bedeutung und wir glauben darum eine kurze Geſchichte des reizenden Platzes
mittheilen zu dürfen. Das Fürſtenlager und ſeine reizenden Anlagen verdanken ihre Entſtehung
der darin gelegenen Mineralquelle. Man hatte ſchon frühe bemerkt, daß aus
einer Quelle in dem Thälchen der Roßbach Waſſer fließe, welches anders be-
ſchaffen war als das gewöhnliche, denn es bildete ſich darauf „ein rother fetter
und mineraliſcher Schleim“ und darum hatten mehrere ſachverſtändige Männer,
z. B. der Stadt- und Amtsphyſikus Heyland in Bensheim darauf aufmerkſam
gemacht und zur Aufſuchung der Quelle aufgefordert. Aber erſt im Jahre 1739
erwarb ſich der Oberſchultheiß und Barbier Gerſt in Auerbach dieſes Verdienſt,

mußte eine besondere siebenstimmige Harmonie-Musik für die musikalische Unterhaltung sorgen. Aus den kleinen unvollkommenen Anfängen der erbprinzlichen Zeit gestalteten sich die großartigen musikalischen Ver= hältnisse Darmstadts als der Erbprinz seinem Vater in der Regierung

---

indem er drei bei einander gelegene Quellen auffand, die, wie sich jeder über= zeugen konnte, ein Mineralwasser spendeten, und die er deßhalb, wenn auch höchst mangelhaft, fassen ließ. Der Ruf der neugefundenen Heilquelle verbreitete sich sehr bald und in dem Jahre ihrer Auffindung schon kam eine Menge von Menschen von nah und fern, um die Heilkräfte des Wassers zu versuchen und sich dasselbe fässerweise zu bestellen. Die wunderbarsten Erzählungen über seine ausgezeichnete Heilkraft verbreiteten sich und kaum gab es irgend ein Leiden, welches dem Wasser Widerstand leisten konnte.

Aber schon im folgenden Jahre war es um die Berühmtheit der Quelle geschehen; es kam Niemand mehr als Kurgast nach Auerbach. Man suchte den Grund dafür in der schlechten Fassung der Quelle, die zu viel wildes Wasser zuließ und damit die mineralischen Eigenschaften abschwächte. Die Schwierig= keiten der Zeit erlaubten es aber erst im Jahre 1766 diesem Uebelstande abzu= helfen und zwar geschah dies mit solchem Erfolg, daß wieder Leute aus weiter Ferne hierher kamen und, wie das Auerbacher Kirchenbuch erzählt, „täglich 200 bis 300 Personen, oftmals bei dem schlechtesten Wetter nach der Quelle in der Roßbach walleten." Dieser Erfolg, verbunden mit einem Gutachten, welches die fürstlichen Leibärzte abgaben, wurde Veranlassung, daß im Jahre 1767 der fürstliche Baudirector Mann von Darmstadt geschickt wurde, um die Quelle noch besser zu fassen, verschiedene Hütten aus Brettern für die Kurgäste aufzu= bauen, für einen ordentlichen Bau Materialien beschaffen und durch das Thal einen neuen bequemen Weg anzulegen. Die Zahl der Kurgäste belief sich in den Sommermonaten meistens über 200, „worunter viele Vornehme und an= sehnliche Leute von Darmstadt und Mannheim waren."

„Der Zuspruch von Fremden, welche die Neugierde hierher trieb (so er= zählt der Ortspfarrer Hofmann), war so groß, daß die Karossen manchen Tag nicht zu zählen waren. Seronissimus noster bedienten sich selbst dieses Wassers und weil Sie sich sehr wohl darauf befanden, würdigten sie die Quelle einer sonderbaren Aufmerksamkeit. Als im August der Ludwigstag, als derohöchstes Namensfest einfiel, ließen mir dieselben durch Herrn Oberst-Lieutenant Reh den Befehl geben, daß ich an diesem Tage an der Quelle eine Dankrede halten und das Tedeum laudamus singen lassen möchte. Diese Feierlichkeit wurde dann auch in der schönsten Ordnung vollzogen. Die Hautboisten von Darmstadt führten die Musik und nach gehaltener Rede wurde dann unter dem Gesang des Danklieds aus einer Anzahl Kanonen, die auf dem Berge gegen der Quelle über aufgepflanzt waren, eine dreimalige Salve gegeben. Die Anzahl von Menschen, die sich bei dieser Gelegenheit versammelt hatten, muß sich über etliche Tausend erstreckt haben, worunter sich fürstliche und gräfliche Personen, wie auch vornehme Standespersonen aus Darmstadt befanden."

gefolgt war. Darmstadt wurde eine Art musikalischer Brennpunkt in Deutschland, nicht nur durch die musikalischen Aufführungen von Opern und Oratorien, sondern auch durch die musikalischen Kräfte, die sich hier angezogen fühlten, und theils von Ludewig besoldet, theils auf

Im Jahre 1768 wurden zu beiden Seiten des Brunnens zwei schöne Gebäude für den Aufenthalt der Kurgäste errichtet, die Quelle wurde prächtig eingefaßt, das Thal planirt und mit Alleen besetzt, „so daß es, wie die Chronik sagt, ganz neu geschaffen und einer paradiesischen Gegend ähnlich erschien." Damit war der Anfang zu den schönen Anlagen des „guten Brunnens" gemacht, die heute noch so vielen Menschen einen Hochgenuß bieten. In den folgenden Jahren nahm der Ruf des Brunnens bald zu bald ab. Der Landgraf Ludwig IX. nahm das Bad, wie sein Vater gethan, in seinen Schutz, ja er gab seinen 3 Leibärzten, die auf seine Frage deßhalb die Wirkung des Wassers außerordentlich gerühmt hatten, den Befehl, daß von ihnen stets einer die Kur in Auerbach gebrauchen und durch solchen Vorgang seine Patienten zur Nachahmung aneifern solle.

Eine neue Aera für Auerbach brach an, als im Jahre 1783 der Erbprinz Ludewig mit Gemahlin dahin kam, um den Brunnen zu gebrauchen. Zur Aufnahme des Hofes wurden zu den bereits vorhandenen einige weitere Nothhäuser aus Brettern errichtet, die im folgenden Jahre schon solideren Baulichkeiten weichen mußten. Von dieser Zeit an bildete Auerbach fast jährlich einen Sommeraufenthalt für das erbprinzliche Paar und dessen Gäste, und als Ludewig X. seinem Vater in der Landesregierung nachgefolgt war, wendete sich in noch höherem Maaße als bisher fürstliche Sorgfalt und geläuterter Geschmack den Verschönerungen des reizenden Platzes zu. Die ersten Jahre dieses Jahrhunderts namentlich waren fast alle durch Erweiterungen und Veränderungen des schönen Sommersitzes bezeichnet, der ein Lieblingsaufenthalt des fürstlichen Paares wurde. Die persönliche Neigung des hohen Paares verbunden mit der Geschmacksrichtung der Zeit schuf daselbst ein idyllisches Landleben, an dessen Reizen sich auch an dem Hofleben Unbetheiligte erfreuten und das seinen Einfluß selbst auf die Bewohner des Dorfes und die gelegentlichen Besucher des Fürstenlagers nicht verfehlen konnte. Noch heute erzählen die Leute von dem wohlthätigen Einfluß, den die Sorge der Großherzogin auf die Armen Auerbachs ausgeübt hat. Zwölf durch Reinlichkeit und Sittlichkeit ausgezeichnete Jungfrauen kamen z. B. wöchentlich einmal unter einem der mächtigen Lindenbäume im Fürstenlager mit der Großherzogin zusammen, um von ihr Belehrungen zu empfangen, während die ganze Gesellschaft mit Handarbeiten beschäftigt war. Sie hießen die Baumjungfern und wurden bei ihrer Verheirathung von der Großherzogin ausgestattet.

Im Fürstenlager, wo die Großherzogin Luise Jahre lang Genesung von körperlichen Leiden gefunden hatte, fand sie auch die Erlösung von allen Gebrechen des irdischen Lebens. Sie starb daselbst am 24. Oct. 1829 und am 26. brachte ein von Fackelträgern geleiteter stiller Trauerzug die fürstliche Leiche in die Gruft der Ahnen des Hauses in der Stadtkirche zu Darmstadt.

Anstellung hoffend, sich dauernd niederließen. So kam im Jahre 1807 der berühmte Abt Vogler, der größte Orgelspieler und bedeutendste Musiktheoretiker seiner Zeit hierher und lebte hier, von Ludewig mit Ehren und Auszeichnungen begnadigt, bis zu seinem im Jahre 1814 erfolgenden Tode*). Musik-Zöglinge wie C. M. v. Weber, Meyerbeer u. a. m. machten hier bei ihm ihre Studien und mehrere unter ihnen verließen Darmstadt, um schon bald nachher durch ihre Compositionen die Aufmerksamkeit der Welt auf sich zu ziehen. In dem jüngst erschienenen Bande I. des „Lebens C. M. v. Webers" entrollt sich das klarste Bild des damaligen musikalischen Lebens in Darmstadt, gezeichnet mit der Auffassung eines jungen lebenslustigen und genialen Musikers. Im engeren Kreise des Hofes fand fortwährend die Kammermusik ihre Pflege und das Beispiel des Hofs verfehlte nicht eine Aneiferung für die Bewohner der Stadt zu werden. In vielen Familien bildeten sich die musikalischen Talente aus und dienten zur Verstärkung der Hofkapelle des Landgrafen. Größere Concerte, bei denen sich Jedermann betheiligen konnte, fanden statt in dem Concertsaale des „Trauben", wo ein neuer Saal für Concerte und Bälle gebaut worden war, und in der Stadtkirche. Wir notiren von solchen nur folgende durch die Darmstädter Zeitung öffentlich angekündigten: Am 11. Jan. 1797 wurde zur Feier der glücklichen Zurückkunft des Landgrafen das Graun'sche Te deum laudamus zum Besten der abgebrannten Bewohner von Lißberg und Leihgestern aufgeführt (die Einnahme betrug 550 fl. 57 kr.); am 25. 1801 Kosegartens Elysium, vom Hofmusikus Habermehl in Musik gesetzt; am 22. Nov. 1807 in der Stadtkirche ein Concert spiruel zum Besten der Armen, am 12. April und Charfreitag 1808 in der Stadtkirche der Tod Jesu von Graun, am Ostersonntag das Vaterunser von Vogler und Voglers Oratorium: Auferstehung Jesu. Als Ludewig I. nach dem Bau des Opernhauses sein Hoftheater neu organisirt hatte, wetteiferte Darmstadt in der Pflege der Musik mit den in dieser Beziehung hervorragendsten Städten Deutschlands. Die in der Charwoche immer statt findenden

---

*) Das ihm von seinem fürstlichen Gönner über seinem Grabe gesetzte Denkmal steht ganz nahe bei der Ostwand der Stadtkapelle. Es trägt die Inschrift: Abt G. J. Vogler. Geistlicher Geheimer Rath, Geboren zu Würzburg. XV. Juni MDCCXLIX. Gestorben zu Darmstadt. VI. Mai MDCCCXIV. Liegt unter diesem Grabstein. Dem vorzüglichen Tongelehrten. Und geistvollen Componisten. Errichtet von Ludewig G. H. v. H.

Aufführungen von Oratorien in dem Concertsaale des Schlosses, bei denen nur besondere Musikfreunde zuhören durften mit specieller Erlaubniß des Großherzogs, waren allseitig bewunderte Mustervorstellungen, wie es die Opernvorstellungen im Operntheater waren. Privatvereine bildeten sich zur Ausführung von classischer Musik, namentlich der Gesangsmusik, und führten den Sinn für die höhere Musik in die Kreise der gebildeten Bewohner Darmstadts ein. Der ernste musikalische Geschmack, den heute noch die Bewohner Darmstadts bethätigen, hat in jener Zeit die Wurzeln geschlagen, deren Lebenskraft uns heute noch die Nahrung gewährt, die ihnen entspringt.

Aber auch der wissenschaftliche Sinn fand seine Nahrung, und großen Theil daran hatten die sich rasch mehrenden Sammlungen des Museums. Beispielshalber sei nur erzählt, daß Hofkammerrath Schleiermacher (starb als Oberbaudirector), der ausgezeichnete Physiker, bereits im Jahre 1809 seine sich in anderen Jahren wiederholenden Vorlesungen über Experimental-Physik begann, die von einer zahlreichen Zuhörerschaft aus allen Ständen besucht wurden. Im Jahre 1799 ertheilte ein Dr. Doerel Unterricht in theoretischer und technischer Chemie. In demselben Jahre hielt Dr. Linz Vorlesungen über medicinische Anthropologie, Anatomie und Physiologie. Declamatorische Unterhaltungen hielten im Jahre 1814 Frau Elise Bürger, dann Hofgerichts-Advocat Hallwachs, letzterer zum Besten der Ausrüstung und Unterhaltung freiwilliger Jäger u. s. w. — Eine wesentliche Stütze fand der wissenschaftliche Sinn durch den verbesserten Unterricht. Der Unterricht jeder Art hatte sich, wie im ganzen Lande, so besonders in Darmstadt einer warmen Pflege Ludewigs I. zu erfreuen. Bereits als Erbprinz 1788 hatte er eine Garnisonschule auf seine Kosten gestiftet, in welcher die Soldatenkinder freien Unterricht erhielten. Neben dem bestehenden Gymnasium und den 5 städtischen Volksschulen entstand im Jahre 1801 eine zweite städtische Mädchenschule *), im Jahre 1813 eine architektonische Zeichenschule zur Bildung

*) An der Gründung dieser Schule hatte der Regierungsrath Georg Ludwig May († 1808) ein besonderes Verdienst. Er hinterließ 130,000 fl. und setzte alle Schullehrer der 7 ersten Diöcesen des althessischen Theils des Fürstenthums Starkenburg, deren Besoldung noch nicht 800 fl. betrug, mit der Anordnung zu Universalerben ein, daß ihnen jährlich die Zinsen des, nach Abzug verschiedener Legate, seines Wohnhauses und einigen anderen Ausgaben, übrig bleibenden Vermögens, zu gleichen Theilen als Gehaltszulage gereicht

junger Bau-Professionisten, in welcher der von Hofbaumeister Mitter-
maier geleitete Unterricht gratis ertheilt wurde, im Jahre 1821 die
Realschule (1836 erweitert ins Leben getreten); dann die Artillerie-
schule und die Militairschule u. f. w.; im Jahre 1829 eine höhere
Töchterschule für Mädchen, denen eine höhere Bildung, als die in gewöhnlichen Bürgerschulen erzielte, zu Theil werden sollte, mit 3 Alters-
classen. Eine Schulordnung für die Stadtschulen war im Jahre 1802
gegeben worden.

Mit solchen Bestrebungen für die geistige Bildung der Bewohner
Darmstadts gingen die Verbesserungen in materiellen Beziehungen Hand
in Hand.

Am 30. Juni 1821 erhielten die Gemeinden eine besondere Gemeindeordnung, nach deren Bestimmung die Stadt Darmstadt einen
neuen Vorstand, bestehend aus 1 Bürgermeister, 2 Beigeordneten und
27 Gemeinderäthen, erwählte.

Der städtische Haushalt wurde besser eingerichtet, und es erfolgten
eine Menge Anordnungen, die das materielle Wohlbefinden der Bewohner bezweckten. Sie alle hier einzeln zu erwähnen, würde zu weit
führen.

Erwähnt sei nur, daß am 10. Oct. 1823 der Stadt ein Octroi
verliehen wurde, in Folge dessen von Holz, von allen Früchten, welche
die Mühle passirt hatten, von Trauben- und Obstwein und Bier beim
Eingang in die Stadt eine Abgabe erhoben werde, die jedoch später
auch noch auf andere Gegenstände ausgedehnt wurde.

Angeführt muß auch werden, daß durch das Recrutirungsgesetz
von 1821 die bisher den Bürgersöhnen Darmstadts (sowie den Bürgersöhnen Gießens und den Söhnen Schriftsäßiger) gewährte Befreiung
vom Militärdienste aufgehoben wurde.

In der Sorge für die Armen und Bedrückten ging die Großherzogin Luise mit glänzendem Beispiele voran. Die Kinder des

---

werden sollte. Sein Wohnhaus zu Darmstadt widmete er zur zweiten Mädchenschule, er bestimmte Prämien und vermehrte den Gehalt des Mädchenlehrers
darin. — Auch der erste Stadtpfarrer, Kyritz, machte sich um das Schulwesen
verdient. Er gab bereits im Jahre 1801 die Summe von 1000 fl. für die
erste Einrichtung der zweiten Töchterschule und kaufte für 6000 fl. das alte Hospital-
gebäude zu Darmstadt zur Erweiterung eines Gebäudes für die erste Töchterschule. Bekanntlich ist dieses Schulgebäude am ehemaligen Bessunger Thor nun
vergrößert und dient zur Handwerkerschule, Stadtrechnerei u. f w.

Waisenhauses erfreuten sich ihres besonderen Schutzes und ihrer Fürsorge. Alljährlich, am 18. October, ließ sie z. B. ihnen ein Fest
bereiten, bei dem dieselben unter den Orangeriebäumen des fürstlich
Georg'schen Gartens ein Mittagessen erhielten, dem der ganze Hof
beiwohnte den einzelnen Kindern seine Aufmerksamkeit zuwendend.
Den Bewohnern Darmstadts war der Tag, an dem die Waisenkinder
von der Großherzogin gespeist wurden, stets ein besonderer Festtag
und sie zogen zu Hunderten in den Prinz Georg'schen Garten*).

Zu Folge der vielen von Ludewig I. ausgehenden Anordnungen
im Interesse seiner Residenz hob sich die Bevölkerung von Jahr zu
Jahr. Im Jahre 1794 betrug sie nur 6700 Seelen, im Jahre 1801
9853, 1804 11,219, 1806 11,320, 1812 13,177, 1815 15,183,
1822 18,213, 1825 18,952, 1830 21,000 Seelen.

Auch für die Annehmlichkeit der Darmstädter trug Ludewig keine
geringe Sorge. Der Herrngarten wurde vergrößert, indem der ganze
nördliche Theil von dem Gärtnerhaus an nördlich, wo bis dahin
Gärten und Wiesen lagen, mit Teich- und Berganlage hinzugefügt
wurde, und dem Publikum geöffnet. Auch die ersten Waldanlagen
auf der Ludwigshöhe datiren aus der Zeit Ludewigs I. und damit
auch erst die Freude der Bewohner Darmstadts an dem Aufenthalte
und den Wanderungen in den Wäldern, die vorher nicht vorhanden
war. Wenigstens klagt Pauli in seinem Gemälde von Darmstadt:
„Kranichstein, so wie alle Spaziergänge der Stadt sind sehr spärlich
besucht. Wer sollte dieß denken! Die raffinirten Hausvergnügungen
scheinen in unserer Residenz die Erholung in freier Natur entbehrlich
zu machen."

Am 19. Februar 1827 feierte Ludewig I. die 50. Wiederkehr
des Tages, an dem er sich mit seiner geliebten Gemahlin verbunden
hatte. Seine Residenz beging mit ihm diesen Tag als einen Tag der
höchsten Freude, und verlieh ihm durch festliche Veranstaltungen aller
Art einen Ausdruck der Gefühle, die alle Schichten der Bevölkerung
beseelten. Aber schon am 24. October 1829 trennte der Tod das

---

*) Mit Rücksicht auf die zunehmende Zahl der Waisen, für deren Aufnahme
das Haus endlich zu klein wurde, aber auch aus sehr gewichtigen Gründen der
Erziehung und praktischen Bildung wurde 1831 eine veränderte Einrichtung getroffen, zufolge der die Kinder nicht mehr im Waisenhause erzogen, sondern gegen
ein Pflegegeld an brave Familien unter Aufsicht der Beamten, Pfarrer und
Kreisärzte zur Erziehung gegeben wurden.

lang verbundene fürstliche Paar, die Großherzogin Luise starb im Fürstenlager zu Auerbach, wo das fürstliche Paar, so lange es sich angehörte, die Sommermonate in ländlicher Zurückgezogenheit zu ver= bringen pflegte (S. o. S. 238). Dem lautlosen Trauerzug, der die entseelte Hülle der edlen Fürstin zur Gruft ihrer Väter geleitete, folgte von Eberstadt aus der greise Gatte in der offenen Droschke, die ihn täglich in die von ihm geliebten Wälder führte, mit entblößtem Haupte sitzend, und am 3. November gestand er vor den versammelten Ständen mit tiefer Rührung, „er habe an ihr eine theure Freundin, das Land eine wohlwollende Mutter, der Arme eine wohlthätige Beschützerin ver= loren." Schon sehr bald folgte ihr Ludewig in das Land der Ewig= keit nach. Am 6. April 1830 stand die trauernde Stadt an der Bahre ihres fürstlichen Wohlthäters und geleitete seine sterbliche Hülle am 10. April in die Stadtkirche zur stillen Fürstengruft.

Das ganze Hessenland hat dem großen Regenten eine Denksäule gesetzt, dahin, wo die von ihm erbaute Neustadt Darmstadts ihren Anfang nahm. Sie bildet den sichtbaren Ausdruck der Gefühle des Dankes, den ihm alle Classen seines von ihm geliebten Volks zu schulden glaubten für alle die vielen Wohlthaten, die er durch seine weisen und wohlwollenden Anordnungen bezweckte. Darmstadt erfreut sich seines Antheils an den großen Landeswohlthaten und verehrt Ludewig I. dabei als seinen zweiten Begründer, als denjenigen seiner Fürsten, der ihm unter den Städten Deutschlands zuerst eine Be= deutung verlieh.

10. Darmstadt unter Großherzog Ludwig II. (1830—1848).

Ludwig II. setzte das von seinem Herrn Vater begonnene Werk der Erweiterung und Verschönerung Darmstadts, sowie der Förderung des Wohlstandes seiner Bewohner mit demjenigen Wohlwollen weiter fort, welches ihm in dem Munde seines Volks den Beinamen „des Gütigen" erworben hat. — Die Gemeindeverwaltung, die durch die Gemeindeordnung zur Entscheidung in den Angelegenheiten der Stadt berufen war, ging mit den Absichten des Landesherrn Hand in Hand.

Der weitere Ausbau der bereits begonnenen Straßen mußte eine Hauptaufgabe bilden; dabei entstanden aber auch neue Straßen, meist hervorgehend aus dem Bedürfniß der Verbindung der bereits bestehen= den unter einander. So entstanden: die obere Hügelstraße, die Georgs=

straße, die Bessunger Carlsstraße, welche in Verbindung mit der Bessunger Wilhelminenstraße die Residenz mit Bessungen in ununterbrochenem Zusammenhang brachten, die Bleichstraße.

Einen sehr wesentlichen Einfluß auf die Gestaltung vieler Verhältnisse in Darmstadt unter Ludwig II. übte die Eröffnung der Main-Neckar-Bahn im J. 1846. Der Einfluß steigerte sich als durch Eröffnung der ganzen Main-Weser-Bahn (1852) die Verbindung zwischen Nord- und Süddeutschland in ununterbrochener Linie hergestellt war. Der Fremdenverkehr steigerte sich und Handel und Industrie hoben sich in steigendem Maaße.

Namhafte Gebäude, welche unter Ludwig II. in Darmstadt entstanden, sind die folgenden:

1) Der Saalbau des Palais auf dem Luisenplatz, nach den Plänen Mollers nach dem Hofe zu im Jahre 1832 mit dem Vorderbau verbunden. Die nächste Veranlassung zu diesem Bau gab die theilweise Baufälligkeit des sonst zu Hoffesten gebrauchten Kaisersaals im Residenzschlosse und dessen sonstige mangelhafte Beschaffenheit.

2) Das Ständehaus. Es entstand durch Umbau des Palais des Landgrafen Christian, des Bruders Ludewigs I., und durch Anbauten an dasselbe nach den Plänen und unter der Leitung Lerchs. Das ehemalige Palais des Landgrafen Christian war eines der ersten Häuser, welche unter Ludewig vor dem Neuen Thore entstanden waren. *)

3) Das Münzgebäude am ehemaligen Mainthor, erbaut nach den Plänen Hegers in den Jahren 1831—32. Die frühere Münze (s. o. 56) war, wie früher erzählt worden ist, mit der alten Infanteriekaserne verbunden.

4) Das Arresthaus, im Jahre 1832—34 von Lerch erbaut an der Stelle des vormaligen Stockhauses, welches in einem runden Thurm und einem Anbau bestanden hatte **).

---

*) Ehe das Ständehaus entstanden war, hatte die 2. Kammer der Stände ihre Sitzungen im großen Saale der Vereinigten Gesellschaft gehalten.

**) Die dicken Mauern des Thurms hatten beurkundet, daß er als Festungsthurm mit der ersten Stadtmauer im Jahre 1330 aufgeführt worden war. Das nördlich neben dem Stockhause gestandene Spinnhaus war unter Ludwig VIII. im Jahre 1742 erbaut worden.

5) Das Palais des Prinzen Carl in der Beffunger Wil=
helminenstraße, im Jahre 1836 nach den Plänen Mollers erbaut.

6) Der Centralbahnhof der Main=Neckar=Bahn, er=
baut 1846 von dem damaligen Ingenieur F. Lichthammer.

7) Das Realschulgebäude, erbaut 1846 von dem damaligen
Stadtbaumeister P. Harres *).

8) Ein für die Geschichte der Stadt wichtiger Bau war der
Umbau der Stadtkirche, welche die ihr im Jahre 1686 durch
Elisabeth Dorothee gegebene Gestalt unverändert beibehalten hatte
(f. o. S. 135). Schon im Jahre 1828 hatte man Pläne entworfen,
welche bezweckten, der Kirche eine anständigere, den religiösen Sinn
mehr erweckende und fördernde Einrichtung zu geben. Zur Ausführung
dieser Aufgabe gelangte man aber erst im Jahre 1843, nachdem
mehrere Pläne gemacht und wieder verworfen worden waren. Am
1. Mär; 1843 erhielt der von Moller entworfene Plan die aller=
höchste Genehmigung und mit seiner Ausführung wurde der damalige
Stadtbaumeister Jordan beauftragt. Der Umbau begann am 15. März
1843 mit dem lebensgefährlichen Abbruch des Mittelschiffes und am
1. Advent 1845 konnte das Gotteshaus wieder seiner Bestimmung
dienen. Die nächsten Aufgaben des Umbaues waren hauptsächlich die
Erneuerung der Dächer, Beseitigung der hohen Mauerwände des
Mittelschiffs, welche verhinderten, von den meisten Plätzen der nörd=
lichen und südlichen Emporbühne den Prediger zu sehen. Es war
ferner dringend nöthig, der Kirche, namentlich dem mittleren Theile,
mehr Licht zuzuführen, und den mehrere Fuß tiefer als die Straße
gelegenen Fußboden der Kirche zu erhöhen. Zur Lösung dieser Auf=
gaben wurde der Chor durch Wegnahme der fürstlichen Tribüne ge=
öffnet, die Kanzel an eine zweckmäßigere Stelle gesetzt, die fürstliche
Tribüne an eine andere Stelle gebaut und damit in Verbindung
stehende Veränderungen vorgenommen. Mit der inneren Herstellung
verband man auch die entsprechende äußere des Gotteshauses **).

---

*) Vor der Erbauung dieses Hauses diente die jetzige Ortseinnehmerei
als Realschulgebäude.

**) Dieser neueste Umbau der Stadtkirche mußte natürlich einmal Manches
zerstören von dem was früher war und gesehen wurde, dann aber auch Manches
bis dahin Vergessene und weniger Sichtbare vor die Augen bringen. Es er=
scheint darum zweckmäßig, an solches Gewesene zu erinnern, und auf einiges
oft Uebersehene aufmerksam zu machen. Der Boden der Hauptkirche ist in viel

Ein für die Entwicklungsgeschichte Darmstadts wichtiges Ereigniß bezeichnet die Regierungszeit Ludwigs II. Es ist dieß die Ver-einigung der lutherischen und reformirten Religionsge-meinde zu einer christlich evangelischen. Am 25. Dec. 1833 fand in der Stadtkirche der erste gemeinschaftliche feierliche Gottesdienst statt.

---

mit Umfangsmauern versehene Gräber abgetheilt, die meistens mit Backstein-gewölben gedeckt sind. Das älteste Grab, welches aufgefunden wurde, war das einer Gräfin Anna von Katzenelnbogen vom Jahre 1429. Einige Gräber stammen aus dem 16., die meisten aber aus dem 17. Jahrhundert. Die Fa-milien v. Minigerode, Steinbach, Riedesel, Uttenrod, Busstrum, Ermingshausen, Goldner, Dislann, Fernerod, Gerva, Deck u. a. m. haben, wie die gelegentlich des Umbaues der Kirche untersuchten Grabschriften gelehrt haben, unter der Kirche ihre Beerdigungsstätte gefunden.

Was sich in der Kirche von sichtbaren Monumenten erhalten hat, gehört der fürstlichen Familie an und findet sich im Chor der Kirche. Das älteste darunter ist ein kleines Monument des erstgebornen Söhnleins des Landgrafen Georg I., Wilhelm, gestorben 1576. Es ist auf der nördlichen Längewand unter dem ersten Fenster angebracht. An der Wand gegenüber findet man das im Alter zunächst stehende; es ist das Denkmal eines Grafen Waldeck aus dem Jahre 1582.

Das größte und schönste, ganz von grauem Alabaster ausgeführte Denk-mal ist das Georgs I. und seiner ersten Gemahlin. Es nimmt die ganze östliche Fronthöhe und Breite des Chors ein und ist mit den lebensgroßen Statuen der beiden Entschlafenen und sonstigen Bilderwerken geschmückt. Georg hat es im Jahre 1589, zwei Jahre nach dem Tode seiner Gemahlin, und sieben Jahre vor seinem eignen Tode errichten lassen. — Auf der nördlichen Längewand des Chors finden sich ferner zwei große Monumente, das eine der zweiten Gemahlin Georgs I., der Prinzessin Eleonore von Würtemberg zu Ehren errichtet, das andere zu Ehren der Prinzessin Marie von Braunschweig, welche bei der Feier der Vermählung des Landgrafen Philipp von Butzbach hier anwesend war und nach kurzer Erkrankung hier 1610 starb. Sie wurde in der fürstlichen Gruft beigesetzt und Mutter und Geschwister ließen ihr das prächtige Denkmal durch den Bildhauer Nicolaus Dickhart in Mainz anfertigen. An dem Gewölbe des Chors finden sich noch mehrere Schilder als Schlußsteine der Gewölberippen, welche religiöse Bildwerke enthalten; eines, welches das Hessische Wappen mit der Jahreszahl MCCCCC enthält, ist nur an dem Gewölbeschlußstein befestigt — Bei dem Abbruch der Kirche fand sich unter dickem Kalkanstrich im Gewölbe des Mittelschiffs mit den Gewölberippen ursprünglich verbunden ein Schlußstein mit dem rothen Katzenelnbogischen Löwen im goldnen Felde. Derselbe lieferte den Beweis, daß das Langhaus mit dem Chor, welches denselben Löwen außer-halb an einem Pfeiler eingemauert enthält, zu gleicher Zeit erbaut worden ist.

Ueber dem alten fürstlichen Kirchenstuhl, der über den 3 Säuleneingängen zwischen Kirche und Chor stand, las man auf schwarzem Grunde nachstehende

Wie sich unter Ludwig II. gar Manches innerhalb der Stadt einer Verbesserung und weiteren Ausbildung zu erfreuen hatte, so war es auch mit ihrer Umgebung der Fall. Die Promenadeanlagen um einen Theil der Stadt gestalteten sich angenehmer, aber auch die weitere Umgebung erfuhr eine wesentliche Veränderung.

Inschrift: Stadio erga veram religionem, erga cives amore, munificentia principe digna, Serenissima Princeps ac domina Elisabetha Dorothea d. g. Hassiae Landgravia p. R. H. F. Ducissa Saxoniae ancilla Christi ampliando trienninm impendit, ex angustio angustius restituit anno reparatae salutis MDCLXXXVII deoque sacrum esse voluit triuni, civitati ornamento sibique testimonio quod Dei gloria subditorumque salute nihil unquam sibi charius faerit.

Die Fürstengruft unter der Kirche besteht aus 2 Theilen. Die eigentliche älteste Gruft liegt unter dem Chore und hat ihren Eingang unter den Stühlen des Chors; die neuere, bei Erweiterung der Kirche 1686 von Elisabeth Dorothee angelegt, liegt unter dem Langhause unter dessen südlichem Theile. In den beiden Theilen der Gruft sind folgende fürstliche Personen beigesetzt:

I. Georg I.; dessen beide Gemahlinnen: Magdalene und Eleonore; dessen Tochter Magdalene; dessen Sohn Heinrich.

II. Ludwig V.; dessen Gemahlin Magdalene; dessen Töchter Marie, Amalie, Hedwig; dessen Söhne Johannes, Heinrich, Ludwig

III. Georg II.; dessen Gemahlin Sophie Eleonore; dessen Töchter Magdalene Sybille, Anna Marie, Amalie Juliane, eine gleich nach der Geburt gestorbene Prinzessin, und Agnes; dessen Sohn Georg sowie dieses Sohnes Tochter Eleonore Dorothee.

IV. Ludwig VI.; dessen erste Gemahlin Marie Elisabeth; dessen Töchter Sophie Eleonore, Auguste Magdalene; dessen Söhne Georg, Friedrich und zwei todtgeborne Prinzen.

V. Ludwig VII.

VI. Ernst Ludwig; dessen Gemahlin Dorothee Charlotte; dessen Söhne Carl Wilhelm, Franz Ernst; dessen Tochter Friederike Charlotte.

VII. Ludwig VIII.; dessen Gemahlin Charlotte; dessen Töchter Charlotte Wilhelmine Friederike, Luise Auguste Magdalene; dessen Söhne Georg Wilhelm (nebst seinen Söhnen Ludwig, Wilhelm, Carl und seinen Töchtern Luise [Großherzogin] und Auguste [Pfalzgräfin von Bayern]) und Johann Friedrich Carl.

VIII. Ludwigs IX. Sohn Friedrich.

IX. Ludewig I.; dessen Gemahlin Luise; dessen Söhne Georg, Emil; und zwei ungetaufte Prinzessinnen.

Außer den hier namentlich aufgeführten fürstlichen Familien-Gliedern haben noch einige kleinere fürstliche Kinder ihre Beisetzung hier gefunden, sowie die Prinzessin Marie von Braunschweig, von deren Denkmal im Chor vor-

Darmstadt hatte bei Fremden stets als eine in einer Art Sand=
wüste gelegene Stadt gegolten und in gewissem Sinne hatte diese An=
sicht eine Berechtigung. Denn wenn auch die schönsten Laub= und
Nadelholzwälder in geringer Entfernung von ihren Thoren lagen, wenn
auch östlich und südlich die schönen bis zum Gipfel bewaldeten Vor=
höhen des Odenwalds sich erheben, so war doch ein Gelangen dahin
auf den meist mit tiefem Sande erfüllten Wegen eine Aufgabe, die
nur ein begeisterter Naturfreund zu lösen sich entschloß. Die Re=
gierungszeit Ludwigs II. ist durch die bessere Herstellung der Zugänge
zu den schönen Wäldern, sowie insbesondere durch die in den Wäldern
gemachten Lust=Anlagen bezeichnet. Der ebenso naturfreundliche wie
menschenfreundliche Erbgroßherzog erwarb sich um Darmstadt das große
Verdienst, das Vorurtheil der Fremden gegen die Lage Darmstadts
dermaßen besiegt zu haben, daß wir jetzt die Bewohner Frank=
furts und selbst die des goldnen Mainz hierher kommen sehen, um
sich an dem Genusse von Wald= und Bergspaziergängen zu laben.
Mit der größten Ausdauer verfolgte der Erbgroßherzog die Auf=
gabe, welche er sich gestellt hatte und welche in nichts Geringerem
bestand, als darin: die Wälder von Langen an bis fast zum Ende
der Hessischen Bergstraße in einen großen Luftpark zu verwandeln.
Consequenz, Opferfreudigkeit für die Annehmlichkeiten der Bewohner
Darmstadts und Freude über deren Freude an solchen Veranstaltungen,
sowie der feinste Geschmack wirkten mit einander bei der Vollendung
des schönen Werks. Fuhrwege und Fußwege wurden dauerhaft ange=
legt, Aussichtspunkte oder sonst schöne Plätze wurden aufgesucht und
mit Ruhebänken, zum Theil auch mit schützenden Strohtempeln ver=
sehen, ja sogar an vielen Plätzen sichere Feuerheerde errichtet, daß
Mann, Weib und Kind sich auf Stunden häuslich niederlassen konnten
in Gottes schöner Waldnatur. Wer es miterlebt hat, weiß es, welche
sittliche Wandlungen diese Veranstaltungen zur Folge hatten. Schaaren=
weise ziehen seitdem die Bewohner Darmstadts aller Stände und aller
Alter hinaus in den frischen Wald und stärken den Körper und er=

---

hin die Rede war und Fräulein Sabine von Anhalt († 1599), dann die
Pfalzgräfin Caroline von Zweibrücken († 1774), die Gräfin Sophie Char=
lotte Franziska von Leiningen († 1781).

Beigesetzt ist ferner noch das Herz des Prinzen Philipp von Hessen
(† 1736) und das des Prinzen Georg († 1705 in Spanien) beide in silbernen
Kapseln.

heitern das Gemüth; Singvereine lagern sich in dem kühlen Waldes-
schatten und lassen ihre Gesänge erschallen; die Streitsucht in den
Wirthshäusern, wo sonst vorzugsweise das Sonntagsvergnügen gesucht
worden war und die sehr häufig in blutigen Händeln ausging, wich
dem heiteren friedlichen Zusammensein. Der sittliche Einfluß, den
diese Bemühungen des menschenfreundlichen Erbgroßherzogs zur Folge
hatten, bezeichnet eine neue Epoche in der Entwicklungsgeschichte der
Residenz und übt auch seine Wirkung auf die Bewohner der benachbarten Dörfer, die in ähnlicher Weise wie die Residenzbewohner an
Sonntagen nach den Wäldern eilen und sich eine reine Sonntagsfreude
bereiten. —

Besondere Ereignisse während Ludwigs II. Regierung, an denen
die Residenz einen directen Antheil zu nehmen hatte, und welche demgemäß mit ihrer Geschichte verknüpft erscheinen, waren zum Theil
freudiger, zum Theil betrübender Art. In beiden Fällen aber war
der von den Bewohnern Darmstadts daran bethätigte Antheil begründet
in der Treue und anhänglichen Liebe für das fürstliche Haus, welchem
die Residenz seit Jahrhunderten angehörig gewesen war und verbunden
durch die mannichfachen Wohlthaten, die sie ihm schuldete. Mit
solchen Gefühlen angestammter Treue und Liebe begrüßte die Stadt im
Jahre 1830 ihren von seiner Huldigungsreise aus Oberhessen heimkehrenden Großherzog mit seiner Gemahlin und bereitete ihm einen
festlichen Einzug.

Dreimal waren es fürstliche Vermählungen, denen zu Ehren die
Stadt sich mit ihrem schönsten Festgewande bekleidete. Es war am
10. Jan. 1834 als Erbgroßherzog Ludwig einzog in die Stadt seiner
Väter an der Seite seiner jungen Gemahlin, der königlichen Prinzessin
Mathilde von Bayern. Es war wieder so, als Prinz Carl die hohe
Erwählte seines Herzens, die königliche Prinzessin Elisabeth von
Preußen heimführte. Als Heil verheißend hatte man den Einzug der
beiden erhabenen fürstlichen Frauen in die Residenz begrüßt, als heil-
bringend hat er sich erwiesen bis auf diesen Tag, an dem es nur noch
der einen von ihnen vergönnt ist zu wirken in dem erhabenen ihr von
Gott angewiesenen Berufe. —

Und wiederum schmückte sich die Stadt mit ihrem schönsten Schmucke,
als der Thronfolger des mächtigen Czarenreichs die einzige Tochter
des Fürstenhauses, die in bescheidenster Jungfräulichkeit strahlende
Prinzessin Marie sich zur künftigen Gattin erkoren; sie schmückte

sich wieder, als die Prinzessin mit den gemischten Gefühlen gerechter Freude und begreiflichen Abschiedsschmerzes nach dem fernen Norden zog, und wieder, als die Gemahlin des Großfürsten-Thronfolgers zum ersten Mal wieder einzog in die Stadt ihrer Väter an der Seite ihres erhabenen Gemahls.

Wie bei solchen Ereignissen die Residenz den innigsten Antheil nahm an der Freude ihres Fürstenhauses, so trauerte sie auch mit ihm, als der Herr über Leben und Tod die Großherzogin Wilhelmine abrief aus diesem Erdenleben und ihre sterbliche Hülle beigesetzt wurde in dem Mausoleum auf der Rosenhöhe, wo ihre geliebte, die in ihrem 6. Jahre gestorbene Tochter Elisabeth schon im Jahre 1826 ihre letzte Ruhestätte gefunden hatte. —

Ein Ereigniß in die Geschichte Darmstadts während Ludwigs II. Regierungszeit bildet die Enthüllung des Ludewigsmonuments, und seiner Schilderung müssen wir hier darum einige Seiten weihen.

Schon bald nach Ludewigs I. Tod mahnte das Gefühl des Dankes gegen den Wohlthäter seines Volkes zur Errichtung eines Denkmals zu seinem Andenken und im Jahre 1837 erging von einem Vereine von 12 Männern eine erste Aufforderung zu freiwilligen Beiträgen für ein solches Denkmal an alle Bewohner des Landes. Von den verschiedenen in Vorschlag gekommenen Entwürfen wurde im Jahre 1839 der wirklich in Ausführung gekommene angenommen. Am 14. Juni 1841, dem Geburtstage Ludewigs I., wurde die Grundsteinlegung feierlichst vollzogen, am 14. Juni 1844 die Statue auf die Säule gesetzt und am 25. August 1844 die Statue enthüllt und damit das Denkmal eingeweiht. Der 25. August 1844 brachte mit der Enthüllung des Denkmals der Residenz ein Fest, wie die Residenz noch nie ein ähnliches erlebt hatte. Nicht die Stadt feierte es allein, das ganze Land feierte es in der Stadt. Festlich waren schon die vorhergehenden Tage. Der Luisenplatz verwandelte sich mit seinen geschmückten Häusern und neu errichteten Balkonen, mit den Tribünen für die großherzogliche Familie, die Sänger und Sängerinnen, die Zuschauer, die Musiker, in einen großartigen Festplatz. Von den Thürmen der Stadt, von vielen öffentlichen und Privatgebäuden wehten mächtige Fahnen; auf den Landstraßen nach Frankfurt und Mainz erhoben sich Ehrenpforten, an welchen am 23. Abends, die Sänger und Sängerinnen aus Gießen, am 24. Morgens die von Offenbach und Mainz festlich eingeholt wurden. Gastfreundschaft bereitete ihnen während der Festwoche die genußreichste, edelste Bewirthung und man kann mit Recht sagen, daß Darmstadt als Hauptstadt des Landes einen neuen einigen Bund mit dem ganzen Lande schloß, wie er bis dahin noch nicht vorhanden gewesen war. Wohl 60—70,000 Menschen wogten während der Festtage auf den breiten Straßen.

Den großen ersten Festtag, den 25., verkündigten früh Morgens um 6 Uhr Kanonenschüsse und die Regimentsmusiken, welche durch alle Straßen der Stadt ziehend, zur Reveille spielten. In den Kirchen beider Confessionen und in der Synagoge bereiteten sich die verschiedenen Glaubensbekenner durch Gebet und Predigt zur würdigen Feier des Festes vor. Unter dem Geläute aller Glocken entwickelte sich um 11 Uhr der großartige Festzug vom Markte aus durch den oberen Theil der Rheinstraße nach dem Festplatze in folgender Ordnung. Den Zug eröffnete der letztgewählte Ausschuß nebst dem ersten Vereinsausschuß; es folgten eine Abtheilung der hessischen Veteranen; die verschiedenen Gesangvereine mit ihren prachtvollen Fahnen; die drei höheren Schulen, das Gymnasium mit seiner Minervafahne und der österreichischen Militärmusik, dann die höhere Gewerbschule und die Realschule mit der Mannheimer Dragoner-Regimentsmusik und ihren acht prachtvollen Standarten und Fahnen, auf welchen theils die Hassia mit den Wappen der drei Provinzen, theils die einzelnen Wissenschaften und Künste durch symbolische Figuren dargestellt waren. Darauf zogen neun Mädchenschulen und sieben Knabenschulen; unter dem Vortritt der landwirthschaftlichen Centralbehörde der herrliche und stolze Bauernzug, welcher zehn Standarten in seinen einzelnen Abtheilungen mit bedeutsamen Aufschriften trug, welche die Hauptverdienste Ludewigs I. um den ehrenwerthen Nährstand verkündeten. Sie lauteten: 1) Aufhebung der Leibeigenschaft 1811, 1827; 2) Frohnfreiheit 1811, 1819, 1824, 1827; 3) Aufhebung des Novalzehntens 1816, 1820, 1821; 4) Verwandlung der Zehnten 1816, 1824; 5) Ablösung der Grundrenten 1821; 6) Vergütung des Wildschadens 1810; 7) Gemeinheitstheilungen 1814, 1827; 8) Aufhebung des Mühlbanns 1818; 9) Beförderung der Wiesencultur 1829; 10) Freier Absatz der Producte — Zollverein — 1828. — Dieser Zug war zusammengesetzt aus 30 Mädchen, 30 Burschen und 10 Obmännern aus der Provinz Starkenburg; aus 55 Mädchen, 55 Burschen und 18 Obmännern aus Oberhessen, unter denen namentlich die malerische Nationaltracht der Hinterländerinnen aus dem Kreise Biedenkopf alle Blicke fesselte;

dann aus 30 Mädchen, 30 Burschen und 10 Obmännern aus Rheinhessen. Den Schluß dieses Zuges bildeten die Ausschüsse des landwirthschaftlichen Vereins und die Landwirthe aus den drei Provinzen.
Die hiesige Handwerkszeichenschule führte, in 22 Abtheilungen eingetheilt, die vortrefflich in Holz ausgeführten Embleme der verschiedensten
Gewerbe mit sich. Auch die rheinischen Schiffer aus Mainz, Worms
und Bingen, in ihren dunkelblauen Jacken und breiten Schifferhüten,
trugen das Abzeichen ihres Gewerbes, ein mit vielen Flaggen ge-
schmücktes kleines Boot. Den Mitgliedern beider Kammern der
Stände trug ihr Archivar ein Exemplar der Verfassungsurkunde auf
rothsammetnem Kissen vor; an sie schlossen sich nun die Staatsbehörden
an, die Minister und Ministerien mit Dependenzen, die Hofbehörden,
das Commandement der Residenz, die Landes- und Provinzialcollegien,
die Gerichts- und Verwaltungsbeamten, die Postbehörden, die Anwälte
und Aerzte, die Landesuniversität, das Museum, die Künstler, die
Collegien und Beamten im Finanzdepartement, die Geistlichkeit aller
Confessionen unter dem Vortritt des Bischofs von Mainz und des
evangelischen Prälaten, der Stadtvorstand der Residenz, zahlreiche
Deputationen der Gemeinden aus allen Theilen des Landes, Veteranen
schlossen abermals den Zug. Man konnte, nachdem die verschiedenen
Abtheilungen die ihnen bestimmten Plätze eingenommen, nicht allein
die ganze Organisation des Beamtenstandes vom Minister an bis herunter überblicken, sondern auch alle übrigen Stände des Landes, wie
auch das ganze Großherzogliche Truppencorps, angeführt von dem
Divisionär Prinzen von Wittgenstein, das in der langen Rheinstraße
in Parade aufgestellt war. Es bestand aus den vier Regimentern,
dem Garde-Chevauxlegers-Regiment, der Garde du corps, den Pionieren
und der Artillerie zu Fuß und zu Pferd mit ihren Geschützen. Todten-
stille trat ein, als der Ausschuß sich in das Großherzogliche Palais
begab, um den Großherzog und die Großherzogliche Familie abzuholen.
Unter dem Jubel der Versammelten nahm dieselbe ihre Sitze auf der
bestimmten Tribüne ein; die 600 Sänger, begleitet von den Musiken
der Regimenter und der Hofkapelle, sangen eine von K. Baur gedichtete
und vom Kapellmeister W. Mangold componirte Cantate, worin
Ludwig begrüßt wird „der Weise, der Milde, Gerechte, der treue
Pfleger des Schönen und Guten, Gesetzesgründer, — der vierzig
der Jahre in Leid und Freude des Vaterlandes Vater." Der
evangelische Prälat Dr. Köhler weihte und segnete mit einem Gebete

Stätte und Standbild ein, „Sie sei heiliges Land," sprach er, „und
für immer der Obhut des Höchsten empfohlen! Gesegnet sei dieses
Denkmal, das unter uns erbaut ist! Weithin in's Vaterland, weithin
den fernsten Geschlechtern verkündige es Ludewigs Ruhm und der
Hessen dankbare Liebe! O Bildniß des Gerechten! Schaue stets nur
herab auf ein weises, frommes, glückliches Volk, das Gott fürchtet,
den Fürsten ehrt, das Vaterland liebt und das Gedächtniß des Gerechten bewahret in Segen!" Geheimer Staatsrath Schenck, schon
während mehrerer Landtage Präsident der zweiten Kammer der Landstände, erinnerte in einer gehaltreichen Rede an Ludewigs große Verdienste um sein Volk und Land. „Lebendig ist heute," rief er aus,
„die Erinnerung, wie er mit hoher Gerechtigkeit Allen Gleichheit vor
dem Gesetz gewährte in Rechten und Pflichten; wie er Glauben und
Gewissen frei machte; wie er die Schranken fallen ließ, welche die freie
Wahl des Berufes einengten; wie er die öffentlichen Abgaben auf alle
Schultern gleich vertheilte, und die Allgemeinheit der Militärpflicht
verkündigte u. s. w. — wie er endlich, was er seinem Volke aus
freier Bewegung seines großen und edlen Herzens gegeben und gewährt, befestigte durch das kostbare Geschenk der Verfassungsurkunde." Da fiel die Hülle unter dem Geläute der Glocken, dem
Donner von 101 Kanonenschüssen, dem Jubel der Musik und der
tausend Stimmen, dem Schwenken der Fahnen und Hüte. Mit voller
Wahrheit konnte der Großherzog in dem Manifeste an sein Volk
— datirt den 28. August 1844 — über diesen großen unvergeßlichen
Augenblick sich folgendermaßen aussprechen: „Die Festtage der Enthüllung des von der Dankbarkeit eines treuen Volkes Unserem in Gott
ruhenden Herrn Vater, Ludewig I. errichteten Monuments haben Uns
mit inniger Freude und Rührung erfüllt.

Die ganze Liebe und Biederkeit des Uns von Gott anvertrauten
Landes hat sich von Neuem auf eine edle Weise bewährt und es sollen
Uns die Stunden unvergeßlich sein, welche Wir, in der Mitte Unseres
Volkes und mit demselben, dem Andenken des ersten Großherzogs von
Hessen weihten, der Uns und Unsern Nachkommen in der Regierung
stets ein hohes Vorbild sein und bleiben wird.

Es waren schöne Stunden, welche durch die lebendigste Gegenwart
die volle Wahrheit des heiligen Verhältnisses bekräftigten, das von
jeher deutsche Fürsten und deutsche Volksstämme mit einander vor Gott
in wechselseitigem, unauflöslichem Vertrauen verbindet.

Wir fühlen uns im tiefsten Herzen gedrungen, diese Empfindungen der freudigen Anerkennung vor allen um Unsern Thron vereinten, treuen Hessen, die Wir alle mit gleicher landesväterlicher Sorge und Liebe umfassen, und deren Glück Unser Glück ist, hiermit öffentlich zu bekennen und zu verkündigen.

Möge der Segen des Himmels auch fürohin auf Uns und Unserm Lande ruhen!" —

Die Feier endete mit einem Zug der Truppen und aller Versammelten an der Großherzoglichen Tribüne vorbei theils um das Monument, theils nach dem Markte in der vorigen Ordnung nach Verlauf von drei Stunden.

Die Aufführung des Alexanderfestes von Händel unter der Leitung Karl Mangolds von etwa 600 Musikern, Sänger und Sängerinnen fand Nachmittags in den prachtvoll geschmückten Räumen des riesigen Zeughauses in großartigster und befriedigendster Weise statt.

Der zweite Festtag, der 26. August, brachte den Sängern und Sängerinnen ein herrliches idyllisches Waldfest in dem Buchenwalde des Jagdschlosses Kranichstein, nachdem man vorher zu Wagen die reizendsten Punkte der umherliegenden Wälder, welche Fernsichten nach dem Rhein, Main, dem Spessart, dem Odenwalde, der Bergstraße und der Taunusgegend bieten, besucht hatte. Die Festoper, Ferdinand Cortez, mit welcher vor beinahe 28 Jahren Ludewig I. seinen neuen Kunsttempel eingeweiht hatte, versammelte am Abend Alles, was Platz finden konnte, in dem festlich erleuchteten Theater, das mit einem trefflichen Festspiel: „Die Huldigung der Musen" von Karl Baur, begann.

Der dritte Festtag, der 27., ward in der Frühe durch eine Turnschau verherrlicht, an der auch Turner von Mainz, Offenbach und Frankfurt Antheil nahmen. Die Stadt machte der Turngemeinde, die sich „fromm, frisch, fröhlich, frei" auch hier entwickelt hat, eine schöne Fahne zum Geschenk.

Schon am Nachmittage des vorigen Tages war auf dem vor dem Rheinthore gelegenen Exercierplatze, dessen Gesichtskreis von den Höhen der Bergstraße und den ferneren Bergen des Taunus begrenzt ist, ein Freimarkt eröffnet worden. Dort fand am Nachmittage des 27. ein großartiges Volksfest im wahren Sinne des Wortes statt. Unter den vielen Buden befand sich auch eine, worin auf drei Kupferdruckerpressen des bekannten Kunstverlegers Lange Ansichten des Monu-

ments gedruckt wurden. Ein großartiger Volksfestzug, an welchem sich
in heiterster buntester Mischung Bürgermeister und Gemeinderath, die
Sängervereine, die Gewerb=, Real= und Volksschulen, alle Gewerbe,
Meister und Gesellen betheiligten, bewegte sich Nachmittags, etwa
3000 Personen stark, vom alten Theaterhofe aus durch die Rhein=
straße nach dem Exercierplatz. Es war ein freudiger Anblick — die
vielen ausgelassenen, fröhlichen Menschen, die fünf Musikbanden, die
acht geschmückten Wagen, auf denen die Schneider, Schlosser, Schreiner,
Bierbrauer, Schmiede, Zimmerleute, Schuhmacher und Buchdrucker ihr
Gewerbe in komischster Uebertreibung, in wahrhaft carnevalistischer
Laune ausübten; der Herold und seine geharnischten Ritter, die kräh=
winkler Krüppelgarde, welche den Zug eröffneten und ihn schlossen;
dann auf dem großartigen Festschauplatze das Wettrennen, die mannig=
faltigsten Volksspiele, die fröhlichen Tänze der kräftigen Burschen mit
den schmucken Mädchen aus den drei Provinzen, darunter die Lands=
männer unter den Soldaten, die Hast, Festpreise zu erklettern oder zu
gewinnen, zuletzt im Mittelpunkte der Erbgroßherzog und seine Ge=
mahlin, freudigst Antheil nehmend an all dem bunten Getümmel und
Gewimmel! —

Während der Regierungszeit Ludwigs II. sah Darmstadt zwei
Versammlungen in seinen Mauern tagen, welche bekundeten, daß Darm=
stadt in die Reihe der bedeutungsvolleren Städte Deutschlands einge=
getreten war. Am 21.—23. Sept. 1847 tagte hier der Gustav=
Adolfs=Verein in seiner 6. Hauptversammlung, am 28. Sept. bis 3. Oct.
1845 die deutsche Philologenversammlung. Bei ersterer waren über 1000
fremde Mitglieder des Gustav=Adolf=Vereins hier, deren bei weitem
größerer Theil bei den Bewohnern der Stadt die gastfreundlichste Auf=
nahme gefunden hatte. Diese Versammlung war eine der wichtigsten,
die der Verein abgehalten, denn es galt dabei eine Vermittelung her=
beizuführen zwischen den beiden im Verein in Gegensatz tretenden
Partheien der sogenannten Lichtfreunde und der Strenggläubigen.
Coryphäen aus beiden Lagern hatten sich hier eingefunden, um für
ihre Sache zu kämpfen. Der Ausgang des Kampfes war in Folge
der vermittelnden Haltung hervorragender Persönlichkeiten ein das
Fortbestehen des Vereins nicht gefährdender. Anwesend waren damals
in Darmstadt unter vielen anderen: Superintendent Großmann aus
Leipzig, Prof. Dittenberger aus Heidelberg, Propst Nielsen aus
Schleswig, Oberhofprediger v. Grüneisen aus Stuttgart, Prediger

Sydow aus Berlin, Senior Krause aus Breslau, Uhlich aus Magde-
burg, Graf Schwerin = Putzar, Bürgermeister Smidt aus Bremen,
Oberconsistorialrath Nonne aus Meiningen u. a. m.

Die Aufregung des Jahres 1848 hatte auch theilweise die Bewohner Darmstadts ergriffen, aber Unordnungen, wie sie andere
Städte Deutschlands sahen, blieben in Darmstadt unbekannt; seine
Bewohner schaarten sich um die Fahne des gesetzlichen Fortschrittes
zur Bekämpfung der Umsturzbestrebungen. Großherzog Ludwig II.,
von Alter und Leiden gebeugt, übertrug in solcher Zeit die Sorge der
Regierung an den Erbgroßherzog als Mitregenten. Nur wenige
Monate aber genoß er der Ruhe, die er sich bereitet; schon am
19. Juni 1848 fand seine sterbliche Hülle ihre Beisetzung an der
Seite seiner ihm vorangegangenen Gemahlin.

---

11. Darmstadt unter Ludwig III.

ist noch im Werden begriffen. Mannichfach sind die Veränderungen, die es bis heute schon erfahren hat; mannichfach sind die
Veränderungen im inneren und äußeren Leben, welche sich dermalen
gestalten; mannichfach auch die, welche mit der sicheren Aussicht auf
demnächstige Durchführung angestrebt werden.

Nur einen kurzen allgemeineren Hinblick auf diese Zeit, in der wir
selbst leben, wollen wir uns noch gestatten!

Die Fürsorge für die fürstliche Residenz, welche Ludwig III. schon
als Erbgroßherzog bethätigt hatte (S. 250), gestaltete sich natürlicherweise
noch viel wirksamer, als er den Thron seiner Väter bestiegen. Die
Verschönerung der Stadt, die Erweiterung derselben, wie sie das Bedürfniß nach neuen Wohnungen nöthig machte, Veranstaltungen für
die Wohlfahrt und Annehmlichkeiten ihrer Bewohner fanden bei ihm
stets bald kräftige Anregung, bald wirksame Förderung. Theils diese
Fürsorge von Seiten des Fürsten, theils die Forderungen, welche die
rasch voranschreitende Zeit an die Staats= und Gemeindeverwaltung
brachte, haben die Regierungszeit Ludwigs III. zu einer höchst be-
deutungsvollen für Darmstadt gemacht. Wenn Ludwig I. zu dem
alten Darmstadt ein neues geschaffen, so führt Ludwig III. das neue
Darmstadt in großartigster Weise weiter und verjüngt dabei das alte
Darmstadt. Der von Ludewig I. geschaffenen und von Ludwig II.

geförderten Neustadt fügte Ludwig III. das ganze neue Quartier bei den Bahnhöfen im Nordwesten der Stadt zu mit den Straßen: Casino=straße, Promenadenstraße, Bahnhofstraße, Friedrichstraße, Frankfurter Straße. Und an diese Schöpfung neuer Straßen knüpften sich die mannichfachsten Verbesserungen und Verschönerungen, die auch den älteren zu Gute kommen. Für alle diese neuen Straßen fielen die Schranken, die ihnen den directen Ausgang nach den städtischen An=lagen bis dahin versperrt hatten; die Plankenwand nach Westen und Norden verschwand und alle Straßen münden nun direct in die An=lagen; ebenso verschwanden das Mainthor und das Neckarthor. Im Süden, theils auf Bessunger, theils auf Darmstädter Territorium, kamen zum Anbau die Riedeselsstraße, die Heinrichsstraße, die Anna=straße, die Wilhelmstraße. Die Altstadt, welcher frische Luft und ver=mehrte Ausgänge nach Osten hin Noth thaten, wurden Ausgänge durch die auf jener Seite noch stehende alte Stadtmauer verschafft; Verkehr und Gesundheit sind damit in gleichem Maaße gefördert; die den neuen Ausgängen zunächst liegenden alten Stadttheile haben bereits ein ganz verändertes Aussehen erhalten; neue und luftige Wohnungen sind entstanden, wo bis dahin nur dunkle und dumpfige Kammern zu finden waren. Die Altstadt erscheint nun nicht mehr unbeachtet bei Seite ge=legt, sondern es ist ihr möglich gemacht, sich gleich der Neustadt der Wohlthaten zu erfreuen, welche die Neuzeit mit ihren Fortschritten in Handel und Industrie denjenigen bietet, welche sie zu verstehen Einsicht und Thatkraft besitzen. Es entstehen hier: die Woogsstraße, die Lindenhofstraße, die Blumenstraße, die Soderstraße, die Stift=straße. — An der Grenze zwischen Alt= und Neustadt, so recht im Mittelpunkte der Stadt, entstand die die Verbindung zwischen dem Nordtheile und Südtheile fördernde Ernst=Ludwigsstraße, und noch manche Verbindung in Alt= und Neustadt wird den bereits geschaffenen folgen.

Verändert erscheint auch vieles sonst in Darmstadt. Die Eisen=bahnen im Allgemeinen und insbesondere die bei der Stadt sich kreuzen=den, verbunden mit dem, was der durch sie geförderte Verkehr ins Leben rief, haben einen nie geahnten Einfluß auf die Verkehrsverhält=nisse geäußert und mit der günstigen Gestaltung dieser Verhältnisse sind Fabriken entstanden, wie man sie in Darmstadt vor 20 Jahren nie geahnt; der Handel ist in steigendem Maaße in Zunahme, der

Fremdenbesuch nimmt immer mehr zu und auswärtige Familien ziehen sich zu längerem Aufenthalte in jährlich zunehmender Zahl hierher. — Besondere Ereignisse, an welche die Stadt seit der Thronbesteigung Ludwigs III. Theil zu nehmen hatte, waren, wie es der Wechsel des Menschenlebens bedingt, bald freudiger, bald betrübender Art. Freudige Bewegung herrschte in ihren Straßen, als im September 1856 das erste mittelrheinische Musikfest hier gefeiert wurde und Tausende und aber Tausende von Fremden nach der Feststadt gezogen kamen; sie bekleidete sich mit ihrem schönsten Schmucke, als das hochverehrte und innigst geliebte Fürstenpaar am 26. Dec. 1858 die 25. Wiederkehr des Tages feierte, die es in glücklichem Ehebunde vereinigt hatte; sie schmückte sich, als Prinz Ludwig die großbritannische Prinzessin Alice als Gattin heimführte, und Freude erfüllte sie, als die Prinzessin Anna dem Großherzog Friedrich von Mecklenburg angetraut wurde; sie schmückte sich wieder, als Deutschland den 18. October feierte, zum Gedächtnisse der vor 50 Jahren an diesem Tage geschlagenen Völkerschlacht, und dann, als die Fürsten Deutschlands, in Frankfurt die Neugestaltung Deutschlands anstrebend, Darmstadt besuchten, — sie hüllte sich aber auch in ihr ernstestes Trauergewand und die Herzen ihrer Bewohner waren von tiefster Wehmuth erfüllt, als die unvergeßliche Großherzogin Mathilde, der Stolz und die Freude ihres Volks, von der Erde scheiden mußte, ein unvergängliches Gedächtniß zurücklassend in den Werken der Menschenliebe und des Wohlthuns, die sie sich zur Lebensaufgabe gestellt hatte und in der Art und Weise, wie sie dieser Aufgabe gelebt. Das innigste Mitgefühl bewegte aber auch die Gemüther der Bewohner Darmstadts, als in den jüngsten Tagen der Tod die jugendliche Großherzogin Anna von Mecklenburg-Schwerin von der Seite des trauernden Gatten gerissen, und ihre schwer betroffenen Eltern in namenlosem Schmerze, aber mit Ergebung in den Willen des Allmächtigen, heimkehrten aus dem trauernden Schwerin in ihren Fürstensitz, den sie wenige Wochen zuvor in Gefühlen gerechter Freude und Hoffnung verlassen hatten. Innigste Theilnahme erfüllte auch alle Herzen, als zur selben Zeit die russische Kaiserfamilie, tief gebeugt durch den Tod des Thronfolgers, hier eintraf, um mit der verschwisterten, von gleichem schweren Leide betroffenen Fürstenfamilie der heimgegangenen Lieben zu gedenken und von gemeinsamem Schmerze sich zu erholen, in der Erinnerung an die schönen Tage, die sie im vorigen Jahre hier verlebt.

Steter Wechsel in Freud' und Leid, in Glück und Unglück, ist das Erbtheil des Erdenlebens, an dem alles Menschliche hienieden seinen Antheil hat. Vor großem allgemeinem Unheil hat die Vorsehung unsere Stadt aber seit Jahrhunderten bewahrt; möchte sie ihr auch ferner ihren Schutz gewähren, auf daß in ihr gedeihe, was ihr gedeihlich ist und ihr ferne bleibe, was sie schädigen könnte!

Sach- und Namen-Register.

L. C. Wittich'sche Hofbuchdruckerei in Darmstadt.

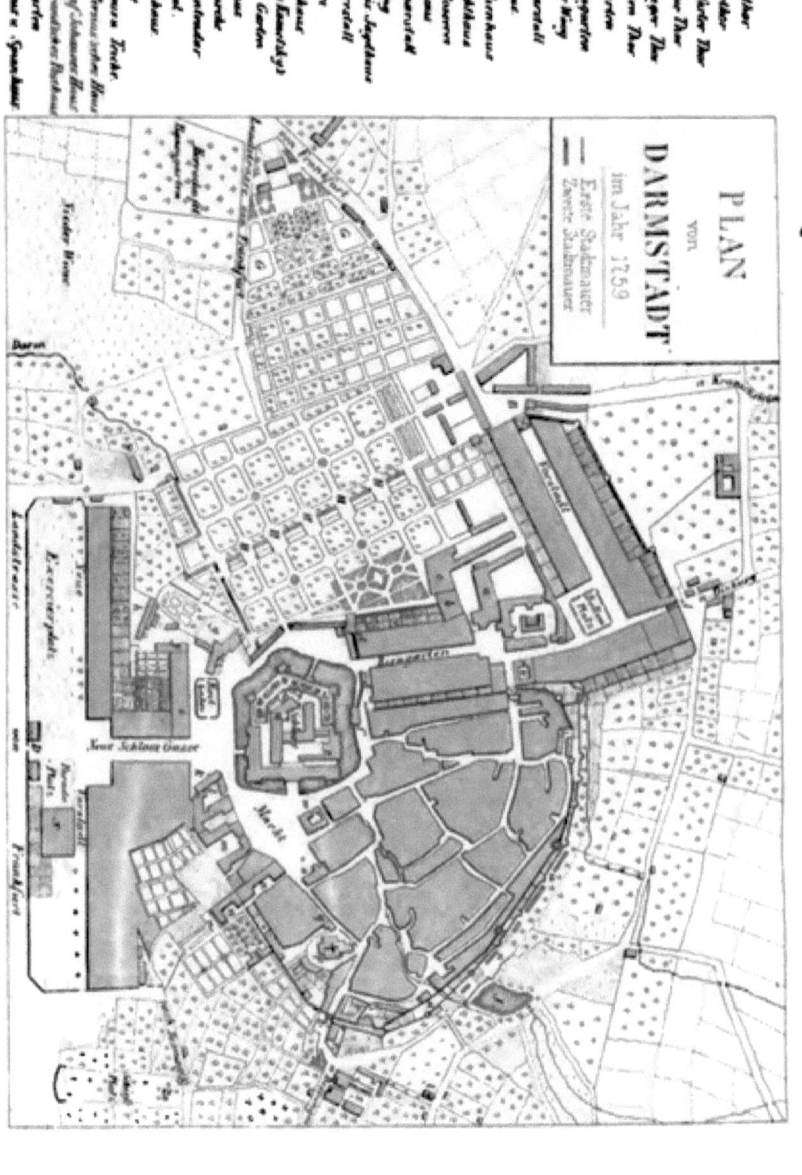

PLAN von DARMSTADT im Jahr 1759

Ansicht der „Neuen Schloßgasse" unter Ernst Ludwig.

Ansicht des s.g. Ruckreis Berges im Anfange des 19 Jahrhunderts.

Ansicht der s.g. Fleischwerkstatt und Umgebung im Anfange des 12. Jahrhunderts

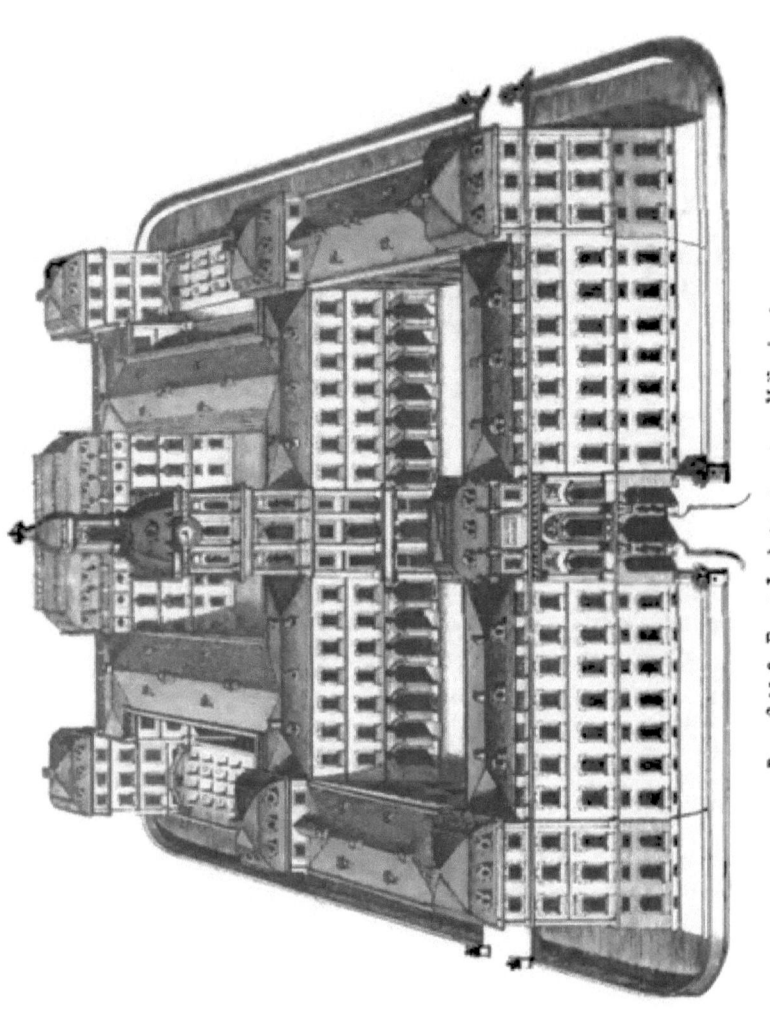

Das Schloß Ernst Ludwigs in seiner Vollendung.